Fehlerquellen im Ermittlungsverfahren – ein rechtspsychologischer Diskurs

Bielefelder Rechtsstudien

Schriftenreihe für Gesetzgebungswissenschaft, Rechtstatsachenforschung und Rechtspolitik

Herausgegeben von
Otto Backes, Stephan Barton, Michael Lindemann,
Gerhard Otte und Martin Stock

Band 28

Zur Qualitätssicherung und Peer Review der vorliegenden Publikation

Die Qualität der in dieser Reihe erscheinenden Arbeiten wird vor der
Publikation durch Herausgeber der Reihe geprüft.

Notes on the quality assurance and peer review of this publication

Prior to publication, the quality of the work published in this series is reviewed by editors of the series.

Vanessa Katarina Czuba

Fehlerquellen im Ermittlungsverfahren – ein rechtspsychologischer Diskurs

Eine dissonanztheoretische Untersuchung einseitiger Ermittlungstätigkeit bei Polizeibeamten

PETER LANG

Bibliografische Information der Deutschen Nationalbibliothek
Die Deutsche Nationalbibliothek verzeichnet diese Publikation in der Deutschen Nationalbibliografie; detaillierte bibliografische Daten sind im Internet über http://dnb.d-nb.de abrufbar.

Zugl.: Bielefeld, Univ., Diss.,2021.

Gedruckt auf alterungsbeständigem,
säurefreiem Papier.

D 361
ISSN 0937-0641
ISBN 978-3-631-85381-8 (Print)
E-ISBN 978-3-631-86331-2 (E-Book)
E-ISBN 978-3-631-86332-9 (E-PUB)
DOI 10.3726/b18855

Peter Lang – Berlin · Bern · Bruxelles · New York ·
Oxford · Warszawa · Wien

Diese Publikation wurde begutachtet.

www.peterlang.com

Vanessa Katarina Czuba

Fehlerquellen im Ermittlungsverfahren – ein rechtspsychologischer Diskurs

Eine dissonanztheoretische Untersuchung einseitiger Ermittlungstätigkeit bei Polizeibeamten

PETER LANG

Bibliografische Information der Deutschen Nationalbibliothek
Die Deutsche Nationalbibliothek verzeichnet diese Publikation in der Deutschen Nationalbibliografie; detaillierte bibliografische Daten sind im Internet über http://dnb.d-nb.de abrufbar.

Zugl.: Bielefeld, Univ., Diss.,2021.

Gedruckt auf alterungsbeständigem,
säurefreiem Papier.

D 361
ISSN 0937-0641
ISBN 978-3-631-85381-8 (Print)
E-ISBN 978-3-631-86331-2 (E-Book)
E-ISBN 978-3-631-86332-9 (E-PUB)
DOI 10.3726/b18855

Peter Lang – Berlin · Bern · Bruxelles · New York ·
Oxford · Warszawa · Wien

www.peterlang.com

Meinen Eltern

Danksagung

Die vorliegende Arbeit wurde von der Juristischen Fakultät der Universität Bielefeld im Juni 2020 als Dissertation angenommen. Rechtsprechung und Literatur sind bis April 2021 berücksichtigt.

Mit der Fertigstellung dieser Dissertationsschrift möchte ich mich bei allen bedanken, die mich auf dem Weg zum Abschluss meiner Arbeit unterstützt und begleitet haben.

Mein besonderer Dank gilt dabei meinem Doktorvater *Prof. Dr. Michael Lindemann* für die Vielzahl wertvoller Anregungen sowie für die Ermutigung, interdisziplinär zu promovieren. Gleichermaßen möchte ich mich bei *Prof. Dr. Stephan Barton* für die zügige Erstellung des Zweitgutachtens und seine bereichernden Denkanstöße bedanken.

Zu tiefstem Dank verpflichtet bin ich auch meinen ehemaligen Kolleginnen und Kollegen des Doktorandenkolloqiums unter der Leitung von *Dave van Toor*, die diese Arbeit durch wertvolle fachliche Gespräche und kritische Anmerkungen nicht unwesentlich geformt und zu einer besseren gemacht haben. Insbesondere möchte ich mich an dieser Stelle bei *Dave van Toor* für die interdisziplinären Impulse und den Einblick in die niederländische Ermittlungspraxis bedanken.

Zu großem Dank bin ich nicht zuletzt der Vielzahl von Gesprächspartnern aus der Sozialpsychologie verpflichtet, die sich meiner Fragen stets annahmen und mein Verständnis für etwaige Probleme dieses Fachbereichs formten.

Ein herzliches Dankeschön gebührt auch *Tatjana Renner* und *Julian Trippe* für die überaus hilfreiche Korrektur des Manuskripts.

Julian möchte ich zudem für seine emotionale Unterstützung danken, mithilfe derer er mir jegliche Zweifel und Ängste, die mit dem Promotionsverfahren einhergehen, genommen hat. Seine Geduld und sein Rückhalt haben diese Arbeit mitgetragen.

Allen voran möchte ich mich von ganzem Herzen bei meinen Eltern für die stets bedingungslose Unterstützung und Liebe sowie ihr Vertrauen in mich bedanken, ohne die eine Fertigstellung dieser Arbeit nicht möglich gewesen wäre. Ihnen widme ich dieses Buch.

Bielefeld, im April 2021
Vanessa Katarina Czuba

Inhaltsübersicht

Inhaltsverzeichnis

Abkürzungsverzeichnis

Abb.	Abbildung
Aufl.	Auflage
BGH	Bundesgerichtshof
BVerfG	Bundesverfassungsgericht
bspw.	beispielsweise
bzw.	beziehungsweise
d.h.	das heißt
ebd.	ebenda
EGMR	Europäischer Gerichtshof für Menschenrechte
EMRK	Europäische Menschenrechtskonvention
EU-RL	Europäische Richtlinie
f.	folgende
ff.	fortfolgende
FPPK	Forensische Psychiatrie, Psychologie, Kriminologie
FS	Festschrift
GA	Goltdammer's Archiv
gem.	gemäß
GG	Grundgesetz
GVG	Gerichtsverfassungsgesetz
Hrsg.	Herausgeber
Hypnose-ZHH	Hypnose – Zeitschrift für Hypnose und Hypnotherapie
i.S.d.	im Sinne des
i.V.m.	in Verbindung mit
JA	Juristische Arbeitsblätter
JR	Juristische Rundschau
JZ	Juristenzeitung
Kripo	Kriminalpolizei
KriPoZ	Kriminalpolitische Zeitschrift
LG	Landgericht
MSchrKr	Monatsschrift für Kriminologie und Strafrechtsreform
NK	Neue Kriminalpolitik
NStZ	Neue Zeitschrift für Strafrecht
NSU	Nationalsozialistischer Untergrund
Rn.	Randnummer
R&P	Recht und Psychiatrie

s.	siehe
s.a.	siehe auch
sog.	sogenannte
StraFo	Strafverteidiger Forum
StPO	Strafprozessordnung
StV	Strafverteidiger
u.a.	unter anderem
v.	vom
vgl.	vergleiche
z.B.	zum Beispiel
ZIS	Zeitschrift für internationale Strafrechtsdogmatik
Zit.	Zitiert

Kapitel 1: Einleitung

> „Wir Menschen alle oder fast alle lieben es, unsere Vermutungen Gewißheit zu nennen oder, wenn wir einige Wahrscheinlichkeitsgründe dafür haben, für sicher zu halten, und doch sind manche wahrscheinliche Dinge unwahr, wie manche unwahrscheinliche Dinge wahr."
>
> -Aurelius Augustinus-

A. Einführung in die Thematik: Die Relevanz polizeilicher Ermittlungsfehler für das deutsche Strafverfahren

Die Ergebnisse polizeilicher Ermittlungen sind immer wieder Gegenstand medialer Berichterstattung und öffentlicher Diskussionen. Auch sogenannte True-Crime-Formate erfreuen sich immer größerer Beliebtheit.[1] Neben großen Ermittlungserfolgen[2] sind es dabei vornehmlich Ermittlungs*fehler*, die vermehrt Aufmerksamkeit erlangen und zugleich in den Fokus der Berichterstattung rücken.[3]

Die zahlreichen Ermittlungspannen bei den sog. „*NSU-Serienmorden*" sind das derzeit wohl spektakulärste Beispiel.[4] Die beteiligten Ermittler gingen im Rahmen der Sachverhaltsaufklärung jahrelang von einem Motiv ausländisch

---

1 True Crime Formate (in Form von Podcasts, Dokumentationen, Serien oder Magazinen) dokumentieren wahre Kriminalfälle und lassen die Gesellschaft an den Ermittlungen dieser teilhaben. Der Streamingdienst-Anbieter *Netflix* etwa hat durch eigene Produktionen wie „Making a murderer" eine derart große Diskussion in den USA über die Ermittlungsarbeit von Strafverfolgungsbehörden angestoßen, dass sich selbst das Weiße Haus zu einer öffentlichen Erklärung verpflichtet sah, siehe dazu: *Sohr*, "Making a Murderer": Nicht mal Barack Obama kann Steven Avery helfen, abrufbar unter: https://www.stern.de/kultur/tv/making-a-murderer--auch-barack-obama-kann-steven-avery-nicht-helfen-6638446.html (Abruf v. 31.03.2021).

2 Siehe dazu *Tagesschau*, Polizei zerschlägt größten Drogen-Onlineshop, abrufbar unter: https://www.tagesschau.de/inland/drogen-onlineshop-polizei-101.html (Abruf v. 31.03.2021).

3 *Dunkel/Kemme*, NK 2016, 138 (140).

4 Bei den NSU Serienmorden kamen zehn Kleinunternehmer mit Migrationshintergrund ums Leben, siehe dazu *Caspari/Tröger/Sundermann*, Sie sind nicht vergessen, abrufbar unter: https://www.zeit.de/gesellschaft/zeitgeschehen/2018-07/nsu-morde-opfer-prozess (Abruf v. 31.03.2021).

organisierter Kriminalität aus, bevor sie von ihrem falschen Ermittlungsansatz absahen und der Spur eines rechtsextremistischen Hintergrundes folgten.[5] Vertuschungen beim Verfassungsschutz sowie eine lange Reihe von Rücktritten aus den hiesigen Ämtern komplettierten das Bild vom „Ermittlungsdesaster".[6]

Die Problematik einer derart fehlerhaften Ermittlungspraxis beschränkt sich im Strafverfahren nicht auf den Einzelfall.[7] Im Fall des verschwundenen

---

5 Näheres zum NSU-Fall: *Rath*, NSU-Prozess: Blind waren nicht nur Polizei und Verfassungsschutz, abrufbar unter: https://www.vorwaerts.de/artikel/nsu-prozess-blind-waren-nur-polizei-verfassungsschutz; *Sundermann*, Die wichtigsten Fakten zum NSU-Prozess, abrufbar unter: https://www.zeit.de/gesellschaft/zeitgeschehen/2018-06/gerichtsverfahren-nsu-prozess-beate-zschaepe-ueberblick (Abruf v. 31.03.2021).

6 *Rath*, NSU-Prozess: Blind waren nicht nur Polizei und Verfassungsschutz, abrufbar unter: https://www.vorwaerts.de/artikel/nsu-prozess-blind-waren-nur-polizei-verfassungsschutz; *Spiegel Online*, Sachsens Verfassungsschutzchef tritt zurück, abrufbar unter: http://www.spiegel.de/panorama/nsu-ermittlungspannen-sachsens-verfassungsschutzchef-tritt-zurueck-a-843817.html (Abruf v. 31.03.2021).

7 Auch im Fall *Harry Wörz* spielten Bedenken an der Korrektheit der ausgeführten Ermittlungen der Pforzheimer Polizei eine Rolle. *Wörz* wurde 1998 vom LG Karlsruhe wegen versuchten Totschlags an seiner von ihm getrenntlebenden Ehefrau zu einer Freiheitsstrafe von elf Jahren verurteilt. In jener Tatnacht soll er seine Exfrau so lange gedrosselt haben, bis sie irreparable Hirnschäden erlitt. Bedenken hinsichtlich der durchgeführten Ermittlungen ergaben sich unter anderem bereits aus dem Grund, dass *Wörz'* Schwiegervater, selbst Polizist, die Ermittlungen leitete, obwohl er, wie bekannt, eine erhebliche Abneigung gegen *Wörz* pflegte. Auch der neue Geliebte des Opfers war Polizist und wurde vorschnell als Verdächtiger ausgeschlossen. 2010 wurde *Wörz* in einem Wiederaufnahmeverfahren freigesprochen, nachdem zuvor das LG Karlsruhe bei einer Schadensersatzklage der Eltern des Opfers erhebliche Zweifel an der Schuld des Verurteilten geäußert hatte und die durchgeführten Ermittlungen scharf kritisierte, s. näher dazu: *Velten*, GA 2015, 387 (389). In den sog. *Wormser Prozessen* (drei Strafprozesse von 1993 bis 1997) wurden 25 Personen aus Worms und Umgebung des massenhaften Kindesmissbrauchs beschuldigt. Die Prozesse endeten jedoch mit dem Freispruch aller Beschuldigten. Ihnen wurde zunächst vorgeworfen, im Rahmen eines Pornorings Kinder zu Missbrauchszwecken weitergereicht und „verliehen" zu haben. Die Aussagen der vermeintlichen Opfer wurden in der späteren Urteilsbegründung als Erinnerungsverfälschung und Konfabulation eingestuft, hervorgerufen durch grob fehlerhafte Befragungsmethoden. Näher dazu: *Friedrichsen*, „Gut gemeint, schlecht gemacht", in: DER SPIEGEL 1997/26, S. 78-79. Ähnliches trug sich im sog. *Montessori Prozess* zu. In diesem Fall wurde ein Erzieher aus Münster beschuldigt, insgesamt 55 Kinder sexuell missbraucht zu haben. Erst nachdem bekannt wurde, dass die Ermittlungen durch suggestive Befragung der Kinder verfälscht worden waren, wurde der unschuldige Angeklagte freigesprochen. Beispiele weiterer Opfer

Landwirts „*Rudolf Rupp*"[8] gingen die Ermittler voreilig von einem Tötungsdelikt aus, bei dem die Familienmitglieder des Opfers in den Fokus der Behörden gerieten. Die Beschuldigten waren nach langen Vernehmungen zunächst geständig, *Rudolf Rupp* getötet, seine Körperteile zerstückelt und die Überreste an Tiere verfüttert zu haben. Daraufhin wurden die Ehefrau des verschwundenen Landwirts, dessen Töchter sowie ein Lebensgefährte der Töchter 2005 „*im Namen des Volkes*" wegen Totschlags bzw. wegen Beihilfe zum Totschlag – trotz nachzeitig widerrufener Geständnisse – zu einer mehrjährigen Freiheitsstrafe verurteilt, obwohl sie die Tat nachweislich nicht so begangen haben konnten, wie es die beteiligten Ermittler suggerierten. Im Jahr 2009 geriet die ermittelnde Polizei schließlich in Bedrängnis, als die *unversehrte* skelettierte Leiche des Bauern *Rupp* in seinem Wagen aus der Donau gezogen wurde, obwohl ein Geständnis bezüglich einer *zerstückelten* Leiche vorlag. Schnell wurde die Frage laut, wie es zu so einem falschen Geständnis kommen konnte.[9] Durch diesen Skandal, den die Presse mitunter als „Super-Gau der dritten Gewalt"[10] betitelte, wurde offenkundig, dass die Verurteilten Opfer eines Justizirrtums wurden, indem man sie jahrelang eines Deliktes bezichtigte, welches sie nicht begangen hatten. Im Wiederaufnahmeverfahren 2011 wurden die zu Unrecht Verurteilten schließlich freigesprochen.

Der Fall *Rupp* bezeugt, dass es aufgrund einseitiger oder fehlerhafter Ermittlungen zur Verfolgung eines falschen Tatverdachtes kommen kann, der sich im schlimmsten Fall in einem Fehlurteil manifestiert.[11] Ermittlungsfehler können

---

eines Justizirrtums: *Gustl Mollath, Horst Arnold, Ralf Witte, Monika de Montgazon* und *Ulvi Kulaç*. Letzteres Beispiel erfuhr nicht zuletzt im September 2018 durch das Auftauchen neuer Hinweise zur Täterschaft des Opfers *Peggy* ein gewaltiges Medienecho, *Friedrichsen*, Ein furchtbarer Irrtum, abrufbar unter: https://www.welt.de/vermischtes/article185461596/Fall-Peggy-Ein-furchtbarer-Irrtum.html (Abruf v. 31.03.2021).

8 Näher zum Fall *Rupp*: *Velten*, GA 2015, 387 ff.

9 Suggestive Beeinflussungen der Polizei bei der Vernehmung und festgefahrene Vorurteile der Beamten werden mitunter als Gründe genannt. Näher dazu: *Jüttner*, Polizeivideos belegen Manipulation der Aussagen, abrufbar unter: http://www.spiegel.de/panorama/justiz/wie-die-polizei-im-fall-rudi-rupp-die-verdaechtigen-unter-druck-setzte-a-822276.html; SPIEGEL TV, Vier Mörder und ein Todesfall? Rekonstruktion eines Justizskandals, abrufbar unter: http://www.spiegel.tv/videos/148262-vier-moerder-und-ein-todesfall (Abruf v. 31.03.2021).

10 *Darnstädt/ Friedrichsen/ Hipp/ Ulrich/ Windmann*, Glaube und Wahrheit, in: DER SPIEGEL, 22/2011, S. 57.

11 Dabei darf nicht außer Acht gelassen werden, dass sich Fehlentscheidungen auch aus anderen Gefahrenquellen ergeben können. So ist eine solche auch durch eine

sich mithin im Laufe des Strafprozesses derart verdichten, dass sie in der Hauptverhandlung nicht mehr behoben werden können.[12] Bereits 1906 erkannte *Heinemann*, dass „der Geist des Vorverfahrens durch tausend Kanäle in die Hauptverhandlung einzieht".[13] Seither wird in der Rechtswissenschaft von der *weichenstellenden* oder *präjudizierenden* Wirkung des Ermittlungsverfahrens gesprochen.[14]

Der prägende Charakter des Ermittlungsverfahrens wurde nicht zuletzt auch empirisch untersucht. Im Fokus der Betrachtungen stand dabei der Aspekt, dass das Produkt jedes abschließenden Ermittlungsverfahrens die vom Tatrichter zu lesende Ermittlungsakte ist. In diesem Zusammenhang haben *Wolfgang Bandilla* und *Bernd Schünemann* experimentell dargelegt, wie sich das Lesen von Ermittlungsakten durch Tatrichter im Zwischenverfahren auf deren spätere Urteilsbildung auswirkt.[15] Im Ergebnis führte das Lesen der Akten zu Vorfestlegungen der Tatrichter und Verurteilungsneigungen, welche sich fehlurteilsbegünstigend auswirken konnten.[16]

Die Relevanz korrekt ausgeführter Ermittlungen ist angesichts der präjudizierenden Wirkung des Ermittlungsverfahrens und des Bedeutungsverlustes der Hauptverhandlung nicht mehr von der Hand zu weisen.[17] Auch § 244 II StPO

Verfahrenseinstellung nach den §§ 153 ff. StPO denkbar, so auch *Barton/Kölbel/Dubelaar/Lindemann*, S. 11. Diese Arbeit legt ihren Fokus jedoch auf Fehlentscheidungen durch Urteilsspruch.

12 So auch: *Peters*, in: Sieverts/Schneider, S. 269; *Neuhaus*, StV 2015, 185 (186); *Jehle*, FPPK 2013, 220 (224); *Püschel*, StraFo 2015, 269 (269).

13 *Heinemann*, in: Aschrott (Hrsg.), Reform des Strafprozesses (1906), S. 334, 340, zit. n. *Neuhaus*, StV 2015, 185 (186).

14 *Heinemann*, StV 2015, 185 (186); *Neuhaus*, in: Barton/Kölbel/Lindemann, S. 98; *Jehle*, FPPK 2013, 220 (224); *Püschel*, StraFo 2015, 269 (269); vgl. *Singelstein*, StV 2016, 830 (830); vgl. *Lange*, S. 7.

15 Siehe dazu: *Bandilla*, Kontextabhängige Informationsverarbeitung im bundesdeutschen Strafverfahren (1986); *Schünemann*, in: Kerner/Kury/Sessar, S. 1109-1151; *Schünemann*, StV 2000, 159 (160); *Schünemann*, Kriminalistik 1999, 146 (149); dazu kritisch: *Barton*, StraFo 1993, 11 ff. *Barton* merkt unter anderem an, dass zwar eine subjektive Hypothese beim Richter durch den Eröffnungsbeschluss und die Aktenlage hervorgerufen werden kann, nicht jedoch bei den Schöffen, die nicht am Eröffnungsbeschluss beteiligt sind.

16 *Schünemann*, StV 2000, 159 (160). Kritisch zur Beweiserhebung des Tatgerichts über das polizeiliche Ermittlungsergebnis *Eschelbach*, in: FS Eisenberg, S. 409-424.

17 Eine öffentliche Hauptverhandlung findet nur noch in 10 % aller Strafverfahren statt, *Singelstein*, StV 2016, 830 (832).

statuiert für die Polizeibeamten im Lichte der materiellen Wahrheit das Gebot bestmöglicher Sachverhaltsaufklärung.[18] Auf die zentrale Bedeutung korrekt ausgeführter Ermittlungen deutet darüber hinaus das Verhältnis zwischen den Verfahrensakteuren der Polizei und Staatsanwaltschaft hin. In der Ermittlungspraxis werden an erster Stelle Beweise durch die Polizei erhoben und Verdächtige sowie Zeugen zum Tatgeschehen befragt. Dabei entzieht sich das Ermittlungsgeschehen jeglicher externen Kontrollen[19] – lediglich die Staatsanwaltschaft soll nach § 160 I StPO[20] als „Herrin des Verfahrens" die Ermittlungen leiten. Seit Jahrzehnten ist jedoch erkennbar, dass die Staatsanwaltschaft ihre Macht an die Polizei delegiert.[21] Die Polizei führt ihre Ermittlungen bereits weitestgehend selbstständig durch und beansprucht einen Großteil der Verfahrensherrschaft für sich.[22] In Rechtskreisen ist in diesem Kontext von der „*Verpolizeilichung des Ermittlungsverfahrens*" die Rede.[23] Es kommt somit im Ergebnis zu einer Diskrepanz zwischen dem Zweck des § 160 I StPO und der im Ermittlungsverfahren praktizierten Realität.[24] Diese Macht- und Kompetenzverschiebung lässt an der Kontrollfunktion der Staatsanwaltschaft zweifeln und verdeutlicht zugleich die Dominanz der Polizei, sowie daran anknüpfend, die Bedeutung des Ermittlungsverfahrens im gesamten deutschen Strafverfahren.

Obgleich viele Faktoren die Relevanz korrekt ausgeführter Ermittlungen verdeutlichen, zeugt die Realität davon, dass es immer wieder zu Fehlern bei der kriminalpolizeilichen Sachverhaltsaufklärung kommen kann. Das Ermittlungsverfahren bietet auf vielen Ebenen die Möglichkeit, Quelle eines

---

18 *Singelstein,* StV 2016, 830 (830).

19 *Püschel,* StraFo 2015, 269 (276). Eine Ausnahme bilden hier die gesetzlich normierten Richtervorbehalte.

20 Strafprozessordnung in der Fassung der Bekanntmachung vom 7. April 1987 (BGBl. I S. 1074, 1319), die zuletzt durch Art. 15 Abs. 6 des Gesetzes vom 4. Mai 2021 (BGBl. I S. 882) geändert worden ist.

21 *Püschel,* StraFo 2015, 269 (276); *Deckers,* StraFo 2015, 265 (265); *Jehle,* FPPK 2013, 220 (224).

22 *Singelstein,* StV 2016, 830 (830); *Deckers,* StraFo 2015, 265 (265); *Artkämper/Herrmann/Jakobs/Kruse,* S. 6; *Schaefer,* Kriminalistik 2004, 753 (753).

23 *Püschel,* StraFo 2015, 269 (276); *Schaefer,* StraFo 2002, 118 (118, 121); *ebd.* Kriminalistik 2004, 753 (753); Schüneman, Kriminalistik 1999, 74 (74); *ebd.* Kriminalistik 1999, 146 (146); vgl. *Albrecht,* S. 121.

24 Der Wille des Gesetzgebers war es, eine Institution zu schaffen, die nicht nur dem Interesse des Staates dienen soll, sondern gleichermaßen im Interesse des Beschuldigten handelt, vgl. *Darnstädt,* S. 118.

Ermittlungsfehlers zu sein.[25] Neben Gegenüberstellungen und Zeugenvernehmungen sind im Wesentlichen suggestive Befragungen, einseitig durchgeführte Ermittlungen[26] sowie der selektive Umgang mit Informationen als Fehlerquellen im Ermittlungsverfahren zu nennen.[27] Gerade die zuletzt genannten Faktoren sind in der Lage, direkt zu Beginn der Ermittlungen im Rahmen der kriminalistischen Fallanalyse aufzutreten und somit das Ermittlungsgeschehen a priori zu lenken, indem sie die Richtung eines falschen Ermittlungsansatzes und somit eines falschen Tatverdachtes vorgeben. Aufgrund ihrer Präsenz während des gesamten Ermittlungsverfahrens rücken in dieser Arbeit die Fehlerträchtigkeit einseitiger Ermittlungen sowie die Fehlerträchtigkeit selektiven Umgangs mit Informationen in den Fokus der Betrachtungen.

Werden die Weichen im Ermittlungsverfahren schließlich falsch gestellt, kann es zu einem Fehlurteil kommen, welches neben der Justiz den zu Unrecht Verurteilten sowie die Gesellschaft vor große Herausforderungen stellt. Welche Herausforderungen mit ermittlungsbedingten Fehlurteilen im Einzelnen einhergehen können wird zu Beginn dieser Arbeit skizziert [Kapitel 2].

B. Die Theorie der kognitiven Dissonanz als rechts- und sozialpsychologischer Erklärungsansatz für Ermittlungsfehler

Neben der Frage, welche Bedeutung und Tragweite den benannten Ermittlungsfehlern zukommt, ist ferner zu erörtern, welche Ursachen einseitigen Ermittlungen und dem selektiven Umgang mit Informationen zugrunde liegen. Erklärungsansätze bietet hier unter anderem die Rechtspsychologie, die mithilfe kognitiver Wahrnehmungsverzerrungen (sog. „Bias“) die Fehlerträchtigkeit menschlichen Verhaltens und die Beeinflussung kognitiver Fähigkeiten durch sozialpsychologische Effekte erklären will.[28] Da das Ermittlungsverfahren aus einer Kette menschlicher Wahrnehmungsprozesse, Bewertungen und

---

25 Zur Systematisierung von Ermittlungsfehlern siehe ausführlich: *Lange*, Fehlerquellen im Ermittlungsverfahren (1999).

26 Auch „Tunnelblick“ bzw. „tunnel vision“ genannt, *Findley/Scott*, Wisconsin Law Review 2006, 291 (292).

27 Dass polizeiliche Ermittlungen weiterhin als wesentliche Fehlerquelle angesehen werden müssen, zeigt die systematische Auswertung der Untersuchungen von *Peters*, *Hirschberg* und *Kiwit* durch *Böhme*, *ebd.* S. 338; *Leuschner/Hoffmann*, NK 2016, 155 (156).

28 *Velten*, StraFo 2015, 354 (360).

Entscheidungen besteht, bietet sich ein rechtspsychologischer Diskurs an dieser Stelle an und eröffnet einen interdisziplinären Zugang zum Problem der Fehlergenese.

Eine der Theorien, die einen Erklärungsansatz für die Entstehung von Ermittlungsfehlern bietet, ist die „Theorie der kognitiven Dissonanz".[29] *Leon Festinger*, der mit dieser Theorie seit 1957 die Sozialpsychologie nachhaltig prägt und wie kaum ein anderer zu weiterer Forschung anregte[30] folgt dem Grundsatz, dass der Mensch grundsätzlich nach der Widerspruchsfreiheit seines kognitiven Systems strebt.[31] Als Kognition fasst er dabei unter anderem Wissensbestände, Meinungen oder Einstellungen einer Person.[32] Wird der Mensch etwa mit Informationen konfrontiert, die seiner Meinung oder Einstellung widersprechen, so empfindet er ein Gefühl des Unwohlseins, welches *Festinger* als „Dissonanz" bezeichnet.[33] Um dieses Gefühl wieder zu beseitigen, versucht der Mensch die Dissonanz mittels verschiedener Mechanismen zu reduzieren, indem er sich etwa nur noch selektiv auf Informationen einlässt, die mit seinem Verhalten oder seiner Meinung konsistent sind. [34]

Die Forschung der letzten 50 Jahre hat offenbart, dass das Bestreben, kognitive Dissonanz zu vermeiden, das menschliche Denken und Verhalten maßgeblich beeinflusst.[35] Einerseits ist die Tendenz, kognitive Dissonanz aufzulösen, für die Bewältigung unseres Alltags von größter Bedeutung,[36] da wir ohne diese natürliche Reaktion im Wesentlichen nicht in der Lage wären Entscheidungen zu treffen.[37] Andererseits bergen die dissonanztheoretischen Reduktionsprozesse

---

29 Siehe dazu: *Festinger*, Theorie der kognitiven Dissonanz (1978). Vgl. auch *Eschelbach*, GA 2019, 593 (595).

30 *Peus/Frey/Braun*, S. 63.

31 *Festinger*, S. 15; *Frey/Gaska*, S. 276; *Schulz-Hardt*, S. 58; *Fischer/Frey/Peus/Kastenmüller*, S. 189; *Artkämper*, StRR 2012, 339 (340); *Civelli*, Kriminalistik 2010, 719 (723); *Fischer/Wiswede*, S. 304.

32 *Festinger*, S. 17; *Irle*, S. 310; *Raske*, S. 14; *Beckmann*, S. 8; *Piontkowski*, S. 11.

33 *Singelstein*, StV 2016, 830 (831); *Civelli*, Kriminalistik 2010, 719 (723); *Peus/Frey/Braun*, S. 63.

34 *Festinger*, S. 16, 22; *Raske*, S. 6, 13, 14; *Singelstein*, StV 2016, 830 (831); *Barton*, StraFo 1993, 11 (13); *Blum*, S. 254; *Peus/Frey/Braun*, S. 62.

35 *Aronson/Wilson/Akert*, S. 181.

36 *Festinger*, S. 18; *Beckmann*, S. 3.

37 In der Sozialpsychologie existiert das Bildnis von „Buridans Esel". Buridans Esel stand zwischen zwei Heuhaufen und musste sich, um seinen Hunger zu stillen, nur noch für einen der beiden Heuhaufen entscheiden. Allerdings nahm er durch eine „realitätsgebundene Informationsbedeutung" beide Heuhaufen als gleichermaßen attraktiv wahr, weshalb er sich zu keiner Entscheidung durchringen konnte und schließlich

die Gefahr von kognitiven Verzerrungsmechanismen. Dies soll kurz mithilfe der „Fabel vom Fuchs und den Trauben" veranschaulicht werden:[38] In dieser Fabel des griechischen Dichters *Äsop* steht ein Fuchs vor einer Weinrebe und versucht an die süßen Trauben zu gelangen. Als er merkt, dass er die Trauben nicht erreichen kann, weil sie zu hoch hängen, dreht der Fuchs ihnen den Rücken zu und sagt: „Sie sind mir noch nicht reif genug, ich mag keine sauren Trauben". An dieser Stelle zeigt sich ein sehr irrationaler Prozess des Fuchses, der verdeutlicht, dass man in der Lage ist, Informationen nicht realitätsbezogen zu verarbeiten (hier die Bezeichnung der süßen Trauben als sauer, nur weil man sie nicht erreichen kann) und seine Einstellung situativ anzupassen.[39] Dieser Rechtfertigungsmechanismus birgt die Gefahr einer verzerrten Wahrnehmung, ist aber zugleich von größter Notwendigkeit, damit der Mensch vom Überangebot an widersprüchlichen Informationen der komplexen und schnelllebigen Umwelt nicht zu völliger Untätigkeit gezwungen wird.[40]

Das Phänomen der kognitiven Dissonanz wird auch innerhalb der Ermittlungspraxis wirksam. Die Ermittlungstätigkeit ist geprägt vom Umgang mit widersprüchlichen und lückenhaften Informationen, Meinungen und Wissensbeständen.[41] Insbesondere die Rekonstruktion eines vergangenen Lebenssachverhalts birgt die Gefahr, Widersprüchlichkeiten zu beinhalten.[42] So können mehrere Zeugen unterschiedliche subjektive Wahrheiten präsentieren, die der Ermittlungsbeamte verarbeiten und in die Ermittlungen aufnehmen muss oder aber der Ermittler selbst sichert Beweismaterial, welches in sich nicht schlüssig ist. Die Ermittlungspraxis bietet somit vielerorts die Möglichkeit, Dissonanzen entstehen zu lassen. *Singelstein* spricht in diesem Kontext sogar von einer „institutionalisierten kognitiven Dissonanz".[43]

Nach der Dissonanztheorie ist unter bestimmten Voraussetzungen zu erwarten, dass die Polizisten als funktionale Reaktion auf bereits wahrgenommene und gesicherte Spuren dazu geneigt sein werden, die von *Festinger* analysierten

---

verhungerte, s. *Beckmann*, S. 3. Kognitive Dissonanz ermöglicht das Treffen von Entscheidungen durch das Wahrnehmen einzelner Kognitionen als besonders attraktiv, s. *ebd.*

38 Zu dieser Fabel, siehe *ebd.*, S. 3; *Spiegel Online*, Der Fuchs und die Trauben, abrufbar unter: http://gutenberg.spiegel.de/buch/fabeln-9534/36 (Abruf v. 31.03.2021).

39 Vgl. *Festinger*, S. 18.

40 Siehe das Bildnis von „Buridans Esel", *Beckmann*, S. 3; s.a. Fn. 37.

41 *Atzbach*, Kriminalistik 2001, 323 (323).

42 So auch: *Singelstein*, StV 2016, 830 (831).

43 *ebd.*

Reduktiontechniken anzuwenden. Es ist somit zu erwarten, dass der Ermittlungsbeamte unter bestimmten Gegebenheiten die dargebotenen Informationen nicht mehr unvoreingenommen kogniziert. Zwar sind dissonanzbedingte Reduktionsmechanismen jeder menschlichen Wahrnehmung immanent – allerdings sind die damit einhergehenden Risiken im Rahmen der Straftatenaufklärung deutlich schwerwiegender als im Alltag eines Laien. Es kann dazu kommen, dass ein Polizeibeamter reduktionsbedingt einem falschen Ermittlungsansatz folgt und die der Ermittlungshypothese widersprechenden Informationen außer Acht lässt. Dieses selektive Vorgehen wiederum hat Auswirkungen auf die Neutralität des ermittelnden Entscheidungsträgers und kann sich wie ein roter Faden durch die gesamte Sachverhaltsaufklärung ziehen. Im Ergebnis können diese Ermittlungsfehler im schlechtesten Fall zu einseitigen Ermittlungen führen, auf deren Grundlage ein Unschuldiger zu Unrecht beschuldigt und verurteilt wird.[44]

C. Gegenstand der Arbeit

Zu Beginn dieser Arbeit wird skizziert, welche Herausforderungen mit Ermittlungsfehlern einhergehen können und welche Relevanz ihnen im Zusammenhang mit der Problematik der Fehlergenese zukommt [Kapitel 2]. Dazu soll zunächst der für diese Arbeit zentrale Begriff des Ermittlungsfehlers erläutert werden [Kapitel 2, A]. [45] Sodann werden neben dem Versuch, den Fehlurteilsbegriff zu definieren [Kapitel 2, B], ferner dessen Folgen und der Stand der Fehlurteilsforschung hierzulande erörtert [Kapitel 2, C, D], um die Tragweite von Ermittlungsfehlern im Allgemeinen in den gesamtstrafrechtlichen Kontext einzuordnen und verständlich zu machen.

Im Anschluss hat sich die vorliegende Arbeit schwerpunktmäßig zum Ziel gesetzt, die Fehlerquellen im Rahmen der kriminalpolizeilichen Ermittlungstätigkeit zu untersuchen, die entsprechend der Dissonanztheorie entstehen können [Kapitel 3]. Im Fokus dieses Kapitels steht die Frage, wie es zu einem falschen Ermittlungsansatz und schließlich zur Bildung eines falschen Tatverdachtes kommen kann.

Zwar liefert die Theorie der kognitiven Dissonanz lediglich ein Erklärungsmodell für Fehler im Ermittlungsverfahren – dennoch hilft sie zu verstehen, dass unbewusste Wahrnehmungsprozesse der Ermittler die Wahrheitssuche

---

44 So auch: *Raske*, S. 7.

45 Zu den einzelnen Ausprägungen von Ermittlungsfehlern siehe ausführlich *Lange*, Fehlerquellen im Ermittlungsverfahren (1999).

verfälschen können. Dies ist unter rechtsstaatlichen Gesichtspunkten besonders bedenklich und mithin ein für den Strafprozess wichtiges Anliegen. Der interdisziplinäre Ansatz ermöglicht zudem ein tiefergehendes Verständnis der Thematik, da nicht nur sozialpsychologische Aspekte, sondern auch rechtliche Strukturen Berücksichtigung finden.

Im ersten Unterabschnitt des Kapitels werden die Grundzüge der Dissonanztheorie in der klassischen Formulierung *Festingers* vorgestellt und erläutert [Kapitel 3, A, I]. Sodann wird analysiert, inwiefern sich Reformulierungen der Theorie durch nachfolgende Forschung auf die Ausgangsbedingungen der Dissonanztheorie auswirken [Kapitel 3, A, II].[46] Zur Veranschaulichung der Kernthesen und Probleme werden Beispiele aus der Ermittlungspraxis herangezogen.

An die Darstellung der Dissonanztheorie knüpft in einem weiteren Schritt die Übertragung dissonanztheoretischer Ausgangsbedingungen auf die kriminalpolizeiliche Ermittlungstätigkeit an [Kapitel 3, B, C]. Während im vorausgehenden Kapitel lediglich einzelne praxisrelevante Beispiele zur Veranschaulichung der Thematik herangezogen werden, wird in diesem Kapitel der Fokus darauf liegen, die theoretischen Ansätze in den gesamten zeitlichen Ablauf einer Ermittlung zu integrieren, um aufzuzeigen, inwiefern sich ein Ermittlungsfehler auf weitere Ermittlungsschritte auswirkt und zu einem falschen Tatverdacht führen kann. Innerhalb dieses Forschungsfeldes existiert bislang nur sehr wenig Fachliteratur, die kleinschrittig und tiefgehend auf die kognitive Dissonanz bei Polizeibeamten eingeht. Gleichwohl ist dieses Phänomen der rechtswissenschaftlichen Literatur grundsätzlich nicht fremd.[47] So wurden etwa die Auswirkungen kognitiver Dissonanz bei Tatrichtern in Deutschland schon weitestgehend untersucht.[48] Mit dieser Arbeit sollen die bestehenden Lücken mit Blick auf die polizeiliche

46 Die Ursachen der Dissonanzentstehung werden in dieser Arbeit hingegen nicht erörtert, da sie selbst von Sozialpsychologen noch nicht hinreichend untersucht worden sind und weiterhin unterschiedliche Meinungen zu dieser Problematik vertreten werden. Zu dem derzeitigen Meinungsstand, s. *Singelstein*, StV 2016, 830 (832).

47 Siehe unter anderem: *Eschelbach*, GA 2019, 593-619; *Dowling/Gundlach*, Kriminalistik 2019, 73-79; *Singelstein*, StV 2016, 830 ff.; *Eschelbach*, in: Fischer/Hoven, S. 29 ff.; *Eschelbach*, in: FS Eisenberg, S. 415; vgl. *Findley/Scott*, Wisconsin Law Review 2006, 291 (295).

48 Vgl. *Schünemann*, in: Kerner/Kury/Sessar, S. 1109-1151; *Eschelbach*, GA 2019, 593 (593); *Singelstein*, StV 2016, 830 (831).

Tätigkeit im Ermittlungsverfahren geschlossen werden, da dieses Problem jeweils durch spezifische Merkmale jedes Verfahrensakteurs beeinflusst wird.[49]

Erste thematische Überlegungen bietet *Jan Raskes* Werk „Wie bei polizeilichen Ermittlungen ein falscher Tatverdacht entsteht“ (2013), wobei sich der Autor allein auf einzelne Aspekte der klassischen Dissonanztheorie bezieht.[50] Diese Arbeit wird die wenigen bereits bestehenden Erkenntnisse ergänzen, indem neben einer inhaltlichen Darstellung der kriminalpolizeilichen Tätigkeit [Kapitel 3, B] der Frage nachgegangen wird, unter welchen *reformulierten* Bedingungen kognitive Dissonanz im Rahmen des „kriminalistisch-heuristischen Regelkreises“ als Form der Fallanalyse entstehen kann [Kapitel 3, C]. Die Fallanalyse bildet das „Herzstück“ des Ermittlungsverfahrens und aus diesem Grund den Ausgangspunkt der Untersuchung.[51] Anschließend wird unter diesen Prämissen erörtert, welche dissonanztheoretischen Reduktionsmechanismen zu Fehlerquellen innerhalb der Ermittlungspraxis und somit im Ergebnis zur Verfolgung eines falschen Ermittlungsansatzes führen können. Diese bis dahin noch sehr theoretischen Ansätze werden durch reale Fallbeispiele ergänzt.

Einen weiteren zentralen Aspekt der Ermittlungsarbeit bildet die Beschuldigtenvernehmung. Wie bereits der Fall *Rupp* demonstriert, können im Rahmen einer Vernehmung falsche Geständnisse abgelegt werden, die schlussendlich zu einem fehlerhaften Ermittlungsergebnis führen. Aus diesem Grund soll der Vernehmungssituation als Teil der Fallanalyse besonderes Augenmerk zuteilwerden. Diese Arbeit wird untersuchen, inwiefern sich bereits wirksam gewordene dissonanzbedingte Fehler auf die Vernehmungssituation auswirken [Kapitel 3, D]. Sodann wird erörtert, inwiefern spezifische Merkmale der Vernehmungssituation die dissonanzbedingte Fehlerbildung zusätzlich begünstigen und unter welchen Bedingungen ein Falschgeständnis zustande kommen kann. Abschließend werden die Auswirkungen eines Falschgeständnisses für künftige Ermittlungsschritte dargestellt und die Relevanz von Vernehmungsprotokollen in diesem Kontext aufgezeigt.

---

49 *Singelstein*, StV 2016, 830 (832); vgl. *Eschelbach*, in: Fischer/Hoven, S. 32. Auch *Kölbel/Puschke/Singelstein* beklagen, dass es mehr Arbeiten zu den Entstehungsbedingungen von Fehlerquellen geben soll und die „deeper causes“ mehr Aufmerksamkeit bedürfen, S. *ebd.* GA 2019, 129 (145).

50 *Raskes* Werk wird mitunter auch in der rechtswissenschaftlichen Fachliteratur rezipiert, s. etwa *Eschelbach*, in: Fischer/Hoven, S. 29 ff.

51 So *Clages* zur „kriminalistischen Fallanalyse“, die nach der kriminalistischen Fachliteratur jedoch dem Begriff des kriminalistischen Regelkreises gleichgesetzt werden kann, s. *Gundlach*, in: Artkämper/Clages, S. 189.

Da die Theorie der kognitiven Dissonanz lediglich ein Erklärungsmodell für Fehler im Strafprozess darstellt, werden im weiteren Fortgang der Arbeit zur Ergänzung der gewonnenen Erkenntnisse weitere sozialpsychologische Phänomene, die während der Ermittlungstätigkeit wirksam werden können, in den Blick genommen [Kapitel 3, E].

Angesichts des rückständigen Forschungsstandes zur Thematik dissonanzbedingter Ermittlungsfehler verwundert es zudem nicht, dass bislang noch nicht ausführlich geklärt werden konnte, ob kognitive Wahrnehmungsverzerrungen allein für die Begründung eines falschen Ermittlungsansatzes verantwortlich sind, oder ob das strafprozessuale Rechtssystem die dissonante Fehlerbildung begünstigt.[52] Letztendlich wäre auch ein Zusammenspiel beider Faktoren möglich. Dieser Frage soll in diesem Abschnitt der Arbeit nachgegangen werden, indem weitere faktische und rechtliche Determinanten beleuchtet werden, die Einfluss auf die Bildung von kognitiver Dissonanz im Rahmen der polizeilichen Ermittlungen haben [Kapitel 3, F]. Dabei beschränkt sich die Untersuchung nicht nur auf strafprozessuale Faktoren, sondern es wird versucht, einen sehr umfänglichen Gesamtkatalog zu erstellen.

Aufgrund des unbefriedigenden Forschungsstandes zu dissonanzbedingten Ermittlungsfehlern in Deutschland wird in einem weiteren Kapitel ein Blick auf die internationale Forschung geworfen, die eine aktuelle wissenschaftliche Gesamtschau der untersuchten Problematik zu präsentieren vermag [Kapitel 3, G]. Mithilfe der Darstellung einiger Studien und Erkenntnisse aus anderen Ländern soll dies gelingen. In diesem Zusammenhang muss berücksichtigt werden, dass die Ergebnisse nicht ohne Weiteres auf den deutschen Strafprozess übertragen werden können. Ziel dieser Arbeit wird es sein, die Relevanz der Ergebnisse für den deutschen Strafprozess zu erörtern.

Der letzte Teilbereich dieses Kapitels besteht in der Erarbeitung möglicher Präventionsmaßnahmen im Hinblick auf die dargestellten Fehlerquellen [Kapitel 3, H]. Dabei werden unter anderem internationale Modelle, wie bspw. der Einsatz eines Advocatus Diaboli[53] als Diskussionsgegenstand herangezogen.

52 „Es ist nach organisationsinternen und -externen Bedingungen zu fragen, die in Ermittlungspraktiken zu fehlerhaften Verdachtsfestlegungen drängen", *Kölbel/Puschke/Singelstein*, GA 2019, 129 (146). Die Frage, ob Fehlerquellen im Ermittlungsverfahren allein auf Organisationsversagen, mithin systematische Fehler zurückzuführen sind, stellen sich auch *Dowling/Gundlach*, Kriminalistik 2019, 73 (73), s.a. *Dunkel/Kemme*, NK 2016, 138 (149, 150); *Velten*, GA 2015, 387 (392).

53 Siehe dazu: *Salet*, Opsporing, tegenspraak en veranderende frames (2015).

Daneben gerät aber auch die Reform der Strafprozessordnung aus dem Jahr 2017[54] in den besonderen Fokus der Untersuchungen. Es wird erörtert, inwiefern die Forderungen der Expertenkommission in der Lage sind, dem Problem dissonanzbedingter Ermittlungsfehler entgegenwirken und ob sie in der Reformgesetzgebung umgesetzt wurden. Sodann wird diskutiert, inwiefern die jüngsten Strafprozessreformen Abhilfe schaffen und ob womöglich weiterer Handlungsbedarf besteht. Es liegt auf der Hand, dass durch die Präventionsmaßnahmen menschliches Versagen nicht auf Null reduziert werden kann.[55] Dennoch sollen die Vorschläge dazu dienen, die Fehlerträchtigkeit im deutschen Strafprozess zu minimieren.

Im letzten Kapitel werden die Erkenntnisse und Ergebnisse dieser Arbeit einer abschließenden Beurteilung unterzogen und ein Ausblick auf die Zukunft der Ermittlungstätigkeit gewagt [Kapitel 4].

Rechtsprechung und Literatur sind bis April 2021 berücksichtigt.

---

54 Siehe: Gesetz zur effektiveren und praxistauglicheren Ausgestaltung des Strafverfahrens vom 17. August 2017.

55 So auch *Neuhaus*, StV 2015, 185 (186).

Kapitel 2: Das strafrechtliche Fehlurteil als Ergebnis ermittlungsbedingter Fehlerquellen

„Falsch ist es, vom Seienden zu sagen, es sei nicht und vom Nichtseienden, es sei. Wahr ist es, vom Seienden zu sagen, es sei und vom Nichtseienden zu sagen, es sei nicht. Also wird jeder, der sagt, etwas sei, oder sagt, etwas sei nicht, entweder wahr oder falsch reden."

– *Aristoteles* –

Ausgangspunkt der nachfolgenden Untersuchung ist die Tatsache, dass die Relevanz objektiv und korrekt ausgeführter Ermittlungen vor dem Hintergrund der zunehmenden Bedeutungslosigkeit des Hauptverfahrens wächst. Empirische Untersuchungen von *Bandilla/Schünemann*[56] haben in diesem Kontext bereits nachweisen können, dass Richter oftmals zu einer unreflektierten Übernahme der polizeilichen Ergebnisse aus Ermittlungsakten neigen und sich somit bereits im Ermittlungsverfahren verursachte Fehler in der Hauptverhandlung verdichten können. Würden diese Ermittlungsfehler im Hauptverfahren entdeckt und behoben werden, ließen sich die daraus resultierenden Konsequenzen abmildern. Die strafverfahrensrechtliche Realität zeugt indes davon, dass fehlerhaft und einseitig durchgeführte Ermittlungen eine der Hauptfehlerquellen für Fehlurteile sind und häufig unentdeckt bleiben.

Das vorliegende Kapitel will aus diesem Grund das fehlerhafte Ermittlungsgeschehen als Auslöser eines Fehlurteils im Gesamtkontext des Strafprozesses beleuchten und die Herausforderungen darstellen, denen sich die Betroffenen eines Fehlurteils stellen müssen. Zu diesem Zweck wird in einem ersten Schritt ein Blick auf den Begriff des Ermittlungsfehlers geworfen, der im weiteren Gang der Untersuchung *den* zentralen Kernbegriff bildet. Anschließend wird versucht, die Terminologie des Fehlurteils zu definieren und die im Kontext der Fehlurteilsfolgen und Fehlurteilsforschung resultierenden Probleme herauszuarbeiten.

A. Der Begriff des Ermittlungsfehlers

Zunächst ist festzuhalten, dass ein Ermittlungsfehler sowohl durch ein Tun als auch ein Unterlassen erfolgen kann und kein schuldhaftes Verhalten des

56 Siehe dazu in dieser Arbeit Kapitel 1, A.

Ermittlers voraussetzt.[57] Ein Ermittlungsfehler ist anzunehmen, wenn eine Ermittlungstätigkeit objektiv gegen eine kriminalistische Regel bzw. gegen eine kriminalistische Verhaltensnorm verstößt,[58] wobei diese an die Aufgaben und Prinzipien kriminalistischer Tätigkeit angelehnt werden. Demgemäß wird gefordert, dass Ermittler objektiv, dynamisch und differenziert agieren sowie mithilfe einer einwandfreien Beweiserhebung, -sicherung und -auswertung zu einer bestmöglichen Sachverhaltsaufklärung beitragen.[59] Die Ermittler sollen alle notwendigen Voraussetzungen für eine Überführung oder Entlastung des Beschuldigten aufdecken und dabei losgelöst von subjektiven Herangehensweisen handeln. Nicht zuletzt hat die Ermittlungstätigkeit unter strenger Einhaltung der Gesetze zu erfolgen, um auf dieser Grundlage der Wahrheitserforschung als Ziel der Ermittlungen bestmöglich Genüge zu tun. Ein Ermittlungsfehler ist demnach etwa zu bejahen, wenn das Gebot der objektiven Wahrheitserforschung von den Polizeibeamten nicht eingehalten wird.

B. Der Begriff des Fehlurteils: Ein Definitionsversuch

In Gegenüberstellung zum Begriff des Ermittlungsfehlers wird der Begriff des Fehlurteils im Schrifttum nicht einheitlich, sondern differenziert betrachtet:

I. Abgrenzung zu den Begriffen Justizirrtum, Justizfehler und Fehlentscheidung

Der Begriff des Fehlurteils wird oftmals mit den Begriffen des Justizirrtums, des Justizfehlers oder der Fehlentscheidung in Verbindung gebracht oder gar gleichgesetzt.[60] Dementsprechend ist es sinnvoll die Begriffe voneinander abzugrenzen.

Justizirrtümer bzw. Justizfehler werden primär als Oberbegriff über den Fehlentscheidungen verstanden, welche neben Urteilen auch Beschlüsse sowie Verfügungen erfassen.[61] Fehlurteile stellen folglich nur einen Teilbereich der Fehlentscheidungen und somit des Justizirrtums bzw. Justizfehlers dar.[62]

---

57 *Lange*, S. 9; *de Vries*, S. 253.

58 *Lange*, S. 9; *de Vries*, Die Polizei 2014, 134 (134).

59 Dazu im Folgenden: *Walder/Hansjakob/Gundlach/Straub*, S. 13; *Brodag*, S. 283; *Lange*, S. 9; *Berthel*, Kriminalistik 2007, 732 (733).

60 *Leuschner/Hoffmann*, NK 2016, 155 (156).

61 *Jehle*, FPPK 2013, 220 (222); *Leuschner/Hoffmann*, NK 2016, 155 (157); *Dunkel*, S. 27.

62 *Kleinknecht*, GA 1961, 45 (46); *Leuschner/Hoffmann*, NK 2016, 155 (156); a.A. *Böhme*, S. 50: Der Autor hebt hervor, dass der Begriff des Fehlurteils auch derart verstanden

Gleichwohl können sowohl Fehlurteile als auch fehlerhafte Beschlüsse und Verfügungen gleichermaßen schwerwiegende Folgen haben.[63]

II. Definitionsansätze

Das „Fehlurteil" ist bislang kein feststehender, einheitlicher oder gar gesetzlich normierter Begriff, weshalb es zu unterschiedlichen Auslegungen der Begriffsinhalte kommt.[64] Diese können von subjektiven Einflüssen und Berufsbildern geprägt sein, sodass für einen Richter ein Fehlurteil bspw. zu bejahen ist, wenn ein Rechtsmittel gegen das Grundurteil Erfolg hat, für einen Strafverteidiger hingegen ein solches vorliegt, wenn der Verurteilte das ihm vorgeworfene Delikt nicht begangen hat.[65] Einigkeit besteht jedoch darüber, dass Fehlurteile sowohl zugunsten als auch zuungunsten des Angeklagten ergehen können und folglich auch fehlerhafte Freisprüche erfasst sind.[66] Im Folgenden soll dargestellt werden, welche terminologischen Auslegungsversuche in der Vergangenheit unternommen wurden und wie man sich dem Begriff des Fehlurteils aus heutiger Sicht nähern kann.

1. Enge Auslegung des Fehlurteilsbegriffs

Nach einer sehr frühen engen Auffassung lag ein Fehlurteil vor, „wenn das Grundurteil wegen erwiesener Unschuld, mangels begründeten Tatverdachts oder wegen erwiesener Schuld aufgehoben werden mußte".[67] Gegen diese sehr enge Auslegung des Fehlurteilsbegriffs lässt sich zum einen anführen, dass die Begriffe „erwiesene Unschuld" und „begründeter Tatverdacht" bereits 1974 aus

---

werden kann, dass er als Oberbegriff des Justizirrtums zu deuten ist, da ein Irrtum lediglich fahrlässig möglich ist, Fehlurteile aber auch vorsätzlich ergehen können.

63 *Leuschner/Hoffmann*, NK 2016, 155 (157).

64 *Leuschner/Hoffmann*, NK 2016, 155 (156); *Dunkel/Kemme*, NK 2016, 138 (140); *Lange*, S. 3; *Böhme*, in: Effer-Uhe/Hoven/Kempny/Rösinger, S. 41; *Kotsoglou*, JZ 2017, 123 (124). Gegen die Verwendung eines Fehlurteilsbegriffs, S. *Kotsoglou*, JZ 2017, 123 (125). Kritisch dazu: *Barton*, in: FS Eisenberg, S. 15-29.

65 So Strafverteidiger *Johann Schwenn*, FPPK 2013, 258 (258); *Bohner/Lindemann*, R&P 2016, 2 (2).

66 *Peters*, in: Sieverts/Schneider, S. 259; *Barton*, in: FS Eisenberg, S. 18; *Jehle*, FPPK 2013, 220 (221). Ausführlich zur Problematik der Freisprüche als Fehlurteile s. *Böhme*, S. 35-45.

67 *Lange*, S. 3 f., wo die Autorin auf differenzierte, nicht zwingend eigene, Auslegungsmöglichkeiten eingeht.

der StPO gestrichen wurden.[68] Zum anderen schließt dieses enge Verständnis des Fehlurteilsbegriffs Fälle der Unschuldsvermutung aus.[69] Eine enge Auslegung des Fehlurteilsbegriffs ist folglich abzulehnen.

2. *Definition nach Karl Peters*

Karl Peters bejaht das Vorliegen eines Fehlurteils, wenn „es inhaltlich erkennbar falsch ist oder wenn es beweismäßig nicht genügend abgesichert ist, sodass es inhaltlich in Zweifel gezogen werden kann".[70] Daraus folgt, dass zwischen Ermittlungs- und Beurteilungsfehlern unterschieden werden kann.[71] Ein maßgeblicher Aspekt dieser Begriffsbestimmung von *Peters* ist die Hinzuziehung der Unschuldsvermutung, welche bei Zweifeln hinsichtlich der Beweislage einen Freispruch des Angeklagten fordert und somit diese Fälle von den Fehlurteilen ausnimmt.[72] Allerdings verkennt *Peters* an dieser Stelle, dass sich Urteile aufgrund neuerer Technologien im Rahmen der Beweiserhebung, vornehmlich der DNA-Analyse, im Nachhinein als falsch herausstellen können, obwohl dies zum Zeitpunkt des Urteilsspruchs nicht erkennbar war.[73] Ferner erschließt sich nicht, ob ein Urteil auch dann falsch ist, wenn die zur Verfügung stehenden Rechtsmittel im Strafverfahren Erfolg gegen das Urteil haben.[74] Nicht zuletzt wird verkannt, dass eine Verurteilung von vielen weiteren Faktoren beeinflusst werden kann. So kann nach *Lange* bspw. ein Freispruch aus Mangel an Beweisen, welcher kein Fehlurteil nach *Peters* darstellt, zu einem solchen werden, wenn der Angeklagte die Tat nachträglich gesteht.[75]

3. *Annäherung an den Fehlurteilsbegriff durch Blick auf das Ziel des Strafverfahrens*

Eine Annäherung an den Begriff des Fehlurteils könnte letztendlich durch einen Blick auf das Ziel des Strafverfahrens gelingen.

---

68 *Peters*, S. 4.

69 Vgl. *ebd.*, S. 4.

70 *Peters*, Fehlerquellen im Strafprozeß, Band 3, S. 33; vgl. *Peters*, in: Sieverts/Schneider, S. 259; *Lange*, S. 4; *Dunkel/Kemme*, NK 2016, 138 (140); *Leuschner/Hoffmann*, NK 2016, 155 (156).

71 *Peters*, in: Sieverts/Schneider, S. 259.

72 *ebd.*; *Lange*, S. 3.

73 *Dunkel/Kemme*, NK 2016, 138 (140).

74 *ebd.*

75 *Lange*, S. 4.

a) Ziel des Strafverfahrens

Nach herrschender Meinung ist Ziel des Strafverfahrens, ein wahres und materiell gerechtes Urteil zu finden.[76] Das Urteil über die Strafbarkeit des Beschuldigten muss zudem prozessordnungsmäßig zustande gekommen sein und soll den gestörten Rechtsfrieden wiederherstellen.[77] Das Bundesverfassungsgericht äußert dazu in ständiger Rechtsprechung: „*Aufgabe des Strafprozesses ist es, den Strafanspruch des Staates um den Schutz der Rechtsgüter Einzelner und der Allgemeinheit willen in einem justizförmigen Verfahren durchzusetzen und dem mit Strafe Bedrohten eine wirksame Sicherung seiner Grundrechte zu gewährleisten. Der Strafprozess hat das aus der Würde des Menschen als eigenverantwortlich handelnder Person und dem Rechtsstaatsprinzip, dass keine Strafe ohne Schuld verhängt werden darf, zu sichern und entsprechende verfahrensrechtliche Vorkehrungen bereitzustellen. Zentrales Anliegen des Strafprozesses ist die Ermittlung des wahren Sachverhalts, ohne den sich das materielle Schuldprinzip nicht verwirklichen lässt. Dem Täter müssen Tat und Schuld nachgewiesen werden. Bis zum Nachweis der Schuld wird seine Unschuld vermutet.*“[78]

Die Verwirklichung eines wahren und gerechten Urteilsspruchs als zentrales Anliegen findet in der Rechtsordnung und in den Verfahrensmaximen des Strafprozesses Rückhalt. § 244 II StPO statuiert das Gebot der bestmöglichen Sachverhaltsaufklärung und konkretisiert in Verbindung mit § 155 II StPO den sog. Untersuchungsgrundsatz, wonach das Gericht zur Erforschung der Wahrheit eigenständig die Beweisaufnahme von Amts wegen auf alle Tatsachen und Beweismittel zu erstrecken hat, die für die Entscheidung von Bedeutung sind.[79]

Zurückführen lässt sich der Untersuchungsgrundsatz auf das Rechtsstaatsprinzip nach Art. 20 III GG.[80] Das Bundesverfassungsgericht leitet ihn

76 Vgl. *Radtke*, GA 2012, 187 (187); *Kotsoglou*, JZ 2017, 123 (125); *Pfister*, FPPK 2013, 250 (251); *Malek*, StV 2011, 559 (559).

77 *Roxin/Schünemann*, § 1 Rn. 3; *Bohner/Lindemann*, R&P 2016, 2 (2); *Radtke*, GA 2012, 187 (187); *Malek*, StV 2011, 559 (560).

78 BVerfG, Urt. v. 19.03.2013 – 2 BvR 2628/10; BVerfG, Beschl. v. 26.05.1981 – 2 BvR 215/81; *Radtke*, GA 2012, 187 (188).

79 *Sättele*, in: Satzger/Schluckbier/Widmaier, § 244 Rn. 24; *Böhme*, in: Effer-Uhe/Hoven/Kempny/Rösinger, S. 40. Der Untersuchungsgrundsatz findet sich auch in der Norm des § 160 II StPO für die Staatsanwaltschaft wieder.

80 Grundgesetz für die Bundesrepublik Deutschland in der im Bundesgesetzblatt Teil III, Gliederungsnummer 100-1, veröffentlichten bereinigten Fassung, das zuletzt durch Art. 1 und 2 S. 2 des Gesetzes vom 29. September 2020 (BGBl. I S. 2048) geändert worden ist.

vornehmlich aus der „Idee der Gerechtigkeit" und dem materiellen Schuldprinzip ab, welches Ausdruck der Garantie der Menschenwürde aus Art. 1 I GG ist.[81] Die strafprozessuale Wahrheitsermittlung ist folglich auch ein verfassungsrechtlich bedeutsames Anliegen.[82]

Der Grundsatz der bestmöglichen Sachverhaltsaufklärung dient daneben zweierlei Interessenkreisen: Zum einen verlangt die Allgemeinheit nach der Bestrafung des Schuldigen, zum anderen hat auch der Angeklagte ein Recht darauf, nur bei zweifelsfreier Feststellung der Tat verurteilt zu werden.[83] Die Norm des § 244 II StPO ist Ausdruck des Prinzips der materiellen Wahrheit[84] und schafft mit ihrem Anspruch, den wahren Sachverhalt zu ermitteln, die Voraussetzung für ein gerechtes Urteil.[85] Im Ergebnis wird so deutlich, dass die Prozessziele der Wahrheit und Gerechtigkeit nicht gleichgeordneter Natur sind, sondern die Wahrheitsermittlung erst ein gerechtes Urteil ermöglicht.[86]

b) Die Wahrheitsermittlung als zentraler Gegenstand des Strafverfahrens

Zentraler Gegenstand des Strafverfahrens ist im Ergebnis die Ermittlung der materiellen Wahrheit.[87] Vor diesem Hintergrund könnte angenommen werden, dass ein Urteil richtig und damit kein Fehlurteil ist, wenn es *wahr* ist. Umgekehrt wäre ein Fehlurteil zu bejahen, wenn es nicht der materiellen Wahrheit entspricht. Diesen Grundgedanken unterstützend definiert *Theodor Kleinknecht* den Begriff des Fehlurteils im Sinne der materiellen Wahrheit und bejaht ein solches bei einem Urteil, dass „vom Standpunkt der materiellen Gerechtigkeit falsch ist. Denn unter einem Fehlurteil wird man ein Urteil zu verstehen haben, durch das der Angeklagte zu Unrecht verurteilt oder nicht verurteilt wird, wobei es genügt, daß die Entscheidung in einem wesentlichen Teil – insbesondere hinsichtlich einer wesentlich schweren Deliktsart oder einer wesentlich schweren Erscheinungsform der strafbaren Handlung – unrichtig ist".[88] Vor diesem

---

81 *Radtke*, GA 2012, 187 (188).

82 *ebd.;* vgl. *Roxin/Schünemann*, § 1 Rn. 4.

83 *Maul*, in: FS Peters, S. 48.

84 Das Prinzip der materiellen Wahrheit kommt ferner in den §§ 155 II, 160 II StPO zum Ausdruck, s. *Stamp*, S. 17.

85 *Stamp*, S. 16, 21; *Radtke*, GA 2012, 187 (188); *Böhme*, in: Effer-Uhe/Hoven/Kempny/Rösinger, S. 40; *Kotsoglou*, JZ 2017, 123 (126).

86 *Stamp*, S. 21; Graf/*Eschelbach*, § 261 Rn. 6; *Volk*, S. 193; *Malek*, StV 2011, 559 (560).

87 *Barton/Dubelaar/Kölbel/Lindemann*, S. 12; *Radtke*, GA 2012, 187 (188, 190); *Kühne*, GA 2008, 361 (361); Graf/*Eschelbach*, § 261 Rn. 5.

88 *Kleinknecht*, GA 1972, 103 (103); *Lange*, S. 5.

Hintergrund muss sich zunächst der Frage gewidmet werden, was unter dem Begriff der materiellen Wahrheit im strafprozessualen Sinne zu verstehen ist, da verfassungsrechtliche Vorgaben zum Inhalt des Begriffs nicht existieren.[89]

aa) Die historische Wahrheit und ihre Grenzen

(1) Begriff

Das Prinzip der materiellen Wahrheit strebt nach dem Ideal, die sog. historische Wahrheit (auch: objektive Wahrheit) zu ermitteln.[90] Den Sachverhalt so zu rekonstruieren, wie er tatsächlich war und somit eine Übereinstimmung der Urteilsfeststellungen mit dem wirklichen Sachverhalt zu erreichen ist Ziel der strafrechtlichen Hauptverhandlung.[91] Eine größtmögliche Nähe zur historischen Wahrheit sollen dabei die Einhaltung des Strengbeweises nach den §§ 244 bis 256 StPO und die Dokumentation der Sachverhaltsermittlung in den Urteilsgründen gewährleisten.[92] Allerdings sind der Ermittlung der historischen Wahrheit Grenzen gesetzt, welche die Feststellung in ihrer Gesamtheit überwiegend unmöglich machen.[93]

(2) Rechtliche Grenzen der historischen Wahrheit

Der Ermittlung der historischen Wahrheit werden zunächst vom Gesetzgeber rechtliche Grenzen gesetzt.[94] So kann der Angeklagte unter anderem selbst die Wahrheitsermittlung beeinflussen, indem er von seinem Recht, *sich selbst nicht*

---

89 *Radtke*, GA 2012, 187 (189). Der Ursprung des Wahrheitsbegriffs liegt nach herrschender Meinung in der Korrespondenztheorie (aedequatio rei et intellectus), der ältesten Theorie des Wahrheitsbegriffs. Danach ist Wahrheit „die Übereinstimmung (Korrespondenz) von Gegenstand und Erkenntnis", s. *Stamp*, S. 33; *Malek*, StV 2011, 559 (560). Zu den Grenzen der prozessualen Wahrheit und ihrer Abgrenzung zur formellen Wahrheit des deutschen Zivilprozesses, s. *Stamp*, S. 17 f.

90 *Pfister*, FPPK 2013, 250 (252); *Artkämper*, Kriminalistik 2009, 349 (350); *Kotsoglou*, JZ 2017, 123 (126). „Philosophische Gültigkeits- oder Ewigkeitsansprüche" spielen indes keine Rolle, *Kühne*, GA 2008, 361 (361). Einen Überblick über die philosophische Kontroverse des Wahrheitsbegriffs gibt *Stamp*, S. 29 ff.

91 *Artkämper*, Kriminalistik 2009, 349 (350); *Kotsoglou*, JZ 2017, 123 (126); Graf/*Eschelbach*, § 261 Rn. 5.

92 *Kühne*, GA 2008, 361 (362).

93 *Artkämper*, Kriminalistik 2009, 349 (350); *Stamp*, S. 102; *Pfister*, FPPK 2013, 250 (252); *Böhme*, in: Effer-Uhe/Hoven/Kempny/Rösinger, S. 42.

94 *Stamp*, S. 102; *Pfister*, FPPK 2013, 250 (253). Die Aufzählung rechtlicher Grenzen versteht sich hier nicht als abschließend.

zu belasten, Gebrauch macht.[95] Dieser Grundsatz erlaubt es dem Angeklagten zu schweigen oder sogar zu seinem eigenen Vorteil vor Gericht zu lügen und auf diese Art die Tatrekonstruktion zu verfälschen.[96]

Gleichermaßen können auch *Zeugnisverweigerungsrechte* nach den §§ 52, 53, 53a StPO und das *Auskunftsverweigerungsrecht* nach § 55 StPO der Ermittlung der historischen Wahrheit insofern entgegenstehen, als Zeugen jenseits ihrer selektiven Wahrnehmungen bewusst nur einen Bruchteil der zur Verfügung stehenden Informationen preisgeben und auf diese Weise die Rekonstruktion des historischen Sachverhalts verfälschen.[97] So darf etwa nach § 52 I Nr. 2 StPO, einem Ausdruck des nemo-tenetur-Prinzips[98], der Ehegatte das Zeugnis zum Schutze seines Partners verweigern.[99] Überdies kann sich ein Zeugnisverweigerungsrecht auch aus der Verfassung ergeben, sofern während der beweisaufnahmerechtlichen Vernehmung der Kern der privaten Lebensgestaltung (Art. 2 I GG i.V.m. Art. 1 I GG) eines Zeugen berührt wird.[100]

Eine weitere Grenze im Bereich der Aussagesituation vor Gericht zieht die *Kronzeugenregelung* des § 46b StGB.[101] Nach dieser Norm kann ein Tatbeteiligter eine Strafmilderung erhalten, wenn er freiwillig dazu beiträgt, eine schwere Straftat i.S.d. § 100a II StPO aufzuklären oder einer Dienststelle rechtzeitig Informationen mitteilt, die zur Verhinderung einer Straftat führen. Die Tat des Tatbeteiligten muss dabei nach § 46b I 1 Nr. 1, 2 StGB einen Konnexitätszusammenhang zu der Katalogtat aufweisen. Zweck der Norm ist es, kooperationswilligen Tatbeteiligten durch das Inaussichtstellen einer Strafmilderung einen Anreiz zur Aufklärungs- und Präventionshilfe zu bieten.[102] Auf diese Art und Weise soll es den Strafverfolgungsbehörden gelingen, Straftaten schneller

---

95 Nemo-tenetur-se-ipsum-accusar-Grundsatz, hergeleitet aus Art. 2 I GG i.V.m. Art. 1 I, 20 III GG, s. *Pfister*, FPPK 2013, 250 (253).

96 *Böhme*, in: Effer-Uhe/Hoven/Kempny/Rösinger, S. 42.

97 *Pfister*, FPPK 2013, 250 (253); *Böhme*, in: Effer-Uhe/Hoven/Kempny/Rösinger, S. 43.

98 Wolter/*Rogall*, Band I § 52 Rn. 8; vgl. *Eschelbach*, in: Satzger/Schluckebier/Widmaier, § 52 Rn. 1. *Ders.* bezeichnet die Vorschrift als „Verwandte" des nemo-tenetur-Grundsatzes.

99 *Schmitt*, in: Meyer-Goßner/Schmitt, § 52 Rn. 1.

100 *Böhme*, in: Effer-Uhe/Hoven/Kempny/Rösinger, S. 43.

101 Strafgesetzbuch in der Fassung der Bekanntmachung vom 13. November 1998 (BGBl. I S. 3322), das zuletzt durch Art. 1 des Gesetzes vom 30. März 2021 (BGBl. I S. 441) geändert worden ist. Zur Historie der Kronzeugenregelung und ihrer rechtlichen Legitimation, s. *Labs*, Die strafrechtliche Kronzeugenregelung. Legitimation einer rechtlichen Grauzone? (2016).

102 BT-Drs. 16/6268; *Fischer*, § 46b Rn. 3.

aufzuklären und wertvolle Informationen, insbesondere „Insiderwissen" (z.B. im Bereich der organisierten Kriminalität) zu erhalten.[103] Gleichermaßen birgt diese Möglichkeit der Strafmilderung allerdings auch die Gefahr, dass ein Tatbeteiligter zu seinen Gunsten nicht die gesamte Wahrheit preisgibt und die Sachverhaltsaufklärung manipuliert.[104] Ein weiterer Kritikpunkt kann darin gesehen werden, dass die Norm des § 46b StGB der Gerechtigkeit womöglich nicht Rechnung trägt, da ein Täter in diesem Szenario niemals der eigentlich vorgesehenen „gerechten" Strafe zugeführt wird.[105]

Darüber hinaus erschweren *Beweiserhebungs- und Beweisverwertungsverbote* nach den §§ 136 ff. StPO die Erforschung des tatsächlichen Geschehens.[106] Zwar könnte ein Beschuldigter z.B. im Rahmen einer Vernehmung unter Hypnose Informationen zum Tathergang liefern oder ein Geständnis ablegen und damit der historischen Wahrheit Rechnung tragen. Allerdings verbietet § 136a I 1 StPO als Ausprägung des Art. 1 I GG solche Vernehmungsmethoden, um ein rechtstaatlich-geordnetes Verfahren zu garantieren.[107]

Nicht zuletzt können *Strafprozessuale Absprachen* die Ermittlung des wahren historischen Sachverhaltes behindern.[108] Nach § 257c I StPO kann das Gericht mit den Verfahrensbeteiligten eine Absprache über den Fortgang und das Ergebnis des Verfahrens treffen und gem. § 257c II StPO das Strafmaß im Austausch gegen ein Geständnis des Angeklagten mildern. Dieses muss auf seine Richtigkeit geprüft werden[109] und soll nach § 257c I 2 StPO das Prinzip der materiellen Wahrheit nach § 244 II StPO nicht berühren.[110] Dennoch können auch bewusst falsche Geständnisse aus Angst vor einer Verurteilung oder in Erwartung auf

103 BT-Drs. 16/6268.

104 So auch: *Eschelbach*, in: Satzger/Schluckbier/Widmaier, § 46b Rn. 4 f.

105 Vgl. *Fischer*, § 46b Rn. 3.

106 *Pfister*, FPPK 2013, 250 (253).

107 *Schmitt*, in: Meyer-Goßner/Schmitt, § 136a Rn. 1; vgl. Graf/*Monka*, § 136a Rn. 1; KK-*Diemer*, § 136a Rn. 1.

108 Vgl. *Pfister*, FPPK 2013, 250 (251). Zur Historie und Entwicklung der Verfahrensbeendigung im Strafverfahren, s. *Sauer/Münkel*, Absprachen im Strafprozess (2014).

109 Graf/*Eschelbach*, § 257c Vorbem.; *Pfister*, FPPK 2013, 250 (251).

110 Der Norm des § 257c I 2 StPO werden erhebliche Bedenken entgegengesetzt, s. *Schmitt*, in: Meyer-Goßner/Schmitt, § 257c Rn. 3. Auch eine aktuelle Studie zu Absprachen im Strafprozess setzt sich kritisch mit § 257c StPO auseinander, siehe *Fiebig*, Erlaubte Verständigung oder schmutziger Deal?, abrufbar unter: https://www.lto.de/recht/justiz/j/studie-absprache-strafprozess-257c-stpo-verstaendigung-deal/ (Abruf v. 31.03.2021).

ein niedrigeres Strafmaß abgegeben werden und auf diesem Weg die Wahrheitsermittlung beeinflussen.[111]

Dem Paradigma der Verfahrenseffizienz unterstehen neben dem Deal auch die vereinfachten Verfahren des *Strafbefehlsverfahrens* nach §§ 407 ff. StPO und des *Beschleunigten Verfahrens* nach §§ 417 ff. StPO.[112] Das Strafbefehlsverfahren ist nur in Fällen kleiner und mittlerer Kriminalität zulässig, die keine rechtlichen oder tatsächlichen Probleme aufweisen.[113] Das Beschleunigte Verfahren wird demgegenüber in Fällen angewendet, die rechtlich wie tatsächlich auf eine klare Beweislage hindeuten.[114] Neben der Absprache nach § 257c StPO sind es oftmals diese Verfahren, die eine strafrechtliche Verhandlung verkürzen.[115] Dadurch vergrößert sich die Gefahr, ungerechte Ergebnisse zu erzielen, da dem Beschuldigten zu wenig Gehör eingeräumt wird und die Erforschung eines Täterprofils ausbleibt.[116] In diesen Fällen wird die Wahrheitsermittlung folglich regelmäßig durch eine „Mediation der Wahrheit" ersetzt.[117]

Hierneben ist auch eine *Einstellung des Verfahrens* nach den §§ 153 ff. StPO bei Vergehen gängige Praxis, bei denen von der Verfolgung des Beschuldigten abgesehen wird.[118] Grundsätzlich gilt im deutschen Strafverfahren das Legalitätsprinzip, wonach die Strafverfolgungsbehörden verpflichtet sind ein Ermittlungsverfahren zu eröffnen, wenn sie Kenntnis von einer möglichen Straftat erlangt haben, vgl. §§ 152 II, 160, 163 StPO. Die §§ 153 ff. StPO sind somit Ausdruck des dem Legalitätsprinzip entgegenstehenden Opportunitätsprinzips,

---

111 *Böhme*, in: Effer-Uhe/Hoven/Kempny/Rösinger, S. 44. Nach *Eschelbach* kann die Fehlurteilsquote aufgrund von Absprachen erheblich steigen, s. Graf/*Eschelbach*, § 257c Rn. 1.5.

112 Vgl. *Momsen*, in: Satzger/Schluckebier/Widmaier, § 407 Rn. 1. Die Verfahrensbeschleunigung im Zusammenhang mit dem Ziel der Wahrheitsermittlung im Strafprozess kritisch beleuchtet *Kühne*, GA 2008, 361 (365).

113 *Roxin/Schünemann*, § 68 Rn. 1-2.

114 *ebd.*

115 Vgl. Graf/*Temming*, § 407 Rn. 3; *Kühne*, GA 2008, 361 (365); vgl. *Stamp*, S. 20.

116 Vgl. *Roxin/Schünemann*, § 68 Rn. 1-2, § 61 Rn. 1-2. In der Literatur wird aus Angst vor ungerechten Ergebnissen sogar die Abschaffung der Norm gefordert, s. *Schmitt*, in: Meyer-Goßner/Schmitt, § 417 Rn. 3. Neue Erkenntnisse im Zusammenhang zwischen Strafbefehlsverfahren und Fehlurteilen erbringen *Kemme/Dunkel*, welche mithilfe einer durchgeführten Aktenanalyse einen Blick auf die wichtigsten Fehlerquellen zulassen, s. dazu *Kemme/Dunkel*, StV 2020, 52-59.

117 *Kühne*, GA 2008, 361 (365).

118 *Schnabl*, in: Satzger/Schluckebier/Widmaier, § 153 Rn. 1; *Kühne*, GA 2008, 361 (365).

welches längst nicht mehr nur eine Ausnahme darstellt.[119] Die Einstellung des Verfahrens birgt in diesem Kontext die Gefahr, dass eine vollständige Sachverhaltsaufklärung im Sinne einer historischen Wahrheit ausbleibt.

Der *Beschleunigungsgrundsatz* kommt in unterschiedlichen Normen, namentlich den §§ 115, 121, 122, 128 f., 228, 229 StPO und Art. 6 I EMRK[120] zur Geltung und knüpft an das Paradigma der Verfahrenseffizienz und raschen Strafrechtspflege an.[121] Im Wesentlichen soll durch diesen Grundsatz den Problemen entgegengetreten werden, dass in die Rechte des womöglich zu Unrecht Beschuldigten eingegriffen wird und die Beweiskraft der gesammelten Daten abnimmt.[122] Die Rechtsprechung des EGMR verdeutlicht in diesem Kontext, dass ein Verstoß gegen das Beschleunigungsverbot dann zu bejahen ist, wenn „die Justiz untätig bleibt oder aber nicht entsprechend den nationalen Verfahrensvorschriften zügig das Verfahren vorantreibt".[123] Im Fokus steht demgemäß die Angemessenheit der Verfahrensdauer für die Beteiligten. Dies verleitet zu der Vermutung, dass es keine Schwierigkeiten im Rahmen der Wahrheitsfindung geben sollte. Allerdings behindert der Beschleunigungsgrundsatz die Erforschung der materiellen Wahrheit, da sie die beteiligten Akteure des Strafverfahrens aufgrund des erheblichen Zeitdrucks derart belasten kann, dass diese nicht mehr in der Lage sind, eine vollumfängliche Wahrheitssuche zu gewährleisten.[124] Der Grundsatz ist im Ergebnis somit ein zweischneidiges Schwert, welches der Wahrheitsfindung sowohl dient, als diese auch beeinträchtigen kann.

(3) Kognitive Grenzen der historischen Wahrheit

Die Rekonstruktion des historisch wahren Sachverhalts kann ihre Grenzen zudem in den individuellen kognitiven Fähigkeiten der Verfahrensbeteiligten finden.[125] So muss zum einen berücksichtigt werden, dass etwa mehrere Zeugenaussagen zu ein und denselben Tatgeschehen aufgrund äußerer Umstände, Erinnerungslücken oder selektiver Wahrnehmungen des Einzelnen unterschiedliche

119 *Kühne*, GA 2008, 361 (365); vgl. Graf/*Beukelmann*, § 153 Rn. 1.

120 Europäische Menschenrechtskonvention (Konvention zum Schutze der Menschenrechte und Grundfreiheiten) vom 04.11.1950, zuletzt geändert durch Protokoll Nr. 14 vom 13.5.2004 m.W.v. 1.6.2010.

121 *Kühne*, GA 2008, 361 (367).

122 *Roxin/Schünemann*, § 16 Rn. 3.

123 *Kühne*, GA 2008, 361 (367).

124 Graf/*Eschelbach*, § 261 Rn. 6.1. A.A. *Kühne*, GA, 361 (367).

125 Vgl. *Stamp*, S. 70.

„Wahrheiten" präsentieren können.[126] Die individuellen Schilderungen der Ereignisse stellen allerdings nur ihre subjektiven Wahrheiten dar und entsprechen lediglich ihrer inneren Überzeugung.[127] Im Ergebnis können somit im Bereich des Personalbeweises kognitive Verzerrungen auftreten. Ein bildhaftes Beispiel für die Verschwommenheit visueller Informationen und defizitären Wahrnehmungen bieten sog. „Kippfiguren", die je nach Betrachter jeweils zwei Sichtweisen zulassen:

Abb.1: Sowohl eine junge als auch eine ältere Dame sind in diesem Bild zu sehen. Es wird deutlich, dass durch die unterschiedlichen Betrachtungsmöglichkeiten divergierende Wahrheiten präsentiert werden können.[128]

Zum anderen lassen sich die individuellen kognitiven Grenzen am Beispiel des Tatrichters veranschaulichen. Der Tatrichter unterliegt dem Grundsatz der

---

126 *Pfister*, FPPK 2013, 250 (253); *Kühne*, GA 2008, 361 (361); *Radtke*, GA 2012, 187 (191). Näher zu den Fehlerquellen bei der Wahrnehmung und Wiedergabe von Informationen: *Artkämper/Schilling*, S. 33 f. Unterstützt wird dieser Gedanke durch die Wortherkunft des Fehlurteils, welcher den Begriff des „Fehlers" impliziert. Der „Fehler" lässt sich etymologisch aus dem französischen „fa(il)ir" ableiten und bedeutet „verfehlen, sich irren". Erst 1500 entwickelt sich der Begriff „Fehler" und beschreibt seit dem 18. Jahrhundert das „Versehen" und den „bleibenden Mangel". Der französische Begriff geht wiederum auf das lat. „fallere" (täuschen) bzw. „falsus" (falsch, irrig) zurück, s. *Duden*, S. 276 f.; *Kluge*, S. 22; *Blum*, S. 217.

127 Vgl. *Artkämper*, Kriminalistik 2009, 349 (350).

128 Bildquelle: Sehtestbilder, https://www.sehtestbilder.de/optische-taeuschungen-illusionen/illusion-alte-oder-junge-frau-sehtest.php (Abruf v. 31.03.2021).

freien richterlichen Beweiswürdigung gem. § 261 StPO, wonach das Gericht nach *seiner* freien, aus dem Inbegriff der Verhandlung geschöpften Überzeugung entscheidet. Demnach muss das Gericht bei der Tatsachenfeststellung zu einer subjektiven Überzeugung auf Basis objektiver und rationaler Erkenntnisse gelangen, wobei ihm unter anderem wissenschaftliche und logische Grundsätze als Vorgaben dienen sollen.[129]

Allerdings lässt der Tatrichter, wenn auch unbewusst, seine persönlichen Erfahrungen, Emotionen und Kenntnisse mit in die Urteilsfindung einfließen, sodass ein und derselbe Sachverhalt unter Umständen von zwei Richtern unterschiedlich beurteilt werden würde.[130] Logik und Vernunft können dabei in Vergessenheit geraten. Daneben kann auch der Tatrichter bestimmten Wahrnehmungsverzerrungen unterliegen, die eine ergebnisoffene Wahrheitsfindung behindern und allenfalls Raum für eine objektiv-subjektive Wahrheit lassen.[131] Dies kann in der Gesamtschau jedoch zu einer Dekonstruktion der historischen Wahrheit führen.

(4) Zwischenfazit

Der Blick auf die Anforderungen an die Suche nach der historischen Wahrheit und ihre Grenzen innerhalb der Sachverhaltsermittlung machen deutlich, dass die in § 244 II StPO formulierten Erfordernisse an den Umfang der Wahrheitsfindung nicht oder wenn auch nur selten erreicht werden können.[132] Es hat sich gezeigt, dass sowohl rechtliche als auch kognitive Grenzen an die Ermittlung der historischen Wahrheit gekoppelt sind. Sie sind zum Teil Ausdruck der Rechtsstaatlichkeit und Justizförmigkeit des Strafverfahrens und stützen sich auf verfassungsrechtliche Grundprinzipien. Selbst der Bundesgerichtshof betont vor diesem Hintergrund in ständiger Rechtsprechung, dass es nicht Ziel des Strafverfahrens sei, eine „Aufklärung um jeden Preis“ zu betreiben.[133] Daraus folgt jedoch, dass das Prinzip der materiellen Wahrheit im Ergebnis nicht gänzlich verwirklicht werden kann, sondern allenfalls eine Annäherung erfährt.[134] Der

---

129 *Stamp*, S. 284; Graf/*Eschelbach*, § 261 Rn. 3.

130 *Peters*, in: Sieverts/Schneider, S. 261; Graf/*Eschelbach*, § 261 Rn. 5.6.

131 *Stamp*, S. 284; Graf/*Eschelbach*, § 261 Rn. 10.1., 12.1.

132 *Kühne*, GA 2008, 361 (361).

133 Siehe u.a. BVerfG, Beschl. v. 24.02.2011 – 2 BvR 1596/10 m.w.N.; BGH, Urt. v. 26.07.2007 – 3 StR 104/07; BGH, Urt. v. 11.11.1998 – 3 StR 181/98; *Radtke*, GA 2012, 187 (191).

134 *Kühne*, GA 2008, 361 (361); *Radtke*, GA 2012, 187 (191, 192).

strafprozessuale Wahrheitsbegriff muss vor diesem Hintergrund demzufolge anders definiert werden.

bb) Die forensische Wahrheit

Sich der historischen Wahrheit unter Berücksichtigung der einzelnen Hindernisse anzunähern, ist Aufgabe des Tatrichters.[135] Dieser Annäherungswert, mithin die eingeschränkte Sachverhaltsermittlung des *Ermittelbaren*, ist aus gesetzlichen und verfassungsrechtlichen Gründen gewollt und wird als *forensische Wahrheit* bezeichnet.[136] Sie erfasst alle „Tatsachen, die nach Vorgabe der Strafprozessordnung zustande gekommen sind und im Rahmen eines entsprechenden justizförmigen Verfahrens in der Hauptverhandlung aufbereitet werden können".[137] Den Ausführungen zufolge wäre eine fehlerhafte Sachverhaltsfeststellung somit gegeben, wenn diese nicht zumindest der forensisch ermittelbaren Wahrheit entspricht.[138] In diesem Zusammenhang verweist *Lange* darauf, dass ein Fehlurteil demzufolge vorliege, „wenn das Urteil vom Standpunkt der materiellen Gerechtigkeit aus falsch ist und diese falsche Entscheidung nicht auf zwingend formellen Vorschriften beruht".[139] Diese Auslegung berücksichtigt, dass ein Tatrichter unter Umständen ein historisch bzw. sachlich falsches Urteil aufgrund von Beweisverwertungsverboten fällen muss, welches bei Berücksichtigung aller formellen Vorgaben allerding noch kein Fehlurteil darstellt.[140]

cc) Zwischenfazit

Die historische Wahrheit kann im Strafprozess nicht Maßstab für die Beurteilung der Falschheit eines Fehlurteils sein. An ihre Stelle tritt die Ermittlung der forensischen Wahrheit, die die Vorgaben der Strafprozessordnung und ihre Grenzen berücksichtigt sowie verfassungsrechtliche Ziele verfolgt.

---

135 *Pfister*, FPPK 2013, 250 (253).

136 *Stamp*, S. 91; *Pfister*, FPPK 2013, 250 (253).

137 *Artkämper*, Kriminalistik 2009, 349 (350). Es muss in diesem Kontext jedoch berücksichtigt werden, dass nicht jede falsch ermittelte Information für den gesamten Sachverhalt von Relevanz ist und somit gleich von einer fehlerhaften Wahrheitsermittlung gesprochen werden kann. Vielmehr sind nur solche Informationen maßgeblich, die für den gesamten Sachverhalt relevant sind. Dazu gehören zumindest schuldspruch- und sachverhaltsrelevante Sachverhaltsfeststellungen. Siehe dazu: *Böhme*, in: Effer-Uhe/Hoven/Kempny/Rösinger, S. 46.

138 *Böhme*, in: Effer-Uhe/Hoven/Kempny/Rösinger, S. 45.

139 *Lange*, S. 5.

140 *ebd.*

c) Fehler bei der Rechtsanwendung

Fehler innerhalb eines Urteils beschränken sich nicht nur auf eine mangelhaft wahrheitswidrige Sachverhaltsermittlung, sondern kommen auch auf Ebene der Rechtsanwendung zum Tragen.[141] So können dem Gericht (unvorsätzlich) Fehler bei der Subsumtion unterlaufen, indem es den ermittelten Sachverhalt rechtlich falsch einordnet oder die Strafzumessung fehlerhaft beurteilt.[142]

Ein Subsumtionsfehler ist etwa dann zu bejahen, wenn das Gericht einen Angeklagten wegen einfacher Körperverletzung nach § 223 I StGB verurteilt, obwohl es sich bei der vorliegenden Sachlage um eine gefährliche Körperverletzung nach §§ 223 I, 224 I StGB handelte.[143] Durch eine falsche Subsumtion käme es so auf ein Delikt minderer Schwere, welches auch ein geringeres Strafmaß nach sich zieht. Das Gericht hätte somit zugleich auch einen Fehler in der Strafzumessung begangen. Umgekehrt wären solche Fehler auch zu bejahen, wenn das Gericht zu hoch bei verminderter Schuld urteilt. Zu berücksichtigen ist dennoch, dass den Tatrichtern bei der Verhängung des Strafmaßes ein gewisser Spielraum zuerkannt wird.

d) Herleitung des Fehlurteilsbegriffs

Die Untersuchung des Strafverfahrensziels hat deutlich gemacht, dass die Ermittlung der Wahrheit ein grundlegendes Prinzip und Bedingung für ein gerechtes Urteil ist. Wünschenswert wäre dabei die Möglichkeit, den historischen Sachverhalt zu ermitteln, so wie es das Prinzip der materiellen Wahrheit fordert. Allerdings sind diesem Maßstab viele Grenzen gesetzt, die eine solche Sachverhaltsermittlung nur in seltenen Fällen gestatten. Der strafprozessuale Wahrheitsbegriff muss somit im Sinne einer forensischen Wahrheit verstanden werden und erfasst nur das „Ermittelbare".

Für die Annäherung an den Begriff des Fehlurteils bedeutet dies, dass von einem solchen gesprochen werden kann, wenn es nicht zumindest der

---

141 *Barton*, in: FS Eisenberg, S. 21; *Pfister*, FPPK 2013, 250 (253); *Böhme*, S. 27. *Böhme* weist darauf hin, dass nicht nur die Anwendung materiellen, sondern auch formellen Rechts sich auf das Ergebnis eines Urteils auswirken könne. So könne bspw. ein Geständnis, welches aufgrund von Beweisverwertungsverboten nicht eingeholt werden dürfte, am Ende zur Verurteilung des Angeklagten führen, siehe dazu *ebd.*, S. 33; *ebd.*, in: Effer-Uhe/Hoven/Kempny/Rösinger, S. 47. Kritisch zur Frage, ob Rechtsanwendung auch „wahr" sein kann: *Stamp*, S. 44 f.

142 *Pfister*, FPPK 2013, 250 (253); *Böhme*, S. 33.

143 So auch *Böhme* mit weiteren Beispielen, S. *ebd.*, S. 33 ff.

forensischen Wahrheit entspricht. Eine unzureichende Beweisführung und Verfahrensfehler innerhalb der Sachverhaltsfeststellung führen zu einem für die Beurteilung maßgeblichen Fehler.[144] Darüber hinaus muss der Begriff des Fehlurteils auch eine fehlerhafte Rechtsanwendung erfassen. Fälle, in denen der Täter mangels richterlicher Überzeugung von der Schuld freigesprochen wird, fallen hingegen nicht unter den Begriff des Fehlurteils, da hier alle Beweise richtig erschöpft wurden.[145] Erhebt der Richter sich ihm anbietende oder gar aufdrängende Beweise nicht und spricht er aufgrund dieser lückenhaften Beweislage den Angeklagten frei, so kann wiederum von einem Fehlurteil zugunsten des Angeklagten gesprochen werden.[146]

Diese Annäherung an den Begriff des Fehlurteils birgt jedoch ein zentrales Problem: Man nehme an, das Gericht hat sowohl bei der Sachverhaltsermittlung als auch bei der Rechtsanwendung keinen Fehler begangen. Herr X wird infolgedessen bspw. wegen Totschlags an Frau Y nach § 212 I StGB verurteilt und das Urteil ergeht in Rechtskraft. Sodann teilt der Verurteilte mit, er habe das Opfer gar nicht getötet, sondern sich gegen Erwartung einer hohen Geldsumme dazu überreden lassen, den wahren Täter zu schützen und selbst dafür ins Gefängnis zu gehen.

In Anlehnung an die forensische Wahrheit und die daraus folgende Begriffsbestimmung des Fehlurteils liegt ein solches hier nicht vor.[147] Daraus ergibt sich ein Folgeproblem: Das Gesetz kann noch so viele Schranken zur Wahrung eines justizförmigen Verfahrens setzen und der Richter kann absolut fehlerfrei gehandelt haben. Nichtsdestotrotz ist es möglich, dass jemand, der die Tat tatsächlich nicht begangen hat, verurteilt werden kann. Dies widerspricht grundlegend dem Ziel des Strafverfahrens eine wahre und gerechte Entscheidung zu treffen. Allerdings wird ein Tatrichter gleichwohl niemals wissen können, ob er sich der Wahrheit letzten Endes wirklich nähern konnte, da ihm der vergangene Sachverhalt im Grunde genommen als Objekt niemals sinnlich zugänglich sein wird.[148] Dadurch wird dem Tatrichter die entscheidende Überprüfungsmöglichkeit von vornherein entzogen.

---

144 *Pfister*, FPPK 2013, 250 (253).

145 *Stamp*, S. 104; *Pfister*, FPPK 2013, 250 (253).

146 *Pfister*, FPPK 2013, 250 (253).

147 So auch: *Böhme*, in: Effer-Uhe/Hoven/Kempny/Rösinger, S. 48. Zur Frage der Vermeidbarkeit von Fehlurteilen, s. *ders.*, S. 45 f.

148 *Stamp*, S. 70; *Barton*, in: FS Eisenberg, S. 23.

Nun muss man sich die Frage stellen, welche Auswirkungen diese Probleme auf die terminologische Definition des Fehlurteils haben. Einen Lösungsvorschlag für das Problem bietet *Böhme*, der den Fehlurteilsbegriff in zwei Sphären teilt. Er spricht von einem Fehlurteil im *weiteren* Sinne, wenn das Urteil zwar prozesskonform und fehlerfrei zustande kommt, aber der historischen Wahrheit nicht entspricht. Fehlurteile im *engeren* Sinne hingegen sind solche, die vermeidbar fehlerhaft sind und der forensischen Wahrheit nicht entsprechen.[149]

Das vorausgehende Beispiel vermag unter Hinzuziehung dessen, dass die Unschuld des verurteilten Täters nicht erkennbar war, kein Fehlurteil im engeren, sondern lediglich ein Fehlurteil im weiteren Sinne darstellen. Die Zugrundelegung dieses engen Verständnisses berücksichtigt die sinnlich lediglich eingeschränkten Beurteilungsmöglichkeiten eines Richters, auch wenn es im Rahmen einer Gesamtschau der Umstände – hier der Nichtverfolgung des wahren Täters – keine allseits befriedigende Lösung bieten mag.

Berücksichtigt man in diesem Kontext die bisherigen Darstellungen zur Relevanz des Ermittlungsfehlers, sind mit Blick auf die zwei Formulierungen des Fehlurteilsbegriffs einige Aspekte hervorzuheben:

Unterliegt ein Ermittler kognitiven Wahrnehmungsverzerrungen, kann dies einseitige Ermittlungen begünstigen und zu einem falschen Tatverdacht führen, infolgedessen der Falsche angeklagt und verurteilt wird. In diesem Fall kann von einem Fehlurteil im weiteren Sinne gesprochen werden, da die historische Wahrheit nicht abgebildet wird. Etwas differenzierter zu betrachten ist diese Situation beim engen Fehlurteilsbegriff. Hier ist fraglich, ob das Nichterkennen einseitiger Ermittlungen als Folge kognitiver Verzerrungen einen vermeidbaren Fehler des Tatrichters darstellt. Im Gegensatz zu Ermittlungsfehlern, an denen der Tatrichter mitwirkt (z.B. bei Ermittlungsmaßnahmen, die einer richterlichen Anordnung bedürfen und diese unrechtmäßig erteilt wurde), sind ihm hier die kognitiven Wahrnehmungsverzerrungen der Ermittler nicht zugänglich. Es müssen folglich weitere Umstände hinzutreten, die den Tatrichter den Ermittlungsfehler erkennen lassen, immerhin erfasst die forensische Wahrheit

149 *Böhme*, in: Effer-Uhe/Hoven/Kempny/Rösinger, S. 49; *Böhme*, S. 53. An das Kriterium der Vermeidbarkeit lässt sich nach Ansicht der *Verfasserin* auch die Definition des Fehlurteilsbegriffs nach *Barton* knüpfen. *Ebd.* spricht von einem faktischen Fehlurteil, wenn vernünftige Zweifel an den ursprünglichen tatrichterlichen Tatsachenfestellungen bestehen. Es reiche dabei aus, wenn die ursprünglichen Feststellungen als willkürlich erscheinen, s. *ebd.* in: FS Eisenberg, S. 26. Liegen nach Ansicht der *Verfasserin* willkürliche Feststellungen vor, kann zugleich nicht länger von vermeidbaren tatrichterlichen Handlungen gesprochen werden.

lediglich das „Ermittelbare". Ein solcher Hinweis kann sich beispielsweise aus einem Vernehmungsprotokoll der Ermittler ergeben, welches womöglich erkennen lässt, dass selektiv Informationen aufgenommen wurden. Im Ergebnis zeigt sich, dass Ermittlungsfehler immer ein Fehlurteil im weiteren Sinne nach sich ziehen, wohingegen die Bejahung eines Fehlurteils im engeren Sinne in der Regel nur durch das Hinzutreten weiterer sinnlich zugänglicher Faktoren angenommen werden kann.

C. Folgen eines Fehlurteils

Jedes Fehlurteil hat, ungeachtet dessen, ob es sich um ein Fehlurteil im weiten oder engeren Sinne handelt, mit Ermittlungen begonnen. Diese müssen nicht zwingend Auslöser des Fehlurteils gewesen sein – können es aber in vielen Fällen. Umso wichtiger ist es, sich vor Augen zu führen, welche Konsequenzen mit einer Fehlverurteilung einhergehen.

Die Existenz von Fehlurteilen führt dazu, dass das Vertrauen der Gesellschaft in die Justiz und die Funktionsfähigkeit des Staates erschüttert und gänzlich untergraben werden kann.[150] Zudem vermögen sie das Gerechtigkeitsempfinden des Einzelnen zu stören und der Rechtskultur zu schaden,[151] zumal Zweifel an der Vereinbarkeit von Justizfehlern mit dem Rechtsstaatspinzip gesät werden. Dem Rechtsstaatprinzip unterliegt unter anderem die Unschuldsvermutung, welche in dubio pro reo, mithin im Zweifel einen Freispruch *für* den Angeklagten fordert. Die Existenz von Fehlurteilen kann hingegen zu der Frage führen: Im Zweifel *gegen* den Angeklagten? Kann auch jemand, der kein Unrecht begangen hat, verurteilt werden?[152]

Die unschuldig Inhaftierten haben demgegenüber mit der zum Teil jahrelangen Isolation und Abschottung von der sozialen Entwicklung zu kämpfen.[153] Fehlurteile greifen in die Freiheitsrechte der Betroffenen ein und reißen sie aus ihrem gewohnten Umfeld.[154] Ganze Familien werden durch die Belastung

---

150 Vgl. *Lange*, S. 6; *Leuschner/Hoffmann*, NK 2016, 155 (156, 164); *Dunkel/Kemme*, NK 2016, 138 (139); *Feltes*, S. 149.

151 Vgl. *Leuschner/Hoffmann*, NK 2016, 155 (156); *Jehle*, FPPK 2013, 220 (221).

152 *Ebd.*

153 *Leuschner/Hoffmann*, NK 2016, 155 (165).

154 *Jehle*, FPPK 2013, 220 (221); *Leuschner/Hoffmann*, NK 2016, 155 (165). Die Abkehr zum gewohnten Umfeld hat oftmals auch Einkommensverluste, den Zwang zu unerwünschten sozialen Kontakten sowie entgehende Entfaltungsmöglichkeiten zur Folge, s. *Kölbel/Puschke/Singelstein*, GA 2019, 129 (142).

einer gerichtlichen Fehlentscheidung zerstört. Die Stigmatisierung, die mit der Gefängnisstrafe einhergeht, endet hingegen nicht automatisch mit einem Freispruch. Viele Opfer eines Fehlurteils müssen nach ihrer Freilassung resozialisiert werden und haben nicht selten mit psychischen Folgeerkrankungen zu kämpfen, infolge derer sie nicht in ihren erlernten Beruf zurückkehren können.[155] Auch der gesellschaftliche Umgang mit dem Betroffenen verändert sich nach der Freilassung, da einige Menschen diesem gegenüber großes Mitleid empfinden, andere wiederum Zweifel an der Unschuld des Betroffenen hegen oder ihm sogar selbst die Schuld für das Erlebte zuschreiben.[156] Dadurch kommt es zu einem erneuten Viktimisierungserleben des zu Unrecht Verurteilten.[157] Nicht zuletzt stellt auch die Nichtbestrafung des wahren Täters eine Herausforderung dar, mit der die Gefahr weiterer Tatbegehungen wächst.[158]

Trotz der vielfältigen Auswirkungen wurde bislang kaum Abhilfe für die Betroffenen geschaffen: Eine Wiedereingliederungshilfe für zu Unrecht inhaftierte Menschen existiert in Deutschland bislang nicht.[159] Darüber hinaus blieb eine finanzielle Entschädigung für das Fehlgehen des Staates bis vor Kurzem grundsätzlich nur auf ein Minimum, namentlich auf 25,- EUR/Tag, beschränkt.[160] Der Gesetzgeber hat im Jahr 2020 jedoch zumindest einer Erhöhung der Haftentschädigung um das Dreifache, somit auf 75,- EUR/Tag, zugestimmt.[161]

D. Die Fehlurteilsforschung in Deutschland

Die Fehlurteilsforschung in Deutschland blickt auf eine lange Tradition zurück und ist trotz dessen sehr überschaubar. Bereits 1911 veröffentlichte *Erich Sello*

---

155 *Schwenn*, FPPK 2013, 258 (262).

156 *Leuschner/Hoffmann*, NK 2016, 155 (164).

157 *ebd.*

158 So auch: *Starkgraff*, S. 233.

159 *Leuschner/Hoffmann*, NK 2016, 155 (155, 167). *Dies.* führten eine aktuelle Studie zum Thema Rehabilitation und Entschädigung nach Vollstreckung einer Freiheitsstrafe nach erfolgreicher Wiederaufnahme durch, siehe: https://www.krimz.de/fileadmin/dateiablage/E-Publikationen/BM-Online/bm-online11.pdf (Abruf v. 31.03.2021).

160 *Leuschner/Hoffmann*, NK 2016, 155 (155, 166); *Kirchhoff*, Betrifft Justiz 2013, 39 (40).

161 Die Erhöhung der Haftentschädigung erfolgte durch das „Dritte Gesetz zur Änderung des Gesetzes über die Entschädigung für Strafverfolgungsmaßnahmen (StrEG)“, in Kraft getreten am 08.10.2020. Trotz Erhöhung der Haftentschädigungssumme sollte der (geringe) Betrag nach Ansicht der *Verfasserin* weiterhin kritisch gesehen werden.

sein Werk mit dem Titel „Die Irrtümer der Strafjustiz und ihre Ursachen".[162] In diesem Werk stellte *Sello* 150 sichere oder sehr wahrscheinliche Fehlurteile zusammen und konnte auf diese Weise bereits viele relevante Fehlerquellen herausarbeiten. Zu ihnen gehörten unter anderem die Glaubhaftigkeit von Zeugenaussagen, das Ablegen falscher Geständnisse sowie eine einseitige Ermittlungstätigkeit. Auf *Sellos* Werk folgte zwei Jahre später *Max Alsberg* mit seiner Arbeit „Justizirrtümer und Wiederaufnahme",[163] in dessen Fußstapfen 1960 *Max Hirschberg* mit seinem Werk „Das Fehlurteil im Strafprozess"[164] trat.

Seit den Untersuchungen von *Karl Peters* aus den 1960ern hat es keine weitere empirische Datenerhebung vergleichbaren Umfangs mehr gegeben, die die Erstellung eines systematischen Katalogs aktueller Fehlurteilsursachen zum Inhalt hatte.[165] *Peters* hat seinerzeit die erste verlässliche Analyse zu Fehlurteilen vorgelegt, indem er insgesamt 1115 nach den §§ 359 ff. StPO durchgeführten Wiederaufnahmeverfahren untersuchte, welche sich als begründet erwiesen haben.[166] Zwar stellt die Untersuchung der Wiederaufnahmeverfahren lediglich ein Indiz für die Verbreitung von Fehlurteilen dar,[167] dennoch konnte die Studie neue Erkenntnisse zur Fehlergenese liefern.[168] Im Ergebnis präsentierte *Peters* einen Katalog an Fehlerquellen des deutschen Strafverfahrens, bei dem unter anderem die Fehlbarkeit der Zeugenaussage und des Sachverständigengutachtens als wichtige Faktoren zu nennen sind.[169]

In Deutschland werden jährlich etwa 2000 Wiederaufnahmeanträge gestellt, über deren Ausgang von keinem Bundesland Statistiken geführt werden.[170] Die

---

162 Dazu im Folgenden: *Püschel*, StraFo 2015, 269 (269). *Sellos* Werk beinhaltet mehrere Bände, siehe u. a. Die Irrtümer der Strafjustiz und ihre Ursachen, Erster Band: Todesstrafe und lebenslängliche Zuchthaus in richterlichen Fehlsprüchen neuerer Zeit (1911).

163 Im Einzelnen siehe *Alsberg*, Justizirrtum und Wiederaufnahme, Berlin 1913.

164 Im Einzelnen siehe *Hirschberg*, Das Fehlurteil im Strafprozess, Stuttgart 1960.

165 *Barton/Dubelaar/Kölbel/Lindemann*, S. 13; *Dunkel/Kemme*, NK 2016, 138 (145); *Jehle*, FPPK 2013, 220 (220).

166 *Barton/Dubelaar/Kölbel/Lindemann*, S. 13; *Dunkel/Kemme*, NK 2016, 138 (146). Siehe dazu im Einzelnen: *Peters*, Fehlerquellen im Strafprozeß, Band 1-3, Karlsruhe 1970, 1972, 1974.

167 Vgl. *Peters*, Fehlerquellen im Strafprozeß, 1. Band, S. 11.

168 *Velten*, GA 2015, 387 (391).

169 *Barton/Dubelaar/Kölbel/Lindemann*, S. 13; *Dunkel/Kemme*, NK 2016, 138 (146); *de Vries*, Die Polizei 2014, 134 (135). Zur Frage der schlechten Verteidigung als Ursache von Fehlurteilen, s. *König*, in: Barton, S. 71-86.

170 *Dunkel/Kemme*, NK 2016, 138 (138); *Püschel*, StraFo 2015, 269 (269).

Höhe der gestellten Wiederaufnahmeanträge sagt zwar nichts über die Richtigkeit der Urteile aus, dennoch bieten sie die Möglichkeit einer empirischen Annäherung an das Problem der Fehlergenese. Infolge der mangelnden Kenntnisse über den Ausgang der Wiederaufnahmeverfahren basieren aktuelle Zahlen von Fehlurteilen allein auf Schätzungen von Journalisten und Rechtspraktikern.[171] So schätzt bspw. der Richter am BGH *Ralf Eschelbach* jedes vierte Urteil als ein Fehlurteil ein.[172] Der Strafverteidiger *Johann Schwenn* schätzt „die Dunkelziffer unentdeckter Fehlurteile bei Sexualdelikten hoch" ein,[173] sein Kollege *Gerhard Strate* vermutet im Allgemeinen eine „stattliche Zahl".[174] Die Unwissenheit über den Ausgang der Wiederaufnahmeverfahren erschwert zudem eine Aktualisierung und Systematisierung der bisherigen Erkenntnisse und stellt eine Herausforderung für diejenigen dar, die sich empirischen Nachforschungen annähern wollen.[175]

Im internationalen Vergleich ist der Forschungsstand zum weiten Feld der Fehlurteile in Deutschland insgesamt eher rückständig. In anderen Nationen wie den USA wird die Fehlurteilsforschung bereits seit Jahren verstärkt vorangetrieben.[176] Gründe dafür sind hier unter anderem die Existenz besonders schwerwiegender Sanktionen wie der Todesstrafe und die starke Fehleranfälligkeit des Geschworenenprozesses.[177] Zu den Ursachen von Fehlurteilen in den USA haben *Gould* und *Leo* die amerikanischen Studien der letzten zwei Jahrzehnte zusammengefasst und einen Katalog erstellt, der einzelne Kategorien in

171 So auch: *Barton/Dubelaar/Kölbel/Lindemann*, S. 13; vgl. *Geipel*, Teil I, § 5 Rn. 1.

172 *Dunkel/Kemme*, NK 2016, 138 (139); *Darnstädt/Friedrichsen/Hipp/Ulrich//Windmann*, Glaube und Wahrheit, in: DER SPIEGEL, 22/2011, S. 58.

173 *Dunkel/Kemme*, NK 2016, 138 (139).

174 *Darnstädt/Friedrichsen/Hipp/Ulrich//Windmann*, Glaube und Wahrheit, in: DER SPIEGEL, 22/2011, S. 58.

175 *Böhme* hat im Rahmen seiner Dissertationsschrift die älteren vorliegend benannten Studien systematisiert. Siehe dazu: *Böhme*, Das strafgerichtliche Fehlurteil – Systemimmanenz oder vermeidbares Unrecht? (2019). Eine explorative Aktenanalyse von Wiederaufnahmen von Strafverfahren an Gerichten der Hansestadt Hamburg im Zeitraum von 2003 bis 2015 hat *Dunkel* in ihrer Dissertationsschrift vorgenommen, s. *Dunkel*, Fehlentscheidungen in der Justiz. Systematische Analyse von Wiederaufnahmeverfahren in Strafverfahren im Hinblick auf Häufigkeit und Risikofaktoren (2018). Dem Problem potentieller Fehler im Strafprozess und der Möglichkeiten Verurteilter zur Geltendmachung von Fehlern nimmt sich auch das Projekt „Fehler und Wiederaufnahme im Strafverfahren" von *Volbert* an.

176 *Dunkel/Kemme*, NK 2016, 138 (138).

177 *Jehle*, FPPK 2013, 220 (222).

Zusammenhang mit Fehlurteilen setzt.[178] Im Ergebnis waren das falsche Wiedererkennen durch Augenzeugen, das Ablegen falscher Geständnisse, einseitige Ermittlungen der Verfahrensbeteiligten, Falschaussagen, staatsanwaltliches Fehlverhalten sowie eine unzureichende Verteidigung vordergründig zu nennen.[179] Der Vergleich der empirischen Befunde verdeutlicht, dass einige Fehlerquellen allen Rechtsordnungen immanent sind.

E. Zusammenfassung

In der Gesamtschau lässt sich festhalten, dass das Forschungsparadigma der Fehlergenese ein sehr komplexes Konstrukt ist, welches an vielen Stellen einer vertieften Auseinandersetzung bedarf. Es stellt den zu Unrecht Verurteilten, die Gesellschaft aber auch die Justiz vor einige ungelöste Probleme.

Der Ermittlungsfehler bettet sich in dieses komplexe Problemfeld ein und setzt in der Gesamtschau den möglichen „Startschuss“ für die dargestellten Folgen eines Fehlurteils. Daneben stellt der unbefriedigende Stand der Fehlurteilsforschung hierzulande eine ganz eigene Herausforderung dar. Empirische Arbeiten sind unerlässlich für den Gewinn neuer Erkenntnisse, mithilfe derer die Strafrechtspflege optimiert werden kann. Dabei sollen nicht nur die Häufigkeit etwaiger Fehler untersucht, sondern auch ihre Ursachen hinterfragt werden. Die Anzahl von Fehlurteilen zu minimieren, und mag sie auch unbekannt sein, sollte des Anliegen eines jeden Rechtsstaates sein.

Diese Arbeit verzichtet aus Raumgründen auf die Erhebung empirischer Daten, zumal der Fokus der Untersuchung nicht auf die Fehlurteilsforschung, sondern auf die Fehlerquellen im Ermittlungsverfahren gerichtet ist. Es sollen umfassende hypothesengeleitete Erkenntnisse erbracht werden, an die mittels empirischer Forschungen angeknüpft werden kann. Diese Arbeit versteht sich folglich als Ausgangsunkt für künftige Untersuchungen und möchte im Folgenden darüber hinaus einen Beitrag dazu leisten, die Gesellschaft für die Ursachen einseitig durchgeführter Ermittlungen zu sensibilisieren und diese Problematik in das juristische Bewusstsein zu rücken.

178 Dazu ausführlich: *Gould/Leo*, The Journal of Criminal Law & Criminology, Vol. 100, No. 3, 825-868; *Gould/Carano/Leo/Young*, Predicting Errorous Convictions. A social science approach to Misscariage of Justice (2012); *Dunkel/Kemme*, NK 2016, 138 (148).

179 *Gould/Carano/Leo/*Young, S. 7-20; Dunkel/*Kemme*, NK 2016, 138 (148).

Kapitel 3: Kognitive Dissonanz innerhalb der kriminalpolizeilichen Ermittlungstätigkeit als Ursache von Fehlerquellen im Ermittlungsverfahren

A. Die Theorie der Kognitiven Dissonanz

Der erste Abschnitt dieser Arbeit hat aufgezeigt, welche besondere Bedeutung Ermittlungsfehlern im gesamten strafrechtlichen Kontext beizumessen ist. Dieses Kapitel will daran anknüpfend einen von zahlreichen sozialpsychologischen Erklärungsansätzen für Ermittlungsfehler untersuchen. Ziel wird es sein, herauszuarbeiten, welche Fehlerquellen entsprechend der Dissonanztheorie innerhalb der polizeilichen Ermittlungstätigkeit wirksam werden können. Aus diesem Grund ist es zunächst erforderlich, den theoretischen Erklärungsansatz, *Festingers Theorie der kognitiven Dissonanz*, in seiner klassischen Formulierung näher zu erläutern, um ein Grundverständnis für dieses sozialpsychologische Phänomen zu erhalten. Zur Veranschaulichung werden im Wesentlichen Beispiele aus dem kriminalpolizeilichen Kontext herangezogen, um einen ersten Einblick in die Wirkungsfelder des Phänomens innerhalb der Ermittlungspraxis zu gewinnen. Im Anschluss wird untersucht, inwiefern sich die dissonanztheoretischen Forschungsarbeiten weiterer Sozialpsychologen auf die Ausgangsbedingungen des Phänomens auswirken. Diese gewonnenen Erkenntnisse bilden fortan den Ausgangspunkt sämtlicher weiterer Überlegungen bei der Übertragung der theoretischen Ansätze auf *einzelne* kriminalpolizeiliche Tätigkeitsfelder, namentlich des kriminalistisch-heuristischen Regelkreises und der Beschuldigtenvernehmung.

I. Grundzüge der kognitiven Dissonanz

1. Dissonanzentstehung

Die Theorie der kognitiven Dissonanz[180], die 1957 von *Leon Festinger* begründet wurde,[181] beschäftigt sich mit dem Phänomen zweier in relevanter Beziehung

---

180 Auch „Theorie der bestätigenden Informationsverarbeitung" genannt, siehe *Artkämper*, StRR 2012, 339 (340).

181 *Frey/Gaska*, S. 276; *Barton*, StraFo 1993, 11 (13); *Möntmann*, S. 3.

stehender widersprüchlicher Kognitionen.[182] Unter einer Kognition versteht *Festinger* „irgendeine Kenntnis, Meinung oder Überzeugung von der Umwelt, von sich selbst oder von dem eigenen Verhalten".[183] Erfasst werden somit Verhaltensweisen und Meinungen, aber auch Wahrnehmungen, Glaubensweisen oder Wissensbestände, die bei jeder Person individuell ausgeprägt sind.[184]

Als sog. sozialpsychologische Konsistenztheorie geht die Theorie der kognitiven Dissonanz von der Annahme aus, dass der Mensch grundsätzlich nach der Widerspruchsfreiheit und somit nach einer Konsonanz seiner Kognitionen strebt.[185] Stehen hingegen zwei in relevanter Beziehung stehende Kognitionen im Widerspruch zueinander, erzeugt dies einen aversiven Gefühlszustand bei der betreffenden Person, der zu einer inneren Spannung führt.[186] Dieses Gefühl des Unwohlseins bezeichnet *Festinger* als kognitive Dissonanz.[187]

Angelehnt an den Fall *Rupp* tritt demnach kognitive Dissonanz zum Beispiel bei einem Polizisten auf, der glaubt, die vermisste Person X sei getötet und zerteilt an die Hunde verfüttert worden, wenn anschließend die Leiche des Vermissten unversehrt aus einem Fluss gezogen wird. Hier widersprechen sich die Kognitionen „Der Vermisste wurde *zerteilt* an die Hunde verfüttert" und „Die Leiche des Vermissten wurde *unversehrt* und in einem Stück aus dem Fluss gezogen".

Festinger postuliert, dass zwei Kognitionen in relevanter oder irrelevanter Beziehung zueinanderstehen können.[188] Sie stehen in irrelevanter Beziehung zueinander, wenn sie keinerlei Bezug zueinander aufweisen,[189] was bspw. bei den Kognitionen „Ich glaube Z ist der Täter" und „Ich habe Hunger" der Fall ist. Dagegen besteht eine relevante Beziehung zwischen zwei Kognitionen, wenn ein Zusammenhang besteht.[190] Die Kognitionen „Der Vermisste wurde getötet,

---

182 *Festinger*, S. 17; *Fischer/Jander/Krüger*, S. 16; *Gerrig*, S. 672.

183 *Festinger*, S. 17; *Irle*, S. 310; *Raske*, S. 14; *Beckmann*, S. 8; *Piontkowski*, S. 11.

184 *Festinger*, S. 23, 259; *Fischer/Frey/Peus/Kastenmüller*, S. 189; *Schulz-Hardt*, S. 58 f.; *Ochsmann/Frey*, S. 89; vgl. *Peus/Frey/Braun*, S. 63; *Barton*, StraFo 1993, 11 (13); *Gerrig*, S. 672; *Fischer/Wiswede*, S. 304; *Raab/Unger/Unger*, S. 42.

185 *Festinger*, S. 15; *Frey/Gaska* , S. 276; *Schulz-Hardt*, S. 58; *Fischer/Frey/Peus/Kastenmüller*, S. 189; *Peus/Frey/Braun*, S. 62; *Artkämper*, StRR 2012, 339 (340); *Civelli*, Kriminalistik 2010, 719 (723); *Fischer/Wiswede*, S. 304; *Raab/Unger/Unger*, S. 42.

186 *Blum*, S. 254; *Fischer/Wiswede*, S. 304.

187 *Festinger*, S. 22 f.; *Peus/Frey/Braun*, S. 63; *Singelstein*, StV 2016, 830 (831); *Civelli*, Kriminalistik 2010, 719 (723).

188 *Festinger*, S. 24, 253; *Frey/Gaska*, S. 276; *Irle*, S. 311; *Schulz-Hardt*, S. 58; *Beckmann*, S. 10; *Frey*, S. 17.

189 *Festinger*, S. 24, 253; *Schulz-Hardt*, S. 58.

190 Vgl. *Festinger*, S. 24, 253; *Schulz-Hardt*, S. 58.

zerteilt und an die Hunde verfüttert“ und „Der Vermisste wurde tot, aber in einem Stück unversehrt aus dem Fluss gezogen“ weisen einen solchen auf.

Innerhalb der in relevanter Beziehung zueinander stehenden Kognitionen ist nach der Theorie der kognitiven Dissonanz des Weiteren zwischen konsonanten und dissonanten Verbindungen zu unterscheiden.[191] Konsonante Kognitionen sind solche, die konsistent und damit widerspruchsfrei sind.[192] *Festinger* fordert in diesem Kontext, dass *eine Kognition aus der anderen folgt.*[193] Dies wäre etwa bei den Kognitionen „Ich glaube Herr Y ist der Mörder der Frau X“ und „Herr Y hat gestanden, Frau X ermordet zu haben“ der Fall.

Demgegenüber ist eine dissonante Beziehung gegeben, wenn die Kognitionen konträr sind, d.h. wenn nach *Festinger* ein Element das Gegenteil des anderen impliziert.[194] Beispielhaft stehen die Kognitionen „Ich glaube Herr Y ist der Mörder der Frau X“ und „Herr Z hat gestanden, Frau X ermordet zu haben“ im Widerspruch zueinander.

Vor diesem Hintergrund muss grundsätzlich berücksichtigt werden, dass die Beziehungen zwischen den einzelnen Kognitionen individuell ausgeprägt sind, d.h. während Person A zwei Kognitionen als konsonant empfindet, kann Person B diese als dissonant wahrnehmen.[195] Einfluss auf die Wahrnehmung der Beziehungen nehmen unter anderem die persönlich gemachten Erfahrungen und der soziale sowie kulturelle Hintergrund der jeweiligen Person.[196]

Nach der Theorie *Festingers* gibt es vier große Bereiche, in denen kognitive Dissonanz entstehen kann:

a) Nach Entscheidungen,[197]
b) bei Kognitionen, die auf forcierter Einwilligung beruhen,[198]
c) bei freiwilliger und unfreiwilliger Informationsaufnahme[199]

---

191 *Festinger*, S. 24, 253; *Schulz-Hardt*, S. 58; *Piontkowski*, S. 11.

192 *Festinger*, S. 253; *Schulz-Hardt*, S. 58; *Frey*, S. 17.

193 *Festinger*, S. 253: „Zwei kognitive Elemente stehen in einer konsonanten Beziehung zueinander, wenn, betrachtet man nur diese beiden, das eine Element aus dem anderen folgt“.

194 *Festinger*, S. 26; *Schulz-Hardt*, S. 58.

195 *Festinger*, S. 26.

196 *ebd.*, S. 26; *Fischer/Jander/Krüger*, S. 22.

197 Sog. „post decisional dissonance“, s. *Festinger*, S. 43; *Peus/Frey/Braun*, S. 65.

198 Sog. „forced/induced compliance“, s. *Festinger*, S. 90; *Peus/Frey/Braun*, S. 65.

199 *Festinger*, S. 126.

d) sowie im Zusammenhang mit der sozialen Unterstützung für die eigenen Kognitionen.[200]

a) Dissonanz nach Entscheidungen

Festinger geht von der Annahme aus, dass kognitive Dissonanz fast immer nach einer Entscheidung zwischen mindestens zwei Alternativen auftritt, da für jede Alternative in der Regel Pro- und Contra-Argumente existieren und nach einer gefällten Entscheidung befürwortende Aspekte der ausgeschlossenen Alternative übrig bleiben und dadurch ein innerer Widerspruch zu den negativen Aspekten der gewählten Alternative entsteht.[201] So kann im Rahmen polizeilicher Ermittlungen für den leitenden Ermittler etwa bei der Wahl zwischen zwei Ermittlungsmaßnahmen zum einen der niedrige Kostenfaktor für die eine Maßnahme sprechen, für die andere ihre schnellere und effektivere Umsetzung. Im Ergebnis ist ein Entscheidungsträger immer kognitiver Dissonanz ausgesetzt, weil immer Aspekte für und gegen eine Alternative sprechen werden.[202] Würde man sich im Beispielsfall für die schnellere und effektivere Maßnahme entscheiden, entstünde Dissonanz aufgrund der entstandenen Mehrkosten.

Dieser Grundgedanke lässt sich auf alle zu treffenden Entscheidungen im Polizeialltag übertragen, da eine Entscheidung immer mindestens zwei Alternativen bereithält und eine Dissonanzentstehung somit prognostiziert werden kann.[203] Da das Treffen fortlaufender Entscheidungen für die Ermittlungstätigkeit

---

200 Siehe dazu: *ebd.*, S. 43, 90, 126, 177.

201 *Festinger*, S. 45, 253; *Raske*, S. 12; *Ochsmann/Frey*, S. 89; *Fischer/Jander/Krüger*, S. 18; *Schulz-Hardt*, S. 65; *Peus/Frey/Braun*, S. 65; *Fischer/Wiswede*, S. 306; *Aronson/Wilson/Akert*, S. 186. Der Entscheidungsträger muss dabei nicht direkt im Anschluss seiner Entscheidung Dissonanz empfinden, sondern kann sich nach Treffen einer Entscheidung in einer Phase des Bedauerns (sog. Regret Phase) befinden, in der er sich der Vorteile der nicht gewählten Alternative langsam bewusst wird und seine Entscheidung womöglich bedauert. Diese Phase kann bis zum Zeitpunkt der Dissonanzreduktion fortdauern, s. ausführlich *Fischer/Wiswede*, S. 306.

202 Vgl. *Festinger*, S. 45; *Frey*, S. 23; *Peus/Frey/Braun*, S. 65.

203 Vgl. *Festinger*, S. 253. Auch in anderen Alltagssituationen kann kognitive Dissonanz auftreten, indem neue Ereignisse oder Informationen mit einer bestehenden Meinung, Kenntnis oder einem Verhalten divergieren. Dabei ist die Neuheit einer Information oder eines Ereignisses allerdings nicht zwingende Voraussetzung für das Entstehen kognitiver Dissonanz. Vielmehr ergibt sie sich schon alleine aus dem Umstand, dass nur wenige Meinungen, Verhaltensweisen oder Informationen eindeutig genug sind und keine Widersprüche in sich beinhalten, siehe dazu *Festinger*, S. 18; *Raske*, S. 13.

bezeichnend ist, kann bereits an dieser Stelle die These aufgestellt werden, dass Ermittlungsbeamte grundsätzlich von einem Maß an kognitiver Dissonanz begleitet werden. So entstehen bereits zu Beginn einer Ermittlung Entscheidungssituationen mit Blick darauf, ob genügend Anhaltspunkte für die Annahme eines Anfangsverdachtes nach § 152 II StPO vorliegen und welche Informationen und Spuren im weiteren Fortgang der Sachverhaltsaufklärung zu sichern sind. Weiterhin muss sich der ermittelnde Entscheidungsträger die Frage stellen, welche Einsatzmaßnahme als Nächstes ergriffen werden soll. Folglich ist auch die Auswahl und Bewertung von Lösungsansätzen eine vom Polizeibeamten zu treffende Entscheidung sowie ferner die Wahl eines zu vernehmenden Tatverdächtigen. Die genannten Entscheidungssituationen weisen allesamt befürwortende und absprechende Aspekte auf, welche zur Dissonanzentstehung beitragen.

Vor diesem Hintergrund soll darauf hingewiesen werden, dass Dissonanzen in unterschiedlicher Stärke auftreten können. Von zentraler Bedeutung sind dabei zum einen die subjektiv empfundene Wichtigkeit einzelner Elemente sowie das Verhältnis konsonanter zu dissonanten Kognitionen.[204] Das Ausmaß an Dissonanz hängt bei Entscheidungen zum einen von der Wichtigkeit der Entscheidung ab, zum anderen beeinflusst auch die relative Attraktivität der nicht gewählten Alternative die Stärke der Dissonanz.[205] Wie bereits dargestellt muss der Mensch beim Treffen einer Entscheidung auf die positiven Aspekte der nicht gewählten Alternative verzichten. Je größer die Anzahl der positiven Aspekte und je attraktiver diese sind, desto mehr „entgeht" der Person und die Dissonanz verstärkt sich.[206]

b) Dissonanz bei Kognitionen, die auf forcierter Einwilligung beruhen

Ein weiteres Forschungsparadigma widmet sich der kognitiven Dissonanz bei Kognitionen, die auf einer „forcierten Einwilligung" beruhen. Eine forcierte Einwilligung ist die öffentliche Erklärung bzw. ein gezeigtes Verhalten einer Person, das konträr zu ihrer eigenen Meinung oder Einstellung ist.[207] *Festinger* bezeichnet sie auch als „öffentlich gezeigte Einwilligung ohne innere Zustimmung".[208]

---

204 *Festinger*, S. 28 f.

205 Im Folgenden: *ebd.*, S. 47, 255.

206 *ebd.*, S. 25, 47, 255; *Frey/Gaska*, S. 276, *Raske*, S. 14; *Fischer/Wiswede*, S. 304.

207 *Festinger*, S. 90; *Raske*, S. 21; *Peus/Frey/Braun*, S. 68.

208 *Festinger*, S. 93; *Aronson/Wilson/Akert* sprechen in diesem Zusammenhang auch von „counterattudinal advocacy", s. *ebd.* S. 194.

Doch wieso erklärt oder tut ein Mensch etwas entgegen seiner Meinung oder Einstellung? Dieser zunächst paradox erscheinende Fall kann eintreten, wenn ein gewisser situativer Einfluss bzw. Druck auf die betreffende Person ausgeübt wird.[209] Eine forcierte Einwilligung kann nach *Festinger* eintreten, wenn zum einen für den Fall der Nichtbefolgung einer Forderung (wobei sich die betreffende Person der Situation nicht entziehen darf) eine Strafe angedroht wird oder zum anderen für den Fall des Nachgehens einer Forderung eine Belohnung ausgesprochen wird.[210]

Im kriminalpolizeilichen Kontext kann eine derartige Drucksituation vornehmlich mit Blick auf Forderungen des Vorgesetzten gesehen werden, denen sich der Ermittler in der Regel nicht entziehen kann. Bietet der Vorgesetzte seinem Beamten etwa eine Beförderung als Belohnung für eine bestimmte geforderte Leistung an, die mit der Einstellung des Beamten unvereinbar ist, kann dies kognitive Dissonanz erzeugen. So wäre etwa das Szenario vorstellbar, dass aufgrund politischen Drucks gefordert wird, bestimmte Gewaltausschreitungen sofort zu unterbinden, obwohl der angerufene Polizist der Überzeugung ist, dass zu diesem Zeitpunkt noch zu wenig Personal zur Verfügung steht, um diese Unterbindung wirksam durchzuführen und es sinnvoller wäre, auf Verstärkung zu warten. Gleichermaßen ist daneben auch der Fall denkbar, dass dem Beamten von seinem Vorgesetzten mit einer Versetzung gedroht wird, wenn er dieser Forderung nicht nachkommt. Im Ergebnis soll der Polizist in beiden Konstellationen eine Handlung durchführen, die seiner Einstellung widerspricht und somit Dissonanz auslöst.

Bei der forcierten Einwilligung wird die Stärke der Dissonanz von mehreren Faktoren bestimmt. Zum einen beeinflusst die vom Betroffenen empfundene Wichtigkeit der Situation die Gesamtstärke der Dissonanz.[211] Zum anderen hängt die Stärke vornehmlich von der Höhe der Belohnung oder Strafe ab. Dabei kommt es vor allem darauf an, ob die angebotene Belohnung aus Sicht des Betroffenen besonders attraktiv erscheint, bzw. die angedrohte Strafe als besonders unangenehm und unerwünscht empfunden wird. Die Dissonanz ist umso geringer, je höher die Belohnung oder die Strafe sind, da diese Faktoren eine ausreichende Rechtfertigung für das eigene Handeln bieten.[212] Bei einer hohen Bestrafung etwa kann das Verhalten, das nicht der eigenen Überzeugung

---

209 *Festinger*, S. 90; *Peus/Frey/Braun*, S. 68.

210 *Festinger*, S. 91, 101, 254.

211 Im Folgenden: *ebd.*, S. 96 f., 255.

212 Siehe dazu in dieser Arbeit: Kapitel 3, A., I. 2, bb).

entspricht, durch eben diese hohe Bestrafung erklärt werden. Die Beförderung oder Versetzung eines Beamten sind Faktoren, die als hohe Belohnung bzw. Strafe anzusehen sind. Im Beispielsfall mag die Rechtfertigung lauten: „Ich führe die Anweisung meines Vorgesetzten aus, weil ich sonst versetzt werde“. Es ist entsprechend den Erkenntnissen *Festingers* zu erwarten, dass der Beamte demnach einen Rechtfertigungsgrund (Versetzung oder Beförderung) für sein Handeln hat und aus diesem Grund wenig Dissonanz empfinden wird.

c) Dissonanz bei freiwilliger und unfreiwilliger Informationsaufnahme

Ein weiteres zentrales dissonanztheoretisches Forschungsparadigma ist der Bereich der freiwilligen und unfreiwilligen Informationsaufnahme.[213]

aa) Freiwillige Informationsaufnahme

Der Forschungsbereich der freiwilligen Informationsaufnahme beschäftigt sich mit der Frage, wie der Mensch auf Informationsquellen reagiert, denen er sich freiwillig aussetzt. Der Mensch neigt vornehmlich dazu nach Informationen zu suchen, die zu seinen eigenen Standpunkten, Einstellungen, Erwartungen, Wünschen, Stereotypen und Entscheidungen passen, anstatt solche zu suchen, die diesen widersprechen.[214] Gleichzeitig ist er in der Lage, konsonante Informationen aus seinem Gedächtnis abzurufen.[215] Es existiert somit grundsätzlich eine Motivation zum Erwerb kognitiver Elemente,[216] wobei durchaus die Gefahr besteht während dieser Suche auf dissonante Elemente zu stoßen und folglich den gegenteiligen Effekt zu erzielen.[217] Ein Ermittler wird vor diesem Hintergrund primär nach Beweisen und Spuren suchen, die z.B. mit seiner Erwartung vom Tathergang korrespondieren. Dabei kann er allerdings auf Informationen

---

213 *Festinger*, S. 126. Dissonanz stärkende Einflussfaktoren bei der freiwilligen und unfreiwilligen Informationsaufnahme nennt *Festinger* nicht. Zu den kognitiven Stufen der sozialen Informationsverarbeitung, s. *Blum*, S. 240 ff.

214 *Festinger*, S. 130; *Frey*, S. 26; *Frey*, in: Rösler/Florin, S. 45; *Jonas/Schulz-Hardt/Frey*, Zeitschrift für experimentelle Psychologie 2001, 239 (239); *Fischer/Jander/Krüger*, S. 18; *Schulz-Hardt*, S. 67. Diese These ist nicht unumstritten. Vornehmlich *Freedman& Sears gelten* als Gegner der These zur selektiven Informationssuche, s. *Frey*, S. 56 ff., 105. Allerdings sind nach *Frey* die Zweifel von *Freedman& Sears* unhaltbar, weil sie die Dissonanztheorie völlig falsch interpretieren und annehmen, Dissonanzreduktion könne nur durch Hinzufügen weiterer Kognitionen erfolgen.

215 *Wunderle*, S. 61.

216 *Festiger*, S. 128.

217 *Festinger*, S. 130; *Frey*, S. 26.

treffen, die auf einen völlig anderen Tathergang hindeuten und somit Dissonanz auslösen.

Ob sich ein Ermittlungsbeamter einer Informationsquelle aussetzt, hängt maßgeblich von seinen Erwartungen an ihren Informationsgehalt ab.[218] Erwartet er, dass die Information konsonant zu bereits bestehenden Vorannahmen ist, lässt er sich auf sie ein. Erwartet er hingegen, zu den vorhandenen Kognitionen dissonante Informationen anzutreffen, werden diese aktiv vermieden.[219] Bei der freiwilligen Informationsaufnahme findet somit eine Selektion der Informationen statt, die bereits bestehende Einstellungen und Vorannahmen unterstützt.

In einigen Ausnahmefällen kann sich eine Person trotz der Erwartung, auf dissonante Informationen zu treffen, dieser Quelle aussetzen oder sogar nach dissonanten Informationen suchen. Dieser Fall ist zu erwarten, wenn sich der Betreffende sicher genug fühlt, um dissonante Informationen zu integrieren oder sich argumentativ mit ihnen auseinanderzusetzen und sie mithilfe von Gegenargumenten leicht widerlegen kann.[220]

Neben der Erwartung an die Informationsquelle ist nach *Festinger* ferner die subjektive Sicherheit bzw. Gewissheit über die Richtigkeit der Kognition von Relevanz.[221] Mit der Unsicherheit einer Meinung, Entscheidung oder Einstellung sinkt die subjektive Möglichkeit Dissonanz argumentativ zu widerlegen, wodurch gleichzeitig der Antrieb steigt, neue Informationen zu selektieren.[222] In diesem Zusammenhang kann bei Ermittlungssituationen aufgrund der Unsicherheit des Tathergangs und den fehlenden Informationen gerade zum Zeitpunkt des ersten Angriffs vermutet werden, dass der Drang, Informationen zu selektieren, bei Ermittlungsbeamten besonders stark ist.

Weiterhin ist zu berücksichtigen, dass die selektive Informationssuche in Beziehung zur Dissonanzstärke kurvilinear ist, d.h. bei zunehmender Dissonanz verstärkt sich die selektive Informationssuche zunächst, nimmt aber ab einem gewissen Punkt wieder ab.[223] Der Rückgang tritt ein, wenn die Dissonanz derart hoch ist, dass die selektive Informationssuche kein adäquat geeignetes Reduktionsmittel mehr darstellt.[224] Bei einer Ermittlung kann dieser Fall eintreten,

---

218 Vgl. im Folgenden: *Festiger*, S. 130; *Raske*, S. 15.

219 *Festinger*, S. 130; *Schulz-Hardt*, S. 67; *Raske*, S. 16; *Artkämper*, StRR 2012, 339 (340).

220 *Frey*, S. 56; *Raske*, S. 23 f.; *Raab/Unger/Unger*, S. 46. Zum empirischen Nachweis, s. *Frey/Gaska*, S. 296.

221 *Frey*, S. 65.

222 *ebd.*

223 *Festinger*, S. 132; *Schulz-Hardt*, S. 67; *Frey*, S. 59; *Peus/Frey/Braun*, S. 67.

224 *Peus/Frey/Braun*, S. 67.

wenn der ursprünglich verfolgten Tathergangshypothese starke Beweise wie der DNA-Beweis entgegenstehen. In diesem Fall kann nach Ansicht der *Verfasserin* erwartet werden, dass der Ermittler in der Regel von der selektiven Informationssuche ablässt.

Den bisherigen Ausführungen nach ist festzuhalten, dass der Mensch mithilfe der selektiven Informationssuche in der Lage ist, bestehende Dissonanz zu reduzieren und künftige Dissonanz zu vermeiden.[225] Im Kern ist die selektive Informationssuche folglich eine Reduktionstechnik, welche vornehmlich dazu genutzt wird, die eigenen Entscheidungen und Handlungen zu validieren. Diesen Effekt der selektiven Informationsgewinnung nennt *Festinger* „selective exposure effect".[226] Er kann dementsprechend dazu führen, dass ein Polizist vermehrt Informationen einholt, die seiner Vorstellung vom Tathergang entsprechen, um auf diese Weise seine Dissonanz zu reduzieren und sich in seinem Verhalten bestätigt zu fühlen.

Der selective exposure effect tritt vornehmlich im Rahmen der sog. Bestätigungstendenz (sog. confirmation bias bzw. Konfirmationsbias) auf, welche Bestandteil des dissonanzreduzierenden Harmonisierungsdrangs ist.[227] Die Bestätigungstendenz beschreibt ein Phänomen, wonach „Informationen umso eher wahrgenommen und als wichtig bewertet [werden], je besser sie zu eigenen Annahmen und Überzeugungen passen".[228] Informationen, die nicht mit den eigenen Annahmen und Überzeugungen übereinstimmen, werden hingegen unbewusst ausgeblendet oder als unbedeutend eingeschätzt.[229] Im Kern werden dadurch die Vorzüge der favorisierten Entscheidungsalternative aufgewertet und die vorgefasste Meinung beibehalten.[230]

---

225 Nachfolgend: *Festinger*, S. 129 f.

226 *Schulz-Hardt*, S. 67; *Fischer/Jander/Krüger*, S. 19.

227 *Fischer/Jander/Krüger*, S. 18; *Civelli*, Kriminalistik 2010, 719 (723); *Frey*, in: Rösler/Florin, S. 46; *Fischer/Wiswede*, S. 233.

228 *Jonas/Schulz-Hardt/Fischer/Frey*, S. 24; *Singelstein*, StV 2016, 830 (830); vgl. *Schulz-Hardt*, S. 69; vgl. *Schweizer*, Justice-Justiz-Giustizia 2007, 117 (117). Der Begriff des *confirmation bias* beschreibt in der internationalen Fachliteratur eine Vielzahl von Phänomenen und kann demnach unterschiedlich verstanden werden, s. *Schweizer*, S. 178.

229 *Gadenne*, S. 4; *Civelli*, Kriminalistik 2010, 719 (723); *Artkämper*, StRR 2012, 339 (340); *Schweizer*, Justice-Justiz-Giustizia 2007, 117 (117). Eine Untersuchung der empirischen Arbeiten zur Bestätigungstendenz liefert *Gadenne*, Der Bestätigungsfehler und die Rationalität menschlicher Informationsverarbeitung (1980).

230 *Frey*, in: Rösler/Florin, S. 46.

Betroffene können sich folglich durch die selektive Informationssuche in dem Gefühl bestätigt fühlen, dass mehr Argumente für ihre Einstellungen sprechen als solche, die diese kritisieren. Demgemäß wird das Bild der eigenen Wahrnehmung von Inhalten stark beeinflusst und verzerrt, da mögliche Alternativen ausgeblendet werden.[231] Eine weitere Konsequenz der selektiven Informationssuche ist die Begünstigung von Fehlentscheidungen infolge der selektiven verzerrten Wahrnehmung. Ein Entscheidungsträger kann aufgrund der selektiven Informationssuche Risiken und Warnsignale übersehen und dadurch objektiv die Entscheidungsqualität verschlechtern.[232] Welche Auswirkungen sich daraus im Einzelnen für die Ermittlungstätigkeit ergeben, wird diese Arbeit zu einem späteren Zeitpunkt erörtern.[233]

bb) Unfreiwillige Informationsaufnahme

Neben der freiwilligen Informationssuche kann häufig der Umstand eintreten, dass der Mensch unfreiwillig mit Informationen konfrontiert wird. Diese Konfrontation kann auf unterschiedlichem Wege erfolgen:

- Durch zufällige Informationsaufnahme (Im Rahmen der Ermittlungstätigkeit etwa durch plötzlich auftretende Zeugen).[234]
- Durch Informationsaufnahme aus irrelevantem Grund: Eine Person setzt sich zwar bewusst einer Informationsquelle aus, die ihre Einstellungen widerspiegelt, stellt jedoch fest, dass auch Informationen freigesetzt werden, die sie nicht gesucht hat (z.B. wenn ein Ermittler die Wohnung eines Verdächtigen durchsucht, dabei allerdings Informationen findet, die gegen die Täterschaft des Verdächtigen sprechen).
- Durch forcierte Informationsaufnahme: Eine Information oder ein Ereignis ist so weit verbreitet, dass man zwangsläufig mit ihr konfrontiert wird (z.B. Kenntnisnahme der Ermittler von Informationen durch Dorfgespräche oder Medienberichte).
- Durch Interaktion mit anderen Personen (z.B. Konfrontation mit zur eigenen Einstellung entgegenstehenden Meinung eines Strafverteidigers).

---

231 *Fischer/Jander/Krüger*, S. 18; *Singelstein*, StV 2016, 830 (832).

232 *Fischer/Jander/Krüger*, S. 19; *Peus/Frey/Braun*, S. 67; *Jonas/Schulz-Hardt/Fischer/Frey*, S. 23.

233 Siehe dazu in dieser Arbeit Kapitel 3, C.

234 Im Folgenden: Vgl. *Festinger*, S. 134 f.

Wird eine Person in ihrer Umwelt unfreiwillig mit Informationen konfrontiert, die diskrepant zu den eigenen Kognitionen sind, kann kognitive Dissonanz erzeugt werden. Zieht man zur Veranschaulichung einen Ermittler heran, der von der Täterschaft des Herrn X überzeugt ist, so kann die Verschaffung eines Alibis durch einen plötzlich auftretenden Dritten zu kognitiver Dissonanz führen.

cc) Zwischenergebnis

Aus der Darstellung dieses Forschungsparadigmas lässt sich mit Blick auf den kriminalpolizeilichen Kontext ableiten, dass der Umgang mit Informationen ein wesentlicher Bestandteil der Ermittlungstätigkeit ist. Im internationalen Raum wird der Polizeibeamte sogar als „Knowledge-Broker“ bezeichnet, als sog. Informations- und Wissenshändler.[235] Vor diesem Hintergrund kann vermutet werden, dass das Wirksamwerden von kognitiver Dissonanz bei den Ermittlern besonders wahrscheinlich ist.

d) Dissonanz im Zusammenhang mit der sozialen Unterstützung für die eigenen Kognitionen

Das letzte dissonanztheoretische Forschungsparadigma betrifft das Auftreten kognitiver Dissonanz im Zusammenhang mit der sozialen Unterstützung für die eigenen Kognitionen.[236] Innerhalb einer Menschengruppe vertreten einzelne Personen regelmäßig unterschiedliche Meinungen oder Ansichten zu einem Thema, die konträr zu den eigenen sind.[237] Dieser Widerspruch löst nach *Festinger* Dissonanz aus. Voraussetzung ist allerdings, dass es sich um die gegensätzliche Meinung einer (aus subjektiver Perspektive) relevanten Vergleichsperson handelt.[238]

Ermittler haben berufsbedingt häufig Meinungsverschiedenheiten mit Strafverteidigern, wenn diese die Interessen des beschuldigten Mandanten vertreten und damit versuchen, die Ermittler von ihrem gewählten Ermittlungsansatz abzubringen. In diesem Zusammenhang ist das Entstehen von Dissonanz sehr wahrscheinlich, sofern es sich aus subjektiver Sicht des Betreffenden um eine Vergleichsperson handelt. Ferner kann ein Ermittler im eigenen Kollegium auf konträre Ansichten treffen, wenn etwa darüber entschieden wird, welche

---

235 *Feltes*, S. 152.

236 *Festinger*, S. 177; *Schulz-Hardt*, S. 70; *Raske*, S. 23.

237 Nachfolgend: *Festinger*, S. 177; *Frey*, S. 22; *Raske*, S. 23; *Schulz-Hardt*, S. 70.

238 *Schulz-Hardt*, S. 70.

Ermittlungsmaßnahme ergriffen werden soll oder welchem Ermittlungsansatz zu folgen ist. Dabei ist jedoch zu vermuten, dass Ermittler berufsbedingt oftmals ähnliche Ansichten und Einstellungen vertreten dürften und somit Dissonanz eher selten zu erwarten ist. Allerdings dürften auch hier Meinungsverschiedenheiten nicht unumgänglich sein.

Das Ausmaß der Dissonanz im Zusammenhang mit der sozialen Unterstützung für die eigenen Kognitionen wird von der Anzahl an Menschen bestimmt, die entgegengesetzter Meinung sind.[239] Je höher der Anteil der Personen ist, die bspw. eine konträre Einstellung zu einem Thema vertreten, desto höher ist die Dissonanz.[240] Kann die eigene Meinung hingegen auf eine objektive physikalische Realität zurückgeführt werden (bspw. auf naturwissenschaftliche Gesetze), dann ist die eigene Meinung auch gegen die anderer Personen immun (z.B. wenn die Ansicht des Ermittlers auf einen DNA-Befund gestützt werden kann).[241]

e) Zwischenergebnis

Zusammenfassend lässt sich festhalten, dass *Festingers* Erkenntnisse zur Dissonanzentstehung hinsichtlich aller vier Forschungsparadigmen im kriminalpolizeilichen Kontext Anwendung finden können. Es gibt mithin keinen Entstehungsbereich, der das Ermittlungsgeschehen nicht tangiert. Dabei legen vornehmlich die Forschungsparadigmen der Nachentscheidungsdissonanz und der Informationsaufnahme den Schluss nahe, dass kognitive Dissonanz der Ermittlungstätigkeit inhärent ist.

2. Möglichkeiten der Dissonanzreduktion und - beseitigung

Der Gang der Untersuchung hat bereits darlegen können, dass Dissonanz in unterschiedlichem Ausmaß in vielen Bereichen bei Ermittlungsbeamten auftreten kann. Diese Erkenntnis ist Ausgangspunkt der weiteren Untersuchung, die sich der Frage widmet, ob und auf welche Art und Weise die entstandene Dissonanz reduziert oder gänzlich beseitigt werden kann.

a) Allgemeine Überlegungen Festingers

Die Theorie der kognitiven Dissonanz geht von der Grundannahme aus, dass der Betreffende beim Empfinden von Dissonanz eine Veränderung seines

---

239 *Festinger*, S. 255.
240 *ebd.*, S. 179, 255.
241 *ebd.*, S. 178 f.

kognitiven Zustandes anstrebt und den Druck verspürt, die entstandene Spannung zu reduzieren, weil der Mensch grundsätzlich die Kongruenz und Harmonie seiner Bewusstseinsinhalte intendiert.[242] Dissonanz besitzt dabei nach *Festinger* eine motivierende Komponente und treibt die betreffende Person dazu an, den Zustand kognitiver Inkonsistenz mithilfe unterschiedlicher Handlungen und Reaktionen zu reduzieren.[243] Vergleichbar ist diese Situation mit dem Empfinden von Hunger und Durst, wo zur Befriedigung dieser Bedürfnisse Nahrung und Getränke verzehrt werden.[244]

Bei der Reduktion der kognitiven Dissonanz wäre eine objektive und auf Tatsachen beruhende Prüfung aller Kognitionen wünschenswert, auf deren Grundlage der Betreffende z.B. eine der beiden Alternativen im Rahmen einer Entscheidung wählt.[245] So würde ein Ermittlungsbeamter bei Auftreten widersprüchlicher Beweise alle Informationen verinnerlichen, überdenken und anschließend abwägen, ob er überhaupt noch an seiner ursprünglichen Tathergangshypothese festhalten kann oder von ihr ablassen muss. An dieser Stelle darf jedoch vorweggenommen werden, dass die Prozesse der menschlichen Informationsverarbeitung und der Entscheidungsfindung eine rationale Prüfung der Inhalte oftmals nicht zulassen.[246]

Festinger unterscheidet in seinen Ausführungen grundsätzlich mehrere Handlungsmöglichkeiten, mit denen Dissonanz reduziert oder gänzlich beseitigt werden kann:[247] Kognitive Dissonanz kann reduziert bzw. beseitigt werden durch:

o Die Änderung eines kognitiven Elements des Verhaltens,[248]
o die Änderung eines kognitiven Elements der Umwelt,[249]
o das Hinzufügen neuer kognitiver Elemente,[250]

---

242 *Festinger*, S. 16, 22; *Peus/Frey/Braun*, S. 62; *Raske*, S. 6, 13, 14; *Barton*, StraFo 1993, 11 (13); *Singelstein*, StV 2016, 830 (831); *Blum*, S. 254.

243 *Festinger*, S. 16; *Gerrig*, S. 672; *Schulz-Hardt*, S. 59. Der Gedanke der motivierenden Komponente der Dissonanz ist nicht unumstritten und wird in der Sozialpsychologie stark diskutiert, s. *Beckmann*, S. 4, 32 ff.; *Schulz-Hardt/Frey/Jones*, S. 674; *Raske*, S. 6; *Schünemann*, StV 2000, 159 (160); *Blum*, S. 254.

244 *Festinger*, S. 30; *Aronson/Wilson/Akert*, S. 181.

245 Vgl. *Singelstein*, StV 2016, 830 (831).

246 *ebd.*

247 *Festinger*, S. 30 ff., 256; *Raske*, S. 14. Diese können in diesem Zusammenhang alle, aber auch einzelne Kognitionen erfassen, S. *ebd.*

248 *Festinger*, S. 31, 256; *Aronson/Wilson/Akert*, S. 181.

249 *Festinger*, S. 31, 256.

250 *Festinger*, S. 256; *Singelstein*, StV 2016, 830 (831); *Blum*, S. 254.

- o das Verändern der Wichtigkeit der an der dissonanten Beziehung beteiligten Elemente.[251]

Die Änderung eines kognitiven Elementes betrifft die Korrespondenz zwischen einem kognitiven Element des Verhaltens und einem solchen der Umwelt. Die Veränderung eines der beiden Elemente kann zu einer Dissonanzreduktion führen.[252] So kann der Ermittler im vorangegangenen Beispiel sein Verhalten ändern und den Umständen der Umwelt anpassen, indem er sich seinen Fehler eingesteht, von der ursprünglichen Tathergangshypothese ablässt und einem neuen Ermittlungsansatz folgt. Allerdings ist nicht jeder Betroffene in der Lage, sein Verhalten zu ändern, da diese Umstellung eine große Hürde darstellen kann.[253] Außerdem ist es denkbar, dass die Änderung des Verhaltens nur einen so geringen Teil der Dissonanz reduziert, dass dieser „Misserfolg" wiederum weitere Dissonanz erzeugt.[254]

Eine zweite Möglichkeit der Dissonanzreduktion sieht *Festinger* in einer Änderung des kognitiven Elements der Umwelt.[255] *Festinger* geht davon aus, dass man auch die Situation, auf die sich das dissonante Element bezieht, verändern kann. Ein kognitives Element der Umwelt zu verändern ist jedoch deutlich schwieriger als sein eigenes subjektives Verhalten zu ändern.

Eine letzte Möglichkeit der Dissonanzreduktion sieht *Festinger* im Hinzufügen neuer kognitiver Elemente. Wie bereits erörtert, spielt die Anzahl der dissonanten Elemente im Verhältnis zu den konsonanten Elementen eine große Rolle für die Gesamtstärke der Dissonanz.[256] Fügt man konsonante Elemente hinzu, so verändert sich das Verhältnis zwischen dissonanten und konsonanten Elementen und die Dissonanz nimmt ab.[257] Dabei können neue Informationen gesucht oder bereits vorhandene aus dem Gedächtnis abgerufen werden[258] – dissonanzerhöhende Faktoren werden hingegen vermieden.[259]

251 *Festinger*, S. 34, 256.

252 *Festinger*, S. 31; *Aronson/Wilson/Akert*, S. 181; *Singelstein*, StV 2016, 830 (831); *Fischer/Wiswede*, S. 305.

253 *Festinger*, S. 31.

254 *ebd.*

255 Im Folgenden: *ebd.*, S. 31-33.

256 Siehe Fn. 205.

257 *Festinger*, S. 33.

258 *Wunderle*, S. 61.

259 *Festinger*, S. 16, 33; *Raske*, S. 13.

Diese Möglichkeiten der Dissonanzreduktion sollen erneut am Beispiel des Ermittlungsbeamten verdeutlicht werden: Die Gesamtdissonanz zwischen den Elementen „Ich glaube Herr Y hat Frau X ermordet" und „Herr Z hat gestanden Frau X getötet zu haben" kann neben einer Verhaltensänderung („Unter Berücksichtigung aller Informationen muss ich zugeben, mich geirrt zu haben") zum einen dadurch reduziert werden, dass der Ermittler neue kognitive Elemente hinzufügt, die mit seinem Verhalten konsonant sind. Der Ermittler könnte nach Gründen suchen, warum es ausgeschlossen ist, dass Herr Z der Mörder ist. Herr Z könnte ja womöglich den Herrn Y nur schützen wollen. Der Ermittler könnte auch der Ansicht sein, dass die beiden Herren gemeinschaftlich den Mord an Frau X geplant und durchgeführt haben oder dass alleine das Geständnis noch nicht für eine Überführung reiche. Im Ergebnis wird mithin deutlich, dass es zahlreiche Möglichkeiten für den Ermittler gibt, auf irrationale Art und Weise Dissonanz zu reduzieren und sein subjektives Verhalten zu rechtfertigen.[260]

In diesem Zusammenhang muss berücksichtigt werden, dass die Gesamtstärke der Dissonanz nicht nur vom Verhältnis konsonanter und dissonanter Elemente abhängt, sondern mitunter auch von der subjektiv wahrgenommenen Wichtigkeit einer Kognition. Die Dissonanz kann folglich auch dadurch reduziert werden, dass einer konsonanten Kognition eine höhere Bedeutung beigemessen wird, wohingegen einer dissonanten Kognition die Relevanz abgesprochen wird.[261]

---

260 Gleichermaßen kann eine Reduktion der Dissonanz dadurch erzielt werden, dass ein Element hinzugefügt wird, welches die konsonanten und dissonanten Elemente ins Gleichgewicht rückt. *Festinger* verdeutlicht diese Reduktionsmöglichkeit anhand eines Beispiels. Eine Stammesgesellschaft glaubt nicht nur daran, dass Menschen gut sein sollten, sondern dass sie es tatsächlich sind. Dennoch fallen Kinder dieser Gesellschaft temporär durch ein besonders aggressives Verhalten auf, welches sich dissonant zum Glauben an den guten Menschen verhält. Anstatt ihre Glaubensweise zu ändern oder das „Gut-sein" anders zu definieren, glauben die Mitglieder der Gesellschaft an böse Geister, die in Menschen eindringen können und sie „böse" werden lassen. Nicht die Kinder verhalten sich schlecht, sondern der böse Geist. Durch das Hinzufügen dieses Elementes schwindet die Dissonanz zwischen „Der Mensch ist gut" und „Kinder unseres Stammes verhalten sich besonders aggressiv", s. *Festinger*, S. 34. Im polizeilichen Kontext spielt dieser Reduktionsmechanismus jedoch nach Ansicht der *Verfasserin* eine untergeordnete Rolle.

261 Siehe dazu *Fischer/Jander/Krüger*, S. 16; *Fischer/Frey/Peus/Kastenmüller*, S. 190. In der Literatur wurden die Reduktionsmöglichkeiten *Festingers* in diesem Kontext in fünf Kategorien geteilt. Daraus ergeben sich folgende Reduktionsmöglichketen: 1) Dissonanzreduktion durch Addition konsonanter Kognitionen, d.h. durch das Hinzufügen

Die Erkenntnis, dass sich Kognitionen ändern lassen, wirft die Frage auf, welches der Elemente innerhalb des kognitiven Systems verändert wird. Dies hängt maßgeblich vom sog. Änderungswiderstand der Kognitionen ab.[262] Es kommt folglich auf die Widerstandsfähigkeit einer Kognition gegenüber einer möglichen Änderung an, wobei die Änderungsresistenz stärker ist, je mehr konsonante Kognitionen einen Bezug zu ihr aufweisen.[263] Dort, wo der Widerstand am geringsten ist, findet hingegen eine Änderung der Kognitionen statt.[264]

b) Übertragung der Erkenntnisse auf die einzelnen Forschungsbereiche der Dissonanztheorie

Nachdem die Grundlagen der dissonanztheoretischen Reduktionsmöglichkeiten erörtert wurden, soll nunmehr untersucht werden, inwiefern sich diese auf die vier festgelegten Forschungsparadigmen auswirken:

aa) Reduktionsmöglichkeiten bei Dissonanz nach Entscheidungen

Festinger sieht drei Möglichkeiten, die Nachentscheidungsdissonanz zu reduzieren:[265]

- o Die Entscheidung muss geändert oder zurückgenommen werden.[266]
- o Die Attraktivität der an der Entscheidung beteiligten Alternativen muss geändert werden.[267]
- o Es wird eine kognitive Überlappung bei der an der Entscheidung beteiligten Alternativen hergestellt.[268]

---

von konsonanten Argumenten, Informationen etc., 2) Dissonanzreduktion durch Subtraktion dissonanter Kognitionen, d.h. durch Vermeidung von dissonanzfördernden Informationen, 3) Dissonanzreduktion durch Substitution dissonanter durch konsonante Kognitionen, d.h. durch Hervorheben von positiven Bereichen, die unabhängig von der erlebten Dissonanz sind, 4) Dissonanzreduktion durch die Erhöhung der Wichtigkeit konsonanter Kognitionen, 5) Dissonanzreduktion durch Reduktion der Wichtigkeit dissonanter Kognitionen, s. dazu: *Frey*, S. 18 f.; *Frey/Gaska* , S. 277, *Blum*, S. 254; *Schulz-Hardt*, S. 59; *Beckmann*, S. 14; *Blum*, S. 255; *Fischer/Jander/Krüger*, S. 16 ff.; *Fischer/Wiswede*, S. 305 f.; *Piontkowski*, S. 11 f.

262 *Festinger*, S. 34. Kritisch dazu: *Beckmann*, S. 16.

263 *Schulz-Hardt*, S. 60.

264 *Raske*, S. 17; *Schulz-Hardt*, S. 60; *Beckmann*, S. 15.

265 *Festinger*, S. 52 ff. Dazu auch: *Fischer/Wiswede*, S. 319.

266 *Festinger*, S. 52.

267 *ebd.*, S. 54, 256.

268 *ebd.*, S. 55.

Als erste Reduktionsmöglichkeit der Nachentscheidungsdissonanz nennt *Festinger* die Änderung oder Rücknahme der Entscheidung.[269] In den meisten Fällen hat sich der Entscheidungsträger für eine für ihn günstige Alternative entschieden, sodass die Anzahl der dissonanten Elemente die Anzahl der konsonanten Elemente nicht übersteigen wird. Eine Revision der Entscheidung würde demnach nur zur Umkehrung der konsonanten Elemente der einen Alternative mit den dissonanten Elementen der anderen Alternative führen. Dabei besteht die Gefahr, dass sich die bereits vorhandene Dissonanz verstärken könnte. Aus diesem Grund reagiert der Mensch grundsätzlich nicht mit der Revision der Entscheidung auf bestehende Dissonanzen.

Eine Revision der Entscheidung könnte allenfalls dann denkbar sein, wenn der aversive Gefühlszustand aufgrund der bestehenden Dissonanz stärker ist als das behagliche Gefühl bezüglich der konsonanten Elemente. Sie ist somit nur dann sinnvoll, wenn die Anzahl der dissonanten Kognitionen die Höhe der konsonanten Kognitionen überwiegt. Die Dissonanz muss dabei derart hoch sein, dass sie die Grenze des für den Betreffenden Ertragbaren überschreitet.[270]

Bis zu dieser Grenze versucht der Betreffende bei Vorliegen von Dissonanz seine Entscheidung durch eine selektive Suche nach neuen, mit der Entscheidung konsonanten Informationen zu stützen und die Dissonanz zu reduzieren.[271] Gleichzeitig kann ein selektives Vermeiden der dissonanzverstärkenden Informationen einsetzen.[272] Stößt der Entscheidungsträger hingegen an diese subjektive Grenze, so nehmen die selektive Suche und das selektive Vermeiden von Informationen ab und es setzt die Motivation ein, eine Änderung herbeizuführen.[273]

Ein Ermittler, der sich für eine von mehreren Ermittlungsmaßnahmen entschieden hat, wird demgemäß nur dann von seiner Entscheidung abweichen, wenn im Nachgang deutlich mehr Argumente für eine der anderen Alternativen sprechen. Ist die Entscheidung hingegen nicht revidierbar, da z.B. die Ermittlungsmaßnahme schon durchgeführt wurde, setzt wieder die selektive Suche nach konsonanten Informationen ein.

Darüber hinaus besteht noch eine weitere Technik zur Dissonanzreduktion nach Entscheidungen. Nach *Festinger* ist es naheliegender, die Entscheidung

269 Im Folgenden: *ebd.*, S. 52 f.

270 *Festinger*, S. 53; *Raske*, S. 17.

271 *Raske*, S. 15; *Peus/Frey/Braun*, S. 66.

272 *Raske*, S. 15.

273 *ebd.*, S. 17.

„psychologisch" zurückzunehmen, sich also psychologisch von ihr zu distanzieren.[274] Eine Entscheidung wird psychologisch zurückgenommen, wenn der Betreffende sich eingesteht, die falsche Wahl („Wenn ich mich nochmals entscheiden dürfte, hätte ich eine andere Wahl getroffen") oder gar keine Wahl getroffen zu haben. Im letzten Fall ist dies denkbar, indem man jede Verantwortung „der Wahl" von sich zurückweist („Ich wurde mehr oder weniger von anderen Leuten zu dieser Entscheidung gezwungen").[275]

Eine sehr gebräuchliche Möglichkeit Nachentscheidungsdissonanz zu reduzieren ist zudem eine Änderung der Attraktivität der an der Entscheidung beteiligten Alternativen.[276] Zum einen können an dieser Stelle negative Elemente der verworfenen Alternativen eliminiert und zum anderen neue Elemente einbezogen werden, welche mit der durchgeführten Handlung konsonant sind und auf diese Weise dissonanzmindernd wirken.[277] Gleichermaßen können negative Elemente der nicht gewählten Alternative addiert und ihre positiven Elemente eliminiert werden.[278] Im Ergebnis wird die Attraktivität der gewählten Alternative erhöht oder die Attraktivität der nicht gewählten Alternative durch das Herabsetzen ihrer Wichtigkeit abgewertet (sog. „Spreading apart of alternatives-Effekt").[279] Dieser Effekt ist besonders stark, wenn sich der Entscheidungsträger zwischen zwei ähnlich attraktiven Alternativen entscheiden muss.[280]

---

274 *Festinger*, S. 53.

275 *ebd.* Derartige Neutralisierungstechniken finden im Bereich der Kriminologie insbesondere bei delinquenten Jugendlichen Anklang, mithilfe derer diese versuchen, ihr straffälliges Verhalten und die von ihnen anerkannten Normen und Werte in Einklang zu bringen, s. dazu *Bock*, S. 72.

276 Auch: „Änderung der Kognition über die Alternativen" genannt, s. *Festinger*, S. 54, 56, 69, 256.

277 *Festinger*, S. 54; *Peus/Frey/Braun*, S. 65. Die Eliminierung kann unter anderem auch durch ein selektives Vergessen oder Verdrängen erfolgen, jedoch kann sie die Dissonanz nicht auf Null reduzieren, *Raske*, S. 19.

278 *Peus/Frey/Braun*, S. 65.

279 *Festinger*, S. 54, 256; *Raske*, S. 18; *Peus/Frey/Braun*, S. 65.

280 *Brehm* war 1956 der Erste, der *Festingers* These von der Nachentscheidungsdissonanz experimentell untersuchte. Sein Experiment belegte, dass die Dissonanz nach Entscheidungen bei den betreffenden Personen besonders groß ist, so wie es *Festinger* bereits postulierte. In diesem Experiment sollten Versuchspersonen die Attraktivität von Haushaltsgeräten zunächst nur beurteilen. Im Anschluss durften sich die Versuchsteilnehmer eines der Geräte als Honorar einbehalten, wobei sie die Wahl zwischen den Geräten treffen durften. Im Anschluss sollten die Teilnehmer die Attraktivität erneut bewerten. Es zeigte sich, dass die Attraktivität der gewählten Alternative im Gegensatz zur ersten Bewertung deutlich aufgewertet wurde, wohingegen die

Für den kriminalpolizeilichen Kontext ist herzuleiten, dass sich den Ermittlern in Entscheidungssituationen primär die Möglichkeit des „spreading apart of alternatives-Effekts" bieten wird. Dies gilt umso mehr, wenn etwa zwei Ermittlungsansätze oder Ermittlungsmaßnahmen gleichermaßen zur Aufklärung eines Sachverhaltes beitragen, da die Ähnlichkeit ihrer Attraktivität die Dissonanz erhöhen kann.

Eine dritte Möglichkeit zur Reduktion der Nachentscheidungsdissonanz bietet die Herstellung einer kognitiven Überlappung bei den an der Entscheidung beteiligten Alternativen.[281] Der Entscheidungsträger kann einzelne miteinander korrespondierende Elemente jeder Alternative wählen und sie in Zusammenhang setzen. Es wird eine gemeinsame Schnittmenge beider Alternativen ausgewählt, sodass diese folglich auch in der dissonanten Alternative auftreten.[282]

Dies soll erneut veranschaulicht werden: Ein Ermittler wählt zwischen zwei möglichen Ermittlungsmaßnahmen die Maßnahme A und nicht B aus. Beide sind effektiv und führen zu den notwendigen Informationen. Maßnahme A erfordert einen richterlichen Beschluss und kann dementsprechend mehr Zeit beanspruchen, Maßnahme B führt hingegen zu höheren Kosten. Begründet man seine Wahl für Maßnahme A nunmehr mit dem Argument, dass man mit ihrer Hilfe an die notwendigen Informationen gelangt, so kann dieses Argument der Maßnahme B nicht entgegenstehen, da es die Schnittmenge bildet. Dadurch wird die Dissonanz, die infolge der anderen Argumente entsteht, auf Null reduziert oder in ihrer Entstehung gehemmt.[283] Es kann mithilfe der Überlappung von Kognitionen somit immer sowohl die Wahl der Alternative A als auch die

---

Attraktivität der Alternative, für die man sich nicht entschieden hatte, abgewertet wurde. Die Versuchspersonen hatten folglich das Bedürfnis, ihre Wahl auf diese Art und Weise subjektiv zu rechtfertigen. Dies spricht für das Vorliegen von Dissonanz bei der Entscheidung zwischen zwei Alternativen. Das bewusste Treffen einer Wahl führte im Ergebnis zu einer Neubewertung der Haushaltsgeräte. Die Neigung die gewählte Alternative besonders stark aufzuwerten ist dabei umso größer, je mehr Alternativen zur Verfügung stehen und je stärker die Alternativen ursprünglich als besonders ähnlich wahrgenommen wurden, da die Auswahl dann einen besonderen subjektiven Rechtfertigungsdruck bei der Person erzeugt. Siehe zu Experiment: *Festinger*, S. 305; *Ochsmann/Frey*, S. 91; *Aronson/Wilson/Akert*, S. 186; *Fischer/Wiswede*, S. 307; *Haisch*, Hypnose-ZHH 2011, 51 (56).

281 *Festinger*, S. 55, 256.

282 *Festinger*, S. 55; *Raske*, S. 20.

283 Vgl. *Raske*, S. 20.

Wahl der Alternative B begründet werden, je nachdem welche der beiden besser zu den subjektiven Erwartungen des Entscheidungsträgers passt.[284]

bb) Reduktionsmöglichkeiten bei Dissonanz bei Kognitionen, die auf forcierter Einwilligung beruhen

Beruht die kognitive Dissonanz auf einer forcierten Einwilligung, so hat die betreffende Person mehrere Möglichkeiten, diese zu minimieren. Ein Experiment von *Carlsmith* und *Festinger* hat aufgezeigt, wie Personen mit kognitiver Dissonanz im Rahmen der forcierten Einwilligung umgehen.[285] Im Rahmen dieses Experiments mussten Testpersonen zunächst eine langweilige Aufgabe erfüllen. Gegen Entgelt (zwischen 1 bis 20 $) sollten sie im Anschluss hinzutretende Versuchspersonen anlügen und ihnen von diesem äußerst „spannenden" Experiment berichten. *Carlsmith* und *Festinger* erfassten als abhängige Variable anschließend die Einstellung der Versuchspersonen zu der langweiligen Aufgabe. Am Ende des Experiments bewerteten diejenigen, die eine geringe Entlohnung für ihre „Lüge" bekamen, das Experiment als weniger langweilig, als diejenigen, die hoch entlohnt wurden.[286]

Das Verkaufen des Experiments als spannende Aufgabe war im Ergebnis eine forcierte Einwilligung, wodurch Dissonanzen bei den Testpersonen entstanden, da die Kognitionen „Die Aufgabe ist langweilig" und „Ich verkaufe diese Aufgabe als spannend" im Widerspruch zueinanderstanden. Die hoch entlohnten Versuchspersonen konnten ihre Lüge vor sich selbst allerdings gut mit der höheren Geldsumme rechtfertigen.[287] Sie addierten damit konsonante Kognitionen und reduzierten damit ihre kognitive Dissonanz. Den gering entlohnten Versuchspersonen bot sich diese Möglichkeit nicht. Der 1 $ allein konnte keine Rechtfertigung für ihre Lüge darstellen. Sie mussten ihre Dissonanz vielmehr dadurch reduzieren, dass sie ihre Einstellung zu dem Experiment änderten („So schlimm war es doch nicht").[288]

---

284 *Raske*, S. 20.

285 *Festinger/Carlsmith*, Journal of Abnormal and Social Psychology 1959, Vol. 58, 203 (203); *Fischer/Jander/Krüger*, S. 17; *Peus/Frey/Braun*, S. 69; *Schulz-Hardt*, S. 67. In der Literatur wird bemängelt, dass das Experiment nicht allgemeingültig sei, sondern von gewissen Bedingungen abhänge, siehe dazu *Frey/Irle*, S. 307 ff.

286 Im Folgenden: *Fischer/Jander/Krüger*, S. 17.

287 *ebd.*, S. 17; *Schulz-Hardt*, S. 67; *Bierhoff*, S. 403.

288 *Fischer/Jander/Krüger*, S. 17.

Wie das Experiment von *Carlsmith* und *Festinger* darlegt, ist die Höhe der Bestrafung oder Belohnung ein wesentlicher Faktor, der ein einwilligendes Verhalten der betreffenden Person hervorrufen kann.[289] Daraus folgt, dass die Dissonanz nur bis zu dem Zeitpunkt der Verhaltensänderung Bestand hat.[290] Dabei ist zu berücksichtigen, dass eine Änderung der Meinung umso eher zu erwarten ist, wenn die Bestrafung oder Belohnung eher gering ist als zu hoch. Ist die Belohnung bzw. Bestrafung allerdings zu niedrig, ist eine gegenteilige Reaktion des Betreffenden zu erwarten – die bisher vertretene Überzeugung wird noch weiter verstärkt und dadurch Dissonanz reduziert.[291] Eine weitere Möglichkeit im Rahmen der forcierten Einwilligung Dissonanz zu reduzieren ist die Wichtigkeit der einzelnen kognitiven Elemente zu erhöhen bzw. zu mindern. Man könnte so bspw. die Wichtigkeit der versprochenen Belohnung überbewerten und die Dissonanz auf diesem Weg reduzieren.[292]

Das Beispiel der Beförderung oder Versetzung eines Polizeibeamten durch seinen Vorgesetzten bei (Nicht-) Durchsetzung der gewünschten Forderung trotz subjektiver Einstellungswidrigkeit lässt vermuten, dass Polizisten im Rahmen der forcierten Einwilligung eher dazu geneigt sein werden, die erzeugte Dissonanz durch das Hinzufügen von Kognitionen zu reduzieren, indem sie ihr Handeln durch die Beförderung oder Versetzung rechtfertigen. Diese stellen im Ergebnis eine hohe Belohnung bzw. Bestrafung dar und erzeugen nur wenig Dissonanz. Aufgrund dessen wird der Beamte in diesem Kontext seine Einstellung weiterhin beibehalten und nicht verändern.

cc) Reduktionsmöglichkeiten bei freiwilliger und unfreiwilliger Informationsaufnahme

Wie bereits vorausgehenden Erörterungen zu entnehmen ist,[293] kann die Selektion von Informationen bei der freiwilligen Informationsaufnahme zum einen in Form einer selektiven Suche nach neuen konsonanten Informationen und zum anderen in Form eines selektiven Vermeidens dissonanzerhöhender Informationen und Situationen stattfinden.[294]

---

289 *Festinger*, S. 99.
290 Im Folgenden: *ebd.*, S. 100.
291 *ebd.*, S. 101, 257.
292 *ebd.*, S. 102.
293 Siehe in dieser Arbeit Kapitel 3, A. I. 1. c.
294 *Festinger*, S. 257; *Raske*, S. 22.

Bei der unfreiwilligen Informationsaufnahme kann neben der selektiven Informationssuche auch eine fehlerhafte Wahrnehmung oder Fehlinterpretation der Informationen zu einer Reduktion der Dissonanz beitragen.[295] Bei der unfreiwilligen Konfrontation mit neuen dissonanten Informationen wird zudem versucht, die neuen Informationen zu ignorieren, abzuwehren oder zu verfälschen.[296] Der Betreffende kann geneigt sein, die Information nicht als Tatsache zu akzeptieren oder den bereits bestehenden Meinungen, Einstellungen und Erwartungen anzupassen.[297] Weitere Techniken zur Dissonanzminderung sind das Hinzufügen neuer konsonanter Elemente sowie die selektive Gewichtung einzelner Elemente.[298] Auch ein bloßes Vergessen dissonanter Information nach Ablauf einer gewissen Zeit ist denkbar.[299]

dd) Reduktionsmöglichkeiten bei Dissonanz im Zusammenhang mit der sozialen Unterstützung für die eigenen Kognitionen

Die Dissonanzreduktion während einer Meinungsverschiedenheit mit Dritten kann auf vielen Wegen erfolgen: Auf der einen Seite kann die betreffende Person eine weitere Person innerhalb der Gruppe suchen (z.B. im Kollegium), die der gleichen Ansicht ist, wie sie selbst, um so Dissonanz zu verringern.[300] Auf der anderen Seite besteht die Möglichkeit, die eigene Meinung zu ändern und der der Gruppe anzupassen.[301] Eine dritte Option bietet das Überreden von Personen der Gruppe, indem der Betreffende versucht andere Gruppenmitglieder von der eigenen Meinung zu überzeugen und sich dieser anzunähern. Zuletzt bietet die Abwertung einer Person einen Weg, Dissonanz zu reduzieren. In diesem Zusammenhang vertritt die betreffende Person z.B. die Überzeugung, „die andere Person sei mit einem selbst nicht vergleichbar".[302]

3. Zwischenergebnis

Zusammenfassend lässt sich festhalten, dass das sozialpsychologische Phänomen der kognitiven Dissonanz ein sehr vielschichtiges und paradoxes Konstrukt

295 *Festinger*, S. 136 f., 150, 257; vgl. *Raske*, S. 22.
296 *Festinger*, S. 136; *Raske*, S. 21.
297 *Festinger*, S. 153; vgl. *Raske*, S. 21 f.
298 Vgl. *Festinger*, S. 256.
299 *ebd.*, S. 156, 158.
300 *ebd.*, S. 257.
301 Nachfolgend: *Festinger*, S. 181 f.; *Schulz-Hardt*, S. 70.
302 *Raske*, S. 23; *Schulz-Hardt*, S. 70.

ist, welches den Menschen tagtäglich begleitet. Es ist für Entscheidungsprozesse von hoher Relevanz, da der Einzelne durch das Reduzieren kognitiver Dissonanz überhaupt erst in der Lage ist, Entscheidungen zu treffen und das eigene Handeln vor sich oder Dritten zu rechtfertigen.[303] Ohne dieses Gebilde würde der Mensch schlussendlich bei jeder Entscheidung zwischen zwei Alternativen hadern und am Ende kein zielführendes Leben führen können.[304] Im Übrigen hilft die Dissonanzreduktion dabei, die Zufuhr von großen Informationsmengen zu bewältigen.

Die Darstellung der Reduktionsmöglichkeiten verdeutlicht indes die grundsätzliche menschliche Tendenz nach einer Widerspruchsfreiheit der Kognitionen und den Wunsch, das Gefühl des Unwohlseins zu reduzieren. Dabei wird deutlich, dass eine erstmals gebildete Meinung oder getroffene Entscheidung nur schwer zu erschüttern ist,[305] da sich jede weitere Informationsverarbeitung dieser anpasst. Obschon die Anwendung der Reduktionstechniken für die Alltagsbewältigung wichtige Hilfsmittel sind, können sie zugleich bei unterschiedlichen situativen Gegebenheiten zu kognitiven Verzerrungen führen. Der Mensch hält sich grundsätzlich für ein rationales Wesen, welches zu rationalem Denken fähig ist.[306] Allerdings führt das Bedürfnis, unsere Selbstachtung zu erhalten, oftmals zu einem irrationalen Verhalten.[307] Der Mensch wird zum Teil unterbewusst Entscheidungen treffen oder Handlungen vornehmen, die im Ergebnis bei objektiver Betrachtung und neutraler Prüfung aller Fakten unterblieben wären.

Im kriminalpolizeilichen Kontext könnte ohne die Techniken zur Dissonanzreduktion keine Straftatenaufklärung stattfinden, da sie die Entscheidungsfindung bei der Komplexität der Sachverhalte erleichtert und ein schnelles Agieren der Ermittlungsbeamten ermöglicht.

Polizeibeamte sind nach der klassischen dissonanztheoretischen Formulierung *Festingers* während ihrer Ermittlungstätigkeit zwangsläufig immer wiederkehrender Dissonanz ausgesetzt, da sie einerseits fortlaufend Entscheidungen zu treffen haben und andererseits mit Informationen, Wissensbeständen oder Wahrnehmungen konfrontiert werden, die in sich lückenhaft oder widersprüchlich sein können. [308] Ein Ermittlungsansatz oder Verdacht kann im Laufe der

303 Vgl. *Aronson/Wilson/Akert*, S. 181.
304 Siehe Bsp. Buridans Esel, Fn. 37.
305 *Raske*, S. 24.
306 *Aronson/Wilson/Akert*, S. 185.
307 Einzelne Studien lassen sich bei *Aronson/Wilson/Akert*, S. 185 finden.
308 *Singelstein*, StV 2016, 830 (831); *Civelli*, Kriminalistik 2010, 480 (480); *Raske*, S. 7.

Ermittlungen oftmals aufgrund neuer Informationen oder Zeugenaussagen widerlegt werden, sodass die Polizeibeamten die Informationen abwägen und gegebenenfalls einer neuen Spur folgen müssen. Vor diesem Hintergrund ist zu berücksichtigen, dass im Rahmen jeder Entscheidungsfindung intuitiv Informationen über mögliche Alternativen eingeholt und bewertet werden müssen. Sie ist somit sogleich ein Prozess der Informationsverarbeitung. Die Qualität der Entscheidung bemisst sich dabei nach der Art und Anzahl der Informationen.[309]

Neben den zwei großen Forschungsbereichen darf auch das soziale Umfeld der Ermittler nicht aus dem Blick geraten. Sowohl Kollegen als auch weitere Akteure des Strafverfahrens, wie etwa Strafverteidiger, können durchaus Auslöser für Dissonanzen sein, sofern sie den Ermittler mit konträren Ansichten konfrontieren. Nicht zuletzt kann Dissonanz auch im Bereich der forcierten Einwilligung entstehen, wenngleich im Ergebnis lediglich eine geringe Höhe an Dissonanz vermutet wird. In der Gesamtschau wird somit deutlich, dass die Ermittlungspraxis ein Einfallstor für alle konstatierten Forschungsparadigmen bieten kann.

Daran anknüpfend können die dissonanztheoretischen Reduktionsmechanismen während der Sachverhaltsaufklärung schlimmstenfalls dazu führen, dass die Neutralität des Ermittlers gefährdet und Ergebnisse irrational bewertet werden. Infolgedessen kann es zu Ermittlungsfehlern dergestalt kommen, dass die Ermittlungen einseitig durchgeführt werden und ein falscher Tatverdacht oder Ermittlungsansatz die Arbeit der Beamten determiniert.

Trotz der theoretischen Untersuchungen darf man sich nicht von der Annahme leiten lassen, die Erkenntnisse uneingeschränkt auf jede Ermittlungstätigkeit und jeden Ermittlungsbeamten zu übertragen. Vielmehr hängt die Dissonanzentstehung und -reduzierung von einem Bündel an individuellen Faktoren ab. Angesichts dessen wird bereits zu diesem Zeitpunkt deutlich, dass die theoretischen Ansätze keine Zwangsläufigkeit beinhalten, sondern der Wert der Dissonanztheorie vielmehr in ihrem heuristischen Denkanstoß liegt.[310]

II. Reformulierungen und Forschungsergebnisse zur Dissonanztheorie

Festingers Theorie der kognitiven Dissonanz findet seit 1957 in der Wissenschaft große Resonanz und hat seither wie kaum eine andere Theorie die

309 *Jonas/Schulz-Hardt/Frey*, Zeitschrift für experimentelle Psychologie 2011, 239 (240).
310 So auch: *Linssen*, in: Hermanutz/Litzke, S. 229.

sozialpsychologische Forschung geprägt.[311] Von diesem Zeitpunkt an sind mehr als 1000 Arbeiten zur Dissonanztheorie publiziert worden.[312]

Bei der Überprüfung der dissonanztheoretischen Ansätze offenbarten sich einige Kritikpunkte in Theorie und Praxis, weshalb im Laufe der Jahre vielfach Reformulierungen veröffentlicht wurden.[313] Sogar *Festinger* persönlich hat an seiner klassischen Formulierung der Dissonanztheorie vereinzelt Korrekturen vorgenommen.[314]

Zahlreiche Autoren und Wissenschaftler haben primär moniert, dass viele Aspekte, vornehmlich die Anfangsbedingungen der kognitiven Dissonanz, zu unbestimmt und weitgefasst seien.[315] Da der Umfang der erschienenen Arbeiten zu groß ist, um sie im Einzelnen vorzustellen, werden in dieser Arbeit lediglich die in der Sozialpsychologie am häufigsten rezipierten Modifikationen und Forschungsergebnisse der Theorie skizziert, welche Einfluss auf die Entstehung und das Ausmaß der Dissonanz haben.

1. Reformulierung nach Brehm & Cohen (1962): Die Einbeziehung von Selbstverpflichtung und Entscheidungsfreiheit

Das Vorliegen einer kognitiven Diskrepanz allein genügt dem Ansatz von *Brehm & Cohen* für das Entstehen von kognitiver Dissonanz und das Einsetzen von dissonanztheoretischen Reduktionsmechanismen nicht.[316] Vielmehr müssten zwei weitere notwendige Faktoren vorliegen: „Commitment“ (Selbstverpflichtung) und „Volition“ (Freiwilligkeit bzw. Entscheidungsfreiheit).[317] Der Qualifizierung der beiden Faktoren als Ausgangsbedingungen hat *Festinger* im Nachhinein selbst zugestimmt.[318]

---

311 *Festinger*, S. 303; *Möntmann*, S. 3; *Fischer/Frey/Peus/Kastenmüller*, S. 189.

312 *Fischer/Frey/Peus/Kastenmüller*, S. 189. Die Hochphase empirischer Untersuchungen lag in den 70er/ 80er Jahren und ging vor allem bis in die 90er hinein. Von diesem Zeitpunkt an gibt es nur sehr wenig dissonanztheoretische Forschung.

313 Siehe dazu im Einzelnen: *Frey/Gaska*, S. 278 ff.; *Möntmann*, S. 3; *Beckmann*, S. 16; *Piontkowski*, S. 12.

314 Siehe dazu *Festinger*, S. 279 ff.

315 *Möntmann*, S. 3; *Schulz-Hardt*, S. 61; *Beckmann*, S. 8, 16, 20.

316 *Frey/Gaska*, S. 278; *Beckmann*, S. 21.

317 *Brehm/Cohen*, S. 3, 201, 217; *Festinger*, S. 285; *Frey/Gaska*, S. 278, 290; *Beckmann*, S. 21; *Fischer/Wiswede*, S. 318; *Haisch*, Hypnose-ZHH 2011, 51 (56).

318 *Festinger*, S. 285; *Frey/Gaska*, S. 278.

Unter Volition bzw. Entscheidungsfreiheit verstehen *Brehm & Cohen* die „Kontrolle des eigenen Verhaltens".[319] Der Commitment-Begriff wird demgegenüber sehr weit und mehrdeutig verstanden.[320] Commitment bzw. Selbstverpflichtung erfasst das subjektiv empfundene Festgelegt-Sein auf eine Kognition, wie eine Handlung oder Entscheidung.[321] Dieses Festgelegt-Sein muss dabei, wenn überhaupt, nur durch Überwindung einiger großer Schwierigkeiten revidiert werden können.[322]

Nach *Brehm & Cohen* führen die beiden Faktoren Commitment und Volition zu Präzisierungen hinsichtlich der Dissonanzentstehung, der Dissonanzreduktion sowie der Dissonanzhöhe.[323] Die Selbstverpflichtung einer Person auf eine Kognition wirkt sich insbesondere auf die Beziehung zweier Kognitionen aus. Erst durch eine Selbstverpflichtung auf eine der Kognitionen wird der Beziehung zu einer weiteren Kognition im Sinne von *Festingers* „eine Kognition folgt aus einer anderen"[324] eine Relevanz beigemessen, durch die überhaupt erst Dissonanz entstehen kann.[325]

Bei den Ermittlungsbeamten kann die Entscheidungsfreiheit nach Ansicht der *Verfasserin* grundsätzlich vermutet werden. Ausnahmsweise könnte man eine Beschränkung dieser lediglich dann annehmen, wenn der Vorgesetzte der Polizeibeamten in die Entscheidungsfreiheit des Einzelnen eingreift. Das Festgelegt-Sein auf eine Kognition in Form einer gewissen Vorannahme, Spur, Hypothese oder Schlussfolgerung lässt sich gleichermaßen vermuten und kann unter anderem durch polizeiliches Erfahrungswissen und die Intuition der Polizeibeamten gestützt werden. Das Festgelegt-Sein ist nach Ansicht der *Verfasserin* sogar notwendiger Bestandteil der Ermittlungsarbeit, da nur auf Grundlage dessen nächste Ermittlungs- und Denkschritte ergriffen werden können.

Die Dissonanzhöhe ist nach *Brehm & Cohen* abhängig von der Änderungsresistenz der Kognitionen, so wie es auch *Festinger* bereits suggerierte.[326] Allerdings steigt nach *Brehm & Cohen* die Änderungsresistenz mit der Stärke des

---

319 *Brehm/Cohen*, S. 201; *Frey/Gaska*, S. 278.

320 *Brehm/Cohen*, S. 3 ff.; *Frey/Gaska*, S. 278.

321 *Festinger*, S. 285; *Frey/Gaska*, S. 278; *Beckmann*, S. 22.

322 *Frey/Gaska*, S. 278.

323 *Brehm/Cohen*, S. 217; *Frey/Gaska*, S. 278; *Beckmann*, S. 22. Dass Commitment eine Dissonanz erzeugende Wirkung entfaltet, wurde 1964 von *Allen* experimentell belegt, siehe dazu *Ochsmann/Frey*, S. 93.

324 Siehe dazu in dieser Arbeit Kapitel 3. A. I. 1.

325 *Brehm/Cohen*, S. 300; *Festinger*, S. 286; *Beckmann*, S. 21.

326 *Beckmann*, S. 21.

Festgelegt-Seins[327], insbesondere dann, wenn man seine Festlegung öffentlich kundgetan hat.[328] Hat eine Person sich öffentlich auf eine Kognition festgelegt, wird auch die Möglichkeit der Dissonanzreduktion aufgrund der Änderungsresistenz stark beeinträchtigt.[329] Im kriminalpolizeilichen Kontext kann eine solche öffentliche Festlegung etwa in Pressemitteilungen oder öffentlichen Fahndungen gesehen werden. Hat sich die Kriminalpolizei öffentlich auf einen bestimmten Ermittlungsansatz oder Verdächtigen festgelegt, kann bei konträren Hinweisen starke Dissonanz hervorgerufen werden. In diesem Zusammenhang wird nach Ansicht der *Verfasserin* deutlich, dass das Umwerfen einer Entscheidung durch das Festlegen auf eine Kognition verstärkt behindert wird.

Zur Veranschaulichung der Problematik kann der Fall *Rupp*[330] herangezogen werden. Obwohl zum Zeitpunkt der Haftbefehlseröffnung eine der Töchter des Bauern aussagte, ihr Vater sei in dieser Nacht nicht zurück gekommen und sie könne sich nicht erklären, weshalb die anderen Vernommenen die Rückkehr des Bauern *Rupp* nach Hause kurz vor seinem Tod bestätigten, berichteten die Zeitungen daraufhin, dass die Kripo den Fall bereits aufgeklärt und die Familienmitglieder den Tod des Vaters zu verantworten hätten.[331] Dieser Umstand mag nach den vorangegangenen Erkenntnissen dazu beigetragen haben, dass die Beamten streng an ihrer falschen Ermittlungshypothese festhielten.

2. *Reformulierung nach Aronson (1968, 1969): Die Einbeziehung eines Selbstkonzeptes*

Auch *Aronson* führt eine Art Selbstverpflichtungskonzept in die Theorie der kognitiven Dissonanz ein, welches das bloße Vorliegen zweier inkonsistenter Kognitionen für das Entstehen von Dissonanz ebenfalls nicht ausreichen lässt und den Anwendungsbereich der Theorie weiter einschränkt.[332]

Nach *Aronson* steht die Erzeugung von Dissonanz im Zusammenhang mit dem individuellen Selbstbild bzw. Selbstkonzept einer Person.[333] Das

---

327 *ebd.*, S. 21; *Haisch*, Hypnose-ZHH 2011, 51 (55).

328 *Fischer/Wiswede*, S. 320; *Haisch*, Hypnose-ZHH 2011, 51 (55); *Raab/Unger/Unger*, S. 55.

329 *Haisch*, Hypnose-ZHH 2011, 51 (55).

330 Siehe dazu in dieser Arbeit Kapitel 1, A.

331 *Rick*, StraFo 2012, 400 (402).

332 *Beckmann*, S. 23.

333 *Aronson/Wilson/Akert*, S. 181; *Festinger*, S. 296 ff.; *Irle*, S. 337; *Frey/Gaska*, S. 278; *Fischer/Wiswede*, S. 305, 318; *Fischer/Jander/Krüger*, S. 24; *Beckmann*, S. 24.

Selbstkonzept definiert dabei die Menge subjektiv internalisierter Werte und Normen.[334] Für die Entstehung von Dissonanz genüge nicht allein die Widersprüchlichkeit zweier Kognitionen – vielmehr ist dann Dissonanz anzunehmen, wenn eine selbstbezogene Inkonsistenz hervorgerufen wird.[335] Nach *Aronson* wird somit nur dann kognitive Dissonanz erzeugt und folglich auch der Reduktionsprozess in Gang gesetzt, wenn ein Verhalten den eigenen grundlegenden Kernüberzeugungen, Werten und Einstellungen zuwiderläuft.[336] Hierbei ist die Erwartung über das eigene Verhalten, also was der Mensch von sich selbst denkt, dissonant zu dem tatsächlich von ihm ausgeführten Verhalten.[337]

Wirft man einen Blick zurück auf das klassische „20 Dollar-Experiment"[338] von *Festinger* und *Carlsmith*, entsteht kognitive Dissonanz nach *Aronson* nicht aufgrund der Widersprüchlichkeit der Kognitionen „Das Experiment ist langweilig" und „Ich verkaufe dieses Experiment anderen Teilnehmern als spannend", sondern aufgrund der Diskrepanz zwischen den Kognitionen „Ich bin ein ehrlicher Mensch" und „Ich habe die anderen Versuchsteilnehmer belogen".[339]

Nach *Aronson* müssen somit zentrale Werte und Kernüberzeugungen wie z.B. die „Ehrlichkeit" einer Person betroffen sein, um Dissonanz auszulösen. Eine besondere Kernüberzeugung im Bereich der Ermittlungstätigkeit könnte nach Ansicht der *Verfasserin* im Gerechtigkeitsempfinden des Ermittlers angenommen werden. Man nehme nun an, ein Polizist weiß aufgrund von Beweisen, die nicht verwertet werden dürfen, von der Täterschaft einer Person und findet dann Beweismaterial, welches eine entlastende Signalwirkung ausstrahlt. Dieser Umstand könnte gegen sein Gerechtigkeitsempfinden verstoßen und Dissonanz auslösen, da er um die wahre Täterschaft der Person weiß und es mit seiner Überzeugung nicht vereinbaren könnte, diese nicht festzunehmen. Bedenklich

334 *Beckmann*, S. 24.

335 *Aronson/Wilson/Akert*, S. 181; *Frey/Gaska*, S. 279; *Fischer/Jander/Krüger*, S. 24; *Fischer/Wiswede*, S. 305, 318. Kritisch dazu: *Beckmann*, S. 24. Dies wurde experimentell belegt, sog. „Hypocrisy-Experiment" von *Aronson, Stone, Crain, Winslow* und *Freid* 1994, dazu: *Fischer/Jander/Krüger*, S. 24.

336 *Aronson/Wilson/Akert*, S. 181; *Frey/Gaska*, S. 279; *Fischer/Jander/Krüger*, S. 24; *Beckmann*, S. 23.

337 *Aronson/Wilson/Akert*, S. 181; *Beckmann*, S. 23. Dabei ist anzumerken, dass mit der Intensität der Bedrohung, die wir für unser Selbstbild empfinden, gleichermaßen die Stärke der empfundenen Dissonanz steigt, s. *Fischer/Wiswede*, S. 318.

338 Siehe in dieser Arbeit Kapitel 3. A. I. 2. bb.

339 *Fischer/Jander/Krüger*, S. 24.

wäre dabei, dass Dissonanz unter Umständen zu Regelverstößen des Beamten motivieren könnte.

3. *Forschungsergebnisse nach Aronson & Mills (1959): Die Relevanz objektiv nutzloser Anstrengungen*

Während der nachfolgenden Forschungen haben unter anderem *Aronson & Mills* 1959 gezeigt, dass auch der Aufwand einer Person, ein bestimmtes Ziel zu erreichen, eine Determinante der Dissonanzentstehung und der Dissonanzstärke sein kann.[340] Hat eine Person einen großen Aufwand und damit viel Zeit und Energie in eine Sache investiert, um ein Ziel zu erreichen und erweist sich dieses Ziel im Nachhinein als nutz- oder wertlos, erzeugt dies im erheblichen Maße Dissonanz bei der betreffenden Person.[341]

Vor diesem Hintergrund ist zu berücksichtigen, dass der Mensch grundsätzlich gewillt ist, Anstrengungen für verfolgte Ziele, Wünsche und Träume zu unternehmen. Stellt sich die Anstrengung bei objektiver Betrachtung aber im Nachhinein als nutzlos heraus, kann man sich als betreffende Person nicht selten töricht vorkommen, denn es widerspricht der menschlichen Vernunft, für harte Arbeit nicht zumindest subjektiv entlohnt zu werden.[342] Die Dissonanz besteht in diesem Zusammenhang somit zwischen dem „Wissen, dass man ein vernünftiges menschliches Wesen ist" und „der Kognition, dass man sich zu sehr anstrengte, um etwas nutzloses zu erhalten".[343]

Hat der Mensch einen großen Aufwand betrieben, um ein Ziel zu erreichen, ist es beinahe undenkbar, dass er von der angestrebten Sache, auch bei objektiver Nutzlosigkeit, nicht vollends überzeugt ist.[344] Die Ursache liegt in einem Rechtfertigungsproblem der betreffenden Person. Auch *Festinger* hat bereits die These aufgestellt, dass der Mensch kein rationales, sondern eher ein rationalisierendes Wesen sei, welches stets versuche, seine Taten und Entscheidungen zu rechtfertigen.[345] Der Mensch versucht mithin die Dissonanz zu reduzieren, indem

340 Siehe zu den einzelnen Forschungsergebnissen anderer Sozialpsychologen, die sich auch mit der Dissonanzentstehung im Zusammenhang mit dem Aufwand einer Person befassen: *Festinger*, S. 356 ff.

341 *Aronson/Wilson/Akert*, S. 192. Auch in diesem Fall hat sich eine Person im Sinne des Commitment-Begriffs nach *Brehm & Cohen* stark festgelegt, s. *Fischer/Wiswede*, S. 247.

342 *Aronson/Wilson/Akert*, S. 191; vgl. *Fischer/Wiswede*, S. 312.

343 *Aronson/Wilson/Akert*, S. 191; vgl. *Schulz-Hardt*, S. 66.

344 *Aronson/Wilson/Akert*, S. 181.

345 *Peus/Frey/Braun*, S. 71.

er seine Anstrengungen durch das Schönreden der verfolgten Wertlosigkeiten rechtfertigt.[346] Dies liegt unter anderem daran, dass er dazu geneigt ist, stärkere Zuneigung für die Dinge zu empfinden, hinter denen eine gewisse Anstrengung und harte Arbeit stecken.[347] Je größer der Aufwand, desto attraktiver erscheint auch die freiwillig gewählte Alternative. Auf diese Weise lässt sich das bereits Geleistete rechtfertigen – vor allem, wenn sich die gewählte Handlung im Nachhinein als sinnlos herausstellt (sog. effort justification Phänomen).[348]

Um die Existenz des „effort justififcation Phänomens" zu beweisen, haben *Aronson & Mills* folgendes Experiment durchgeführt:[349] Collegestudenten nahmen an einer Diskussionsgruppe teil, die sich bei regelmäßigen Treffen über die Psychologie der Sexualität austauschte. Um Mitglied der Gruppe zu werden, absolvierten die Teilnehmer freiwillig ein Aufnahmeritual. Ein Drittel der Teilnehmer musste dabei ein anstrengendes und extrem unangenehmes Verfahren durchlaufen, ein weiteres Drittel musste nur ein mäßig anstrengendes und mäßig unangenehmes Verfahren durchlaufen und das letzte Drittel wurde ohne weitere Hürden in die Gruppe aufgenommen. Jedem Teilnehmer wurde im Anschluss erlaubt, in die vermeintliche Diskussion der Gruppe reinzuhören. In Wirklichkeit wurden lediglich vorgefertigte Bänder abgespielt, die einen absolut nichtssagenden und nutzlosen Inhalt zum Gegenstand hatten. Nachdem die unterschiedlichen Teilnehmer das Band gehört hatten, sollten sie einstufen, wie interessant die Gruppe in ihren Augen sei und für wie intelligent sie die Gruppenmitglieder hielten. Im Ergebnis zeigte sich: Die Gruppe, die größere Anstrengungen aufnehmen musste, um der Gruppe überhaupt beitreten zu können, zeigte das höchste Rechtfertigungsbedürfnis ihrer Anstrengungen hinsichtlich der Bewertung der Gruppe und stufte diese als besonders interessant ein. Die Versuchsteilnehmer hingegen, die kein Aufnahmeritual vollziehen mussten, stuften die Gruppe im Ergebnis als uninteressant ein.

Auch Polizisten können in der Erwartung handeln, durch die Durchführung anstrengender Ermittlungsmaßnahmen relevante Beweise zu erhalten, die erheblich zur Aufklärung eines Sachverhalts beitragen. Hat sich die Durchführung dieser Ermittlungsmaßnahmen (z.B. tagelange Fahndung oder Durchsuchung eines Grundstücks) als nutzlos erwiesen, so setzt nach dem

---

346 *Aronson/Wilson/Akert*, S. 192.

347 *ebd.*, S. 192.

348 *ebd.*, S. 192; *Schulz-Hardt*, S. 66; *Peus/Frey/Braun*, S. 71.

349 Zu diesem Experiment, siehe: *Aronson/Wilson/Akert*, S. 192; *Harmon-Jones/Harmon-Jones*, Zeitschrift für Sozialpsychologie, 38 (1), 2007, 7 (8).

effort-justification-Phänomen ein Mechanismus bei den Ermittlern ein, der die getätigten Anstrengungen rechtfertigt. So könnten Ermittler etwa nach der Durchführung einer objektiv nutzlosen Grundstücksdurchsuchung eben der Ansicht sein, dass die Durchsuchung dennoch absolut sinnvoll und notwendig gewesen und man dem Ermittlungsziel einen deutlichen Schritt nähergekommen sei.

4. *Reformulierung nach Wicklund & Brehm (1976): Einbeziehung des Verantwortlichkeitskriteriums*

Nach *Wicklund & Brehm* ist für die Entstehung kognitiver Dissonanz neben Commitment und Volition des Weiteren das auf *Cooper (1971)* zurückzuführende Faktum „Verantwortlichkeit für eine Entscheidung oder ein Handeln" notwendig.[350]

Der Begriff „Verantwortlichkeit" umfasst dabei zum einen die Entscheidungsfreiheit einer Person und zum anderen die Vorhersehbarkeit und Irreversibilität negativer Konsequenzen der eigenen Handlung oder Entscheidung.[351] Die betreffende Person muss sich folglich bewusst sein, dass ihr Handeln oder ihre Entscheidung eine nachteilige Folge herbeigeführt hat.

Je stärker die Entscheidungsfreiheit eingeschränkt wird und je vorhersehbarer die negativen Konsequenzen einer Entscheidung oder eines Handelns sind, desto eher wird die betreffende Person nach *Wicklund & Brehm* bei den erwartungsinkonsistenten Ereignissen Dissonanz empfinden.[352] Mangelnde Verantwortlichkeit für das Entstehen negativer Konsequenzen erzeugt im Ergebnis folglich keine oder nur sehr geringe Dissonanz.[353] Der gleiche Fall ist gegeben, wenn eine Person sich schon zum Zeitpunkt der Entscheidung oder Handlung bewusst ist, dass der erzeugte Schaden rückgängig zu machen ist.[354] Nur in bestimmten Szenarien empfindet die betreffende Person auch Verantwortlichkeit bei unvorhersehbaren Konsequenzen, und zwar dann, wenn sie eine

---

350 Im Einzelnen dazu: *Wicklund/Brehm*, Perspectives on cognitive Dissonance (1976); *Frey/Gaska*, S. 279. Vgl. dazu die Untersuchungen von *Cooper & Fazio*, Advances in Experimental Social Psychology, Vol. 17, 1984, 229-266; s. *Piontkowski*, S. 13.

351 *Wicklund/Brehm*, S. 51; *Frey/Gaska*, S. 279; *Beckmann*, S. 25; *Fischer/Wiswede*, S. 315 ff.

352 *Frey/Gaska*, S. 280.

353 *Frey/Gaska*, S. 280; *Fischer/Wiswede*, S. 316; *Carlsmith & Freedman* wiesen 1968 darauf hin, dass Dissonanz im Rahmen einer Entscheidung nicht auftreten kann, wenn die negativen Konsequenzen nicht vorhersehbar waren, s. *Ochsmann/Frey*, S. 93.

354 *Fischer/Wiswede*, S. 316.

subjektive Verbindung zwischen ihrer freiwilligen Entscheidung und den negativen Folgen wahrnimmt.[355]

Im Rahmen polizeilicher Ermittlungen kann nach Ansicht der *Verfasserin* grundsätzlich das Element der Verantwortlichkeit vermutet werden, da polizeiliche Ermittlungsmaßnahmen regelmäßig einen Eingriff in die Grundrechte Dritter darstellen und dabei irreversible Konsequenzen herbeiführen.[356] So ist etwa bei einer Wohnungsdurchsuchung der Eingriff in die Privatsphäre des Dritten nicht mehr rückgängig zu machen.

5. *Reformulierung nach Irle (1975): Einbeziehung einer „Hypothese des Selbst"*

Besonders hervorzuheben sind einzelne weiterentwickelte Thesen von *Martin Irle*. An der Dissonanztheorie wurde, wie zu Anfang dargelegt, des Öfteren moniert, dass viele Aspekte zu unbestimmt und weitgefasst seien.[357] *Irle* hat versucht, diese Aspekte zu konkretisieren, ohne dabei der Theorie ihren Anwendungsbereich abzuschneiden.[358]

Während die anderen Modifikationen vornehmlich den Anwendungsbereich der Dissonanztheorie bei den Handlungsentscheidungen sahen, erweitert *Irle* ihn ferner auf Erkenntnisentscheidungen.[359] Seiner Ansicht nach mache es keinen Unterschied, ob sich eine Entscheidung erst bloß im Kopf der betreffenden Person gebildet hat oder ob sie sich nach außen in Form einer Handlung manifestiert.[360] Demgemäß kann Dissonanz bei einem Polizisten auftreten, der bei erfolglosen Ermittlungen mitgewirkt hat (und somit Handlungen vorgenommen hat) oder aber gleichermaßen in Erscheinung treten, wenn der Polizist lediglich von den erfolglosen Ermittlungen seiner Kollegen erfährt und innerlich auf ihren Erfolg vertraut hat.

Ferner kann nach *Irle* entgegen der ursprünglichen Theorie aus zwei einzelnen Kognitionen keine relevante oder irrelevante Beziehung beider geschlossen werden.[361] Man erkenne nicht, wann die „eine Kognition aus der anderen folgt",

---

355 *Frey/Gaska*, S. 280.
356 Vgl. *Löffelmann/Walther/Reitzenstein*, S. 45.
357 *Möntmann*, S. 3; *Schulz-Hardt*, S. 61; *Beckmann*, S. 8.
358 *Irle*, S. 310 ff.; *Schulz-Hardt*, S. 62; *Frey/Gaska*, S. 280; *Beckmann*, S. 27.
359 *Frey/Gaska*, S. 280; *Fischer/Wiswede*, S. 318; *Raab/Unger/Unger*, S. 50; *Schulz-Hardt*, S. 63.
360 *Frey/Gaska*, S. 280; *Fischer/Wiswede*, S. 318.
361 *Schulz-Hardt*, S. 62.

so wie es *Festinger* suggeriert.[362] Diese Bewertung bleibe vielmehr der Willkür von Forschern überlassen. Es müsse demnach noch eine dritte Kognition beigefügt werden, die das Verhältnis zwischen zwei Kognitionen erkläre und eine Relevanzbeziehung zwischen ihnen herstelle.[363] Diese dritte Kognition nennt *Irle* „Hypothese" bzw. „Hypothese des Selbst".[364]

Der zentrale Unterschied zur klassischen Dissonanztheorie besteht folglich in der Annahme, dass die Realität nicht objektiv wahrgenommen wird, sondern immer in Bezugnahme auf Hypothesen.[365] Hypothesen des Selbst sind bereits vorhandene Annahmen, Werte oder Erfahrungen, wobei diese bei jeder Person subjektiv ausgeprägt sind. Sie können die Beziehung zwischen zwei Kognitionen erklären, gleichermaßen aber auch eine einzelne Kognition sein. So kann zum einen der angenommene Zusammenhang zwischen den Kognitionen „Wenn ich mich gut auf eine Klausur vorbereite (Kognition X), dann werde ich diese auch gut bestehen (Kognition Y)" eine Hypothese Z bilden.[366] Daneben kann allerdings auch die Kognition „Alle Schwäne sind weiß" eine subjektive Hypothese Z darstellen.

Kann das gemeinsame Auftreten zweier Kognitionen an demselben Ort in Raum und Zeit durch eine Hypothese der betroffenen Person belegt werden, so bestehe nach *Irle* Konsonanz.[367]

---

362 Im Folgenden: *Beckmann*, S. 27.

363 *Festinger*, S. 299; *Schulz-Hardt*, S. 62; *Beckmann*, S. 28.

364 *Irle*, S. 312; *Schulz-Hardt*, S. 62; *Frey/Gaska*, S. 280; *Ochsmann/Frey*, S. 99; *Beckmann*, S. 28; *Raab/Unger/Unger*, S. 50.

365 Dazu im Folgenden: *Raab/Unger/Unger*, S. 50. Die Idee der Wahrnehmung in Abhängigkeit von Hypothesen sind im Schrifttum viele weitere Autoren gefolgt, wenngleich sie auch Abwandlungen vorgenommen haben. So werden Einstellungen und Annahmen zum Teil als „soziale Urteile" bezeichnet (*Krauthan*, S. 107) oder als „Schemata" bzw. „Frames", s. *Linssen*, Kriminalistik 2009, 259-263 nach dem Modell von *Goffman* (1993). Im angloamerikanischen Raum bezeichnen *Trope/Liberman* diesen Wahrnehmungsvorgang später als „Testen sozialer Hypothesen", s. *ebd.*, Social hypothesis-testing: Cognitive and motivational mechanisms, New York 1996.

366 *Raab/Unger/Unger*, S. 51.

367 *Schulz-Hardt*, S. 63; *Beckmann*, S. 28; *Möntmann*, S. 4; *Frey/Gaska*, S. 280.

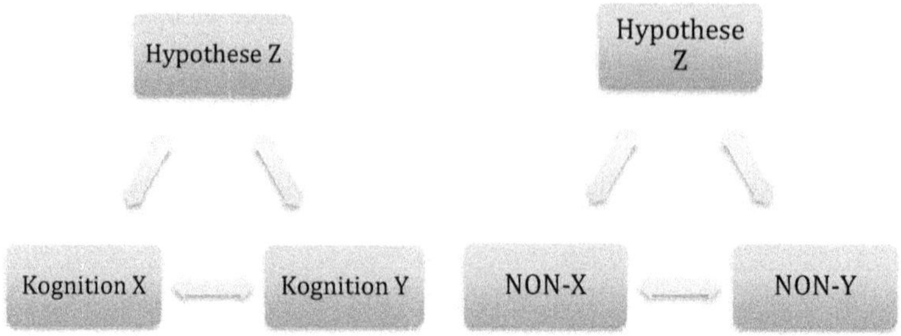

Abb. 2: Darstellungen zweier konsonanten Beziehungen zwischen Kognitionen und Hypothese.[368]

Im Ausgangsbeispiel würde die betreffende Person eine konsonante Beziehung zwischen ihren Kognitionen und der Hypothese erreichen, wenn das Ergebnis der Klausur am Ende in der Tat ihren Vorstellungen entspricht. Gleiches gilt, wenn sie davon ausgeht, dass sie bei schlechter Vorbereitung (NON-X) kein gutes Ergebnis erzielen wird (NON-Y).

Widerspricht eine der beiden Kognitionen der Hypothese, so besteht nach *Irle* eine dissonante Beziehung.[369]

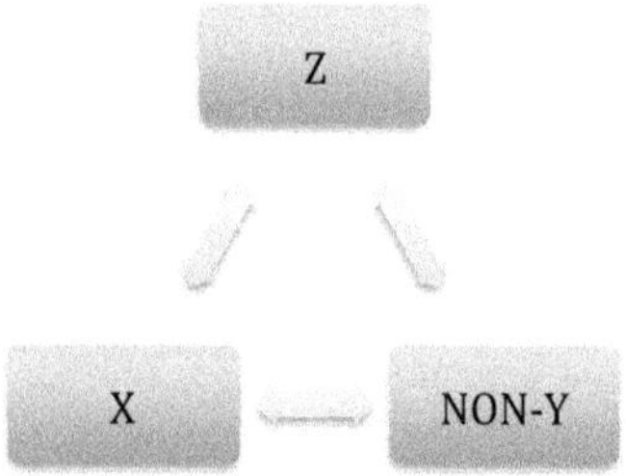

Abb. 3: Beispiel einer dissonanten Beziehung nach *Irle*.[370]

368 Vgl. Darstellung nach *Irle*, S. 330.
369 *Schulz-Hardt*, S. 63; vgl. *Möntmann*, S. 4, 6; *Beckmann*, S. 28; *Frey/Gaska*, S. 280.
370 Vgl. Darstellung nach *Irle*, S. 330.

Im Ausgangsbeispiel würde die betreffende Person demnach Dissonanz empfinden, wenn sie die Prüfung trotz guter Vorbereitung nicht besteht oder einen grauen Schwan erblickt.[371] In diesem Kontext ist zu berücksichtigen, dass eine Relevanzbeziehung zwischen zwei Kognitionen nur von der Hypothese geschaffen werden kann, wenn der Betreffende auch an die Richtigkeit der Hypothese glaubt.[372] Kann die Hypothese schließlich keinerlei Verbindung zwischen den beiden Kognitionen herstellen, spricht *Irle* indes von einer irrelevanten Beziehung zwischen Kognitionen.[373]

Die Relevanz der dritten Kognition wird nach *Irle* insbesondere bei jeder Informationsverarbeitung deutlich: Jeder Informationsverarbeitungsprozess kann seiner Ansicht nach als Überprüfung dieser „Hypothese des Selbst" aufgefasst werden, bei der entschieden werden muss, ob sie beibehalten oder verändert wird.[374]

Die aufgeführten theoretischen Überlegungen lassen den Schluss zu, dass die Hypothesen des Selbst als Relevanzbeziehungen zweier Kognitionen auch bei jedem Polizeibeamten individuell ausgeprägt sind, sodass sich allgemeingültige und generealisierbare Aussagen zur Dissonanzentstehung nach *Irle* bei *allen* Polizeibeamten nicht treffen lassen. Es kommt entsprechend der Reformulierung immer auf die bereits vorhandenen Annahmen, Einstellungen und Werte des Polizeibeamten an. Dies soll im Folgenden anhand mehrerer Beispiele näher erläutert werden:
Polizist A ermittelt unter Zugrundelegung folgender Hypothesen des Selbst:

- „Wenn ich Informationen suche, dann müssen die auch auf einen Täter hindeuten."
- „Ich glaube daran, dass meine Kollegen und ich den Täter finden."
- „Wenn ich mich anstrenge, dann finde ich belastendes Beweismaterial."
- „Wenn ich Maßnahme XY ergreife, dann finde ich Beweise, die auf den Verdächtigen Z hindeuten."
- „Person X ist mit Sicherheit der Täter, also wird ihn dementsprechend auch die Beweislage bzw. Zeugenaussage belasten."
- „Im Bezirk A sind Menschen mit dem Migrationshintergrund B für schwere Diebstähle verantwortlich."
- „Vorbestrafte werden erneut straffällig."

371 *Raab/Unger/Unger*, S. 51.
372 *Schulz-Hardt*, S. 63.
373 *ebd.*
374 *Beckmann*, S. 28; *Raab/Unger/Unger*, S. 50.

Hat Polizist A diese Annahmen, Einstellungen und Werte zu Beginn der Ermittlungen bereits kogniziert, ist nach den Formulierungen *Irles* zu erwarten, dass er Dissonanz empfinden wird, wenn Informationen wahrgenommen werden, die gegen diese Hypothesen sprechen. Findet Polizist A bspw. entlastendes oder wertloses Beweismaterial, so wird er Dissonanz empfinden, da dieser Umstand gegen seine Annahmen und Einstellungen spricht, dass er, wenn er sich nur genug anstrenge, belastendes Material finden werde.

Das Auftreten des aversiven Gefühlszustandes ist ferner zu erwarten, wenn Zeugenaussagen den vermuteten Tatverdächtigen entlasten oder der Polizist auf einmal feststellen muss, dass in dem betreffenden Bezirk ein Mensch ohne den Migrationshintergrund B den schweren Diebstahl begangen hat. Anhand des letzten Beispiels wird vor allem deutlich, dass die Voranahmen und Einstellungen eines Polizeibeamten von Erfahrungswissen beeinflusst werden und zu Stereotypisierungen führen können.[375]

Anders sähe das im zweiten Beispiel beim Polizisten B aus, der folgende Hypothesen des Selbst verinnerlicht hat:

- „Wenn ich mich genug anstrenge, werde ich Beweismaterial finden, welches zur Sachverhaltsaufklärung beiträgt."
- „Meine polizeiliche Ermittlungsarbeit muss zur objektiven Sachverhaltsaufklärung beitragen."

In diesem Fall würde Polizist B keine Dissonanz empfinden, wenn er bei seinen Ermittlungen den Verdächtigen entlastendes Beweismaterial findet, da diese Informationen nicht gegen seine subjektive Hypothese verstoßen.

Allerdings hat Polizist B mit Polizist A gemein, dass auch an dieser Stelle bei Finden unbrauchbaren und uninformativen Beweismaterials Dissonanz ausgelöst wird. Gleiches gilt bei beiden Polizeibeamten für den Fall, dass sie trotz etlicher Bemühungen und Anstrengungen aufgrund mangelnder Kenntnisse nicht in der Lage sind, überhaupt Beweise zu sichern.

Neben der Dissonanzentstehung kritisiert *Irle* des Weiteren den Umstand, dass nach *Festingers* klassischer Dissonanztheorie die Stärke der Dissonanz vom Änderungswiderstand der jeweiligen Kognitionen abhängig gemacht wird.[376] Seiner Ansicht nach hängt die Stärke der Dissonanz nicht vom Anteil dissonanter

375 „Wenn Einstellungen zu starr werden, dann verwandeln sie sich in Stereotype", *Zittlau*, Kriminalistik 2009, 62 (63).

376 *Möntmann*, S. 5; *Frey/Gaska*, S. 281; *Beckmann*, S. 29.

zu konsonanter Kognitionen ab, sondern vielmehr von der Überzeugung einer Person vom Wahrheitsgehalt der dritten Kognition bzw. Hypothese.[377]

Dazu folgendes Beispiel: Polizist P hat sich im Hinblick auf eine zu treffende Entscheidung innerlich mehr oder weniger auf eine Alternative festgelegt. Sodann wird er mit diskrepanten Informationen oder Meinungen konfrontiert. Nach *Irle* wird lediglich dann Dissonanz erzeugt, wenn der Entscheider von der Hypothese „Wenn ich eine Alternative präferiere und mich für diese entscheiden will, dann wird dies durch externe Informationen und Meinungen anderer, für mich relevanter Personen bestätigt werden" überzeugt ist.[378] Ist der Entscheider wiederum davon überzeugt, keine Zustimmung für seine Ansicht zu erhalten, wird er beim Auftreten diskrepanter Informationen oder Meinungen auch keine Dissonanz empfinden. Im Gegensatz zu den theoretischen Überlegungen *Festingers* wird somit innerhalb einer Diskussion nicht zwangsläufig Dissonanz ausgelöst. Allerdings ist eine solche Einstellung eher die Ausnahme, da der Mensch grundsätzlich Bestätigung für seine Entscheidungen erwarten wird.

Je stärker an den Wahrheitsgehalt der Hypothese geglaubt wird, desto höher ist auch die empfundene Dissonanz bei der Person.[379] Darüber hinaus existieren nach *Irle* Einflussfaktoren, die den Glauben bzw. die Sicherheit einer Person bzgl. des Wahrheitsgehalts der Hypothese bestärken. Diese subjektive Sicherheit ist umso höher, „je öfter die Hypothese in der Vergangenheit bestätigt wurde, je stärker die soziale Unterstützung für die Hypothese ist, je höher das Anspruchsniveau des Entscheiders ist [und] je eindeutiger die Hypothese formuliert ist".[380] Je häufiger, offener und extremer eine Hypothese demnach formuliert ist, desto stärker ist die zu erwartende Dissonanz bei der betreffenden Person bei Auftreten widersprechender Kognitionen.[381] Bei Ermittlungsbeamten wächst die Überzeugung somit zum einen, wenn die Hypothese in der Vergangenheit öfter bestätigt wurde, was z.B. durch Arbeitskollegen, die im gleichen Fall zusammen mit den betreffenden Polizisten ermitteln oder durch mit der Hypothese konsonanten Beweismaterials angenommen werden kann. Eine Zunahme der

---

377 *Irle* S. 314; *Festinger*, S. 300; *Frey/Gaska*, S. 281; *Beckmann*, S. 29; *Möntmann*, S. 6. Zu berücksichtigen ist, dass auch die Hypothese als dritte Kognition ebenfalls Änderungswiderstand besitzt und theoretisch geändert werden könnte. Dies sei nach *Irle* jedoch unwahrscheinlich, da mit der Änderung der Hypothese weitere neue Dissonanzen entstehen, S. *Schulz-Hardt*, S. 64; *Wunderle*, S. 62.

378 Im Folgenden zu diesem Beispiel, siehe: *Schulz-Hardt*, S. 72.

379 *ebd.*, S. 73.

380 *ebd.*, S. 65, 73; S. a. *Raab/Unger/Unger*, S. 53.

381 *Schulz-Hardt*, S. 73.

Dissonanz wird überdies erreicht, wenn eine Verdachtshypothese eindeutig formuliert ist, z.B. wenn sie Bezug auf lediglich einen einzelnen Tatverdächtigen nimmt statt mehrerer.

Schließlich betont *Irle* in diesem Zusammenhang, dass die Wichtigkeit keinen relevanten Faktor für die Stärke der Dissonanz darstelle. Vielmehr ist sie eine Voraussetzung dafür, dass eine Person Kognitionen überhaupt Aufmerksamkeit schenken kann. Erst auf diese Weise kann eine Person bezüglich Kognitionen Konsonanz oder Dissonanz empfinden.[382]

Irle hebt des Weiteren die Unterscheidung zwischen der Vor- und Nachentscheidungsphase auf.[383] *Festinger* hat zwar nicht behauptet, dass es keine kognitive Dissonanz vor Entscheidungen geben könne.[384] Dennoch wurde betont, dass eine solche Unterscheidung auch nicht sinnvoll, sondern eher künstlich herbeigeführt sei, da Entscheidungen immer als eine Reihe von neuen Entschlüssen gesehen werden müssten.[385]

Zuletzt ist die Art der Dissonanzreduktion auch nach *Irle* abhängig vom Änderungswiderstand der Kognition.[386] Die Reduktion der Dissonanz erfolgt nach *Irle* allerdings nach dem Prinzip der Effizienz und Einfachheit, d.h. es wird geschaut, wie man mit dem geringsten kognitiven Aufwand und somit der geringsten Änderung des kognitiven Systems die größtmögliche und langanhaltendste Reduktion von Dissonanz erreicht.[387]

6. *Kritische Würdigung*

Festingers klassische Theorie der kognitiven Dissonanz hat die sozialpsychologische Forschung maßgeblich geprägt und zu weiteren theoretischen und empirischen Untersuchungen angeregt. Die Darstellung der Reformulierungen und Forschungsergebnisse zeigt im Ergebnis, dass einige Ausgangsbedingungen der klassischen Theorie nunmehr differenziert verstanden werden müssen. Im Kern

---

382 *Beckmann*, S. 27.

383 *Festinger*, S. 317; *Schulz-Hardt*, S. 71. Das Bestehen von kognitiver Dissonanz *vor* Entscheidungen wird in der Literatur stark diskutiert, siehe dazu im Einzelnen: *Grabitz*, S. 369 ff.; *Frey*, S. 78 ff.; *Schulz-Hardt*, S. 71.

384 *Frey/Gaska*, S. 277.

385 *Schulz-Hardt*, S. 71. So kann eine Entscheidung bspw. die Fragen aufwerfen: Welches Problem besteht? Welche Alternativen habe ich? Welche Informationen brauche ich?, s. *ebd.*

386 *Frey/Gaska*, S. 281.

387 *ebd.*, S. 283; *Peus/Frey/Braun*, S. 64; vgl. *Fischer/Wiswede*, S. 319.

haben die zahlreichen Untersuchungen eine Reihe von Auslösebedingungen der Dissonanzentstehung hervorgebracht, die deutlich machen, dass die Diskrepanz zwischen zwei Kognitionen im Sinne der klassischen Theorie nicht länger ausreicht, um Dissonanz zu begründen. Trotz der angeführten Kritikpunkte an der klassischen Formulierung *Festingers* ist zu betonen, dass sich, obwohl die Theorie der kognitiven Dissonanz zu den umstrittensten in der Sozialpsychologie gehört, keine vergleichbare Theorie etablieren konnte, die gleichermaßen viele menschliche Phänomene und Ergebnisse zu erklären vermag.[388]

Die dargestellten Reformulierungen der Dissonanztheorie sind in der sozialpsychologischen Fachliteratur selbst nicht unumstritten und konnten zum Teil auch empirisch widerlegt werden. Es wird moniert, dass auch die neueren Forschungsergebnisse viele Fragen über den Einfluss von kognitiver Dissonanz auf menschliche Kognitionen, Emotionen und Verhaltensweisen offen lassen.[389]

Im Kern fokussiert sich die Kritik hingegen primär darauf, dass einige der Modifikationen den Anwendungsbereich der Dissonanztheorie deutlich einschränken. So lehnt *Schulz-Hardt* eine Anwendung aller Reformulierungen bis auf die *Martin Irles* deutlich ab.[390] Seiner Ansicht nach werde keine Konkretisierung von *Festingers* „eine Kognition folgt aus der anderen" vorgenommen, sondern lediglich der Anwendungsbereich durch die Einführung zusätzlicher Bedingungen abgeschnitten, wie anhand des Faktors „Verantwortlichkeit" deutlich werde.[391] Dem hält *Schulz-Hardt* entgegen, dass Dissonanz nicht nur entstehen könne, wenn sich eine Person für negative Konsequenzen persönlich verantwortlich fühle. Seiner Ansicht nach löse das Verantwortlichsein für eine negative Konsequenz selbstverständlich Dissonanz aus, allerdings sei dies nicht die einzige Auslösebedingung, so wie es die Autoren suggerierten. Es gebe zahlreiche empirische Forschungsergebnisse, die die These von der Notwendigkeit von „Verantwortlichkeit" widerlegten, wie das sog. „Belief-disconfirmation"-Paradigma. Personen wurden in diesen Experimenten mit Ereignissen konfrontiert, die ihren persönlichen religiösen Überzeugungen zuwiderliefen. Im Ergebnis konnte Dissonanz festgestellt werden, ohne dass die Personen jeweils

388 *Frey/Gaska*, S. 313.

389 *Fischer/Frey/Peus/Kastenmüller*, S. 195.

390 Im Folgenden: *Schulz-Hardt*, S. 61 f.

391 *Schulz-Hardt* bezieht sich in seinen Ausführungen auf den Begriff der Verantwortlichkeit, der auf *Cooper* (1971) zurückzuführen ist. Da der Begriff der Verantwortlichkeit nach *Wicklund & Brehm* auf diese Ansätze zurückgreift ist, können die Schlussfolgerungen in diesem Kontext übertragen werden.

durch ihr Handeln negative Folgen herbeigeführt hätten. In der Verantwortlichkeit eine zwingende Auslösebedingung der Dissonanz zu sehen muss seiner Ansicht nach folglich abgelehnt werden.

Auch nach *Frey/Gaska* gelingt es *Irle* am besten, allgemeingültige Aussagen zur Dissonanztheorie zu treffen ohne dabei den Anwendungsbereich einzuschränken.[392] *Aronsons* Beschränkung auf allein einstellungsinkonsistentes Verhalten vermag nicht alle dissonanztheoretischen Phänomene zu erklären. Der Notwendigkeit einer gewissen Form von Festlegung auf eine Kognition stimmen die Autoren indes zu.[393] Nur eine vage Präferenz einer Kognition sei nicht ausreichend, um Dissonanz auszulösen, da vor diesem Hintergrund alle Kognitionen irgendwie miteinander verbunden wären und sich der Mensch in einem Zustand dauerhafter Dissonanz befände. *Frey/Gaska* weisen aber darauf hin, dass eine endgültige Festlegung auf eine Alternative nicht notwendig sei.

Darüber hinaus stimmen die Autoren auch der Notwendigkeit eines hohen Grades an Entscheidungsfreiheit als Auslösebedingung der Dissonanz zu.[394] Daran anknüpfend wird postuliert, dass nur dann Dissonanz bei der Hypothese des Selbst widersprechenden Informationen erzeugt werde, wenn die betreffende Person sich als kausalen Faktor wahrnimmt, d.h. subjektiv eine deutliche Verbindung zwischen der eigenen Person und der aus der Entscheidung resultierenden Folgen kogniziert wird.

Beckmann kritisiert hingegen zum einen, dass *Brehm & Cohen* das Selbstverpflichtungskonzept allein auf Handlungsentscheidungen reduzieren,[395] da seiner Ansicht nach eine Festlegung auf eine Kognition auch schon beim Fassen einer bestimmten Absicht erfolgen könne. Er merkt an, dass derartige Erkenntnisentscheidungen den deutlich wichtigeren Forschungsbereich darstellten.

Zum anderen ist es seiner Ansicht nach im Hinblick auf die Theorie *Aronsons* nicht nachvollziehbar, die Entstehung von Dissonanz allein dort einzuordnen, wo das eigene Handeln internalisierten Werten und Normen einer

---

392 Zum Folgenden: *Frey/Gaska*, S. 279 ff.

393 So konnte *Frey* anhand unterschiedlicher Experimente den selective exposure effect nachweisen, wenn ein Mindestmaß an Commitment auf eine Alternative vorlag. Erst dann wurden selektiv konsonante Informationen gesucht und dissonante Informationen vermieden, s. dazu *Schulz-Hardt*, S. 68. Siehe dazu auch *Frey/Gaska*, S. 281 ff.; *Schulz-Hardt/Frey/Jonas*, S. 681, die anhand mehrerer Versuche belegt haben, dass Wahlfreiheit, Irreversibilität und Commitment zumindest dissonanzverstärkende Wirkung haben.

394 Im Folgenden: *Frey/Gaska*, S. 282; *Frey*, in: Rösler/Florin, S. 46.

395 Nachfolgend: *Beckmann*, S. 22.

Person widerspricht.[396] Dissonanz könne gleichermaßen auch eintreten, wenn die Erwartungen über das Handeln Dritter oder über Ereignisse in der Umwelt widerlegt würden. Auch an dieser Stelle finde eine nicht zielführende Einschränkung des Anwendungsbereiches der Dissonanztheorie statt, die alle Phänomene der Theorie in ihrer Gesamtheit nicht zu erfassen vermag. Somit schließt sich *Beckmann* im Ergebnis der Reformulierung von *Irle* an.[397]

Auch nach Ansicht der *Verfasserin* sind *Irles* Reformulierungen im Ergebnis am besten in der Lage, dissonanztheoretische Aussagen im Allgemeinen und hinsichtlich der weiteren Untersuchungen im Rahmen der polizeilichen Ermittlungstätigkeit zu treffen. Allerdings müssen auch die weiteren existenten Forschungsergebnisse in die Überlegungen einbezogen werden.

Die Notwendigkeit eines Mindestmaßes an Commitment wurde durch *Frey* empirisch nachgewiesen, sodass ein gewisser Grad an Festlegung auf eine Kognition als Auslösebedingung anzuerkennen ist.[398] Daneben müssen auch die weiteren empirischen Forschungsergebnisse Zustimmung erhalten. Es wurde nachgewiesen, dass Dissonanz im Rahmen des effort-justification Phänomens in Entscheidungssituationen ausgelöst wird. Dementsprechend müssen diese Nachweise ebenfalls einen Ausgangspunkt weiterer Überlegungen bilden.

Die meisten Modifikationen vermögen überdies zumindest nachvollziehbare Ansätze zu erbringen. So ist durchaus anzuerkennen, dass der Mensch ein aversives Gefühl erfährt, wenn er durch seine Handlung für eine negative Konsequenz verantwortlich ist oder dass ein einstellungsinkonsistentes Verhalten, welches gegen grundlegende Werte des persönlichen Selbst verstößt, ebenfalls Dissonanz hervorrufen kann. Allerdings sind die von den Autoren entwickelten Beschränkungen allein auf diese Entstehungsbedingungen zu kurz gefasst und vermögen nicht alle menschlichen Phänomene zu erklären. Nichtsdestotrotz sollten die Thesen im Kern Berücksichtigung finden. Nach Ansicht der *Autorin* gelingt dies mithilfe der Bildung von Hypothesen des Selbst, die *Irle* als notwendige Bedingung für das Entstehen von Dissonanz betrachtet. So kann bspw. eine Hypothese lauten: „Wenn ich mich genug anstrenge, werde ich mein Ziel erreichen". Damit ließe sich der Ansatz *Aronsons* zur Rechtfertigung bereits getätigten hohen Aufwandes erklären. Ferner ist es möglich, *Aronsons* Selbstkonzept mit einzubeziehen, indem eine Person bspw. die Hypothese „Was ich tue, soll mit meiner Einstellung in Einklang sein" verinnerlicht.[399] Mithilfe der

396 Zum Folgenden: *ebd.*, S. 23 f.

397 Dieser Ansicht schließt sich auch *Möntmann* an, S. *ders.*, S. 3.

398 *Frey*, in: Rösler/Florin, S. 46; *Wunderle*, S. 58.

399 So auch: *Schulz-Hardt*, S. 67.

Hypothesen des Selbst ist es ferner denkbar, das Faktum der Verantwortlichkeit mit einzubinden, indem eine Person z.B. die Hypothese „Was ich tue, soll für keinen Dritten negative Folgen herbeiführen" kogniziert. *Irle* schafft es somit im Ergebnis, die Werte und Kernüberzeugungen einer Person in die Hypothese des Selbst zu integrieren.

Zusammenfassend können abstrakt folgende Thesen zur Dissonanzentstehung festgehalten werden:

1. Kognitive Dissonanz kann sowohl bei Erkenntnis-, als auch bei Handlungsentscheidungen auftreten.
2. Bei der Entstehung von Dissonanz spielt eine dritte Kognition, die „Hypothese des Selbst" eine zentrale Rolle. Die Stärke der Dissonanz hängt von der subjektiven Überzeugung vom Wahrheitsgehalt der Hypothese ab. Diese subjektive Überzeugung ist umso höher, je öfter die Hypothese in der Vergangenheit bestätigt wurde, je stärker die soziale Unterstützung für die Hypothese ist, je höher das Anspruchsniveau des Entscheiders ist und je eindeutiger die Hypothese formuliert ist.
3. Die zeitliche Unterscheidung „vor" und „nach" Entscheidungen fällt weg.
4. Situationen, in denen eine Person einen großen Aufwand betreibt, um ein Ziel zu erreichen, das sich letztendlich als wertlos oder unattraktiv herausstellt, lösen kognitive Dissonanz aus. Dabei steigt der subjektive Rechtfertigungsdruck für den betriebenen Aufwand mit dessen Höhe (sog. effort-justification Phänomen).
5. Einstellungs-inkonsistentes Verhalten, das dem Selbstbild widerspricht, kann kognitive Dissonanz erzeugen.
6. Wenn sich jemand für eine Handlung verantwortlich fühlt, die negative Konsequenzen zur Folge hat, kann dies Auslöser für Dissonanz sein.
7. Ein Mindestmaß an Commitment und Freiwilligkeit ist für die Entstehung von Dissonanz erforderlich.
8. Die Dissonanzreduktion folgt dem Prinzip der Effizienz und Einfachheit.

Unter Berücksichtigung der Reformulierungen der klassischen Dissonanztheorie lassen sich viele Fallkonstellationen bilden, in denen im Rahmen der kriminalpolizeilichen Ermittlungstätigkeit Dissonanz bei Polizeibeamten anzunehmen ist.

Allgemein lässt sich festhalten, dass Dissonanz immer ein Mindestmaß an Festlegung auf eine Vorannahme oder Schlussfolgerung sowie Entscheidungsfreiheit bedarf, welche regelmäßig bei kriminalpolizeilichen Ermittlungen angenommen werden kann. Ferner lösen Entscheidungssituationen zwangsläufig Dissonanz beim Entscheidungsträger aus. Die Ermittlungspraxis wird von einer Reihe von wichtigen und irreversiblen Entscheidungen geprägt, sodass sich vorab festhalten lässt, dass immer auch ein gewisser Grad an Dissonanz der Ermittlungsarbeit inhärent ist. Da die Entscheidungssituationen im kriminalpolizeilichen Kontext zu vielseitig und komplex sind, um auch nur ansatzweise verallgemeinerungsfähige Aussagen treffen zu können, soll hier kurzerhand festgehalten werden, dass Dissonanz ohne Zweifel auftritt.

Bezüglich der Hypothesen des Selbst sind differenziertere Schlussfolgerungen zu treffen. Bereits vorhandene Annahmen, Einstellungen oder Werte variieren von Polizeibeamten zu Polizeibeamten, sodass es aufgrund der divergierenden Ausgangslagen nicht möglich ist, generalisierbare Thesen aufzustellen. Es ließen sich lediglich Hypothesen anführen, bei denen in bestimmten Situationen zu erwarten ist, dass sie bei Aufeinandertreffen mit widersprüchlichen Kognitionen Dissonanz erzeugen. Während Polizist A bei der Konfrontation mit entlastendem Beweismaterial Dissonanz empfindet, kann dies bei Polizist B wiederum ausgeschlossen werden. Die Hypothese „Was ich tue soll mit meiner Einstellung in Einklang sein" weist dabei wohl den größten Allgemeinheitsgrad auf und kann gleichermaßen beide Perspektiven der Ermittler erfassen. Je nach Einstellung kann im Ergebnis Dissonanz angenommen werden oder eben nicht. Diese Hypothese kann somit bei weiteren Überlegungen als Orientierung herangezogen werden.

So unterschiedlich die Meinungen im Hinblick auf die Auslösebedingungen der Dissonanz sind, so viel Zustimmung erfahren in der sozialpsychologischen Fachliteratur wiederum *Festingers* vier Entstehungsbereiche und die Reaktionsmechanismen auf bestehende Dissonanz. Wird kognitive Dissonanz im Sinne der modifizierten Theorien[400] erzeugt, ist die betreffende Person weiterhin im Sinne der klassischen Dissonanztheorie bestrebt, die Konsistenz ihres kognitiven Systems zu erhalten, d.h. sie wird auf die von *Festinger* begründeten Reduktionsmechanismen zurückgreifen. Diesbezüglich hat sich während der weiteren wissenschaftlichen Auseinandersetzung mit der Dissonanztheorie keine Veränderung ergeben, sodass sie im weiteren Verlauf der Untersuchungen berücksichtigt werden können.

---

400 Hier im Folgenden die Reformulierung *Irles*.

B. Die kriminalpolizeiliche Tätigkeit im strafrechtlichen Ermittlungsverfahren

Nachdem die Grundzüge der Dissonanztheorie sowohl in ihrer klassischen als auch reformulierten Ausprägung dargestellt und die Entstehungsbedingungen von kognitiver Dissonanz im Rahmen der Ermittlungsarbeit im Allgemeinen erörtert wurden, hat die Arbeit im Folgenden die Übertragung der Erkenntnisse auf *einzelne* signifikante polizeiliche Tätigkeitsfelder zum Gegenstand. Die Erkenntnisse sollen anhand des typischen Ablaufs einer Ermittlung untersucht und Zusammenhänge dargestellt werden, die aufzeigen, wie es zu einem falschen Tatverdacht kommen kann.

Neben den theoretischen Ausführungen zur Dissonanztheorie müssen zu diesem Zweck zunächst das Ziel des Ermittlungsverfahrens sowie die Arbeitsweise der Ermittler betrachtet werden. Diese Überlegungen stellen den notwendigen zweiten Eckpfeiler für die Übertragung der Dissonanztheorie auf die jeweiligen Ermittlungsschritte dar.

I. Ziel des Ermittlungsverfahrens und der kriminalpolizeilichen Ermittlungstätigkeit

Das wesentliche Ziel des Ermittlungsverfahrens ist identisch mit dem übergeordneten Ziel des gesamten Strafverfahrens, die materielle Wahrheit zu erforschen und somit i.S.v. § 244 II StPO eine bestmögliche Sachverhaltsaufklärung zu garantieren.[401] Gleichermaßen kommt der Wahrheitserforschung eine Frieden stiftende Funktion durch die Herstellung von Gerechtigkeit zu.[402]

Den bereits dargestellten Ausführungen zum Fehlurteilsbegriff[403] ist in diesem Zusammenhang zu entnehmen, dass nicht die materielle Wahrheit im eigentlichen Sinne ermittelt werden kann, sondern weitestgehend lediglich

---

401 Vgl. *Singelstein*, StV 2016, 830 (830); *de Vries*, S. 253; *Brodag*, S. 282; vgl. *Clages*, in: Clages/Ackermann, S. 23; vgl. *de Vries*, S. 253. *Clages* spricht ferner davon, dass die Sachverhaltsaufklärung als Grundlage einer Entscheidung über die Einstellung oder die Anklage des Verfahrens dient, s. *Clages*, in: Clages/Ackermann, S. 23. Nach *Löffelmann/Walther/Reitzenstein* dient die Wahrheitserforschung den Zwecken „der Verhinderung künftiger Delinquenz, der Befriedung verletzter Individualinteressen und der Wahrung verfassungsmäßig verbürgter Freiheitsrechte, *ebd.* S. 47.

402 *Stamp*, S. 21; Graf/*Eschelbach*, § 261 Rn. 6; *Volk*, S. 193; *Malek*, StV 2011, 559 (560).

403 Siehe in dieser Arbeit Kapitel 2. A.

eine forensische Wahrheit.[404] Auch die polizeiliche Beweisführung erfährt Einschränkungen durch einige faktische und rechtliche Regelungen, wie etwa durch die gesetzlichen Beweisverbote oder die Unzuverlässigkeit des Personalbeweises aufgrund kognitiver Einflüsse.[405] Im Ermittlungsverfahren darf folglich gleichermaßen „keine Wahrheitsermittlung um jeden Preis" stattfinden, da die strafprozessualen Normen immer mit Blick auf die grundrechtlich verbürgten Kollektiv- und Individualinteressen zu betrachten sind.[406] In der kriminalistischen Fachliteratur wird in diesem Zusammenhang insofern von einem erkenntnistheoretischen Realismus gesprochen, „d.h. es geht nicht um Herstellung der Wahrheit im Strafprozess, sondern um eine Sachverhaltsschilderung, die möglichst weitgehend mit dem tatsächlichen Geschehen übereinstimmt".[407]

Erst auf Grundlage der ermittelten Ergebnisse kann am Ende des Ermittlungsverfahrens von der Staatsanwaltschaft entschieden werden, ob ein hinreichender Tatverdacht nach §§ 170 I, 203 StPO vorliegt und dementsprechend öffentlich Klage erhoben werden muss.[408]

II. Die Ausgestaltung kriminalpolizeilicher Ermittlungstätigkeit: Der kriminalistisch-heuristische Regelkreis

Im weiteren Fortgang soll ein Blick auf die inhaltliche Ausgestaltung der kriminalpolizeilichen Ermittlungstätigkeit geworfen werden. Ziel ist es zum einen, ein Verständnis für die ermittlungspraktischen Abläufe der Kriminalbeamten zu erhalten und zum anderen soll mithilfe der Darstellung der Rahmen für die Übertragung der dissonanztheoretischen Erkenntnisse auf die einzelnen Ermittlungsschritte gelegt werden.

---

404 So auch *Brodag*, S. 286; *Albrecht*, S. 120; *Getto*, Kriminalistik 1998, 567 (569). *Preuß* geht von unterschiedlichen Wahrheiten in diesem Kontext aus. Er differenziert zwischen einer justiziellen und polizeilichen Wahrheit, wobei die polizeiliche Wahrheit vor allem präventive und zukunftsgerichtete Merkmale aufweist, die mit der vergangenheitsorientierten justiziellen Wahrheit konträr sind, wodurch die Polizei bei ihrer Aufklärungsarbeit nach Preuß einem inneren Konflikt ausgesetzt ist, siehe dazu *Stamp*, S. 133 f.

405 Vgl. *Walder/Hansjakob/Gundlach/Straub*, S. 16. Einen Überblick zu den Beweisverboten bei polizeilichen Ermittlungsmaßnahmen bietet *Pieper*, Die Polizei 2012, 229 ff.

406 *Löffelmann/Walther/Reitzenstein*, S. 44.

407 *de Vries*, S. 253.

408 Graf/*Sackreuther*, § 160 Rn. 1.

Die Kriminaltaktik zur Aufklärung eines strafrechtlich relevanten Sachverhalts ist die des sog. „Kriminalistischen Denkens".[409] Im Allgemeinen kann kriminalistisches Denken als induktiv-deduktives Denken verstanden werden.[410] „[...] es ist Modellierung im Prozess der Untersuchung, ist rationelle Arbeit mit großen Datenmengen, die Fähigkeit, alle notwendigen Daten durch geeignete praktische Maßnahmen zu gewinnen, alle vorhandenen Daten klug miteinander zu verknüpfen, sie zu bewerten und zu selektieren, mit Vermutungen zu arbeiten und Kombinationen zwischen Daten unterschiedlicher Qualität herzustellen."[411] Ziel dieser Methode ist es, Hilfsmittel für kriminalpolizeiliche Sachverhaltsaufklärung zu sein und zur Erforschung der materiellen Wahrheit als übergeordnetem Verfahrensziel beizutragen.[412] Dabei ist jedoch zu berücksichtigen, dass nicht alle Umstände und Fakten für die Sachverhaltsaufklärung i.S.v. § 244 II StPO eine Rolle spielen.[413] Es sind nur jene von Relevanz, die bei rechtlicher Betrachtung einen wichtigen Bezug zur Straftat aufweisen.[414]

Darüber hinaus ist der Frage nachzugehen, wie die einzelnen kriminalpolizeilichen Ermittlungsschritte im Hinblick auf die Sachverhaltsaufklärung ausgestaltet sind. Für die Vorgehensweise bei kriminalpolizeilichen Ermittlungen existiert bislang kein allgemeingültiger Arbeitskatalog, der kleinschrittig die einzelnen Methoden zur Lösung eines Kriminalfalles erfasst.[415] Versuche, ein einheitliches Konzept zu konstruieren wurden in der Vergangenheit mehrfach

---

409 *Brodag*, S. 281, 284; *Walder/Hansjakob/Gundlach/Straub*, S. 1; *Weihmann/de Vries*, S. 61; *Berthel*, Kriminalistik 2007, 732 (732, 735); *Pientka/Wolf*, S. 51.

410 *Brodag*, S. 281; vgl. dazu im Einzelnen: *Berthel*, Kriminalistik 2007, 732 (732).

411 *Brodag*, S. 281; vgl. *Schmelz*, S. 30; vgl. dazu im Einzelnen: *Berthel*, Kriminalistik 2007, 732 (732). Der Autor *Berthel* beschäftigt sich ferner mit einer Erweiterung des Anwendungsbereichs kriminalistischen Denkens u.a. auf die Kriminaltechnik und Kriminalstrategie. Demgemäß muss der Begriff nach Ansicht des Autors auch neu definiert werden, a.a.O. Für die vorliegende Arbeit sind diese Neuerungen indes weniger bedeutsam und werden aus diesem Grund nicht weiter ausgeführt.

412 *Brodag*, S. 284; *Ackermann/Clages/Roll*, S. 223.

413 *Walder/Hansjakob/Gundlach/Straub*, S. 15; *Bergmann et al.*, Kriminalistik, 2005, 611 (612).

414 *ebd.*

415 *Walder/Hansjakob/Gundlach/Straub*, S. 119. In diesem Zusammenhang tauchen für die Bearbeitung eines kriminalistischen Sachverhalts unterschiedliche Fachtermini auf: Kriminalistische Fallanalyse, kriminalistische Fallbearbeitung, Kriminalistische Wabenanalyse, Operative Fallanalyse, siehe dazu: *Bergmann et al.*, Kriminalistik 2005, 611 (611); *Walder/Hansjakob/Gundlach/Straub*, S. 119; *Ackermann/Clages/Roll*, S. 181 f.; *Clages/Ackermann*, S. 124; *Gundlach* in: Artkämper/Clages, S. 187.

erfolglos unternommen.[416] Die Schwierigkeit eines einheitlichen Konzeptes liegt darin, ein allgemeingültiges Modell zu finden, das für alle Straftatbestände unabhängig von ihrer Komplexität und Schwere Geltung beanspruchen kann.[417] Oftmals sind die Modelle zu praxisuntauglich oder unflexibel.[418] So kann eine zielführende kriminalpolizeiliche Vorgehensweise bei der Aufklärung eines wirtschaftskriminellen Sachverhaltes anders ausgeprägt sein als bei der Aufklärung eines Mordfalles.

Obwohl die entworfenen Konzepte sehr unterschiedlich sind, kann man aus ihnen die wesentlichen Punkte der kriminalpolizeilichen Ermittlungstätigkeit herleiten, auf die sich diese Arbeit vornehmlich beschränken will. Vor diesem Hintergrund muss berücksichtigt werden, dass die einzelnen Arbeitsschritte alle in Beziehung zur Tatsituation stehenden Fragen erfassen müssen, wie die Frage, nach

---

416 *Bergmann et al.*, Kriminalistik, 2005, 611 (611); *Civelli*, Kriminalistik 2010, 480 (480). So hat bspw. *Hans Walder* bereits 1955 einen ersten Ablaufplan zur Lösung von Kriminalfällen erarbeitet, s. *Hansjakob*, Kriminalistik 2012, 662 (662). *Horst Clages* 1983 ein umfangreiches Konzept mit 108 Gliederungspunkten vorgelegt, wohingegen das Modell von *Holger Roll* aus dem Jahr 1999 gerade 19 Punkte erfasste, siehe im Einzelnen: *Walder/Hansjakob/Gundlach/Straub*, S. 119. Kriminaldozenten haben sich 2004 ebenfalls um ein einheitliches Modell bemüht, s. *Bergmann et al.*, Kriminalistik, 2005, 611 (611). Einen Überblick zur Historie der Fallanalyse bietet *Gundlach* in: Artkämper/Clages, S. 187 ff. In diesem Kontext sei darauf hingewiesen, dass zuletzt von *Hansjakob* ein Modell entwickelt wurde, welches sich an den sog. „Intelligence Cycle" aus den USA anlehnt. Dort haben die CIA und das FBI eine Vorgehensweise zur Nachrichtenbeschaffung und -verarbeitung entwickelt, welches sich auf die kriminalistische Ermittlungstätigkeit übertragen lässt, den sog. Intelligence Cycle. Dieser enthält fünf Stufen: 1. Planning and direction (es werden die für den Sachverhalt relevanten Daten ausgewählt, die zu erheben sind), 2. Collection (Datensammlung), 3. Processing and exploitation (Verarbeitung und Verwertung der Daten), 4. Analysis and Production (Datenanalyse), 5. Dissemination and intergration (Verteilung der Daten in den Zyklus, der zur Neuausrichtung der Planung beitragen). Hieraus lässt sich für die Ermittlungsbeamten folgendes Modell erschließen: 1. Verdacht → 2. Daten analysieren → 3. Hypothesen bilden → 4. Programm bestimmen → 5. Fehlende Daten beschaffen. Siehe im Einzelnen: *Walder/Hansjakob/Gundlach/Straub*, S. 124 f.; *Hansjakob*, Kriminalistik 2012, 662 (662).

417 Vgl. *Hansjakob*, Kriminalistik 2012, 662 (665).

418 *Bergmann et al.*, Kriminalistik, 2005, 611 (611).

welchem Straftatbestand sich jemand strafbar gemacht haben könnte, wie viele Täter in Frage kommen und welches Tatmittel etwa genutzt wurde.[419]

Als wichtige Ermittlungsschritte sind dabei zu benennen:

- Zielgerichtetes Suchen und Sichern von Informationen.[420]
- Kategorisieren und Strukturieren von Informationen (z.B. in die Kategorien „Tatsituation“ und „Beweissituation“).[421]
- Sammeln und Verknüpfen von Informationen.[422]
- Datenanalyse.[423]
- Verarbeiten und Bewerten von Informationen.[424]
- Hypothesenbildung.[425]
- Verifizierung oder Falsifizierung der Hypothesen.[426]
- Einleiten weiterer Ermittlungsschritte und evtl. Neuausrichtung der Pläne.[427]
- Schaffen einer Beweislage.[428]

Ziel dieser Arbeit wird es sein, die kognitive Dissonanz im Rahmen des sog. „kriminalistisch-heuristischen Regelkreises“ nach *Schmelz* zu untersuchen.[429] Dieses

---

419 So auch: *Walder/Hansjakob/Gundlach/Straub*, S. 119. Die Durchführung der einzelnen Arbeitsschritte kann sowohl gedanklich als auch schriftlich geführt werden, s. *Clages/Ackermann*, S. 124.

420 *Brodag*, S. 282; *Lange*, S. 25; *Walder/Hansjakob/Gundlach/Straub*, S. 124; vgl. *Artkämper/Artkämper*, StRR 2012 52 (52).

421 *Bergmann et al.*, Kriminalistik 2005, 611 (612); *Walder/Hansjakob/Gundlach/Straub*, S. 119; *Hansjakob*, Kriminalistik 2012, 362 (364).

422 *Brodag*, S. 282; *Walder/Hansjakob/Gundlach/Straub*, S. 124; *Atzbach*, Kriminalistik 2001, 323 (324); *Bergmann et al.*, Kriminalistik, 2005, 611 (611).

423 *Walder/Hansjakob/Gundlach/Straub*, S. 124; *Bergmann et al.*, Kriminalistik, 2005, 611 (611); *Ackermann/Clages/Roll*, S. 179.

424 *Brodag*, S. 282; *Walder/Hansjakob/Gundlach/Straub*, S. 124; *Lange*, S. 26; vgl. *Artkämper/Artkämper*, StRR 2012, 52 (52); *Bergmann et al.*, Kriminalistik, 2005, 611 (613); *Civelli*, Kriminalistik 2010, 480 (480); *Heimann*, Kriminalistik 2007, 504 (506).

425 *Brodag*, S. 282; *Bergmann et al.*, Kriminalistik, 2005, 611 (611); *Ackermann/Clages/Roll*, S. 173; *Hansjakob*, Kriminalistik 2012, 662 (664).

426 *Brodag*, S. 282.

427 *ebd.*, S. 282; *Walder/Hansjakob/Gundlach/Straub*, S. 125; *Bergmann et al.*, Kriminalistik, 2005, 611 (612); *Ackermann/Clages/Roll*, S. 173.

428 *Brodag*, S. 282; vgl. *Ackermann/Clages/Roll*, S. 184.

429 *Schmelz*, Kriminalistik und Polizeiwissenschaft – Nutzen für die Praxis und Forderung an die Wissenschaft, S. 44 f. (im Folgenden: *Schmelz*), abrufbar unter: http://www.gerhard-schmelz.de/media/Referat$20PFA.pdf (Abruf v. 31.03.2021). Heuristische Vorgehensweisen führen nur möglicherweise zu einer Aufklärung des Sachverhaltes,

Konzept erfasst alle wesentlichen Ermittlungsschritte, die für die Untersuchung der kognitiven Dissonanz im Rahmen der Ermittlungstätigkeit vonnöten sind. Der Ansatz des kriminalistisch-heuristischen Regelkreises ähnelt im Kern vielen anderen Modellen,[430] ist jedoch nach Ansicht der *Verfasserin* besser geeignet, kleinschrittig die Herangehensweise der Ermittler im Zusammenhang mit dem Problem der Dissonanzreduktion darzustellen, ohne sich dabei in zu vielen Details zu verlieren. Insbesondere die Differenzierung zwischen der kriminalistischen Hypothesenbildung und ihrer Bewertung bietet eine geeignete Struktur für die Übertragung der Erkenntnisse der Dissonanztheorie auf die einzelnen Schritte, die nicht jedes Modell ermöglicht.[431] Allerdings ist vor dem Hintergrund der Schwierigkeit eines einheitlichen Arbeitskatalogs für die Ermittlungspraxis darauf hinzuweisen, dass auch dieses Modell keine Allgemeingültigkeit für sich beanspruchen kann.

Nach dem kriminalistisch-heuristischen Regelkreis erschließt sich für die Aufklärung eines strafrechtlich relevanten Sachverhalts folgender Ablauf:

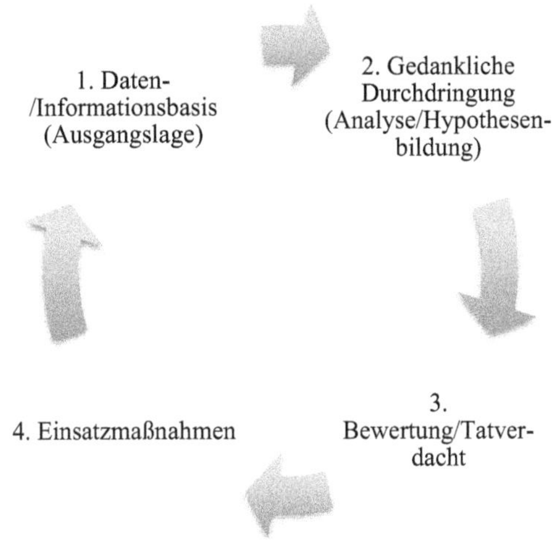

Abb. 4. Der kriminalistisch-heuristische Regelkreis nach *Schmelz*[432]

können allerdings besser die Komplexität alltäglichen Geschehens erfassen, s. *Walder/Hansjakob/Gundlach/Straub*, S. 29.

430 Insbesondere dem des „Intelligence Cycle" nach *Hansjakob*, s. Fn. 416.

431 Siehe etwa Fn. 416 zum „Intelligence Cycle" nach *Hansjakob*, bei der sich nach der kriminalistischen Hypothesenbildung die Bestimmung des weiteren Ermittlungsprogramms anschließt.

432 *Schmelz*, S. 44.

Verkürzt dargestellt bedeutet dies im Einzelnen: Das Ermittlungsverfahren nach den §§ 151-177 StPO wird von Amts wegen durch die Staatsanwaltschaft gem. § 152 II StPO oder aufgrund einer Strafanzeige nach § 158 StPO eingeleitet. Dem dabei zu untersuchenden Sachverhalt muss ein Anfangsverdacht i.S.v. § 152 II StPO zugrunde liegen.[433] Ein Anfangsverdacht ist zu bejahen, „wenn nach kriminalistischen Erfahrungen aufgrund von Tatsachen die Wahrscheinlichkeit besteht, dass eine Straftat vorliegen könnte oder/und eine bestimmte Person als Täter in Frage kommen könnte".[434] Reine Vermutungen reichen indes nicht aus.[435]

Ausgehend vom Anfangsverdacht sichern und bewerten die Ermittler zunächst Informationen und Daten und bilden anschließend auf Grundlage des bisherigen Erkenntnisstandes Ermittlungshypothesen.[436] Diese werden im nächsten Schritt verifiziert oder falsifiziert.[437] Danach werden weitere Ermittlungsmaßnahmen eingeleitet und Ergebnisse protokolliert.[438] Das Besondere an der kriminalpolizeilichen Ermittlungstätigkeit ist, dass diese aufgrund der immer wieder neu hinzutretenden Informationen und Erkenntnisse einen stetigen Wandel durchläuft und die Ermittlungen andere Richtungen einschlagen können.[439] Der gesamte Ablauf kriminalistischen Denkens und kriminalistischer Fallbearbeitung wird daher als Regelkreis, bzw. Zyklus verstanden.[440] Haben die Ermittler den kriminalistischen Regelkreis einmal durchlaufen und Einsatzmaßnahmen ergriffen, können am Ende neue Erkenntnisse und Informationen stehen, die den Anfangsverdacht modifizieren und anschließend zu einem erneuten Durchlauf des Zyklus führen.[441] Es handelt sich somit immer um „Wissen auf Widerruf".[442]

---

433 *Clages*, in: Clages/Ackermann, S. 23; *Löffelmann/Walther/Reitzenstein*, S. 28.

434 *Clages*, in: Clages/Ackermann, S. 24; *Soiné*, S. 25.

435 *Löffelmann/Walther/Reitzenstein*, S. 28.

436 *Walder/Hansjakob/Gundlach/Straub*, S. 122; *Singelstein*, StV 2016, 830 (830).

437 *Hansjakob*, Kriminalistik 2012, 662 (662).

438 *Singelstein*, StV 2016, 830 (831). So z.B. im Rahmen der Beschuldigtenvernehmung, die zu einem späteren Zeitpunkt in dieser Arbeit erörtert wird, s. in dieser Arbeit Kapitel 3. D.

439 *Raske*, S. 33; *Hansjakob*, Kriminalistik 2012, 662 (662).

440 *Hansjakob*, Kriminalistik 2012, 662 (662); *Walder/Hansjakob/Gundlach/Straub*, S. 124.

441 *Schmelz*, S. 44; *Walder/Hansjakob/Gundlach/Straub*, S. 125, 128; *Hansjakob*, Kriminalistik 2012, 662 (662 f.); *Pientka/Wolf*, S. 91.

442 Vgl. *Schmelz*, S. 43.

Am Ende der Ermittlungen entscheidet sich abschließend, ob die ermittelten Beweise für einen hinreichenden Tatverdacht i.S.v. § 152 II StPO i.V.m. §§ 170 I, 203 StPO und somit für eine Anklageerhebung durch die Staatsanwaltschaft ausreichen. Im Ergebnis wird deutlich, welche Rolle dem Tatverdacht im Allgemeinen zukommt: Er steht am Anfang und am Ende und bildet den Rahmen des gesamten Ermittlungsverfahrens.

C. Kognitive Dissonanz im Rahmen des kriminalistisch-heuristischen Regelkreises

„Man kann bei der Erforschung der Wahrheit drei hauptsächliche Aufgaben haben: erstens, die Wahrheit zu entdecken, wenn man sie sucht, dann sie zu beweisen, wenn man sie besitzt, und schließlich, sie vom Falschen zu sondern, wenn man sie prüft".

- *Blaise Pascal* - [443]

Nachdem zuletzt die theoretischen Grundlagen aus der Sozialpsychologie zur kognitiven Dissonanz einerseits und der Praxis der Ermittlungsbeamten andererseits erörtert wurden, soll nunmehr analysiert werden, inwiefern sich die dissonanztheoretischen Ansätze auf den kriminalistisch-heuristischen Regelkreis übertragen lassen. Das Hauptaugenmerk soll darauf liegen, mögliche Fehlerquellen, die entsprechend der Dissonanztheorie in Form von kognitiven Verzerrungen in Erscheinung treten können, zu untersuchen.

Der fortlaufenden Untersuchung liegt die Annahme zugrunde, dass Commitment und Entscheidungsfreiheit vorliegen sowie Hypothesen des Selbst von Polizeibeamten verinnerlicht wurden, die bei der Konfrontation mit entlastendem, uninformativem oder mangelhaftem Beweismaterial Dissonanz erzeugen würden. Die Beamten könnten sich demnach schon früh auf eine Hypothese oder Schuldannahme festgelegt haben, die impliziert, dass weitere Ermittlungsergebnisse der Schuldannahme hinsichtlich eines Tatverdächtigen entsprechen. Es wird somit eine sehr straftaten- und täterorientierte Einstellung vorausgesetzt.[444] Nur unter Zugrundelegung dieser Faktoren lässt sich die Konstruktion eines falschen Ermittlungsansatzes sowie objektiv falschen Tatverdachtes durch

443 Zit. n. *Walder/Hansjakob/Gundlach/Straub*, S. 12.

444 Empirische Daten zum Verbreitungsgrad dieser Einstellung bei deutschen Polizeibeamten sind der *Verfasserin* nicht bekannt. Allein der Wunsch, einen Sachverhalt abschließend aufzuklären (sog. Need for cognitive closure), konnte von internationalen Forschern als Wert empirisch erfasst werden, siehe dazu in dieser Arbeit Kapitel 3, G.

Dissonanz erklären, sodass sie im Ergebnis die Rahmenbedingungen der fortwährenden Erörterung darstellen sollen.[445]

Nimmt man das Entstehen von Dissonanz bei der der Hypothese des Selbst widersprechenden Informationen an, lässt sich im weiteren Fortgang unter Bezugnahme auf die Erkenntnissen *Festingers* schließen, dass Polizeibeamte bei auftretender kognitiver Dissonanz im Rahmen ihrer Ermittlungstätigkeit dazu neigen können, ihren Spannungszustand abzubauen, indem sie versuchen, die vorhandenen Unstimmigkeiten in den einzelnen Phasen ihrer Arbeit zu reduzieren.[446] Dabei folgen sie nach *Irle* dem Prinzip der Effizienz und Einfachheit.

Die weitere Untersuchung wird unter Zugrundelegung der bisherigen Erkenntnisse kleinschrittig erörtern, inwiefern Dissonanz in den einzelnen Bereichen des kriminalistisch-heuristischen Regelkreises entstehen und dissonanztheoretische Reduktionsprozesse zu Fehlerquellen im Ermittlungsverfahren führen können. Es soll herausgearbeitet werden, wie sich ein Fehler innerhalb der Ermittlungen im weiteren Verlauf auf die weiteren Ermittlungsschritte auswirken kann. Dabei wird im Kern auf die Ausführungen *Raskes* zurückgegriffen, der sich in seinem Werk allerdings allein auf die klassische Formulierungen *Festigers* bezieht. Die bisherigen Erkenntnisse werden unter dem Blickwinkel der dissonanztheoretischen Modifikationen betrachtet und durch eigene Überlegungen ergänzt. Vor dem Hintergrund des bisher Gesagten muss berücksichtigt werden, dass die Dissonanztheorie nur *ein* Erklärungsmodell für Ermittlungsfehler darstellt und aufgrund der Individualität der Umstände gleichwohl nur einzelne Tretminen genannt werden können, unter denen es zur Konstruktion eines falschen Tatverdachtes kommen *kann*, nicht zwingend *muss*.

I. Kognitive Dissonanz im Bereich „Daten-/Informationsbasis" und ihre Reduzierung

Zunächst werden die kognitive Dissonanz und ihre Reduktion im ersten Bereich des Regelkreises, der „Daten- und Informationsbasis", erörtert. Dieser Bereich kennzeichnet im Rahmen der kriminalpolizeilichen Ermittlung jene Situationen,

---

445 Es wäre durchaus möglich, dass ein Ermittlungsbeamter die Annahme kogniziert, dass eine bestimmte Person unschuldig sei. In dieser umgekehrten Fallkonstruktion würde demnach der Beamte Dissonanz empfinden, wenn er mit belastenden Beweismitteln konfrontiert wird. Diese Fallkonstruktion wird in dieser Arbeit allerdings nicht in das Zentrum der Überlegungen gestellt, da es den Rahmen dieser Arbeit sprengen würde und zudem vergleichbare Ergebnisse erörtert werden würden.

446 *Raske*, S. 9.

in denen die Ermittler nach Mitteilung über eine mögliche Straftat mit sachverhaltsrelevanten Daten und Informationen in Berührung kommen.[447]

Zu Beginn jeder Ermittlung steht der Anfangsverdacht, der zu der Frage führt, ob eine Straftat begangen worden ist oder nicht.[448] Der Anfangsverdacht nach § 152 II StPO stützt sich dabei auf ein Bündel bereits vorhandener relevanter Informationen, das sog. Informationspotenzial.[449] Die während des ersten Angriffs gesicherten materiellen und immateriellen Spuren können als Beweismittel im weiteren Verlauf des Strafprozesses von Bedeutung sein[450] und müssen während der Ermittlungen auf ihre Zuverlässigkeit und ihren Beweiswert geprüft werden.[451] Unter Umständen reichen die bisher erhobenen Datenmengen nicht aus, sodass diese durch neue Ermittlungen, idealerweise bis zur vollständigen Aufklärung des Sachverhalts, ergänzt werden müssen.[452] Dabei ist zu berücksichtigen, dass die Art der Datenerhebung abhängig vom Grad des Tatverdachtes ist.[453]

Die von den Kriminalbeamten ermittelten Daten können zum Teil oder im Gesamten lückenhaft und widersprüchlich zu den bisherigen Ermittlungsergebnissen oder Vorannahmen sein und eine vollständige Aufklärung der Straftat zu Beginn sowie zu einem anderen Zeitpunkt der Ermittlungen unmöglich machen.[454] Es kann somit zum einen der Fall eintreten, dass bestimmte relevante Informationen fehlen und den Ermittlungsbeamten nur fragmentarisch vorliegen, zum anderen können die Informationen im Gesamtkontext widersprüchlich sein, z.B. wenn mehrere Zeugen unterschiedliche Angaben zum Tatgeschehen machen. Dabei ist es ohne Bedeutung, ob die Ermittler die Informationen freiwillig oder unfreiwillig erhalten haben.

Aufgrund dieser Diskrepanzen kann bereits zu Beginn einer jeden kriminalpolizeilichen Ermittlung kognitive Dissonanz entstehen, wenn die kognizierten

---

447 *Raske*, S. 35.

448 *Hansjakob*, Kriminalistik 2012, 662 (662). Die literarischen Nachweise beziehen sich im Folgenden nicht explizit auf *Schmelz*' kriminalistisch-heuristischen Regelkreis, der lediglich die Reihenfolge der Ermittlungsschritte vorgibt. Da die inhaltliche Ausgestaltung der Schritte in der Kriminalistik einheitlich betrachtet wird, können diese zur weiteren Erklärung herangezogen werden.

449 *Hansjakob*, Kriminalistik 2012, 662 (662); vgl. *Brodag*, S. 286.

450 *Schmelz*, S. 42.

451 *Hansjakob*, Kriminalistik 2012, 662 (663); *Singelstein*, StV 2016, 830 (830).

452 *Hansjakob*, Kriminalistik 2012, 662 (663).

453 *ebd.*

454 Im Folgenden: *Raske*, S. 35.

Informationen gegensätzlich zur subjektiven Hypothese des Selbst sind, die in diesem Kontext lauten könnten „Die zugrundeliegenden Informationen deuten auf eine Straftat/einen Täter hin" oder „Der zugrundeliegende Sachverhalt kann aufgeklärt werden". Im Fall *Rupp* etwa fehlten den Ermittlern zu Beginn der Ermittlungen jegliche Informationen, die das Verschwinden des Bauern *Rupp* erklären konnten. Es ist zu vermuten, dass bei den Ermittlern so bereits zu Beginn in erheblichem Maße kognitive Dissonanz entstanden ist, da die Kognitionen „Es werden Informationen benötigt, die das Verschwinden des Bauern *Rupp* erklären" und „Es liegen keine Informationen bezüglich des Verschwindens vor" konträr zur Hypothese „Der zugrundeliegende Sachverhalt kann aufgeklärt werden" waren.[455] Inwiefern sich diese Erkenntnislücken auf den weiteren Verlauf im Fall *Rupp* auswirkten, wird zu einem späteren Zeitpunkt der Untersuchung deutlich.

Erinnert man sich nunmehr an *Festingers* Erkenntnisse zum Dissonanzabbau zurück, so ist zu erwarten, dass der betroffene Ermittlungsbeamte versuchen wird, das dissonanzbedingte Gefühl des Unwohlseins zu beseitigen, indem er auf die bereits dargelegten Techniken zur Dissonanzreduktion zurückgreift.

So kann der Ermittlungsbeamte Dissonanz reduzieren, indem er bspw. die dissonanten relevanten Informationen aus seinem vorhandenen Datenbestand eliminiert, demnach solche, die zur Hypothese des Selbst („Die zugrundeliegenden Informationen deuten auf eine Straftat") konträr sind. Durch das Subtrahieren dissonanter Informationen wird der entstandene Widerspruch beseitigt und es bleiben nur die konsonanten Informationen erhalten.[456] So können bereits zu Beginn etwa alle Informationen, die eine straftatenorientierte Vorannahme nicht unterstützen, eliminiert werden. Dadurch ließe sich mutmaßlich erklären, weshalb die Ermittler der Kripo im Fall *Rupp* von Beginn an dem Ermittlungsansatz einer Straftat folgten, anstatt zugleich der Möglichkeit eines Unfallgeschehens oder eines Selbstmordes nachzugehen.[457]

---

455 So auch *Raske* mit Blick auf die klassische Formulierung, s. *ebd.*, S. 99 f. Allerdings wird an dieser Stelle nach Ansicht der *Verfasserin* schon der Unterschied zur Modifikation nach *Irle* deutlich. Glaubt der Ermittler nicht daran, dass der Sachverhalt aufgeklärt werden kann entstünde nach *Festinger* nichtsdestotrotz Dissonanz, nach *Irle* nicht, weil kein Widerspruch zur Hypothese des Selbst besteht.

456 *Raske*, S. 36; vgl. *Velten*, GA 2015, 387 (402).

457 *Darnstädt*, S. 98. Zugleich vermag hier der Grad zu einer bewussten Beweisverfälschung durchaus schmal sein, wie die Ermittlungen im Fall *Harry Wörz* verdeutlichen. *Wörz* wurden abgeschnittene Fingerkuppen eines Handschuhs mit seiner DNA in der Wohnung der Exfrau zur Last gelegt, da er aufgrund eines Unfalls selbst Fingerkuppen

Die Dissonanzreduktion in dieser Phase hat zur Folge, dass das Ermittlungsergebnis bereits zu Beginn regelmäßig verfälscht wird. [458] Es werden selektiv Informationen aus dem Gang der Untersuchungen ausgegrenzt, welche im weiteren Verlauf der Sachverhaltsaufklärung nicht mehr in Betracht gezogen werden können und somit folglich zu einem Verlust an Informationen führen, der unter Umständen die vollständige Aufklärung des Kriminalfalls behindern kann. Diese Art der kognitiven Verzerrung behindert die Erforschung der materiellen Wahrheit, die sowohl das Nachgehen konsonanter als auch dissonanter Informationen erfasst.

Das Nichtnachgehen und Nichterheben aller relevanten Informationen stellt einen Verstoß gegen die kriminalistischen Prinzipien der einwandfreien Beweiserhebung und objektiven Wahrheitserforschung dar und bildet im Ergebnis eine wesentliche Fehlerquelle im Ermittlungsverfahren.[459]

Die bisher entwickelten Ausführungen beziehen sich vornehmlich auf bereits gesicherte Datenmengen, die den Anfangsverdacht begründen können. An dieser Stelle soll ein Exkurs auf einen späteren Zeitpunkt der Ermittlungen gewagt werden, der den Anfangsverdacht bereits voraussetzt. Es kann nach Durchlaufen des kriminalistisch-heuristischen Zyklus dazu kommen, dass weitere Informationen gesucht und neu gesichert werden müssen, um alle Tatfragen klären zu können.

In diesem Zusammenhang kann nach Ansicht der *Verfasserin* zum einen der Fall eintreten, dass aktiv nach Informationen gesucht werden muss (freiwillige Informationssuche) oder dass den Ermittlern passiv Informationen geliefert werden (unfreiwillige Informationsaufnahme).

Bei der aktiven Suche kann es bei Vorliegen der entsprechenden subjektiven Hypothese,[460] bspw. einer Festlegung auf einen Tatverdächtigen, dazu kommen,

---

verlor. Der Umstand, dass die Ehefrau wohl aber eine ganze Tüte mit Fingerkuppen in der Wohnung aufbewahrte, um dem gemeinsamen Sohn Zäpfchen einzuführen, wurde nicht berücksichtigt, da die Tüte aus unerklärlichen Gründen wohl verschwand, so *Darnstädt*, S. 32.

458 Im Folgenden: *Raske*, S. 36.

459 Vgl. *Walder/Hansjakob/Gundlach/Straub*, S. 429; *Raske*, S. 36.

460 Beim ersten Durchlauf des Zyklus kann sich der Hypothese implizierten Annahme des Ermittlungsbeamten bspw. noch auf das bloße Vorliegen einer Straftat als solche beziehen, beim zweiten Durchlauf bspw. konkreter auf einen bestimmten Tatverdächtigen.

dass *selektiv nur nach zur Hypothese des Selbst konsonanten Informationen* gesucht wird, wohingegen diskrepante alternative Informationen nicht berücksichtigt werden.[461] Ausnahmsweise können dissonante Informationen nach *Festinger* bewusst gesucht werden, wenn diese für den Betreffenden leicht zu widerlegen sind.[462]

Entsprechend der Formulierungen zur Bestätigungstendenz (confirmation bias) werden daneben konsonante Informationen stärker gewichtet und stärker wahrgenommen. Im Kern können folglich nicht nur dissonante Informationen eliminiert werden, sondern gleichermaßen selektiv Informationen bevorzugt und höher bewertet werden, was einer objektiven und bestmöglichen Sachverhaltsermittlung i.S.v. § 244 II StPO widerspricht.

Die selektive Suche, Gewichtung und Wahrnehmung von Informationen stellt somit ergänzend zur Nichterhebung relevanter Daten ebenfalls eine Fehlerquelle im Ermittlungsverfahren dar.

Darüber hinaus können Polizeibeamte unfreiwillig mit Informationen konfrontiert werden. Beispielsweise können plötzlich Zeugen oder anonyme Hinweise auftauchen, die diskrepant zu den Vorannahmen und bisherigen Ermittlungsergebnissen sind. Denkbar wäre weiterhin, dass die Polizisten zufällig „Dorfgespräche" bzw. „Gerüchte" mitbekommen[463] oder durch die Interaktion mit anderen Menschen (z.B. dem Verteidiger eines Verdächtigen) unfreiwillig mit Informationen in Berührung kommen.

Wird im Rahmen der unfreiwilligen Informationsaufnahme Dissonanz ausgelöst, so besteht nach *Festinger* eine Vielzahl an Reduktionsmechanismen.[464] Der Ermittlungsbeamte kann etwa die zufällig erhaltene Information fehlinterpretieren oder nicht als Tatsache akzeptieren. Die dissonanten Informationen können darüber hinaus vermieden oder selektiv abgewertet werden.

---

461 *Singelstein*, StV 2016, 830 (832).

462 *Frey*, in: Rösler/Florin, S. 46. Siehe in dieser Arbeit auch Kapitel 3 A. I. c.

463 So geschehen beim Fall *Rupp*, wo ein ganzes Dorf davon sprach, dass die Verdächtigen zu einem Mord fähig seien, s. SPIEGEL TV, Vier Mörder und ein Todesfall? Rekonstruktion eines Justizskandals, abrufbar unter: http://www.spiegel.tv/videos/148262-vier-moerder-und-ein-todesfall (Abruf v. 31.03.2021, nachfolgend: SPIEGEL TV Dokumentation *Rupp*).

464 Siehe in dieser Arbeit Kapitel 3 A. I. 2. b. cc.

Der entscheidende Unterschied zwischen den Fällen, in denen aktiv sowie selektiv nach Informationen gesucht wird oder wie im Eingangsfall dissonante relevante Informationen eliminiert werden und den Fällen der unfreiwilligen Informationsaufnahme besteht darin, dass bei letzteren immer noch die Möglichkeit besteht, dass die dissonanten Informationen als Fehlinformation weiterhin im Umlauf der Ermittlungen beibehalten werden. Im Ergebnis wäre somit eine Information vorhanden, allerdings eine objektiv verfälschte Information, die sich auch auf die weiteren Ermittlungsschritte auswirken kann und eine objektive Wahrheitsermittlung behindert.

Das Verfälschen des Informationsgehalts widerspricht der objektiven Wahrheitssuche und stellt somit ebenfalls einen Ermittlungsfehler dar.

II. Kognitive Dissonanz im Bereich „Gedankliche Durchdringung" und ihre Reduzierung

In der nächsten Phase, die sich unmittelbar an die Phase der Daten- und Informationsbasis anschließt, analysieren die Polizeibeamten zunächst die ermittelten Daten und Informationen und versuchen, den Tathergang zu rekonstruieren.[465] Der Analyseprozess erfasst dabei die zumindest „allseitige Betrachtung aller Informationen"[466] bzw. „die gedankliche Zerlegung eines kriminalistisch relevanten Einzelfalles als Ganzes in seine einzelnen Bestandteile, die tatsachenbezogenen Inhalte, sowie die kritische Untersuchung jedes einzelnen Details".[467] Im Fokus steht die gedankliche Durchdringung des Sachverhalts.[468] Gelingt eine Rekonstruktion nicht, werden zumindest alle Ideen zum vermeintlichen Tathergang gesammelt.[469]

Eine weitere Methode neben der Rekonstruktion, die beim Auffinden neuer Erkenntnisse Hilfe leisten soll, ist insbesondere die kriminalistische

465 *Raske*, S. 37; *Schmelz*, S. 43.

466 *Brodag*, S. 286.

467 *Clages/Ackermann*, S. 127.

468 *Schmelz*, S. 43; *Ackermann/Clages/Roll*, S. 179. Die Gedankliche Durchdringung erfolgt mittels mehrerer Instrumente: Hermeneutik, Erfahrung, Logik, Syllogismus, Deduktion, Induktion, Analyse, Hypothesenbildung sowie Rekonstruktion und kriminalistischer Schlusslehre, siehe dazu *Schmelz*, S. 45.

469 *Raske*, S. 37.

Hypothesenbildung.[470] Die Heurismen der Rekonstruktion und Hypothesenbildung unterliegen dem Grundsatz einer professionellen Tatortaufnahme, wonach jede Wahrnehmung und jeder Fakt im Rahmen der Ermittlungsarbeit gleichermaßen relevant ist.[471]

Auch in dieser zweiten Phase des kriminalistisch-heuristischen Regelkreises ist das Entstehen von Dissonanz möglich. So kann zum einen der Fall eintreten, dass in der ersten Phase die Dissonanz durch das Eliminieren von relevanten Informationen noch nicht vollständig beseitigt wurde.[472] Die Ermittler können im Rahmen der gedanklichen Durchdringung weiterhin mit einer verbliebenen Restdissonanz (z.B. durch verbliebene zur Hypothese des Selbst dissonante Daten) in Berührung kommen. Auch in dieser Phase werden die Ermittler bestrebt sein, die Dissonanz zu reduzieren.[473]

Reduktionsmöglichkeiten im Sinne der Dissonanztheorie bieten etwa das Erhöhen oder Verringern der Attraktivität bzw. Wichtigkeit der Kognitionen. Es können folglich zum einen die Attraktivität und Wichtigkeit der konsonanten Daten und Information erhöht, zum anderen können die Attraktivität und Wichtigkeit der dissonanten Informationen verringert werden. Im Ergebnis werden die diejenigen Informationen, die für den bisherigen Ermittlungsansatz (z.B. ausgehend vom Vorliegen einer Straftat oder eines bestimmten Tatverdachts) sprechen aufgewertet und im Gegensatz dazu dissonante Informationen, die diesen nicht stützen oder diesen entgegenstehen abgewertet.

Durch das Auf- und Abwerten von Informationen kann es zu einer kognitiven Verzerrung bei den Ermittlern in der Analysephase kommen. Wie bereits erläutert, ist jede Wahrnehmung und jeder noch so unbedeutende Fakt nach kriminalistischen Grundsätzen gleichermaßen relevant für diese Phase der Ermittlungen. Durch die selektive Veränderung der Attraktivität und Wichtigkeit von Informationen wird dieser Grundsatz missachtet. Es können irrelevante, aber konsonante Informationen fälschlicherweise überbewertet, relevante, aber dissonante Informationen hingegen fälschlicherweise ignoriert oder ausgegrenzt werden. Im Ergebnis findet keine kritische Sichtung der Daten statt, was zu Fehlern führen kann.[474]

---

470 *Schmelz*, S. 41, 43; *Raske*, S. 37.

471 *Schmelz*, S. 43.

472 Im Folgenden: *Raske*, S. 37.

473 Im Folgenden: *ebd.*, S. 38 f.

474 *Walder/Hansjakob/Gundlach/Straub*, S. 430.

Diese selektive Gewichtung der Relevanz einzelner Informationen ist eine weitere bedeutende Fehlerquelle des Ermittlungsverfahrens, die einer sachlich offenen Ideenfindung und wahrheitsgetreuen Sachverhaltsaufklärung entgegensteht.[475]

Neben der Analyse und dem Versuch, den Tathergang zu rekonstruieren ist auch die Bildung von kriminalistischen Hypothesen Teil der gedanklichen Durchdringung.[476] Die kriminalistische Hypothese stellt ein „provisorische(s) oder vorläufige(s) Erklärungsmodell(e) zu Tatfragen" dar.[477] Es handelt sich um eine fundierte „Annahme [zum Zweck der Erklärung eines Sachverhalts], welcher Gültigkeit unterstellt wird, die aber nicht bewiesen oder verifiziert ist".[478] Die Bildung von Hypothesen stellt einen kreativen Akt dar, der für die Ermittlungen von immer größerer Bedeutung ist, da mit der Entwicklung der rechtlich festgelegten Straftatbestände auch immer komplexere Rechtsfragen aufgeworfen werden.[479] Neben der Kreativität fließen auch Logik, Erfahrung und Intuition der Beamten in diesen Prozess ein.[480] Die Notwendigkeit der Hypothesenbildung ergibt sich aus dem Umstand, dass Ermittlungsergebnisse bis zur vollständigen Aufklärung des Sachverhalts stets Lücken aufweisen, die noch geschlossen werden müssen.[481] Durch sie soll erkannt werden, welche Daten für ihre Bewertung, d.h. Verifizierung oder Falsifizierung, vonnöten sind.[482] Zur Vervollständigung der lückenhaften Erkenntnisse müssen die Ermittler dabei alle Möglichkeiten zum Tatgeschehen berücksichtigen,[483] wobei eine fundierte wissenschaftliche Methode zur Bildung tatsächlich nützlicher Hypothesen nicht existiert.[484] Die

475 *Raske*, S. 39.
476 *Schmelz*, S. 43; *Raske*, S. 39.
477 *Raske*, S. 39.
478 *Civelli*, Kriminalistik 2010, 585 (585); vgl. *Clages*, in: Clages/Ackermann, S. 179; vgl. *Schmelz*, S. 35.
479 *Hansjakob*, Kriminalistik 2012, 662 (662, 664); *Walder/Hansjakob/Gundlach/Straub*, S. 225.
480 *Schmelz*, S. 35.
481 *Walder/Hansjakob/Gundlach/Straub*, S. 220; *Clages*, in: Clages/Ackermann, S. 180; *Raske*, S. 39.
482 *Walder/Hansjakob/Gundlach/Straub*, S. 221; vgl. *Bergmann et al.*, Kriminalistik 2005, 687 (687).
483 *Raske*, S. 39; *Hansjakob*, Kriminalistik 2012, 662 (664).
484 *Hansjakob*, Kriminalistik 2012, 362 (364); *Hansjakob*, Kriminalistik 2012, 662 (664); *Walder/Hansjakob/Gundlach/Straub*, S. 225.

kriminalistische Hypothese muss jedoch auf gesicherten Informationen und einer Tatsachengrundlage ruhen – bloße Vermutungen reichen nicht aus.[485]

Die kriminalistische Hypothesenbildung kann im Rahmen der Ermittlungen zum Zwecke der Dissonanzreduktion auf zweierlei Weise missbraucht werden:[486]

Zum einen ist eine Verschleierung von Widersprüchen zu den bisherigen Ermittlungsergebnissen durch die Herstellung einer kognitiven Überlappung denkbar.[487] Sie wird häufig in Situationen angewandt, in denen Personalbeweise vorliegen. Widersprechen sich z.B. zwei Zeugenaussagen zu einem Tathergang und muss sich der Ermittler für eine der beiden Aussagen entscheiden, so kann die Schnittmenge der Aussagen mittels dieser Reduktionstechnik der Entscheidung zugrunde gelegt werden, ohne dass dabei deutlich wird, wer welche Teilaussage tatsächlich geäußert hat. Widersprüchliche und dissonanzauslösende Informationen zur Hypothese des Selbst, welche bspw. von der Harmonie der Zeugenaussagen ausgeht, werden nach dieser Begrenzung verschleiert und nicht weiter berücksichtigt.[488]

Zur Veranschaulichung soll ein Beispiel herangezogen werden: Bei der Zeugenaussage A „Der Jugendliche hat den Mann mit einer *Stange* geschlagen" und der Zeugenaussage B „Der Jugendliche hat den Mann mit einem *Schuh* geschlagen" bildet die gemeinsame Schnittmenge „Der Jugendliche hat den Mann geschlagen".[489] Diese Schnittmenge kann dokumentiert und den weiteren Ermittlungen als Hypothese zugrunde gelegt werden. Durch die kognitive Überlappung wird die Dissonanz gemindert, da die Widersprüchlichkeit bezüglich des Tatmittels durch ihren Ausschluss beseitigt und aus der Kognizierung verdrängt wird.

Alternativ kann die Widersprüchlichkeit beider Kognitionen auch dadurch beseitigt werden, dass ein Oberbegriff die beiden einander widersprechenden Begriffe ersetzt. Anstatt die Tatmittel explizit zu benennen (hier: Schuh und Stange), kann der Ermittler die Dissonanz auch reduzieren, indem er als Aussage „Der Jugendliche hat den Mann *mit einem Gegenstand* geschlagen" dokumentiert.[490] Zuletzt besteht die Möglichkeit, anstatt der Schnittmenge beider Aussagen einfach beide Alternativen der Aussagen zu einer Hypothese

---

485 *Raske*, S. 40.
486 *ebd.*, S. 40.
487 Vgl. *ebd.*, S. 51.
488 *ebd.*, S. 51.
489 Zu diesem Beispiel S. *ebd.*, S. 52 f.
490 *ebd.*, S. 53.

zusammenzuführen. So könnte der Ermittler in diesem Zusammenhang die Hypothese aufstellen, dass der Jugendliche den Mann mit einer Stange *und* einem Schuh geschlagen habe.[491]

Auch im Fall *Rupp* verschleierte der leitende Oberstaatsanwalt die Aussagen der vernommenen Verdächtigen, die sich bezüglich des Tathergangs massiv widersprachen.[492] So machte etwa eine der Töchter die eigene Mutter für den Tod des Bauern verantwortlich, während die andere Tochter davon sprach, dass der Vater vom Schwiegersohn erschlagen worden sei. Der leitende Staatsanwalt sprach im Nachhinein öffentlich nur noch davon, dass nach seiner Überzeugung der Bauer *Rupp* von *Familienangehörigen* getötet worden sei. Wer den Bauern *Rupp* getötet haben soll, bleibt durch seine Aussage im Vergleich zu den Aussagen der Töchter unklar.

Im Ergebnis kann an dieser Stelle festgehalten werden, dass durch das Überlappen zweier Kognitionen Zeugenaussagen verfälscht und fester Bestandteil der fortlaufenden Ermittlungen werden können. Eine bei objektiver Betrachtung vorliegende Falschaussage kann dadurch schlimmstenfalls den Anschein einer glaubhaften Aussage erhalten und in einem Fehlurteil münden.[493] Daneben zeigt dieser Prozess nach Ansicht der *Verfasserin* mit Blick auf die erste Phase des Regelkreises, der Daten- und Informationsbasis, zugleich, auf welche Weise externe oder zufällig erlangte Informationen verfälscht werden können. Es wird mithin deutlich, dass die einzelnen Phasen nicht zwingend unabhängig voneinander betrachtet werden können, sondern vielmehr häufig ineinandergreifen.

Das Aufstellen verfälschter Hypothesen im Zuge einer kognitiven Überlappung, um Widersprüche bei Ermittlungsergebnissen zu verschleiern, widerspricht dem Grundsatz einer objektiven und tatsachenfundierten Sachverhaltsaufklärung und ist somit eine relevante Fehlerquelle.

Neben einer Verschleierung von Widersprüchen kann es im Rahmen der Hypothesenbildung zum anderen dazu kommen, dass lückenhafte Erkenntnisse sachfremd durch das Hinzufügen konsonanter Informationen ausgefüllt

---

491 Zu diesem Beispiel, vgl. *ebd.*, S. 41. *Raske* geht in diesem Zusammenhang zudem von einer sog. Kontradiktion zu einer widerspruchsfreien Einheit aus, *ebd.*, S. 41. Dieser Terminus der Reduktionstechnik ist den Ausführungen *Festingers* fremd, die *Verfasserin* erkennt allerdings an, dass ein der Theorie entsprechender Effekt erzielt wird.

492 *Raske.*, S. 109; SPIEGEL TV Dokumentation *Rupp*.

493 *Raske*, S. 53.

werden.[494] Erkenntnislücken aus der ersten Phase werden somit fälschlicherweise lediglich mit zu den bisherigen Ermittlungsergebnissen oder subjektiven Einstellungen konsonanten Informationen geschlossen. Dabei kann es sich auch um sachfremde oder nicht fundierte Informationen handeln, d.h. es können Informationen hinzugefügt werden, die auf keiner ausreichenden oder im schlimmsten Fall gar keiner Tatsachengrundlage fußen.

Nachdem etwa im Fall *Rupp* zwei Jahre lang keine Informationen zum Verschwinden des Bauern vorlagen und lediglich Dorfgespräche auf seine Tötung hindeuteten (Nachbarn haben bereits über einen Misthaufen und Hunde geredet[495]), fügten die Ermittler ihren bislang unergiebigen Ergebnissen eine weitere Information hinzu und reduzierten auf diese Weise die bestehende Dissonanz.[496] Die Kognition „Dem Bauern könnte etwas in seinem Wohnhaus zugestoßen sein“ verdrängte die Kognition „Es liegen keine Informationen zum Verschwinden des Bauern vor“ und unterstützten die bisherige Vorannahme bzw. Hypothese des Selbst, die eine Aufklärung des Falles als möglich voraussetzt. Dabei lagen den Ermittlern jedoch keine fundierten Anknüpfungspunkte vor, die eine derartige Annahme zulassen konnten.

Nach *Festinger* führt das Hinzufügen konsonanter Informationen zu einer Reduzierung der Gesamtstärke der Dissonanz.[497] Allerdings führt es auch dazu, dass gegen die Voraussetzungen der kriminalistischen Hypothesenbildung verstoßen wird, welche eine tatsachenfundierte und informationsgesicherte Grundlage fordert. Thesen oder Annahmen, die diese Voraussetzungen nicht erfüllen, sind im Ergebnis lediglich Vermutungen. Stellt ein Ermittler eine „Hypothese“ mittels sachfremder oder nicht fundierter Informationen auf, handelt es sich somit im eigentlichen Sinne um eine bloße Vermutung, die jedoch den Anschein einer Pseudohypothese haben kann.[498]

Die Möglichkeit, den Tatsachencharakter bei der „Hypothesenbildung“ außer Acht zu lassen, birgt die Gefahr absolut willkürlicher Handlungen des einzelnen Beamten.[499] Diese willkürlichen Vermutungen sind dann zwar zu den bisherigen Ermittlungsergebnissen konsonant, verfehlen aber das Ziel der Ermittlungen, die Wahrheit zu erforschen und eine bestmögliche Sachverhaltsaufklärung i.S.v.

494 Im Folgenden: *ebd.*, S. 42.
495 SPIEGEL TV Dokumentation *Rupp*.
496 *Raske*, S. 100.
497 Im Folgenden: *ebd.*, S. 42 f.
498 *Eschelbach*, in: Fischer/Hoven, S. 30; *Raske*, S. 43.
499 Im Folgenden: *Raske*, S. 43.

§ 244 II StPO zu garantieren. Bleiben die Vermutungen als solche unerkannt, können sie sich im Laufe der weiteren Ermittlungen verfestigen und im Ergebnis zu falschen Anklagevorwürfen führen.

Das Einbringen konsonanter Informationen, um im Rahmen der „Hypothesenbildung" lückenhafte Erkenntnisse sachfremd durch Vermutungen auszufüllen, ist eine weitere Fehlerquelle im Ermittlungsverfahren.

Die Hypothesenbildung kann nicht zuletzt zu einem weiteren Zweck missbraucht werden – zur Vermeidung einer möglichen oder zu erwartenden Dissonanzverstärkung.[500] Eine solche wäre dann zu erwarten, wenn die zu bildende kriminalistische Hypothese nicht den bisherigen Ermittlungsergebnissen und bspw. der Hypothese des Selbst „Die Ermittlungshypothese wird meine bisherigen Ergebnisse stützen" entspricht.[501]

Die Dissonanzverstärkung kann in diesen Fällen verhindert werden, indem dissonante Hypothesen gar nicht erst gebildet und somit aktiv ausgegrenzt werden.[502] Im Ergebnis können relevante, aber dissonante Hypothesen, die für die Schließung von Erkenntnislücken von hoher Relevanz sind, im Laufe der Ermittlungen keine Berücksichtigung mehr finden. Infolgedessen werden auch weitere Informationen und Fakten, die diese dissonanten Thesen stützen könnten nicht weitergesucht, denn Informationen werden von den Polizeibeamten nicht ins Blaue hinein und ohne Grund ermittelt. Die nachfolgende Bewertung von Informationen kann somit ebenfalls subjektiv beeinflusst werden, wodurch eine objektive Ermittlung der Wahrheit nicht mehr gewährleistet werden kann.

Das Nichtaufstellen relevanter dissonanter Hypothesen ist im Ergebnis eine der „folgenschwersten Fehler im Strafverfahren".[503]

500 Im Folgenden: *ebd.*, S. 43.
501 Vgl. *ebd.*, S. 43.
502 Im Folgenden: *ebd.*, S. 43 f.
503 So *Köhnken*, in: Deckers/Köhnken, S. 27; *Singelstein*, StV 2016, 830 (835); *Raske*, S. 44.

III. Kognitive Dissonanz im Bereich „Bewertung/Tatverdacht" und ihre Reduzierung

In der dritten Phase des kriminalistisch-heuristischen Regelkreises ziehen die Ermittlungsbeamten die zuvor gebildeten Hypothesen und Ideen zum Tatgeschehen heran und überprüfen diese auf ihren Wahrheitsgehalt. Anschließend werden ihre Bedeutung und Brauchbarkeit für die weiteren Ermittlungsschritte bewertet, Haupt- und Schwerpunkthypothesen gebildet und neue Schlussfolgerungen gezogen.[504] Ziel des gesamten Prozesses innerhalb der dritten Phase ist es, den Tatverdacht gegen eine Person zu begründen bzw. entkräften zu können und Lösungsideen für die weitere ermittlungstechnische Vorgehensweise zu entwickeln.[505]

Im Vordergrund der Bewertung und Gewichtung steht das Verifizieren oder Falsifizieren der im letzten Schritt gebildeten Hypothesen.[506] Dieser Prozess muss auf einer objektiven und rationalen Ebene stattfinden, denn das Ergebnis dieser Überprüfung der einzelnen Hypothesen ist maßgeblich für die weiter einzuleitenden Ermittlungsmaßnahmen zur vollständigen Sachverhaltsaufklärung und somit ein wichtiger Schritt zur Erforschung der strafprozessualen Wahrheit.[507]

Unter dem Begriff Verifizierung ist zu verstehen, „dass für die jeweilige Hypothese der Erweis der (überprüfbaren) Wahrheit durch überzeugende Argumente erbracht wurde. Das Argument ist der eigentliche Beweisgrund, die Argumentation gelangt durch Schlüsse zum eigentlichen (juristischen) Beweis".[508] Falsifizieren bedeutet hingegen, dass sich „eine Information oder Hypothese [...] als unwahr oder falsch" erweist.[509] Das Bewerten der Hypothese kann mithilfe persönlicher oder beruflicher Erfahrung, empirischen Nachweisen oder etwa logischen Grundsätzen gelingen.[510] Dieser Überprüfungsvorgang findet mittels weiterer Recherche von Informationen statt. Wird eine Hypothese am Ende des Bewertungsprozesses falsifiziert, so wird ihr nicht länger nachgegangen, sondern der Fokus auf verifizierte oder neue Hypothesen gelegt.[511]

---

504 *Raske*, S. 45; *Brodag*, S. 286 f. Denklogisch ergeben sich drei Varianten des Schlussfolgerns: Deduktion, Induktion und Abduktion, s. dazu ausführlich: *Bergmann et al.*; Kriminalistik 2005, 611 (614); *Schmelz*, S. 33.

505 *Schmelz*, S. 43; *Raske*, S. 45.

506 *Raske*, S. 45.

507 *ebd.*, S. 45.

508 *Schmelz*, S. 36.

509 *ebd.*, S. 36.

510 *ebd.*, S. 35.

511 *Raske*, S. 45.

Dieser Überprüfungsvorgang dient mitunter dazu, gemachte Fehler korrigieren zu können und potentielle Fehlerquellen aufzudecken.[512] Paradoxerweise ist diese Phase des kriminalistisch-heuristischen Regelkreises selbst fehleranfällig:

Die Ermittlungsbeamten sind bei der Bewertung der Hypothesen systembedingt schon kognitiver Dissonanz ausgesetzt, da ihre Überprüfung selbst Aspekte bereithält, die sich und der Hypothese des Selbst widersprechen.[513] Bei der Prüfung, ob die zugrunde liegende gebildete kriminalistische Hypothese im Ergebnis verifiziert oder falsifiziert werden kann, müssen Argumente gegeneinander abgewogen werden, die nicht miteinander vereinbar sind und nur zu einem Ergebnis führen können. Eine Hypothese kann nicht gleichermaßen verifiziert oder falsifiziert werden – die Verifizierung des Erklärungsmodells ist folglich mit der Falsifizierung desselben nicht vereinbar.

Bezugnehmend auf die Resultate der letzten Phase, in der lediglich mit den bisherigen Ermittlungsergebnissen oder subjektiven Voreinstellungen des Ermittlers stehende konsonante Hypothesen gebildet wurden, gewinnt die kognitive Dissonanz im Rahmen der Bewertung von Hypothesen eine besondere Dynamik, denn die Falsifizierung der konsonanten Hypothesen wäre in diesem Fall kontraproduktiv für die zuvor erlangte Dissonanzminderung.[514] Ein Falsifizieren der konsonanten Hypothese widerspricht erneut den bisherigen Ermittlungsergebnissen und Hypothesen des Selbst („Die Ermittlungshypothese wird meine bisherigen Ergebnisse stützen"), an denen sich der Ermittler in der letzten Phase festgehalten hat. Es kann somit wieder zu einer Verstärkung der Dissonanz kommen. Dieses Wiederaufleben der Dissonanz kann der Ermittlungsbeamte vermeiden, indem er konsonante Hypothesen vorschnell verifiziert bzw. die Falsifizierung der konsonanten Hypothese unterlässt. Auf diese Weise kann der Ermittler weiterhin an seiner konsonanten Hypothese festhalten.

Wie zu Beginn dargestellt findet die Überprüfung der Hypothesen mittels neuer Informationssuche statt, die im Idealfall objektiv erfolgen soll. Forschungsergebnisse zum Phänomen der Bestätigungstendenz (confirmation bias)[515] hingegen verdeutlichen in diesem Kontext, dass der Mensch bei der

512 *ebd.*, S. 46; *Schmelz*, S. 36.

513 Im Folgenden: *Raske*, S. 46.

514 Im Folgenden: *ebd.*, S. 46 f.

515 Siehe dazu im Einzelnen: *Gadenne/Oswald*, Zeitschrift für experimentelle und angewandte Psychologie 1986, 360 ff.

Entscheidungsfindung zu einem „konfirmatorischen Hypothesentesten“[516] neigt, indem er:

- a priori selektiv nur die die Hypothese bestätigenden Informationen sucht.[517]
- „ambivalenten Informationen“ bestätigenden Charakter beimisst.[518]
- bestätigende Informationen stärker gewichtet bzw. widersprechende Informationen nur unzureichend gewichtet.[519]

Beweismittel, die dementsprechend für die Anfangshypothese oder den Ermittlungsansatz sprechen, werden im Gegensatz zu konträren Beweisen grundsätzlich sowohl besser wahrgenommen, als auch stärker gewichtet.[520] Auf diese Weise kann eine Ermittlungshypothese vorschnell verifiziert und eine Falsifizierung von vornherein vermieden werden. Aufmerksamkeit erhalten konträre Informationen und Beweismittel in diesem Kontext erst dann, wenn sie der Anfangshypothese deutlich widersprechen.[521] Dies reicht allerdings noch nicht, um die Anfangshypothese auch zu verwerfen: Vielmehr wird der Bestätigungseffekt erst reduziert, wenn der deutliche Hinweis auf eine Alternativhypothese hinzukommt (z.B. einer alternativen Tathergangshypothese oder Täterhypothese).[522] Es wird somit deutlich, dass es für die Ermittler als Informationsträger des gesamten Prozesses ein schwieriges kognitives Unterfangen ist, sich von einem einmal verfolgten Ermittlungsansatz zu lösen.

---

516 *Sickor* bezeichnet das konfirmatorische Hypothesentesten als „Kunst- und Kardinalfehler der Ermittlungsarbeit“, s. *ebd.* StV 2015, 516 (519).

517 *Gadenne/Oswald*, Zeitschrift für experimentelle und angewandte Psychologie 1986, 360 (360); *Schweizer*, Justice-Justiz-Giustizia 2007, 117 (120). Siehe dazu auch das Experiment von *Lord/Ross/Lepper* zur Interpretation von Fakten im Lichte der eigenen Hypothese, *ebd.* Biased Assimilation and Attitude Polarization: The Effects of Prior Theories on Subsequently Considered Evidence, Journal of personality and Social Psychology 1979, 2098-2109.

518 *Schweizer*, Justice-Justiz-Giustizia 2007, 117 (120).

519 Siehe dazu ausführlich: *Gadenne/Oswald*, Zeitschrift für experimentelle und angewandte Psychologie 1986, 360 (360). *Oswald* und *Gadenne* haben mithilfe zweier Experimente empirische Nachweise für diese Erkenntnisse erbringen können; *Schweizer*, Justice-Justiz-Giustizia 2007, 117 (117); vgl. *Singelstein*, StV 2016, 830 (832).

520 *Gadenne/Oswald*, Zeitschrift für experimentelle und angewandte Psychologie 1986, 360 (360, 368); *Schweizer*, Justice-Justiz-Giustizia 2007, 117 (120).

521 *Gadenne/Oswald*, Zeitschrift für experimentelle und angewandte Psychologie 1986, 360 (360); *Schweizer*, Justice-Justiz-Giustizia 2007, 117 (120).

522 *Gadenne/Oswald*, Zeitschrift für experimentelle und angewandte Psychologie 1986, 360 (360, 372); *Schweizer*, Justice-Justiz-Giustizia 2007, 117 (120).

Der Fall *Rupp* lässt auch in diesem Zusammenhang vermuten, dass die genannten Reduktionsmechanismen einschlägig waren. Nachdem die Hypothese „Dem Bauern muss etwas in seinem Wohnhaus zugestoßen sein" kogniziert wurde, begann die selektive Suche nach konsonanten Informationen, die eben diese Hypothese bestätigten. Die Ermittler suchten etwa nach Informationen, die trotz einer Tötung im Wohnhaus das Verschwinden der Leiche erklärten (z.B. dass die Hunde die Überreste gefressen hätten).[523] Selbst nachdem die Leiche des Bauern aus der Donau gezogen wurde, zweifelten die Ermittler nicht daran, dass die Familienangehörigen des Bauern die Tötung vollzogen hatten. Es kann nach Ansicht der *Verfasserin* vermutet werden, dass dieser Umstand allein noch keinen deutlichen Hinweis auf ein alternatives Geschehen gab, sondern allenfalls, aus Sicht der Ermittler, auf eine andere Tötungsweise hindeutete.[524]

Die selektive Suche und Gewichtung hypothesenbestätigender Beweise zum Zwecke der Verifizierung der Anfangshypothese sowie die Vermeidung einer Falsifizierung der Anfangshypothesen sind im Ergebnis weitere Verstöße gegen die objektive Wahrheitsermittlung und somit Fehlerquellen im Ermittlungsverfahren.

Der gleiche Effekt tritt im Rahmen des anschließenden Bewertungsprozesses ein, wenn versucht wird, den Tatverdacht gegen eine Person zu begründen oder zu entkräften. Bei der Abwägung, ob der Tatverdacht begründet oder entkräftet werden kann, entsteht wie bereits beim Verifizieren und Falsifizieren, kognitive Dissonanz.[525] Die Möglichkeit, den Tatverdacht mittels neuer Informationen entkräften zu können, kann ebenfalls kognitive Dissonanz auslösen, da sie den bisher (durch Dissonanzreduktion) gewonnenen Erkenntnissen sowie der Hypothese des Selbst (z.B. „Aus den bisherigen Ergebnissen folgt, dass das Delikt X auf die Weise Y von der Person Z begangen wurde") widerspricht.

Die Entstehung kognitiver Dissonanz kann in diesem Fall auf die gleiche Art und Weise wie bereits bei der zuvor durchgeführten Hypothesenprüfung reduziert werden. Der Ermittlungsbeamte kann folglich einerseits durch selektive Wahrnehmungsprozesse den Tatverdacht vorschnell bekräftigen und andererseits gar nicht erst versuchen, den Tatverdacht zu entkräften und demgemäß

523 *Raske*, S. 102.

524 Nach Aussage des leitenden Oberstaatsanwalts, er sei der felsenfesten Überzeugung, dass der Herr *Rupp* nach Hause und dort zum Tode kam, s. SPIEGEL TV Dokumentation *Rupp*.

525 Im Folgenden: *Raske*, S. 47.

Informationen, die den Tatverdächtigen entlasten könnten, selektiv meiden.[526] Durch die Vermeidung dissonanter Informationen stehen der Begründung des Tatverdachts keine Argumente mehr entgegen und die Entstehung oder Verstärkung der Dissonanz wird a priori verhindert.[527]

Das selektive Meiden von Informationen, die den Tatverdacht gegen eine Person entkräften können, verstößt gegen den kriminalistischen Grundsatz der objektiven Sachverhaltsermittlung und ist mithin eine weitere Fehlerquelle des Ermittlungsverfahrens.

Diese beiden Prozesse der Hypothesen- und Verdachtsprüfung demonstrieren, wie mögliche Widersprüche zu den bisherigen Erkenntnissen von den Ermittlern ausgeblendet werden können.[528] Diese kognitiv verzerrte Vorgehensweise verstößt gegen das Gebot einer objektiven Wahrheitserforschung und den Grundsatz nach § 244 II StPO, eine bestmögliche Sachverhaltsaufklärung zu garantieren. Es wird besonders in diesen Prozessen deutlich, wie es am Ende der Ermittlungen zu völlig falschen Ermittlungsergebnissen und der Begründung eines falschen Tatverdachtes kommen kann.

Wie bereits erläutert dient die Phase der „Bewertung" auch dazu, dass Ermittler selbst konstant potentielle Fehlerquellen erkennen und prüfen.[529] Stößt der Ermittler tatsächlich auf fehlerhafte Ermittlungsergebnisse oder bislang nicht erkannte Fehlerquellen, löst dies erhebliche kognitive Dissonanz aus. Die Kognitionen „Die Ermittlungsergebnisse müssen fehlerfrei sein" und „Die Ermittlungsergebnisse sind tatsächlich fehlerhaft" widersprechen sich und der zugrunde gelegten Hypothese des Selbst, dass alle Ergebnisse in Einklang zu bringen sind. Ein solch fehlerhaftes Ermittlungsergebnis ist bspw. dann gegeben, wenn ein im Rahmen der Ermittlung abgelegtes Geständnis in der Vernehmung allein aufgrund suggestiver Befragungstechniken erwirkt worden ist.

Lässt der Ermittler eine Überprüfung der Ermittlungsergebnisse auf etwaige Fehler von vornherein außer Acht, wird bereits die Entstehung von Dissonanz an dieser Stelle vermieden. Auch hier können erneut keine dissonanten Informationen mehr hervortreten, die die bisherigen konsonanten Ergebnisse und Erkenntnisse erschüttern können. Zweifel an der Richtigkeit der Ergebnisse kommen infolgedessen nicht mehr auf.

---

526 *ebd.*, S. 48.

527 *ebd.*, S. 48; vgl. *Velten*, GA 2015, 387 (402).

528 *Raske*, S. 48.

529 Nachfolgend: *ebd.*, S. 50.

Das Nichtüberprüfen etwaiger Ermittlungsfehler ist ein Verstoß gegen kriminalistische Grundsätze und somit eine relevante Fehlerquelle.

IV. Kognitive Dissonanz im Bereich Einsatzmaßnahmen/neue Erkenntnisse und ihre Reduzierung

Die letzte Phase des kriminalistisch-heuristischen Regelkreises „Einsatzmaßnahmen/neue Erkenntnisse" schließt an die Überprüfung des Tatverdachtes und der Hypothesen an. Liegt ein begründeter Tatverdacht vor, gilt es Lösungskonzepte zur weiteren Vorgehensweise und einen Durchführungsplan zu entwickeln.[530] Ziel ist es, auf Grundlage eines Einsatzkonzeptes be- sowie entlastendes Material zur Bestätigung oder Verwerfung des Tatverdachtes sicherstellen zu können.[531] Dabei kommen unter anderem Ermittlungsmaßnahmen wie die Vernehmung oder Durchsuchung in Betracht.[532] Abschließend werden die Ergebnisse zusammengefasst, einer Ergebniskontrolle unterzogen und protokolliert.[533]

Wie bereits bei der Prüfung der Ermittlungsergebnisse auf potentielle Fehlerquellen in der dritten Phase des Kreislaufs müssen auch an dieser Stelle die Endergebnisse auf ihre Schlüssigkeit, Vollständigkeit, auf potentielle Fehler und auf ihre Aktualität hin geprüft werden. Es soll vermieden werden, dass ein verfrühtes Festlegen auf eine Tatversion stattfindet. Im Anschluss erlangen die Ermittler neue Erkenntnisse und müssen erneut alle Phasen des kriminalistisch-heuristischen Kreislaufs bis zur vollständigen Aufklärung der Straftat durchlaufen.[534]

Auch in der vierten Phase „Einsatzmaßnahmen/neue Erkenntnisse" kann kognitive Dissonanz bei den Ermittlungsbeamten ausgelöst werden, da sie unter anderem prüfen müssen, ob nicht Maßnahmen zur Sicherstellung be- und *entlastenden* Beweismaterials angeordnet werden müssen.[535] Wie die Ausführungen zur letzten Phase des Regelkreises bereits demonstriert haben, erzeugt jede Art der Gegenprüfung des verfolgten Ermittlungsansatzes eine besondere Dynamik.

530 *Schmelz*, S. 43, 45; *Raske*, S. 54.

531 *ebd.*

532 Eine Übersicht zu den Ermittlungsmaßnahmen findet sich in: *Burhoff*, Abschnitt P, Rn. 3080.

533 Im Folgenden: *Raske*, S. 54 f.

534 *Schmelz*, S. 43.

535 Im Folgenden: *Raske*, S. 54 f.

Die Anordnung von Maßnahmen zur Sicherstellung entlastender Beweise wäre vor diesem Hintergrund absolut konträr zu den bisherigen Hypothesen des Selbst sowie dem bisher verfolgten Ermittlungsansatz und könnte mithin kognitive Dissonanz erzeugen. Eine Reduktion kann in dieser Phase auf die Weise erfolgen, dass die Prüfung und Beantragung von Maßnahmen zur Sicherstellung entlastenden Beweismaterials von vornherein vermieden wird, also lediglich selektiv Maßnahmen zum Einsatz kommen, die die bisherigen Ergebnisse stützen.

Im Ergebnis ist das Vermeiden der Prüfung und Beantragung von Maßnahmen zur Sicherstellung entlastenden Materials eine wesentliche Fehlerquelle des Ermittlungsverfahrens.

Die bisherigen Ermittlungsergebnisse werden im Rahmen der letzten Phase des Regelkreises auch auf ihre Vollständigkeit hin geprüft.[536] Diese Prüfung kann kontraproduktiv sein, wenn der Ermittler in den vorläufigen Phasen Dissonanzreduktion betrieben hat, denn der Ermittler hat zuvor aktiv dissonante Informationen selektiert bzw. vermieden. Die Prüfung der Ergebnisse auf ihre Vollständigkeit hin bewirkt nun, dass der Ermittler sich mit den ausgeschlossenen dissonanten Informationen erneut auseinandersetzen muss. Er muss prüfen, ob die dissonanten Informationen nicht doch etwas zur Wahrheitsermittlung und damit zur Sachverhaltsaufklärung beitragen. Damit würde er die zuvor reduzierte Dissonanz wiederaufleben lassen und die Techniken, die der Ermittler zuvor angewandt hat, würden ins Leere laufen.

Um diesen Umstand zu vermeiden, ist es dem Ermittler auch hier erneut möglich, die Prüfung der bisherigen Ermittlungsergebnisse auf ihre Vollständigkeit zu unterlassen.[537] Die bisherigen Ergebnisse und Erkenntnisse werden dementsprechend nicht infrage gestellt und die Dissonanz bleibt im Ergebnis reduziert. Gleichermaßen lässt sich die Dissonanzerzeugung in den Konstellationen meiden, in denen die Ermittler im Rahmen der Ergebniskontrolle die Ermittlungsergebnisse auf ihre Fehlerträchtigkeit prüfen. Durch diese nachträgliche Überprüfung kann die Richtigkeit der bisherigen Erkenntnisse angezweifelt oder der Beweiswert einzelner Ergebnisse gemindert werden. Auch hier

536 Nachfolgend: *ebd.*, S. 55 f.

537 Im Folgenden: *ebd.*, S. 56 f.

wird eine Dissonanzverstärkung a priori vermieden, indem eine Überprüfung der Fehlerträchtigkeit unterlassen wird.[538]

Das Unterlassen der Prüfung auf Vollständigkeit und Fehlerträchtigkeit der bisherigen Ermittlungsergebnisse ist ein weiterer Ermittlungsfehler.

Sollte der Fall eintreten, dass es im Rahmen der Ergebniskontrolle doch „zu einer Induzierung von Dissonanz" durch Entdeckung einer Fehlerquelle gekommen ist, somit die Reduktionstechniken nicht oder zu spät angewandt wurden, kann die hier neu entstandene Dissonanz in einem weiteren Schritt erneut reduziert werden:[539] Das Ergebnis der Kontrolle, folglich die Tatsache, dass den Ermittlern ein Fehler unterlaufen ist, kann ignoriert oder verleugnet werden. Der Umstand, dass ein Fehler vorhanden ist, der die bisherigen Ermittlungsergebnisse erschüttern könnte, wird im Gesamten ausgeblendet. Diese Fehlwahrnehmung stellt im Rahmen des kriminalistisch-heuristischen Regelkreises eine relevante Fehlerquelle dar. Sie kann zu einem falschen Tatverdacht führen, da die Ermittler die ihnen zur Verfügung stehenden Fakten, die den Tatverdacht widerlegen könnten, ignorieren oder falsch wahrnehmen. Diese subjektive Fehlwahrnehmung oder Nichtakzeptierung des dissonanten Kontrollergebnisses steht im absoluten Kontrast zu einer objektiven Wahrheitserforschung und ordnungsgemäßen Sachverhaltsaufklärung.

So hielten der leitende Oberstaatsanwalt und die Ermittler auch nach Auffinden der Leiche *Rupp* in der Donau an ihrer Überzeugung fest, die Familienangehörigen hätten ihn getötet. Fehler wollte sich der leitende Oberstaatsanwalt nicht eingestehen („Nö, wieso'n Problem?"[540]). „Tot ist tot" – auf welche Art und Weise schien damals nicht mehr von Belang.

538 So wird unter anderem zum Fall *Gensmer* berichtet, dass aus den Spurenakten sein einwandfreies Alibi verschwand, *Eschelbach*, in: FS Rissing-van Saan, S. 118. Zum Fall *Gensmer*: *Schueler*, Vom leichtfertigen Umgang mit dem Geständnis, abrufbar unter: https://www.zeit.de/1987/16/vom-leichtfertigen-umgang-mit-dem-gestaendnis/seite-4 (Abruf v. 31.03.2021); LG Hamburg, Urt. v. 15.12.1987, Az. (83) 74/86 Ks. Auch im Fall *Harry Wörz* verschwanden Berichten zufolge wichtige Hinweise, s. *Darnstädt*, S. 32. Inwiefern von einem unbewussten dissonanztheoretischen Reduktionsprozess oder bewusster Beweisfälschung gesprochen werden kann, will die *Verfasserin* an dieser Stelle offen lassen.

539 Im Folgenden: *Raske*, S. 58.

540 Auf die Frage, ob er sich nach Auffinden der Leiche nicht dachte, „Man jetzt habe ich ein Problem", SPIEGEL TV Dokumentation *Rupp*; *Raske*, S. 184.

Das Verleugnen bereits begangener Ermittlungsfehler stellt selbst einen schwerwiegenden Fehler dar.

Mit Blick auf die vier Phasen des kriminalistisch-heuristischen Regelkreises soll abschließend auf einen weiteren wichtigen Arbeitsschritt der Ermittlungsbeamten hingewiesen werden, welcher an die Ergebnisse der jeweiligen Phase anknüpft. Den Polizeibeamten obliegt die Pflicht, ihre bislang ermittelten Untersuchungsergebnisse in einer sog. „Ermittlungsakte" zu protokollieren.[541]

Bei der Verschriftlichung seiner Ermittlungsergebnisse durchdringt der protokollierende Beamte gedanklich die bisherigen Ergebnisse und legt sich anschließend genau auf einen bestimmten Inhalt fest. Erkennt der Beamte während dieses Vorgangs, dass die Ergebnisse weiterhin lückenhaft oder widersprüchlich zu seiner Hypothese des Selbst sind, kann erneut kognitive Dissonanz entstehen.[542] An dieser Stelle soll ein weiteres Mal die Hypothese des Selbst herangezogen werden, die eine vollständige Sachverhaltsaufklärung voraussetzt. Infolgedessen kann vermutet werden, dass der Polizeibeamte dazu geneigt sein kann, zum einen selektiv die Ergebnisse in das Protokoll aufzunehmen, die konsonant zu seiner Hypothese des Selbst sind, und zum anderen dissonante Informationen nicht schriftlich im Protokoll zu fixieren. Weiterhin ist zu erwarten, dass neue Kognitionen in Form von konsonanten Schlussfolgerungen oder Hypothesen im Protokoll genannt werden, die daraufhin in den weiteren Umlauf der Sachverhaltsaufklärung geraten.[543] Dies ist insbesondere bei der Protokollierung nach dem ersten polizeilichen Angriff, dem sog. Tatortbefundbericht[544] der Fall, da die hier gemachten Angaben in der Regel keiner Überprüfung mehr unterzogen werden. Aufgrund dessen können bereits zu Beginn der Ermittlungen falsche Daten als Grundlage weiterer Ermittlungsschritte dienen, die richtungsweisend den Erwartungen des Protokollanten entsprechen, nicht aber den wahren Sachverhalt objektiv wiedergeben.

---

541 *Clages*, in: Clages/Ackermann, S. 61 f. Unter anderem werden der Anlass für die Einleitung des Ermittlungsverfahrens protokolliert, die Entscheidungsgrundlage für die Anordnung einzelner Ermittlungsmaßnahmen, Verlauf der Beweiserhebung, Gründe der Staatsanwaltschaft für Erhebung der Klage.

542 So auch *Raske* mit Blick auf die klassische Theorie der kognitiven Dissonanz, s. *Raske*, S. 61.

543 Im Folgenden: *Raske*, S. 61 f.

544 Ausführlich zum Inhalt des Tatortbefundberichts *Weihmann/de Vries*, S. 257-261.

Durch das Verfälschen des Protokolls entspricht sein Inhalt nicht der wahrheitsgetreuen Darstellung des ermittelten Sachverhalts und ist somit eine weitere Fehlerquelle im Ermittlungsverfahren.

V. Fazit

Die Untersuchung der kognitiven Dissonanz im Rahmen des kriminalistisch-heuristischen Regelkreises hat verdeutlicht, wie schnell in der Theorie einseitige Ermittlungen und eine selektive Informationssuche von Kriminalbeamten Einzug in das Ermittlungsverfahren erhalten. Zwar helfen das Empfinden von Dissonanz und das Bestreben ihrer Beseitigung den Ermittlern, in der sehr komplexen Situation eines Kriminalfalles überhaupt und vor allem schnell Entscheidungen treffen zu können. Von zentraler Bedeutung für erfolgreiche Polizeiarbeit ist jedoch, dass auch *richtig* entschieden wird. Paradoxerweise können die dissonanzreduzierenden Handlungen in diesem Zusammenhang gleichermaßen dazu führen, dass kognitiv verzerrte Entscheidungen getroffen und infolgedessen erhebliche Fehler im Ermittlungsverfahren wirksam werden. Sie müssen zwar nicht zwangsläufig auftreten, dennoch besteht die Möglichkeit, dass sie beim Zusammentreffen einzelner Faktoren eben doch zum Vorschein kommen.

Die kognitiven Verzerrungen können in jedem Stadium der Ermittlungstätigkeit eintreten und sich im weiteren Verlauf festigen, da während der Sachverhaltsaufklärung im Rahmen des kriminalistisch-heuristischen Regelkreises eine Information mit der anderen in Beziehung gesetzt wird. Die Ermittler können sich auf ein bestimmtes Ermittlungsergebnis oder auf eine subjektive Voreinstellung derart versteifen, dass eine objektive Wahrheitsermittlung und somit eine bestmögliche Sachverhaltsaufklärung, wie es die kriminalistischen Grundsätze fordern, nicht mehr gewährleistet werden können. Es kann infolge der Dissonanzreduzierung dazu kommen, dass willkürlich und tendenziös darüber entschieden wird, welche Informationen für die Ermittlungen von Belang sind und welche nicht.[545] Auf diese Weise kann eine bloße Wahrnehmung vorzeitig zu einem für die Sachverhaltsaufklärung relevanten Indiz werden und schließlich zu einer gravierenden Fehlentscheidung führen.[546] Die kognitiven Verzerrungen

545 Vgl. *Ackermann/Clages/Roll* S. 158 f.

546 „Wer sich von seinen Annahmen oder Präferenzen soweit leiten lässt, dass er sich konträren Informationen verschließt, riskiert damit unter Umständen eine gravierende

der Kriminalbeamten können demgemäß ein Verfälschen der Wahrheit und schließlich die Konstruktion eines völlig falschen Tatverdachtes zur Folge haben. Wird bereits zu Beginn der Ermittlungen unbewusst ein Fehler gemacht, kann dieser in den darauffolgenden Phasen übernommen werden, was dazu führt, dass sich die kognitiven Wahrnehmungsfehler schneeballartig im gesamten Strafprozess verdichten und im ungünstigsten Fall in einem Fehlurteil münden können. Es muss in diesem Zusammenhang allerdings berücksichtigt werden, dass die kognitiven Verzerrungen und somit die Ermittlungsfehler kein schuldhaftes Verhalten der Ermittler voraussetzen.[547] Vielmehr sind die Ermittlungsfehler Ergebnis eines unterbewussten Wahrnehmungsprozesses.

Die Fehlerquellen, die einem falschen Ermittlungsansatz zugrunde liegen können, sind so vielfältig, wie jeder einzelne Kriminalfall selbst. Bestimmte Fehler können, müssen aber nicht auftreten und tun dies unter Umständen zu unterschiedlichen Zeitpunkten im Ermittlungsverfahren. Zufällige Faktoren (bspw. die Komplexität eines Falles) sowie individuelle Merkmale in der Person des Ermittlungsbeamten (bspw. die Hypothesen des Selbst oder die wahrgenommene Dissonanzstärke) nehmen dabei Einfluss. Allgemeingültige Aussagen lassen sich somit im Ergebnis nicht treffen. Es konnte durch die Untersuchung lediglich thesenartig aufgezeigt werden, wie es zur Konstruktion eines objektiv falschen Tatverdachtes kommen *könnte*. Darüber hinaus wurde deutlich, dass viele Umstände zusammenkommen müssen, damit die Gefahr falscher Ermittlungen eintritt. Reale Fälle, die von Justizirrtümern zeugen, welche auf die präjudizierende Wirkung von Ermittlungsfehlern zurückzuführen sind, belegen aber die Existenz dieser Problematiken.

Mit Blick auf die Systematik des kriminalistisch-heuristischen Regelkreises fällt schließlich auf, dass dieser grundsätzlich ausreichend Möglichkeiten bietet, einer einseitig fehlerhaften Ermittlung entgegenzuwirken. Das Konzept beinhaltet in mehreren Phasen die Vorgabe, die bislang gewonnenen Ergebnisse gedanklich Revue passieren zu lassen und auf etwaige Fehler zu prüfen. Dennoch können aus dissonanztheoretischer Perspektive gerade diese Vorgaben zu einer starken Festlegung auf einen Ermittlungsansatz führen und ihren Zweck ins Leere laufen lassen. Grund dafür mag nach Ansicht der *Verfasserin* zum einen sein, dass es für das Umstoßen einer Hypothese (und dazu zählen auch die Hypothesen des Selbst) eines Hinweises auf eine Alternativhypothese

---

Fehlentscheidung zu treffen", *Jonas/Schulz-Hardt/Frey*, Zeitschrift für experimentelle Psychologie 2001, 239 (240).

547 *de Vries*, S. 253; *de Vries*, Die Polizei 2014, 134 (134).

bedarf, welcher unter Umständen bei lückenhaftem Kenntnisstand der Ermittler nicht sofort greifbar ist. Zum anderen wird die Annahme einer anderen Ermittlungshypothese nach *Festinger* dadurch erschwert, dass das Umstoßen einer Entscheidung, hier die Entscheidung für einen Ermittlungsansatz, immer die zuletzt gewählte Reduktionsmöglichkeit sein wird.[548]

Zusammenfassend können im Rahmen der zugrunde liegenden Untersuchung folgende dissonanzbedingte Fehlerquellen festgehalten werden:

- Das Nichterheben aller relevanten Informationen für die vollständige Sachverhaltsaufklärung.
- Die selektive Suche und Gewichtung der Relevanz einzelner Informationen.
- Die Fehlinterpretation bzw. die Verfälschung des Informationsgehalts zufällig erlangter Datenmengen.
- Das Aufstellen verfälschter Hypothesen zum Zweck, Widersprüche zu verschleiern.
- Das Einbringen konsonanter Informationen, um im Rahmen der „Hypothesenbildung“ lückenhafte Erkenntnisse sachfremd durch Vermutungen auszufüllen.
- Das Nichtaufstellen relevanter dissonanter Hypothesen.
- Die selektive Suche und Gewichtung hypothesenbestätigender Beweise zum Zwecke der Verifizierung der Anfangshypothese sowie die Vermeidung ihrer Falsifizierung.
- Das selektive Meiden von Informationen, die den Tatverdacht entkräften sowie der Prüfung und Beantragung von Maßnahmen zur Sicherung entlastenden Beweismaterials.
- Das Unterlassen der Prüfung auf Vollständigkeit und Fehlerträchtigkeit der bisherigen Ermittlungsergebnisse.
- Das Verleugnen bereits begangener Ermittlungsfehler.
- Das Verfälschen des Polizeiprotokolls.

Im Ergebnis treten bei Betrachtung der Ergebnisse einzelne dissonanztheoretische Aspekte klar in den Vordergrund. Eingangs fällt mit Blick auf die erörterten Fehlerquellen auf, dass die selektive Suche, das selektive Meiden und das selektive Gewichten einzelner Informationen eine besondere Rolle spielen.

Naturgemäß ist im Rahmen der Ermittlungstätigkeit der Umgang mit Informationen von zentraler Bedeutung. Die Untersuchung verdeutlicht, dass Informationen bei voreiliger Fixierung auf eine bestimmte Hypothese nicht mehr

548 Siehe dazu in dieser Arbeit Kapitel 3 A. 2. b. aa.

unvoreingenommen verarbeitet werden können, sodass sich Polizisten vornehmlich nur auf Informationsquellen einlassen, die ihren Erwartungen, Präferenzen und Einstellungen entsprechen.[549] Dabei können jedoch Risiken und Warnsignale übersehen werden, die die Entscheidungsqualität des Einzelnen erheblich verschlechtern können. Hauptursache der erörterten Ermittlungsfehler ist somit die Bestätigungstendenz, was die Fachliteratur in diesem Kontext bereits erkannt und rezipiert hat.[550] Dieses Ergebnis ist durchaus nicht ungewöhnlich: Forschungen haben ergeben, dass der confirmation bias bei einer sequentiellen Informationssuche, so wie sie die Ermittlungspraxis prägt, deutlich stärker auftritt als bei einer simultanen Informationssuche.[551]

Allerdings ist darauf hinzuweisen, dass die selektive Informationssuche und Gewichtung einzelner Datenmengen nicht die einzigen Reduktionsmöglichkeiten und Forschungsparadigmen darstellen, welche sich während der Ermittlungen bemerkbar machen können. Die Theorie der kognitiven Dissonanz erfasst weitaus mehr als das Phänomen der Bestätigungstendenz. Dieser Aspekt gerät nach Eindruck der *Verfasserin* häufig in Vergessenheit. Zum einen darf auch die unfreiwillige Informationsaufnahme nicht außer Acht gelassen werden. Als Reaktion auf unfreiwillig erhaltene Informationen kann der Beamte den Informationsgehalt einzelner Daten verfälschen und so Informationen in Umlauf bringen, die ebenfalls zu einem völlig falschen Ermittlungsergebnis führen können. So können etwa Zeugenaussagen derart verdreht werden, dass sie sich in den bisherigen Kenntnisstand der Ermittler einfügen.

Darüber hinaus wurde bereits zu Beginn der Untersuchung auf die Relevanz von Entscheidungssituationen hingewiesen, die sich im Einzelnen zu vielfältig und komplex darstellen, um sie im Rahmen dieser Arbeit untersuchen zu können. Es lässt sich dennoch festhalten, dass das Ermittlungsverfahren durch das Treffen wichtiger Entscheidungen geprägt wird und dementsprechend häufig Dissonanz vermutet werden kann. Hat sich der Ermittler vor diesem

549 *Kahnemann* hat für Urteilsverzerrungen dieser Art eine Regel aufgestellt, das sog. WYSIATI-Phänomen (What you see is all there is), s. *ebd.*, S. 112. Dieses Phänomen besagt, dass nur zugrundeliegende Informationen für bedeutsam gehalten werden, wohingegen man neue Informationen aus Angst vor „Verderbung der eigenen Geschichte" nicht wahrnehmen möchte, siehe dazu auch: *Geipel*, § 5 Rn. 1-2.

550 Siehe unter anderem: *Dowling/Gundlach,* Kriminalistik 2019, 73-79; *Singelstein*, StV 2016, 830 ff. *Eschelbach*, in: Fischer/Hoven, S. 29 ff.; *ebd.*, in: FS Eisenberg, S. 415; vgl. *Findley/Scott*, Wisconsin Law Review 2006, 291 (295).

551 Siehe zu der Untersuchung: *Jonas/Schulz-Hardt/Frey*, Zeitschrift für experimentelle Psychologie 2001, 239 (245).

Hintergrund gerade zu Beginn auf einen Tathergang festgelegt, so ist anzunehmen, dass er von seiner Entscheidung nur schwer abzubringen sein wird.

Zum anderen können für das Problem fehlerhafter Ermittlungen auch zwei weitere Aspekte mitverantwortlich sein, die im Rahmen der vorangehenden Untersuchung aus Gründen einer verständlicheren Darstellung wenig Berücksichtigung fanden. So mag das Forschungsparadigma der forcierten Einwilligung nach bisherigem Kenntnisstand im Rahmen des kriminalistisch-heuristischen Regelkreises zwar eine untergeordnete Rolle spielen. Dennoch kann es bei Vorliegen geringer Belohnungen oder Strafen durchaus wirksam werden und durch eine Herbeiführung von Einstellungsänderungen der Ermittler zu falschen Ergebnissen führen. Darüber hinaus konnte die Untersuchung auch dem sozialen Aspekt der Ermittlungsarbeit nicht nachkommen: Polizeiarbeit wird naturgemäß von einer gewissen Gruppendynamik geleitet. Ein Kriminalfall wird nicht von einem einzelnen Beamten aufgeklärt, sondern durch einen gewissen Stab an geeigneten Fachkräften. Dementsprechend muss in diesem Zusammenhang auch auf *Festingers* viertes Forschungsparadigma, die Dissonanz in Bezug auf soziale Unterstützung hingewiesen werden.[552] Hier ist anzunehmen, dass Meinungsverschiedenheiten innerhalb des Ermittlungsteams, aber allen voran Differenzen mit dem Strafverteidiger einer verdächtigen Person, Dissonanzen auslösen können, was dazu führt, dass einige Beamte erst Recht an ihrer Meinung festhalten und ihren Standpunkt rechtfertigen. Auch unter solchen Umständen können einseitige Ermittlungen begünstigt werden.

Zu guter Letzt muss wiederholt darauf hingewiesen werden, dass die in dieser Arbeit zugrunde gelegte Untersuchung der Dissonanz innerhalb des kriminalistisch-heuristischen Regelkreises allein ausschließlich theoretische Erkenntnisse erbracht hat. Allgemeingültige Aussagen allein mithilfe dieser Ansätze zu treffen gestaltet sich mithin als sehr problematisch, da viele individuelle Faktoren das Ausmaß der Dissonanz determinieren. An dieser Stelle würde eine empirische Untersuchung unter Vorgabe bestimmter Rahmenbedingungen Abhilfe schaffen, auf die sich diese Arbeit in ihrem Umfang nicht mehr beziehen kann. Sie soll allerdings einen Anreiz dazu geben, verstärkt in diesem Bereich zu forschen und neue praxisorientierte Erkenntnisse zu liefern. Dabei können die herausgearbeiteten Überlegungen als Orientierung für das Festlegen bestimmter Rahmenbedingungen dienen.

Die Übertragung der Dissonanztheorie auf die Ermittlungstätigkeit hat weiterhin verdeutlicht, dass kognitive Dissonanz den Einstieg für den gezielten

552 Siehe in dieser Arbeit Kapitel 3 A. I. 1. d.

Einsatz suggestiver Reduktionstechniken ermöglicht.[553] Bei stark empfundener Dissonanz kann bereits eine expressive Anfangsinformation vorgeben, welche Entscheidung am Ende gefällt wird, sodass dieser die größte suggestive Kraft zugeschrieben werden muss.[554] Die Gefahr falscher Ermittlungsergebnisse ist vor allem dann anzunehmen, wenn die Ausgangslage eines Kriminalfalles absolut unklar ist oder wenn fehlerhafte Beweismittel bspw. nicht als solche identifiziert werden.[555]

Abschließend ist noch auf einen sehr wichtigen Aspekt hinzuweisen: Die kognitiven Verzerrungen zeigen nur dann schädliche Wirkungen, wenn der verfolgte Ermittlungsansatz tatsächlich falsch ist.[556] Steht am Ende der Ermittlungen ein richtiges Ermittlungsergebnis, sind die Verzerrungsmechanismen praktisch bedeutungslos.

D. Die Auswirkungen kognitiver Dissonanz im Rahmen der Beschuldigtenvernehmung

Nachdem die dissonanzbedingten Fehlerquellen im Rahmen des kriminalistisch-heuristischen Regelkreises aufgezeigt wurden, soll ferner der Vernehmungssituation bei der Ermittlungspraxis, vornehmlich der Beschuldigtenvernehmung, als Teil dieses Zyklus besonderes Augenmerk zuteilwerden. Die Untersuchung dieser Ermittlungsmaßnahme erfährt besondere Aufmerksamkeit, zumal sie wichtiger Bestandteil der Ermittlungen ist und Schätzungen zufolge ca. 80 % der Ermittlungsarbeit ausmacht.[557] Darüber hinaus ist sie für 90 % aller gerichtlichen Verurteilungen mitursächlich.[558]

Der Zeugenbeweis durch Vernehmung ist eines der wichtigsten und zugleich unsichersten Beweismittel der strafrechtlichen Rekonstruktionsbemühungen eines Sachverhalts.[559] Er wurde innerhalb dieser Arbeit bereits an einigen Stellen

---

553 *Haisch*, Hypnose-ZHH 2011, 51 (53).

554 *ebd.*, S 56.

555 Vgl. *Singelstein*, StV 2016, 830 (836).

556 *ebd.*, StV 2016, 830 (836).

557 *Hermanutz/Litzcke*, S. 69; *Niegisch/Thielgen*, Kriminalistik 2018, 726 (727); *Püschel*, StraFo 2015, 269 (277); *Roll*, Kriminalistik 2008, 666 (666). Vertiefend zum Thema Vernehmungen: *Artkämper/Schilling*, Vernehmungen. Taktik, Psychologie, Recht (2018).

558 *Hermanutz/Litzcke*, S. 69.

559 *Wendler*, StRR 2008, 12 (12); *Artkämper/Schilling*, S. 275; *Sommer*, StraFo 2010, 102 (102). Ausführlich zur Zeugenvernehmung: *Greuel*, in: Volbert/Steller, S. 212 ff; *Sommer*, StraFo 2010, 102 (102). Zur Zeugenvernehmung durch den Verteidiger,

aufgegriffen und seine Fehleranfälligkeit demonstriert.[560] Den Erkenntnissen zufolge spielt die kognitive Dissonanz im Zusammenhang mit der Zeugenvernehmung eine erhebliche Rolle, da einerseits die Polizisten durch Zeugenaussagen mit (objektiv falschen) dissonanzfördernden Informationen konfrontiert und andererseits eben diese zur Dissonanzminderung mithilfe kognitiver Überlappungen zum eigenen Vorteil missbraucht werden können.[561]

Daneben kommt insbesondere der Beschuldigtenvernehmung große Relevanz im Hinblick auf das Strafverfahren selbst und der kognitiven Dissonanz zu. Der Grund dafür liegt unter anderem in dem Gesichtspunkt, dass der Beschuldigte im Laufe der Vernehmung als sog. Vernehmungsprodukt ein Geständnis ablegen kann, welches allein zwar nicht von weiterer polizeilicher Beweiserhebung befreit, bei Fehlen anderer stichhaltiger Beweismittel jedoch häufig den einzigen Anhaltspunkt für die Täterschaft des Beschuldigten bildet.[562] Aufgrund dieser strafprozessualen Relevanz gilt das Geständnis als Königin unter den Beweismitteln („confessio regina probatium est").[563]

Wenn das Geständnis wahrheitsgetreu das strafrechtlich relevante Tatgeschehen abdeckt, sind ihm bei Einhaltung aller gesetzlichen Vorgaben keine rechtlichen Bedenken entgegenzusetzen. Fatale Auswirkungen ergeben sich hingegen aus einem Falschgeständnis, welches in der Rechtswissenschaft als eine

---

s. *Parigger*, StraFo 2003, 262 ff. Zu gedächtnispsychologischen Grundlagen der Zeugenvernehmung, s. *Heubrock*, Kriminalistik 2010, 75 ff. Zur Glaubhaftigkeitsbeurteilung einer Zeugenaussage: *Deckers*, StV 2017, 50 ff.

560 Nach *Köhnken* und *Sporer* (1990) sind mindestens die Hälfte aller Zeugenaussagen falsch, s. *Roll*, Kriminalistik 2008, 666 (666). Näher dazu: *Köhnken/Sporer*, Identifizierung von Tatverdächtigen durch Augenzeugen (1990).

561 Siehe in dieser Arbeit Kapitel 3 C. I.

562 *Volbert*, FPPK 2013, 230 (231); *Volbert/May*, R&P 2016, 4 (5).

563 *Keller*, Kriminalistik 2020, 178 (182); *Rode*, StraFo 2007, 98 (98); *Eschelbach*, in: Fischer/Hoven, S. 30; *Beneke*, S. 105. Eine Studie von *Kassin/Sukel* aus dem Jahr 1997 ergab, dass dem Geständnis immer noch eine hervorgehobene Bedeutung zukommt. Trotz eines unzulässig gewonnenen Geständnisses haben die Versuchsteilnehmer mehr Schuldsprüche abgelegt als die Gruppe, der kein Geständnis zugrunde lag, s. *Kassin/Sukel*, Coerced Confessions and the Jury: An Experimental Test of the "Harmless Error" Rule, Law and human behavior 1997, Vol. 21, S. 27-46. Auch *Eschelbach* geht davon aus, dass ein Geständnis noch als größter Erfolg polizeilicher Vernehmungen angesehen wird, *Eschelbach*, in: FS Rissing-van Saan, S. 119. Auch *Böhme* sieht einen Bedeutungszuwachs des Geständnisses aufgrund der eingeführten Absprachenpraxis, *ebd.* S. 248.

der Hauptfehlerquellen des Strafprozesses bezeichnet wird.[564] Hier stellt sich die Frage nach den Ursachen und den Auswirkungen des Falschgeständnisses auf das weitere Ermittlungsgeschehen. Nicht zuletzt demonstriert der in dieser Arbeit eingangs skizzierte Fall *Rupp* vor diesem Hintergrund die reale Gefahr falscher Geständnisse und gibt ferner Hinweis darauf, dass die Protokollierung der Vernehmungsergebnisse den Ausgang des Strafverfahrens determinieren und am Ende des Strafverfahrens zu Fehlurteilen führen kann.

Im Folgenden wird erörtert, inwiefern das Phänomen der kognitiven Dissonanz in seiner reformulierten Fassung im Prozess der Beschuldigtenvernehmung wirksam werden kann. Es soll untersucht werden, ob kognitive Dissonanz das Entstehen eines falschen Geständnisses begünstigt und welche Konsequenzen sich aus diesem Vernehmungsprozess ergeben. Dabei kann bereits an dieser Stelle festgehalten werden, dass kognitive Dissonanz nach Ansicht der *Verfasserin* zu drei Zeitpunkten des Vernehmungsprozesses unterschiedliche Bedeutung erlangt: Zum einen im Hinblick auf das Ermittlungsgeschehen, welches der Vernehmung vorausgeht, während der Beschuldigtenvernehmung selbst und nach Abschluss der Vernehmung. Ziel wird es sein, die dissonanztheoretischen Zusammenhänge im Komplex der Beschuldigtenvernehmung darzustellen und aufzuzeigen, aus welchen Gründen in diesem Kontext möglicherweise ein Falschgeständnis abgelegt wird.

I. Begriffserläuterungen

Bevor eine vertiefte Auseinandersetzung mit der kognitiven Dissonanz im Rahmen der Beschuldigtenvernehmung stattfinden kann, sollen zunächst einige wichtige Begrifflichkeiten für das weitere Verständnis erläutert werden.

1. Begriff der Vernehmung

Ihren gesetzlichen Niederschlag hat die Vernehmung unter anderem in den Normen der §§ 48, 68, 115 II, III, 136, 136a, 161a, 163, 163a StPO gefunden. Zur Frage, wie die Vernehmung im Sinne des Gesetzes zu definieren ist, äußert sich die Strafprozessordnung indes nicht.[565] Laut Bundesgerichtshof ist die

564 *Geipel*, Teil IV, Rn. 1; *Velten*, StraFo 2015, 354 (355); *Volbert*, FPPK 2013, 230 (231). Auch international hat das Problem falscher Geständnisse vermehrt Aufmerksamkeit erlangt. So z.B. in den USA, wo nachgewiesen wurde, dass bei ca. 25 % von mehr als 300 Fehlverurteilungen eben solche zugrunde lagen, s. dazu *Volbert*, FPPK 2013, 230 (230); *Volbert/May*, R&P 2016, 4 (4).

565 Wolter/*Rogall*, Band II, § 136 Rn. 13; *Schumann*, S. 3.

Vernehmung als „Befragung [zu definieren], die von Staatsorganen in amtlicher Funktion durchgeführt wird mit dem Ziel der Gewinnung einer Aussage".[566] Die Gewinnung einer Aussage soll dabei der Begründung eines Tatverdachts dienen.[567] Der Begriff der Vernehmung ist extensiv auszulegen, sodass sie nicht erst mit der Belehrung im Dienstzimmer beginnt, sondern vielmehr alle Zeugen- und Beschuldigtenaussagen erfasst, die aus einer amtlichen Befragung resultieren.[568]

2. *Begriff des Beschuldigten*

Die Strafprozessordnung lässt darüber hinaus auch eine Klärung des Beschuldigtenbegriffs vermissen. Selbst die Norm des § 157 StPO definiert lediglich die Begriffe des Angeschuldigten und Angeklagten. Aufgrund der Unbestimmtheit dieses Begriffs haben sich in der rechtswissenschaftlichen Literatur mehrere Lager gebildet, die zwischen einem formellen Beschuldigtenbegriff einerseits und einem materiellen Begriffsverständnis andererseits differenzieren.[569] Nach h.M. ist „Beschuldigter derjenige, gegen den die Strafverfolgungsbehörden das Verfahren als den für eine Straftat Verantwortlichen betreiben".[570] Es müssen somit erkennbar Maßnahmen gegen einen Verdächtigen ergriffen worden sein, aufgrund einer Straftat gegen ihn vorzugehen.[571] In Abgrenzung zum lediglich tatverdächtigen Zeugen muss mit Verfolgungswillen wenigstens schon eine strafbehördliche Ermittlungsmaßnahme durchgeführt worden sein.[572] Der BGH lässt für die Begründung des Beschuldigtenstatus sogar bereits einen „starken Verdacht" genügen.[573] Die Abgrenzung eines nur tatverdächtigen Zeugen von

---

566 BGHSt 42, 139 (145) = BGH, Beschl. v. 13.05.1996 – GSSt 1/96; so auch: *Hermanutz/Litzkcke*, S. 18. Wann eine Befragung tatsächlich als Vernehmung zu klassifizieren ist und welche Folgen die Vernehmungsvorschiften auslösen, gehören im Strafverfahren zu den umstrittensten Fragen, siehe dazu ausführlich *Schumann*, Verhör, Vernehmung, Befragung (2016).

567 *Schumann*, S. 3.

568 *Artkämper/Schilling*, S. 60.

569 *Artkämper/Schilling*, S. 328. Zum formellen Beschuldigtenbegriff: BGH, Urt. v. 26.05.1992 – 5 StR 122/92; *Burhoff*, Abschnitt B, Rn. 903.

570 Vgl. BGH, Urt. v. 30.12.2014 - 2 StR 439/13, Urt. v. 03.07.2007 – 1 StR 3/07; *Burhoff*, Abschnitt B, Rn. 903.

571 *Burhoff*, Abschnitt B, Rn. 904; BVerfG, Beschl. v. 21.08.2000 - 2 BvR 1372/00, NJW 2000, 3775; st. Rspr. des BGH, vgl. u.a. BGH, Urt. v. 30.12.2014 - 2 StR 439/13; Urt. v. 03.07.2007 – 1 StR 3/07.

572 Vgl. *Soiné*, S. 27; *Hellmann*, S. 241.

573 BGH, Urt. v. 23.07.1986 - 3 StR 164/86, BGHSt 34, 140.

einem Beschuldigten obliegt somit insgesamt dem Beurteilungsspielraum der Ermittler, die bei rechtswidrigem Überschreiten allerdings nicht zwangsläufig ein Verwertungsverbot des Vernehmungsproduktes befürchten müssen.[574]

3. *Begriff des (Falsch-) Geständnisses*

Das Geständnis ist aus rechtswissenschaftlicher Perspektive sowohl Prozesshandlung, Beweismittel als auch Strafzumessungskriterium.[575] Trotz seiner Relevanz wird schließlich auch dieser Begriff nicht in der Strafprozessordnung erläutert. Aufgrund der unterschiedlichen Wirkungsweisen wird deshalb vielerorts der Begriff des Geständnisses differenziert betrachtet.[576] So wird angenommen, dass ein Geständnis nach § 254 I StPO inhaltlich anders zu bestimmen ist als nach § 362 Nr. 4 StPO. Überwiegend und verallgemeinernd wird das Geständnis im rechtswissenschaftlichen Schrifttum jedoch als das Einräumen von Umständen durch eine Person definiert, die für die Tat- und Schuldfrage von Bedeutung sind.[577]

Ein Geständnis kann in diesem Zusammenhang grundsätzlich als falsch angesehen werden, wenn der gestandene Inhalt ganz oder zum Teil nicht mit der rechtstatsächlichen Wirklichkeit übereinstimmt.[578] Die Möglichkeiten zur Identifikation eines Falschgeständnisses müssen dabei jedoch kritisch betrachtet werden, da es bislang noch keine Methode gibt, um zwischen einem wahren und falschen Geständnis zu differenzieren.[579]

---

574 Dazu kritisch: *Neuhaus*, StV 2015, 185 (187).

575 Siehe dazu im Einzelnen: *Drews*, S. 31 ff.; *Eschelbach*, in: FS Rissing-van Saan, S. 125; *Rode*, StraFo 2007, 98 (99 f.). Der Autor geht einhergehend mit den unterschiedlichen Funktionsweisen des Geständnisses von divergierenden Begriffsinhalten aus, s. *Rode*, StraFo 2007, 98 (100 f.). So auch *Drews*, S. 15 ff. An dieser Stelle soll für die weitere Untersuchung jedoch die „allgemeine" Begriffsbestimmung genügen. Zu den Funktionsweisen des Geständnisses siehe vertiefend: *Eschelbach*, in: Rissing-van Saan, S. 127 ff.

576 Dazu *Drews*, S. 15 ff.; *Eschelbach*, in: FS Rissing-van Saan, S. 125; *Rode*, StraFo 2007, 98 (100); *Sickor*, S. 23. Letzterer geht mit Blick auf § 254 I StPO beispielsweise von einem weiten Geständnisbegriff aus, der bereits dann zu bejahen ist, wenn eine für den Schuldspruch unmittelbar oder auch nur mittelbar erheblichen Tatsache eingeräumt wird.

577 Vgl. *Rode*, StraFo 2007, 98 (101); Vgl. *Drews*, S. 21; Vgl. *Beneke*, S. 17.

578 Vgl. *Beneke*, S. 18. Eine Übersicht der Taxonomie falscher Geständnisse bietet *Drews*, S. 142 ff.

579 Näher dazu: *Volbert*, FPPK 2013, 230 (234).

Das Falschgeständnis kann in drei Formen in Erscheinung treten: Es kann sich um freiwillig abgelegte falsche Geständnisse, erzwungen falsche Geständnisse sowie erzwungene und internalisierte falsche Geständnisse handeln.[580] Freiwillige falsche Geständnisse werden ohne Einwirkungen der Ermittlungsbehörden abgelegt, um etwa den tatsächlichen Täter zu decken oder um nach „Berühmtheit" zu streben und seinen Geltungsdrang zu befriedigen.[581] Erzwungen falsche Geständnisse hingegen, also solche, bei denen das Einwirken der Ermittlungsbehörden im Rahmen der polizeilichen Befragung den Ausgangspunkt für das Falschgeständnis bildet, werden abgelegt, um beispielsweise ein vergünstigtes Strafmaß zu erhalten.[582] Bei erzwungen internalisierten falschen Geständnissen wiederum legen die Beschuldigten aufgrund suggestiver Befragungstechniken der Ermittler unwissentlich ein Falschgeständnis ab, weil die Ermittler sie überzeugen konnten, die ihnen vorgeworfene Tat begangen zu haben, obwohl dies bei objektiver Betrachtung nicht der Realität entspricht.[583]

II. Kognitive Dissonanz vor der Beschuldigtenvernehmung

Nach der Erläuterung der notwendigen Begrifflichkeiten erfolgt im Anschluss die Untersuchung der kognitiven Dissonanz im Rahmen des Vernehmungsprozesses eines Beschuldigten. Der erste zu untersuchende Zeitraum betrifft dabei das Ermittlungsgeschehen, das der Beschuldigtenvernehmung unmittelbar vorausgeht.

Die Ergebnisse zur kognitiven Dissonanz innerhalb des kriminalistisch-heuristischen Regelkreises verdeutlichen in diesem Kontext, dass bereits zu Beginn der Ermittlungstätigkeit die Weichen für die Verfolgung eines falschen Ermittlungsansatzes gestellt werden können. Daraus vermögen sich zum einen bereits gefestigte Belastungshypothesen hinsichtlich des Vorliegens einer bestimmten Straftat und der Täterschaft einer bestimmten Person etabliert haben, zum anderen können bereits vor der Vernehmung eines Beschuldigten selektiv Informationen zum Tatgeschehen gesammelt worden sein, die aufgrund der Bestätigungstendenz der Ermittler nicht das reale Geschehen abbilden.

580 Taxonomie nach *Kassin & Wrightsman*, s. *Volbert/Böhm*, in: Volbert/Steller, S. 253 m.w.N.

581 *Sickor*, S. 290; *Volbert/Böhm*, in: Volbert/Steller, S. 253 f.; *Volbert*, FPPK 2013, 230 (231).

582 Im Folgenden: *Volbert/Böhm*, in: Volbert/Steller, S. 254.

583 Das Problem der Scheinerinnerungen ist weitestgehend noch nicht erforscht worden, so *Köhnken* zit. nach *Darnstädt*, S. 90.

Bereits kognitiv verzerrte Ermittlungsergebnisse können an dieser Stelle zu zweierlei Problemen führen: Zum einen wird eine Voreinstellung der Beamten hinsichtlich der Schuld des Beschuldigten gefördert,[584] sodass die Kommunikation zwischen den Beamten und dem Beschuldigten nicht mehr unvoreingenommen stattfinden kann. Zum anderen ist eine *lege artis* durchgeführte Spurensicherung unerlässlich für die Vernehmung, bei der ein Beschuldigter womöglich geständig wird.[585] Diesbezüglich wird vorausgesetzt, dass der Vernommene spezifisches Täterwissen preisgibt, also solches, welches nicht durch die Medien oder die Polizisten selbst erlangt werden und nur der Täter haben konnte.[586] Werden der Vernehmung falsche Anhaltspunkte und „Fakten" zugrunde gelegt, so vermag das spezifische Täterwissen des Beschuldigten nicht korrekt überprüft zu werden, da der Beschuldigte mit Informationen konfrontiert wird, die nicht das reale Tatgeschehen wiedergeben. Die Polizisten im Fall *Rupp* etwa hatten Gespräche aus dem Dorf der verurteilten Familienmitglieder mitgehört, denen zufolge die Verdächtigen den Bauern an Tiere verfüttert haben sollten. Diese Information wurde Berichten zufolge unförmlich in Anwesenheit der Verdächtigen im Polizeiauto geäußert. Später stützten sich die gewonnenen Geständnisse genau auf diese eine Geschichte.[587]

Das Beispiel im Fall *Rupp* verdeutlicht im Zusammenhang mit der Forderung nach Täterwissen zwei weitere Probleme: Zum einen wird deutlich, dass Täterwissen auch (un-)bewusst von den Polizeibeamten geäußert und von den Vernommenen kognitiv aufgenommen werden kann.[588] Zum anderen kann bei mangelnder Übereinstimmung der Beschuldigtenaussage und dem Wissen

---

584 Vgl. *Leo*, The Journal of the American Academy of Psychiatry and the Law 2009, Vol. 37, 332 (335); *Böhme*, S. 259.

585 „Für einen fehlerfreien Entscheidungsprozess sei die Verfügbarkeit relevanter und richtiger Informationen [...] unverzichtbar", *Drews*, S. 67 m.w.N.; vgl. *Nack*, StraFo 2001, 1 (7).

586 *Volbert*, FPPK 2013, 230 (236); *Volbert/May*, R&P 2016, 4 (8).

587 Zu diesem Beispiel, s. *Darnstädt*, S. 115. *Eschelbach* weist in diesem Zusammenhang darauf hin, dass die Bewohner als Zeugen zu personenbezogenen Daten der Verdächtigen befragt wurden, was rechtlich bedenklich war, zumal es einen Eingriff in das Recht auf informationelle Selbstbestimmung darstellte, *ebd.* ZAP 2013, Fach 22, 661 (662).

588 Zu der Problematik geäußerten Täterwissens in Vernehmungen siehe *Volbert/May*, R&P 2016, 4 (8). In einer amerikanischen Analyse falscher Geständnisse waren in 36 der 38 untersuchten Geständnisse Täterwissen enthalten, *ebd.*

der Polizei zum vermeintlichen Tatgeschehen der wahre Täter womöglich nur erschwert oder gar nicht ermittelt werden.[589]

Liegen im Ergebnis bereits zu Beginn der Vernehmung subjektiv geprägte Anhaltspunkte zum Tatgeschehen vor, können sich folglich innerhalb der Vernehmung weitere Fehler festigen.

III. Kognitive Dissonanz zum Zeitpunkt der Beschuldigtenvernehmung

Wie zuletzt dargestellt, kann bereits zum Zeitpunkt der Vernehmung das Phänomen der kognitiven Dissonanz wirksam geworden sein. Das erörterte Problem einer schuldverzerrten Ausgangssituation aufgrund etablierter Vorannahmen kann darüber hinaus auch noch systematisch verstärkt werden:[590] Im Ermittlungsverfahren obliegt den Ermittlungsbeamten die Befugnis zu entscheiden, ob es sich bei der Aussageperson um einen tatverdächtigen Zeugen oder Beschuldigten handelt.[591] Wird eine Person als Beschuldigter vernommen, gibt es demgemäß bereits aufgrund dieses Umstandes und im Hinblick auf die Definition des Beschuldigtenbegriffs, der von einer für die Straftat verantwortlichen Person ausgeht, Grund zur Annahme, dass sie Täter der ermittelnden Straftat sein könnte. Die Ermittlungsbeamten internalisieren bereits eine gewisse Voreinstellung[592] und sind womöglich bereits zu einer Überzeugung gelangt, wie sich der zu untersuchende Sachverhalt zugetragen haben könnte. Diese Überzeugung wird dabei vor allem durch eine gedankliche Beschäftigung mit der Schuldhypothese verstärkt.[593]

Eine Vernehmung ereignet sich im Ergebnis folglich niemals im „luftleeren Raum", da eine suggestive Potenz bei Kommunikationsprozessen jeglicher Art ohnehin nicht verhindert werden kann.[594] Nichtsdestotrotz ist eine derartige Ausgangssituation im Hinblick auf die im Strafprozess geltende Unschuldsvermutung äußerst bedenklich. Zu berücksichtigen ist jedoch, dass diese suggestive Voreinstellung den Ermittlungsbeamten nicht zwingend bewusst sein muss.[595]

---

589 *Volbert*, FPPK 2013, 230 (235).

590 So auch: *Volbert/Böhm*, in: Volbert/Steller, S. 253.

591 Dazu kritisch: *Neuhaus*, StV 2015, 185 (187).

592 So auch: *Volbert/Böhm*, in: Volbert/Steller, S. 253; *Püschel*, StraFo 2015, 269 (274); *Volbert*, FPPK 2013, 230 (233); *Volbert/May*, R&P 2016, 4 (4).

593 *Schulz-Hardt/Köhnken*, Praxis der Rechtspsychologie, Sonderheft 1, 2000, 60 (71).

594 *Hermanutz/Litzcke*, S. 214.

595 *Volbert*, FPPK 2013, 230 (233); *Volbert/May*, R&P 2016, 4 (4).

Nach den bisherigen Ausführungen kann in diesem Zusammenhang erwartet werden, dass das weitere Verhalten und die Aussagen des Beschuldigten aufgrund der perpetuierten Vorannahme nicht unvoreingenommen und neutral wahrgenommen und bewertet, sondern konsonant den jeweiligen Kognitionen angepasst werden. Eine Vorannahme stellt nach *Irle* eine Hypothese des Selbst dar, welche sich unter gewissen ungünstigen Bedingungen selbst bestätigen kann, unabhängig davon, ob sie bei objektiver Betrachtung richtig oder falsch ist.[596]

1. Kognitive Dissonanz am Beispiel einer klassischen Vernehmungssituation unter Ausschluss spezifischer Vernehmungsmethoden

Der Untersuchung der kognitiven Dissonanz im Rahmen der klassischen Vernehmungssituation, bei der sich der Vernehmungsbeamte und der Beschuldigte gegenüberstehen, wird folgende Hypothese des Selbst zugrunde gelegt: „Die vernommene Person ist der Mörder und das wird die Vernehmung auch beweisen." Losgelöst von spezifischen Vernehmungsmethoden soll dabei die einfache Situation im Vordergrund stehen, dass der Beschuldigte mit Fragen oder einem Tatvorwurf konfrontiert wird, auf die er entweder schweigt oder die Vorwürfe zurückweist. Wie kann sich ein derartiges Verhalten dissonanztheoretisch

596 So auch: *Kroll*, S. 39; *Volbert/May*, R&P 2016, 4 (4). *Schulz-Hardt/Köhnken* beschreiben im Zusammenhang mit dem sog. Montessori Prozess, dass Zeugen und Polizeibeamte bei der Vernehmung gleichermaßen sog. soziale Hypothesen (Annahmen, über mögliche Zustände oder Beziehungen in der Umwelt), wie etwa einen Missbrauchsverdacht, testen, welche durch bestimmte Selbstbestätigungstendenzen verzerrt werden können und die Beteiligten dazu veranlassen, eine realitätsfremde Überzeugung, wie bspw. einen falschen Verdacht zu gewinnen. Das Modell des „Testens sozialer Hypothesen" geht auf *Trope/Liberman,* Social hypothesis-testing: Cognitive and motivational mechanisms (1996) zurück und soll erklären, warum Menschen völlig fiktive Erlebnisse als die eigenen internalisieren und weshalb manche Menschen ihre Perspektive auf lediglich eine einzige Alternative einengen, s. *Schulz-Hardt/Köhnken*, Praxis der Rechtspsychologie, Sonderheft 1, 2000, 60 (60, 68). Im Kern spiegelt dieses Erklärungsmodell die Inhalte der Reformulierungen *Irles* wider, welcher anhand der Hypothesen des Selbst gleichermaßen Annahmen über Zustände oder Zusammenhänge in der Umwelt zu erklären versucht. Darüber hinaus beschreibt *Irle* die kognitiven Prozesse eines Menschen als ständiges Überprüfen der Hypothesen des Selbst, was nach Ansicht der Autorin mit dem Testen sozialer Hypothesen gleichzusetzen ist. *Trope & Liberman* beschreiben in ihren Ausführungen, dass für relevant gehaltene Evidenzen verstärkt gesucht werden. Dies entspricht im dissonanztheoretischen Kontext den Ausführungen zur selektiven Informationssuche und der Bestätigungstendenz.

auswirken? Das Zurückweisen des Tatvorwurfs wäre dissonant zu der Annahme der Ermittler, vor ihnen säße der Täter der ermittelnden Straftat. Die Kognitionen „Sie haben Frau X ermordet" und „Der Beschuldigte weist den Vorwurf zurück" passen unter der entsprechenden Hypothese des Selbst, mithin der Annahme, dass die Vernehmung zur Überführung des Täters beitragen wird, nicht zusammen. Der Vernehmungsbeamte könnte zwar seine Einstellung zu dem Beschuldigten ändern – allerdings existieren für ihn leichtere Wege zur Dissonanzreduktion.[597] Unter den gegebenen Umständen ist vielmehr zu erwarten, dass der Ermittler das Zurückweisen des Tatvorwurfs als Leugnen oder mangelnde Kooperation missinterpretiert und so die Dissonanz reduziert.[598] Zudem können die Ermittler das Verhalten des Beschuldigten als Fassade oder Täuschung werten.[599]

Darüber hinaus besteht für den Polizeibeamten auch die Möglichkeit, konsonante Elemente hinzuzufügen und auf diese Weise Dissonanz zu reduzieren. Er könnte nach weiteren Anhaltspunkten suchen, die eine Täterschaft des Beschuldigten wahrscheinlicher machen.[600] So können etwa ein fehlendes Alibi, ein Motiv oder Sonderwissen des Beschuldigten den gegen ihn gerichteten Tatvorwurf vermeintlich bekräftigen und sein Abstreiten demgegenüber aufwiegen. Daneben können Vernehmungsbeamte zusätzlich die Meinungen von Kollegen zum hypothetischen Tatablauf einholen, die mit hoher Wahrscheinlichkeit aufgrund ähnlicher Weltansichten ihrer Kriminalitätseinschätzung Recht geben werden.[601]

Eine weitere Möglichkeit Dissonanz zu reduzieren bietet sich dem Beamten im Entfernen dissonanter Kognitionen, indem er die Relevanz entlastender Vernehmungsmomente herunterspielt.[602] So hat *Harry Wörz* in der Vernehmung etwa geäußert, dass er seine Ex-Frau mit einem Bundeswehrschal gewürgt

---

597 *Linssen*, in: Hermanutz/Litzke, S. 238. Dies entspricht auch den Erkenntnissen *Festingers* zur Entscheidungsrevison, s. in dieser Arbeit Kapitel 3 A. I. 2. b. aa.

598 Vgl. *Volbert*, FPPK 2013, 230 (233); *Volbert/May*, R&P 2016, 4 (4).

599 *Linssen*, in: Hermanutz/Litzke, S. 228, wobei sich die Autorin hier an der klassischen Formulierung orientiert und anstelle von Hypothesen des Selbst sog. Frames in Betracht zieht, die Kausalzusammenhänge erläutern sollen. Zum Thema der Erkennbarkeit von Lügensignalen, s. *Niehaus*, Kriminalisitik 2009, 508 ff. Zum Thema der Glaubhaftigkeit und Irrtumsfreiheit von Aussagen, s. *Wendler*, StRR 2008, 12 ff. (Teil 1), 58 ff. (Teil 2).

600 *Linssen*, in: Hermanutz/Litzke, S. 228.

601 *ebd.*, S. 228.

602 *ebd.*, S. 229.

habe[603] – tatsächlich aber wurde sie mit einem eigens gestrickten Schal erwürgt. Trotz dieses entlastenden Moments reagierten die Vernehmungsbeamten nicht auf dieses wichtige Detail, das den Hinweis auf ein Falschgeständnis hätte geben können.[604] Es kann vermutet werden, dass allein die Äußerung der Tötung bereits konsonant zu den Vorannahmen der Ermittler war und aus diesem Grund die Widersprüchlichkeit der Tatwaffe durch das Entfernen der dissonanten Kognition beseitigt wurde. Aufgrund dessen konnten die Ermittler folglich ihre Vernehmung ungestört fortsetzen.

Im Ergebnis wird somit deutlich, dass mithilfe der unterschiedlichen Reduktionstechniken eine Revidierung der Ausgangshypothese, mithin der Vermutung, dass die Vernehmung den Tatvorwurf bestätigen wird, vermieden werden kann. Die ursprünglich internalisierte Ausgangshypothese wird somit aufrechterhalten und gleichzeitig steigt das Risiko, dass bei einer gewissen subjektiven Überzeugung von dieser Vorannahme trotz gegenteiliger Beweise diese Hypothese weiter bestätigt wird.[605]

Mit Blick auf das Wesen polizeilicher Vernehmungssituationen ist allerdings zu berücksichtigen, dass auch der wahre Straftäter in der Regel den Tatvorwurf gleichermaßen zurückweisen und nicht direkt bei der ersten Frage nach einer etwaigen Täterschaft nachgeben wird.[606] Das dissonanzreduzierende Verhalten der Ermittler wirkt sich somit nur dann negativ aus, wenn der Beschuldigte tatsächlich unschuldig ist.

Das Schweigen auf Vernehmungsfragen oder ihre Nichtbeantwortung durch den Beschuldigten kann ebenfalls mit der Hypothese des Selbst divergieren. Die Kognitionen „Der Beschuldigte ist der Mörder" und „Der Beschuldigte äußert sich gar nicht" sprechen der Beweiswirkung der Vernehmung als Hypothese erneut ihren Wert ab. In einer derartigen Konstellation kann vermutet werden, dass das Schweigen als Ausdruck mangelnder Verteidigungsgründe missinterpretiert wird, als gäbe es für den Beschuldigten demnach nichts zu verteidigen.[607] Auf diese Weise sind die Kognitionen wieder konsonant zur Belastungshypothese.

---

603 Auch hierbei handelte es sich um ein Falschgeständnis.

604 *Darnstädt*, S. 31. Zum Fall *Wörz* siehe in dieser Arbeit Kapitel 1 A.

605 *Schulz-Hardt/Köhnken*, Praxis der Rechtspsychologie, Sonderheft 1, 2000, 60 (71).

606 *Volbert/Böhm*, in: Volbert/Steller, S. 253; *Hellwig*, S. 48; *Volbert*, FPPK 2013, 230 (233); *Volbert/May*, R&P 2016, 4 (7).

607 *Velten* GA 2015, 387 (390). Zu der Frage, wie man die Aussagebereitschaft eines Vernommenen steigern kann, s. *Volbert/May*, R&P 2016, 4 (6).

Macht der Beschuldigte hingegen Aussagen, die zu den bisherigen Erkenntnissen und der Hypothese des Selbst passen, werden diese als konsonant empfunden und unverzerrt verarbeitet, da sie keine Dissonanz auslösen.[608] Es kann vermutet werden, dass der Vernehmungsbeamte keine Anstrengungen unternehmen wird, um dem Beschuldigten entlastende Informationen zu entlocken, da diese wiederum dissonanzfördernd wären.

2. *Kognitive Dissonanz bei der Beschuldigtenvernehmung unter Einbeziehung vernehmungsbezogener Risikofaktoren*

Die Beschuldigtenvernehmung wurde im vorangegangenen Beispiel unabhängig von möglichen Vernehmungsmethoden beleuchtet. Allerdings können sich eine schuldverzerrte Ausgangssituation sowie gewisse Vorannahmen der Ermittler auch auf das Befragungsverhalten selbst auswirken, was wiederum Einfluss auf das Aussageverhalten des Beschuldigten hat und schlimmstenfalls Anreize bieten kann, ein falsches Geständnis abzulegen.[609]

Aus diesem Grund soll im Folgenden ein Blick auf die Vernehmungsmethodik und weitere Risikofaktoren geworfen werden, die ein falsches Geständnis begünstigen können. Welche Auswirkungen sich daraus für die dissonanztheoretische Untersuchung ergeben, soll daran anknüpfend dargestellt werden.

Im rechtspsychologischen Schrifttum werden sowohl personenbezogene als auch vernehmungsbezogenen Risikofaktoren genannt, die in der Lage sind, ein falsches Geständnis hervorzurufen, wobei sich ein falsches Geständnis in der Regel aus einer Kombination beider Risikogruppen entwickelt.[610] Als personenbezogene Risikofaktoren sind neben intellektuellen Beeinträchtigungen unter anderem auch jugendliches Alter sowie psychiatrische Erkrankungen der Aussageperson zu nennen.[611] Im Fall *Rupp* etwa hatten die Vernommenen jeweils

608 So auch im Folgenden: *Hermanutz/Litzcke*, S. 227.

609 *Volbert*, FPPK 2013, 230 (232, 237); *Schulz-Hardt/Köhnken*, Praxis der Rechtspsychologie 2000, 60 (66). Darüber hinaus wurde von *Loftus/Palmer* empirisch nachgewiesen, dass sich auch die Auswahl der verwendeten Worte bei der Befragung auf das Verhörsprodukt auswirken, s. *Loftus/Palmer*, Reconstruction of automobile destruction: An example of the interaction between language and memory. Journal of verbal learning and verbal behavior, 1974, Vol. 13, 585-589; *Püschel*, StraFo 2015, 269 (273).

610 *Volbert*, FPPK 2013, 230 (231); *Volbert/May*, R&P 2016, 4 (5); *Gudjonsson*, S. 193.

611 Siehe dazu ausführlich: *Volbert/Böhm*, in: Volbert/Steller, S. 256 ff.; *Volbert*, FPPK 2013, 230 (231 f.); *Drews*, S. 154 ff.; *Meissner et. al*, Journal of Experimental Criminology 2014, 459 (460); *Gudjonsson*, S. 319, 409; *Leo*, The Journal of the American Academy of Psychiatry and the Law 2009, Vol. 37, 332 (335).

einen IQ zwischen 50 und 70, einem Bereich der Debilität, der auf eine starke Minderbegabung hinweist.[612] Der Schwiegersohn war zudem stark alkoholkrank.[613] Auch im Fall *Peggy* war der 23-jährige Beschuldigte *Ulvi K.* vom Intellekt auf dem Niveau eines Zehnjährigen.[614]

Vernehmungsbezogene Risikofaktoren erfassen hingegen sowohl kognitive Prozesse des Vernehmenden, die Verhaltensweisen der Vernehmenden, wie etwa Vernehmungsmethoden und spezifische polizeiliche Maßnahmen.[615]

Die weitere dissonanztheoretische Erörterung der Beschuldigtenvernehmung fokussiert sich primär auf die vernehmungsbezogenen Risikofaktoren. Die subjektiven Vorannahmen der Vernehmungsbeamten könnten sich auf ihre Befragungstechnik auswirken und in falschen Geständnissen niederschlagen. Daran anknüpfend erschließen sich die Fragen, welche Vernehmungsmethode deutsche Ermittlungsbeamte anwenden, welche Befragungsmuster durchschlagen können und wo die Dissonanztheorie Einfluss auf die Abgabe eines falschen Geständnisses nehmen kann.

a) *Vernehmungsmethoden: Die Reid-Technik und das Konzept einer strukturierten Vernehmung*

In Deutschland existiert kein einheitlicher Vernehmungsansatz, der länderübergreifend befolgt und in der polizeilichen Ausbildung gelehrt wird.[616] Auch die Strafprozessordnung regelt nicht, wie eine Vernehmung zu gestalten ist. Für einen offenen und informationssammelnden Vernehmungsansatz spricht allerdings die Norm des § 136 StPO. Als verfassungsrechtliche Ausprägung des Art. 103 I GG soll sie dem Beschuldigten als Ausdruck rechtlichen Gehörs die Möglichkeit bieten, sich zu den ihm vorgeworfenen Verdachtsgründen zu äußern und diese gegebenenfalls zu beseitigen.[617] § 136a StPO wiederum regelt in diesem Kontext verbotene Vernehmungsmethoden zum Schutze des Beschuldigten.

---

612 *Rick*, StraFo 2012, 400 (400). Eine der Töchter besuchte die Sonderschule, SPIEGEL TV Dokumentation *Rupp*.

613 SPIEGEL TV Dokumentation *Rupp*.

614 *Friedrichsen*, Spektakuläre Irrtümer, DER SPIEGEL 21/2014, S. 52; *Darnstädt*, S. 109. Zum Fall *Peggy* siehe in dieser Arbeit Kapitel 1 A.

615 So *Volbert/May*, R&P 2016, 4 (5).

616 *Volbert/May*, R&P 2016, 4 (6); *Volbert*, FPPK 2013, 230 (232).

617 Im Folgenden: *Volbert/May*, R&P 2016, 4 (5).

Die in den USA populäre Vernehmungsmethode der sog. „Reid-Technik" wird sowohl in der Rechtspsychologie als auch in der Kriminalistik größtenteils missbilligt und von der Bundesregierung in Bezug auf

§ 136a StPO kritisch gesehen.[618] Diese Vernehmungsmethode basiert auf keinem neutralen und informationssammelnden Ansatz, sondern setzt selbst bereits eine Schuldannahme voraus, welche durch ein Geständnis bestätigt werden soll.[619] Ziel des Vernehmungsprozesses ist es, den Widerstand des Beschuldigten zu brechen und ihm ein Geständnis abzugewinnen.[620] Zu diesem Zweck werden einerseits die negativen Konsequenzen eines Geständnisses heruntergespielt und andererseits die Angst des Beschuldigten bei Leugnen der Tatvorwürfe erhöht.[621] Da die Reid-Technik naturgemäß auf die Erlangung eines *wahren* Geständnisses abzielt, kann das Ziel grundsätzlich nicht als zwingend verwerflich gesehen werden. Vielmehr liegt das Problem in der Methodik selbst. Diese ist von Grund auf konfrontativ-geständnisorientiert[622] und vor dem Hintergrund des § 136 StPO mithin abzulehnen.

Große Resonanz und Zustimmung erhält in Deutschland in diesem Kontext der Ansatz einer sog. strukturierten Vernehmung, welche in Anlehnung an das britische „PEACE-Modell" nicht auf ein Geständnis als solches abzielt, sondern primär den freien Bericht eines Vernommenen in den Fokus stellt.[623] Lediglich

---

618 BT-Drucks. 18/1413; *Brockmann*, in: Volbert/Steller, S. 249; *Artkämper/Schilling*, S. 133. Ausführlich zur Reid-Technique, s. *Volbert/Böhm*, in: Volbert/Steller, S. 257 f.; *Volbert*, FPPK 2013, 230 (232); *Volbert/May*, R&P 2016, 4 (5); *Kroll*, S. 25 ff.; *Geipel*, Teil IV, Rn. 20 ff.; *Hermanutz/Litzcke*, S. 120; *Artkämper/Schilling*, S. 131 f. Letztere verweisen darauf, dass sich die Reid-Technique in Deutschland vor einigen Jahren noch deutlich größerer Beliebtheit erfreute.

619 *Volbert/Böhm*, in: Volbert/Steller, S. 258.

620 *Artkämper/Schilling*, S. 131; *Gudjonsson*, S. 10.

621 *Artkämper/Schilling*, S. 131.

622 *Volbert/May*, R&P 2016, 4 (5); *Volbert*, FPPK 2013, 230 (232).

623 Die Methode der strukturierten Vernehmung wurde von Mitarbeitern des Landesamtes für Ausbildung, Fortbildung und Personalangelegenheiten der Polizei NRW (LAFP) entwickelt und ist dort seither fester Bestandteil der polizeilichen Aus- und Fortbildung. Die Methode kann sowohl auf Zeugen- als auch Beschuldigtenbefragungen angewandt werden. Der Begriff der strukturierten Vernehmung beschreibt in der Kriminalistik darüber hinaus auch den Vernehmungsansatz von *Adler/Hermanutz* (s. dazu *Adler/Hermanutz*, Kriminalistik 2009, 535 ff.), unterscheidet sich inhaltlich jedoch erheblich und kann aus diesem Grund zu Verwechslungen führen, siehe dazu im Einzelnen: *Weber/Berresheim/Capellmann*, Kriminalistik 2011, 169 ff., *Berresheim/Capellmann*, Kriminalisitk 2013, 93 ff. Im Fokus der strukturierten Vernehmung nach *Adler/Hermanutz* steht das Entwickeln eines rechtlich anerkannten Standards zum

bei offenen Sachverhaltspunkten sollen Fragen zur Schließung dieser Lücken gestellt werden. Diese Vorgehensweise sieht ihre rechtliche Grundlage in § 69 StPO,[624] wonach sich der Zeuge zunächst frei äußern soll und erst bei lückenhaften Informationen eine Befragungsphase erfolgt. Diese Vernehmungstechnik lässt sich auf die Beschuldigtenvernehmung übertragen[625] und bietet eine strukturelle Möglichkeit, auch Alternativhypothesen nachzugehen, was bei der Reid-Technik nicht der Fall ist. Im Ergebnis bietet die Form einer strukturierten Vernehmung potenziell die Möglichkeit, alle be- und entlastenden Alternativen abzuwägen und somit Voranname sowie einer Dissonanzentstehung entgegenzuwirken.

b) Die Relevanz von Befragungstechniken

Trotz einer hierzulande angestrebten offenen und informationssammelnden Vernehmungsstrategie kann es dennoch vorkommen, dass die Ermittler die Vernehmung durch Verwendung spezifischer Fragen beeinflussen, obwohl dem Grunde nach jede Äußerung vermieden werden sollte, die den Beschuldigten dazu veranlasst, ein Falschgeständnis abzulegen.[626]

Nach Erkenntnissen der Sozialpsychologie hängt die Art der Befragung maßgeblich von der zugrundeliegenden subjektiven Überzeugung einer

Zwecke der Glaubhaftigkeitseinschätzung von Aussagen bei Gericht, s. dazu *Hermanutz/Adler/Schröder*, Kriminalisitk 2011, 43 ff.; *Adler/Hermanutz*, Kriminalistik 2009, 535 ff.; *Artkämper/Schilling*, S. 138. Die Entwicklung der strukturierten Vernehmungsmethode des LAFP greift hingegen auf Erkenntnisse aus Großbritannien zurück, genauer auf das sog. PEACE-Modell (Planning and preparation, engage and explain, account, closure, evaluation). Dort hat man seit 1984 Konsequenzen aus der Existenz fehlerhafter Geständnisse gezogen und dieses informationssammelnde Modell entwickelt, welches in Großbritannien das Reid-Modell ablöste und seither bei jedem Polizeibeamten des Landes trainiert wird. Nach Vorgabe dieses Modells sind Vor- und Nebengespräche aufzuzeichnen sowie u.a. offene Befragungen durchzuführen. Weiterhin werden kognitive Interviews und ein Gesprächsmanagement vermittelt. Siehe dazu auch: *Sticher*, S. 10 ff.; *Weber/Berresheim/Capellmann*, Kriminalistik 2011, 169 ff.; *Volbert*, FPPK 2013, 230 (232); *Volbert/May*, R&P 2016, 4 (9); *Gudjonsson*, S. 51 ff.; *Meissner et. al*, Journal of Experimental Criminology 2014, 459 (462). Zum PEACE-Modell und weiteren Vernehmungsmodellen, vertiefend: *Hermanutz/Litzcke*, S. 122 f. Kritisch zur strukturierten Vernehmung: *Weihmann*, Kriminalisitik 2010, 82 ff.

624 *Weber/Berresheim/Capellmann*, Kriminalistik 2011, 169 (171).

625 *Berresheim/Capellmann*, Kriminalisitk 2013, 93 (94).

626 *Arntzen*, S. 81.

Befragungsperson ab.[627] Die subjektive Überzeugung stellt in diesem Zusammenhang nach *Irle* eine Hypothese des Selbst dar. Dem Ermittler steht vor diesem Hintergrund grundsätzlich ein ganzer Katalog unterschiedlicher Fragetechniken zur Verfügung: Einleitungsfragen, Kontaktfragen, Eisbrecherfragen, stimulierende Fragen, mehrdeutige Fragen, Fang- und Überrumpelungsfragen sowie Ablehnungs- und Suggestivfragen sind dabei unter anderem zu nennen.[628] Vor allem Letztere bergen die Gefahr, falsche Geständnisse zu begünstigen.[629]

Verdächtigt ein Beamter den Beschuldigten, Täter einer Straftat zu sein, kann sich die Art und Weise der Befragung schnell zum Negativen entwickeln.[630] Mit der Stärke der Überzeugung, wie sich ein Sachverhalt zugetragen haben könnte, vermag auch der Anreiz zu steigen, Befragungsmuster zu wählen, die diese Überzeugung bestätigen.[631] Täuschende und suggestive Fragetechniken rücken in den Vordergrund, wodurch versucht wird, den Widerstand des Beschuldigten zu mindern und sein Aussageverhalten zu kontrollieren.[632] Das Gefährliche an suggestiven Befragungstechniken ist ihre einschneidende Wirkung auf die Überzeugung von Aussagepersonen. Es konnte empirisch anhand mehrerer Untersuchungen nachgewiesen werden, dass eine derartige Vorgehensweise unter bestimmten Bedingungen die Aussageperson dazu veranlasst, fiktive Erlebnisse als eigene wahrzunehmen und als solche überzeugend wiederzugeben, sodass selbst Gutachter die Glaubwürdigkeit der Aussagen bezeugen würden.[633] Insbesondere psychisch labile Personen sind dazu bereit, nahezu jede von den Vernehmungspersonen gewünschte Äußerung abzugeben.[634]

---

627 *Schulz-Hardt/Köhnken*, Praxis der Rechtspsychologie 2000, 60 (66). In diesem Zusammenhang wird oftmals auch vom „Interviewer Bias" gesprochen, wonach der Befragende die Fragen gemäß seiner Einstellung so formen wird, dass die befragte Person Aussagen macht, die die Voreinstellung bestätigen, s. *Schremm/Dreger/Köhnken*, FPPK 2008, 20 (22). Nach Ansicht der *Verfasserin* vermag allerdings schon das Phänomen der kognitiven Dissonanz dieses Problem hinreichend zu erklären.

628 *Neuhaus*, StV 2015, 185 (188).

629 *Eisenberg/Kölbel*, S. 319; *Kroll*, S. 38.

630 Zum Folgenden: *Velten* GA 2015, 387 (390)

631 *Schulz-Hardt/Köhnken*, Praxis der Rechtspsychologie 2000, 60 (66), Vgl. *Drews*, S. 132.

632 Vgl. *Schade*, StV 2000, 165 (167); Vgl. *Schulz-Hardt/Köhnken*, Praxis der Rechtspsychologie 2000, 60 (66).

633 *Köhnken*, MSchrKr 1997, 290 (290). Wenn die Aussageperson von der Richtigkeit ihrer Aussage überzeugt ist, können die Kriterien der sog. Undeutsch-Hypothese nicht länger herangezogen werden, s. *Köhnken*, MSchrKr 1997, 290 (297).

634 *Eschelbach*, in: Fischer/Hoven, S. 30.

Verallgemeinernd kann von einer suggestiven Befragungstechnik gesprochen werden, wenn die Fragen einerseits nicht neutral formuliert und mit subjektiven Wertungen behaftet sind, andererseits wenn der Anschein erweckt wird, es habe sich ein den Beamten unbekannter Umstand so und nicht anders zugetragen, wie sie es suggerieren.[635] Dem Beschuldigten werden auf diese Art folglich Aussagen von den Vernehmungsbeamten in den Mund gelegt. So beinhaltete etwa der 30-seitige Befragungskatalog der Beamten im Fall *Rupp* bereits Fragen wie „Ist *R. Rupp* an diesem Abend nicht doch betrunken nach Hause gekommen?", „Kam es zum Streit?", „Ist er dabei vielleicht gefallen?".[636] All diese Fragen beinhalteten Details zu einer Tat, für die es bis dahin keinen einzigen Anhaltspunkt gab. Nichtsdestotrotz fanden sich diese „Informationen" am Ende in den Geständnissen der Vernommenen wieder.[637]

Grundsätzlich kann zwischen mehreren Formen suggestiver Beeinflussung in Befragungen unterschieden werden.[638] Hervorzuheben sind dabei vornehmlich die Wirkung von Wiederholungsfragen, die einen beträchtlichen sozialen Druck auf die vernommene Person ausüben können, sowie die Preisgabe von Informationen, die die befragte Person selbst noch nicht erwähnt hat.[639]

Mithilfe von Wiederholungsfragen sind die Vernehmungspersonen in der Lage, bei Abgabe nicht erwartungskonformer Antworten der Aussageperson immer wieder dieselbe Frage zu stellen, bis ihnen die gewünschte Antwort dargeboten wird.[640] Dabei wird ein sozialer Druck auf die Aussageperson in der Form ausgeübt, dass ihr bewusst wird, sich bei Abgabe unbefriedigender Antworten nicht aus der Vernehmungssituation befreien zu können.

Im Bereich der Beschuldigtenvernehmung kann es darüber hinaus durchaus vorkommen, dass (falsches) Täterwissen (unbewusst) von den Ermittlern preisgegeben wird und in die falschen Geständnisse einfließt.[641] Die potentiell

---

635 *Hermanutz/Litzcke/Kroll/Adler*, S. 33 f.; *Wulf*, S. 315.

636 *Rick*, StraFo 2012, 400 (401); *Darnstädt*, S. 101.

637 Die Geständnisse enthielten Informationen wie: Der Vater ist nach Hause gekommen, es kam zum Streit, dabei wurde er die Treppe hinuntergeschubst.

638 *Köhnken* unterscheidet etwa zwischen sechs verschiedenen suggestiven Beeinflussungsformen, s. *Köhnken*, MSchrKr 1997, 290 (290).

639 *ebd.*, MSchrKr 1997, 290 (291).

640 *Schulz-Hardt/Köhnken*, Praxis der Rechtspsychologie 2000, 60 (62). Die suggestive Wirkung von Wiederholungsfragen ist mehrfach empirisch nachgewiesen worden, s. *Schade*, StV 2000, 165 (167) m.w.N. Die Wirkung von Wiederholungsfragen bei der Befragung von Kindern hat *Köhnken* untersucht, s. *Köhnken*, MSchrKr 1997, 290 (291).

641 *Sickor*, S. 302 f.; *Volbert*, FPPK 2013, 230 (235).

suggestive Wirkung von vorgegebenen, bis dato nicht erwähnten Detailinformationen konnte empirisch nachgewiesen werden, demgemäß sich die Wahrscheinlichkeit erhöht, dass die Aussageperson fest davon überzeugt ist fiktive Ereignisse selbst wahrgenommen zu haben.[642] Dieser Effekt lässt sich auch im zuvor benannten Beispiel des Fragekatalogs im Fall *Rupp* erkennen. Hier wurde offensichtlich falsches Täterwissen abgeprüft, welches Einzug in die Geständnisse erhielt.

Aus dissonanztheoretischer Perspektive kann vermutet werden, dass das Stellen von Wiederholungsfragen dazu führt, die Informationen bestätigt zu bekommen, die aus der schuldverzerrten Belastungshypothese der Vernehmungsperson hervorgehen. So kann wiederholt ein und dieselbe Frage gestellt werden, bis der Beschuldigte die Antwort gibt, die den Erwartungen der Ermittler entspricht. So wurde der Schwiegersohn etwa, nachdem eine der Töchter aussagte, der Vater sei erschlagen worden und es sei viel Blut geflossen, am „Tatort“ zum Zwecke der Tatrekonstruktion wiederholt zu Blutflecken befragt. Als der Schwiegersohn aussagte, es sei kein Blut geflossen, entsprach diese Aussage nicht der Tathergangshypothese der Ermittler, sodass sie wiederholt (vier Mal!) nach dem Blut fragten.[643]

Weiterhin kann vermutet werden, dass auch die Preisgabe von Täterwissen und Detailinformationen diesen Effekt erzielen kann. Im Übrigen versuchen mit subjektiven Wertungen behaftete Fragen nicht, neutral der Sachverhaltsaufklärung zu dienen, sondern das Aussageverhalten des Beschuldigten in eine bestimmte Richtung zu lenken.[644] Im Ergebnis werden in allen Fällen selektiv Informationen gesucht, die im Sinne des confirmation bias die Vorannahme bestätigen, um erwartete Dissonanzen zu vermeiden oder zu beseitigen.[645]

---

642 *Köhnken*, MSchrKr 1997, 290 (292), m.w.N.

643 SPIEGEL TV Dokumentation *Rupp*; *Raske*, S. 135.

644 Aufgrund der Bestätigungstendenz des Vernehmungsbeamten kann sich dieser zudem weitere Befragungstechniken zu Nutze machen, die seine Vorannahme bekräftigen. Zum einen können mithilfe einer sogenannten „positiven Teststrategie“ Fragen gestellt werden, „bei denen Ja-Antworten die Ausgangshypothese bestätigen“, s. *Oswald/Grosjean*, in: Pohl, S. 82; *Köhnken*, MSchrKr 1997, 290 (294). Überdies kann auch eine sog. Hypothesen-Immunisierungs-Strategie angewandt werden, „bei der die Antwortmöglichkeiten auf Fragen durch deren Formulierung so eingegrenzt werden, dass hypothesenkonträre Antworten weniger wahrscheinlich werden als bestätigende Antworten“, *Köhnken*, MSchrKr 1997, 290 (294).

645 So auch: *Dowling/Gundlach*, Kriminalistik 2019, 73 (77).

c) Zwischenergebnis

In der Gesamtschau kann festgehalten werden, dass unter bestimmten Umständen der informationssammelnde Vernehmungsansatz suggestiven Befragungstechniken weicht und damit die strukturelle Möglichkeit, Alternativhypothesen zu bilden, abhandenkommt. Suggestive Verhaltens- und Befragungsmuster rücken dabei in den Vordergrund und können dazu genutzt werden, eigene Vorannahmen zu bestätigen und erwartete Dissonanzen nicht aufkommen zu lassen. Im Übrigen kann durch manipulativ hervorgerufene Aussagen begünstigt werden, dass der Beschuldigte sich selbst belastet und schlimmstenfalls ein falsches Geständnis ablegt. Dabei muss allerdings berücksichtigt werden, dass die Abgabe eines falschen Geständnisses nicht allein auf Suggestivfragen zurückzuführen ist. Vielmehr ist der Beeinflussungsprozess ein komplexes Verfahren, welches durch ein „multikausales Verursachungsgefüge" zustande kommt und infolgedessen nicht immer auf den ersten Blick zu erkennen ist.[646] So sind unter anderem auch der Befragungsdruck, der durch mangelnde Kooperation steigen kann, die Furcht vor Strafe, die Länge der Untersuchungshaft sowie die Vernehmungsdauer als Einflussfaktoren zu nennen.[647] Insbesondere die Vernehmungsdauer zerrt an der Konzentration und Denkleistung des Beschuldigten und kann zu einer kognitiven Wahrnehmungstäuschung führen, wodurch eine korrekte Wahrheitsermittlung nicht länger gewährleistet werden kann.[648] In diesem Zusammenhang muss ferner berücksichtigt werden, dass sich der Beschuldigte in der Vernehmungssituation in einem Über-/Unterordnungsverhältnis befindet.[649] Es existiert eine Gesprächsdominanz der Ermittler, die sich zunächst aus

---

646 *Volbert*, FPPK 2013, 230 (233); *Kroll*, S. 39; Vgl. *Schade*, StV 2000, 165 (167, 169). Zu den einzelnen ursächlichen Faktoren siehe *Beneke*, S. 45 ff.

647 *Eisenberg/Kölbel*, S. 326; *Volbert/May*, R&P 2016, 4 (7); *Hermann*, StraFo 2016, 89 (90); *Volbert*, FPPK 2013, 230 (233, 235); *Eisenberg*, JA 2013, 775 (775); *Eschelbach*, in: FS Rissing-van Saan, S. 123. *Ebd.* zählt auch noch die Furcht vor der Medienöffentlichkeit als weiteren Faktor auf.

648 *Eisenberg*, JA 2013, 775 (777). Der Richtwert der Vernehmungslänge liegt bei 45-60 min, s. *ebd.*; vgl. *Püschel*, StraFo 2015, 269 (274). Analysen von *Drizen/Leo* (2004) ergaben, dass bei den untersuchten Falschgeständnissen 34% der Vernehmungen zwischen sechs bis zwölf Stunden dauerten und 39% zwischen zwölf und 24 Stunden.

649 *Sickor*, S. 306; *Eisenberg*, JA 2013, 775 (775); *Artkämper*, StRR 2011, 368 (368); *Linssen*, in: Hermanutz/Litzcke, S. 224; *Starkgraff*, S. 239; *Krauthahn*, S. 217. Es zeigte sich, dass Menschen, die eine Tat gestehen, welche sie nicht begangen haben, dazu neigen, sich Autoritätspersonen zu unterwerfen, da sie ihren eigenen Erinnerungen nicht trauen, *Friedrichsen*, Spektakuläre Irrtümer, DER SPIEGEL 21/2014, S. 53.

dem Umstand ergibt, dass die Vernehmung für den Beschuldigten in der Regel eine befremdliche Situation darstellt, für den Vernehmungsbeamten hingegen berufliche Routine ist.[650] Hierneben genießt der Vernehmende bereits aufgrund seines Berufs einen Autoritätsstatus.[651] Nicht zuletzt vertraut der Beschuldigte womöglich zusätzlich seinem Gegenüber und vermutet, dass er mehr wisse als man selbst und dass er nach den gesellschaftlichen Konventionen zu den „Guten" gehöre, wohingegen man als Beschuldigter bei sozialer Zuschreibung eher als „Böser" degradiert werde.[652]

3. *Kognitive Dissonanz beim Falschbeschuldigten*

Aus den bisherigen Untersuchungen geht hervor, inwiefern kognitive Dissonanz im Rahmen der Beschuldigtenvernehmung bei den Vernehmungspersonen wirksam wird und zu einem falschen Geständnis führen kann. Mit Blick darauf, dass diese falschen Geständnisse vom Beschuldigten selbst abgegeben werden und als wesentliche Fehlerquelle anzusehen sind, soll an dieser Stelle ein Exkurs erlaubt sein, der die kognitive Dissonanz aus der Perspektive des Beschuldigten beleuchtet. Es soll der Frage nachgegangen werden, welche kognitiven Prozesse den Beschuldigten dazu verleiten können, ein falsches Geständnis abzulegen.

Der Beschuldigte ist während der Vernehmung einer ganz besonderen und in der Regel für ihn befremdlichen Situation ausgesetzt, bei der, wie bereits dargelegt, viele negative Faktoren auf ihn einwirken. Die Vernehmungsdauer und der Befragungsdruck können dabei zu einer psychischen Destabilisierung führen, die von dem Beschuldigten als besonders unangenehm empfunden wird und ihn empfänglich für suggestive Beeinflussungen macht.[653] Anerkannt ist, dass suggestive Befragungen und die Überschreitung einer angemessenen Vernehmungsdauer zu einem Zusammenbruch des psycho-physischen Leistungsvermögens des Einzelnen führen können.[654] Infolgedessen ist der Beschuldigte in der Vernehmungssituation in seinen Denk- und Wahrnehmungsleistungen eingeschränkt. Diese situativen Faktoren sind in der Lage, das Entscheidungsverhalten des Beschuldigten maßgeblich zu beeinflussen.[655]

---

650 *Linssen*, in: Hermanutz/Litzcke, S. 224; *Krauthahn*, S. 212; *Starkgraff*, S. 238.

651 *Drews*, S. 67.

652 *Linssen*, in: Hermanutz/Litzcke, S. 224; vgl. *Eschelbach*, in: FS Rissing-van Saan, S. 123.

653 *Schade*, StV 2000, 165 (168).

654 *Püschel*, StraFo 2015, 269 (274); vgl. *Volbert*, FPPK 2013, 230 (236); vgl. *Eisenberg*, JA 2013, 725 (777).

655 *Drews*, S. 67.

Im Rahmen der folgenden Untersuchung wird der zu Unrecht Beschuldigte mit Tatvorwürfen konfrontiert, die seinem Wissen, dass er unschuldig ist, widersprechen. Nimmt man derweil an, dass der Beschuldigte in diesem Fall die Hypothese des Selbst verinnerlicht hat, dass er unschuldig sei und die Polizisten während der Vernehmung seine Unschuld erkennen werden, lösen diese Vorwürfe in erheblichem Maße Dissonanz bei dem Beschuldigten aus. Nach den bislang erörterten Erkenntnissen zur Dissonanztheorie muss der Frage nachgegangen werden, welche Reduktionstechniken sich der Beschuldigte zu Nutze macht und was ihn dazu veranlassen könnte, ein falsches Geständnis abzulegen und sich mithin selbst derart schwer zu belasten.

Der Beschuldigte ist in diesem Szenario zwar in der Lage, zu seiner Überzeugung konsonante Elemente hinzuzufügen und gleichermaßen dissonante Elemente zu eliminieren. Demnach kann er Argumente anführen, weshalb er unschuldig ist und wieso die Polizisten im Unrecht sind. Allerdings besteht auf Seiten der Polizisten auch Dissonanz, weshalb in einigen Fällen zu vermuten ist, dass sie dem Beschuldigten keinen Glauben schenken und die Informationen missinterpretierten werden. Diese Situation löst eine stetige wechselseitige Beeinflussung zwischen dem Beschuldigten und der Polizei aus, wonach beide Parteien die Dissonanz des jeweils anderen verstärken können. Allerdings ist zu erwarten, dass die Dissonanz bei dem Beschuldigten stärker ausgeprägt sein wird als bei den Beamten, da ihm der Verlust wichtigerer Güter (z.B. Freiheit) droht und zu erwarten ist, dass das Verhältnis dissonanter Elemente gegenüber konsonanten Elementen überwiegt.[656]

Weiterhin ist er den Besonderheiten einer Vernehmungssituation ausgesetzt, die eine seelische Überforderung hervorrufen können. Der Beschuldigte wird unter den vorausgesetzten Bedingungen feststellen, dass er wenig Einfluss auf die Vernehmungssituation nehmen kann.[657] Unter diesen Bedingungen kann es dazu kommen, dass die Verunsicherung des Beschuldigten und sein Konformitätsbedürfnis durch die Stresssituation zunehmen, während der Suggestionswiderstand abnimmt.[658] Diese Abnahme lässt sich dadurch erklären, dass mit

---

656 Vgl. *Festinger*, S. 28 f.

657 *Eisenberg*, JA 2013, 775 (778).

658 *Volbert/Böhm*, in: Volbert/Steller, S. 257; *Püschel*, StraFo 2015, 269 (274); *Eisenberg*, JA 2013, 775 (778). Weiterhin kann es in einigen Vernehmungssituationen dazu kommen, dass die Vernehmungsperson dem Beschuldigten suggeriert, er könne sich nicht mehr an die Tat erinnern oder dass ein anderer Teil der Persönlichkeit die Tat begangen haben könnte, *Sickor*, StV 2015, 516 (517) mit Beispielen.

steigender Dissonanz sowohl die Reduktionsbereitschaft wächst als auch die Tendenz, Suggestionen zu akzeptieren.[659] Dies kann im Ergebnis die Bereitschaft erhöhen, ein falsches Geständnis abzulegen.[660]

Dementsprechend kann erwartet werden, dass auch die Dissonanztoleranz abnimmt und der Beschuldigte irgendwann in die Zwangslage gerät, sein Verhalten zu verändern und den Tatvorwürfen nachzugeben.[661] Eine derartige Verhaltensänderung könnte aus Sicht des Beschuldigten die einzige Möglichkeit bieten, der aversiv erlebten Vernehmung zu entrinnen und womöglich eine sofortige Verbesserung der Situation zu erzielen.[662] Ein zu Unrecht Beschuldigter kann zu den Vorannahmen der Polizei konsonante Antworten abgeben, um dem Befragungsdruck zu entgehen, womit gleichermaßen auch die Gefahr einer Internalisierung fiktiver Ereignisse steigt.[663] Passt der Beschuldigte seine Antworten den Vorannahmen der Beamten an, so löst sich der Widerspruch zwischen seinen Unschuldsäußerungen und den Tatvorwürfen auf. Der Beschuldigte kann somit im Ergebnis unter Einflussnahme zahlreicher Faktoren ein falsches Geständnis ablegen, um die Harmonie seiner kognitiven Kapazitäten und seine Würde als vernünftiger Mensch wiederherzustellen,[664] auch zum „Preis“ seiner Unschuld. Es wird mithin deutlich, wie gefährlich die Vernehmungssituation für eine unschuldige Person, die zum Beschuldigten und schließlich zum Täter degradiert wird, sein kann.

IV. Kognitive Dissonanz nach der Beschuldigtenvernehmung

Das Phänomen kognitiver Dissonanz wird auch nach der Vernehmung unterschiedlich wirksam. Gemäß § 168b II StPO obliegt den Beamten zuvörderst die Pflicht zur Protokollierung ihrer Vernehmungsergebnisse. Diese dient dem Zweck der „Manifestation der Interaktion“.[665] Im Zuge der Protokollierung stundenlanger Vernehmungsergebnisse besteht für den Protokollanten ein Selektionszwang, d.h. eine Reduzierung der Ergebnisse auf lediglich strafrechtlich relevante Aspekte, wobei diese im Ermessen des Beamten liegen.[666]

659 *Haisch*, Hypnose-ZHH 2011, 51 (53).

660 Vgl. *Volbert/Böhm*, in: Volbert/Steller, S. 257; *Püschel*, StraFo 2015, 269 (274).

661 Siehe dazu in dieser Arbeit Kapitel 3 F. 3.

662 *Eisenberg*, JA 2013, 775 (778). Fälschlicherweise glauben einige Beschuldigte, dass das Falschgeständnis im Laufe des Verfahrens erkannt wird, *Sickor*, StV 2015, 516 (518).

663 *Köhnken*, MSchrKr 1997, 290 (297).

664 Vgl. *Darnstädt*, S. 103.

665 *Banscherus*, S. 67.

666 *ebd.*, S. 75.

Im Hinblick darauf besteht die Möglichkeit, dass der Ermittler die Ergebnisse der Vernehmung derart falsch oder unvollständig in das Vernehmungsprotokoll aufnimmt,[667] dass bestehende Restdissonanz aufgrund einiger Aussagen des Beschuldigten eliminiert wird. Dies führt im Ergebnis zu einem „bereinigten" Vernehmungsprotokoll, welches z.B. die informatorischen Vorgespräche nicht weiter berücksichtigt und nicht erkennen lässt, ob dem Vernommenen in dieser Zeit „Anregungen" gegeben und Weichen für ein Geständnis gestellt wurden.[668]

Im Fall *Rupp* etwa wurden teils stundenlange informelle informatorische Vorgespräche mit der Ehefrau des Bauern geführt, die im Protokoll nur als „eingehendes Gespräch" betitelt wurden. Es wurde weder ersichtlich, was genau die Vernommene in diesen Stunden ausgesagt hatte, noch inwiefern sie polizeilichen Suggestionen unterlag.[669] Fest stand nur, dass nach diesem informellen Vorgespräch die Rückkehr des Bauern an dem Abend von der Kneipe ins Wohnhaus zugestanden wurde und anschließend erst mit der Beschuldigtenbelehrung die eigentliche Vernehmung begann, welche trotz mehrstündiger Dauer nur auf wenigen Seiten freihändig zusammengefasst wurde.[670]

Darüber hinaus lassen polizeiliche Protokolle oftmals erkennen, dass die Formulierung der Aussagen nicht auf die vernommene Person zurückzuführen sein kann, sondern vielmehr dem subjektiven Sprachgebrauch der Ermittler entspricht.[671] Das Protokoll kann z.B. bei Beschuldigten, die nur gebrochen Deutsch sprechen, den Eindruck erwecken, als wären sie in der Lage, diese Sprache perfekt zu beherrschen.[672] Diese Art der Umformulierung entspricht ebenfalls einer dissonanztheoretischen Reduktionstechnik, bei der konsonante eigene

---

667 *Volbert* FPPK 2013, 230 (230). Zu den Auswirkungen vorgenommener Korrekturen im Protokoll durch den Beschuldigten, s. *Zürcher/Capus/Stoll*, MSchrKr 2017, 147 (160).

668 *Rohloff/Rühländer*, Kriminalisitk 2004, 518 (518); *Deckers*, StraFo 2013, 133 (136). Im Protokoll werden oft auch offene Formulierungen verwendet, obwohl die zugrundeliegenden Fragen nicht offen gestellt wurden, so *Volbert/May*, R&P 2016, 4 (8).

669 Zu diesem Beispiel: *Rick*, StraFo 2012, 400 (401); *Raske*, S. 103; *Nestler*, ZIS 2014, 594 (596).

670 *Rick*, StraFo 2012, 400 (401); *Nestler*, ZIS 2014, 594 (596). Der Vergleich von Vernehmungsdauer und Protokollumfang lässt oftmals eine unvollständige Wiedergabe der Aussagen erkennen, s. *Volbert/May*, R&P 2016, 4 (7).

671 So auch: *Banscherus*, S. 83; *Eschelbach*, in: FS Rissing-van Saan, S. 119; vgl. *Weihmann/de Vries*, S. 273.

672 So auch im Fall des *Nikolai H.*, s. dazu *Rückert*, DIE ZEIT, Gestehen Sie endlich!, abrufbar unter: https://www.zeit.de/2009/18/DOS-Gestaendnis (Abruf v. 31.03.2021). Zu dem Fall des *Nikolai H,* s. a. *Darnstädt*, S. 107.

Formulierungen den originären Wortlaut der vernommenen Person ersetzen und dadurch womöglich die Minderqualität einer Aussage verschleiern.[673]

Im Ergebnis wird mithin deutlich, dass durch die dissonanzbedingten Verzerrungen im Vernehmungsprotokoll die Gefahr steigt, dass die an der Vernehmung unbeteiligten Ermittler, die Staatsanwaltschaft sowie die Richterschaft Protokolle erhalten, die eine lediglich ausgehandelte Wirklichkeit widergeben[674] und diese „Wirklichkeit" als wahr anerkannt wird. Gerade im Fall eines Geständniswiderrufs führt dies zu einem besonderen Problem, da der Richter zur Beurteilung des Geständnisses lediglich diese (subjektiven) Protokolle heranziehen kann.[675] Inwiefern die Möglichkeit audiovisueller Vernehmungen diesem Problem entgegenwirken kann, wird zu einem späteren Zeitpunkt behandelt.[676]

Das Anwenden dissonanztheoretischer Reduktionstechniken während der Vernehmung kann im Nachgang darüber hinaus dazu führen, dass die bereits internalisierten Vorannahmen weiterhin gefestigt werden und sich das Risiko erhöht, einem bereits bestehenden falschen Ermittlungsansatz zu folgen. Dies gilt selbst dann, wenn der Beschuldigte die Tatvorwürfe vehement abstreitet.

Aus rechtlicher Perspektive bildet das Geständnis in der Regel den „point of no return", stellt demgemäß also die Weichen für die gesamte weitere Verhandlung.[677] Ist der Beschuldigte aufgrund der Vernehmung fälschlicherweise geständig, hat dies schädliche Auswirkungen auf die fortlaufenden Ermittlungsschritte in der Gestalt, dass falsche Geständnisse zu einer selektiven Beweiserhebung und -bewertung führen und weitere Bestätigungstendenzen in Gang setzen.[678] Entlastende Beweise können hingegen im weiteren Verlauf der Ermittlungen übersehen oder nicht hinreichend gewürdigt werden.[679] Dadurch erhöht sich mithin die Gefahr eines Tunnelblicks der Polizeibeamten und das Risiko fehlerhafter und einseitiger Ermittlungen steigt. Wird das Geständnis nach der Vernehmung hingegen widerrufen, können neben dem Vernehmungsprotokoll

673 So auch: *Raske*, S. 63.

674 So auch: *Deckers*, StraFo 2013, 133 (134); *Darnstädt*, S. 321.

675 *Volbert/May*, R&P 2016, 4 (8).

676 Siehe in dieser Arbeit Kap. 3 H. IV. 1. a.

677 *Drews*, S. 211.

678 Zur empirischen Nachweisbarkeit, s. *Volbert*, FPPK 2013, 230 (230 f.); *Volbert/May*, R&P 2016, 4 (5); *Drews*, S. 208.

679 *Drews*, S. 208.

einseitig erhobene Beweise den Geständigen belasten und dazu führen, dass seine Rücknahme als unzulässig beurteilt wird.[680]

V. Zusammenfassung

Die Untersuchung der kognitiven Dissonanz im Rahmen der Beschuldigtenvernehmung hat demonstriert, dass dieses sozialpsychologische Phänomen im gesamten Kontext der Vernehmung zu drei Zeitpunkten unterschiedlich wirksam werden kann. Zum einen können bereits dissonanzbedingte Verzerrungsmechanismen wirksam geworden sein, die dazu führen, dass in der Vernehmung selbst falsches Täterwissen zur Überprüfungsgrundlage gemacht wird. Zum anderen kann sich für den Beschuldigten eine bereits vorbestimmte Ausgangslage hervortun, wenn die Vernehmungspersonen eine schuldorientierte Hypothese des Selbst kogniziert haben und von ihrer Überzeugung nicht mehr abzubringen sind. Daraus ergeben sich Einwirkungen auf die Vernehmungssituation dergestalt, dass die Beamten eine Bestätigungstendenz entwickeln und sowohl mithilfe bestimmter Vernehmungsmethoden, als auch unabhängig von ihnen das Vernehmungsergebnis in eine einstellungskonforme Richtung lenken und ihr Gegenüber ungerecht behandeln. Aufgrund der Besonderheiten dieser Situation und der dissonanten Wechselwirkung zwischen beiden Parteien kann es unter Einbeziehung personenbezogener oder vernehmungsbezogener Risikofaktoren zu einer Überbelastung der kognitiven Kapazitäten des Beschuldigten kommen, wodurch die Abgabe eines Falschgeständnisses ermöglicht und begünstigt werden kann. Der Wille des Gesetzgebers, dem Beschuldigten gem. § 136 II StPO Gelegenheit zur Verteidigung zu geben, kann auf diese Weise ins Leere laufen. Die anschließend präjudizierende Wirkung eines Geständnisses für das gesamte weitere Strafverfahren schlägt sich im Ermittlungsverfahren hingegen derart nieder, dass sowohl bei der Protokollierung der Ergebnisse als auch bei den nachfolgenden Ermittlungsschritten weitere Bestätigungstendenzen bei den Ermittlern ausgelöst werden können und mithin in der Gesamtbetrachtung verstärkt einem falschen Ermittlungsansatz nachgegangen wird.

Trotz der vielen möglichen Tretminen, in die Ermittler in der Breite des Vernehmungsgeschehens treten können, soll nicht der Eindruck erweckt werden, als seien die gewonnenen Erkenntnisse auf jedes einzelne Vernehmungsgeschehen übertragbar. Derart selektiv geprägte Vernehmungen stellen mit Sicherheit

680 *Volbert*, FPPK 2013, 230 (237). Dies ist naturgemäß nur dann problematisch, wenn der falsche Täter sein Geständnis widerrufen möchte.

kein Massenphänomen im Strafprozess dar. Nichtsdestotrotz zeugen aufgedeckte Falschgeständnisse von der Realität dieser Problematiken. Inwiefern und mit welcher Häufigkeit die Abgabe falscher Geständnisse unter Berücksichtigung der einzelnen Faktoren hingegen initiiert wird, bedarf weiterer empirischer Untersuchungen.

E. Weitere sozialpsychologische Phänomene im Kontext kriminalpolizeilicher Ermittlungstätigkeit

Kognitive Wahrnehmungsverzerrungen müssen nicht zwingend auf Dissonanzen zurückzuführen sein. Vielmehr können eine Vielzahl weiterer sozialpsychologischer Phänomene im Ermittlungsverfahren in Erscheinung treten, die sich auf die Ermittlungspersonen und mithin auf das Ermittlungsergebnis auswirken.

Im Folgenden soll ein Überblick einiger dieser sozialpsychologischen Phänomene gegeben werden, um zu verdeutlichen, dass neben der Dissonanzreduktion weitere Verzerrungsmechanismen die Sachverhaltsaufklärung beeinflussen können und die Wahrscheinlichkeit falscher Ermittlungsergebnisse steigt, sobald mehrere dieser Effekte parallel wirksam werden. Dabei werden lediglich einige von der Fachliteratur häufig rezipierte Phänomene skizziert, da die Darstellung der Vielzahl sozialpsychologischer Effekte den Rahmen dieser Arbeit übersteigen würde:

I. Inertiaeffekt

Der Inertiaeffekt (auch: Persevanzeffekt)[681] beschreibt das Festhalten an einer einmal getroffenen Annahme oder Überzeugung, auch wenn sich diese durch neuere Informationen als völlig haltlos oder zweifelhaft herausgestellt hat.[682] Das Festhalten an dieser subjektiven Annahme oder Überzeugung erfolgt dabei durch eine systematische Überschätzung konsonanter Informationen, während dissonante Informationen systematisch unterschätzt werden.[683]

Dieser Trägheitseffekt kann sich der Definition entsprechend während der Ermittlungen bereits auf die erste kognizierte Hypothese des Selbst auswirken und das Ermittlungsgeschehen gleichermaßen überschatten wie das Phänomen

681 *Schünemann*, StV 2000, 159 (160); *Schilling/Artkämper*, S. 407; *Blum*, S. 253.

682 *Singelstein*, StV 2016, 830 (832); vgl. *Artkämper*, StRR 2012, 339 (341); *Blum*, S. 253; vgl. *Raske*, S. 49. Der Inertiaeffekt wird z.T. bereits unter dem Stichwort der kognitiven Dissonanz behandelt, s. z.B. *Singelstein*, StV 2016, 830 (830 ff.).

683 *Schünemann*, StV 2000, 159 (160).

der kognitiven Dissonanz. Auch die nachträgliche Erschütterung einer Annahme oder Überzeugung von einem Tathergang kann durch den Inertiaeffekt, ähnlich wie die Bestätigungstendenz, zu einer verstärkten Fixierung der Ermittler hinsichtlich einer Ermittlungshypothese führen.[684] Dies kann im Ergebnis die Bildung eines falschen Ermittlungsansatzes vehement fördern.

II. Backfire effect

Der Backfire-effect ist ein Phänomen, welches an den Inertiaeffekt anknüpft. Dabei wird „unter bestimmten Umständen umso stärker an einer bestimmten Überzeugung festgehalten, wenn sie durch neue Informationen in Frage gestellt wird".[685] Vor diesem Hintergrund ist zu erwarten, dass Ermittler unter bestimmten Umständen schon systembedingt besonders stark an ihrer Ausgangshypothese festhalten, da der kriminalistisch-heuristische Regelkreis unter anderem darauf ausgelegt ist, dass sich der Ermittler durch die Überprüfung eigener Fehler und das Falsifizieren von Hypothesen mit widersprüchlichen Informationen auseinandersetzen muss und dadurch seine Überzeugung in Frage stellt.

III. Self-overconfidence effect

Die mangelnde Berücksichtigung dissonanter Informationen und Hypothesen verstärkt die Selbstsicherheit des Betreffenden und kann dazu führen, dass er sich seiner Sache *zu sicher* ist (sog. self-overconfidence-effect).[686] Aufgrund dessen ist zu erwarten, dass bereits kognizierte Annahmen und Überzeugungen der Ermittler verstärkt werden und keine Notwendigkeit darin gesehen wird, eigene Handlungen und Entscheidungen zu hinterfragen.

IV. Belief perserverance

Das Phänomen des Belief perserverance ist Ergebnis der Bestätigungstendenz und bezeichnet jene Situation, in der Menschen „selbst an einer völlig diskreditierten Theorie" festhalten.[687] Auch dieses Phänomen führt neben den bereits

---

684 So auch *Raske*, S. 49.

685 *Singelstein*, StV 2016, 830 (832).

686 *Schweizer*, Justice-Justiz-Giustizia 2007, 117 (121); *Civelli*, Kriminalistik 2010, 719 (720). Auch „Vermessenheitsverzerrung" genannt, s. *Dowling/Gundlach*, Kriminalistik 2019, 73 (76).

687 *Dowling/Gundlach*, Kriminalistik 2019, 73 (78); *Schweizer*, Justice-Justiz-Giustizia 2007, 117 (120); *Velten*, GA 2015, 387 (403).

angeführten Effekten zu einer Fixierung auf die bereits getroffene Annahmen, im Ermittlungsverfahren namentlich zu einem verstärkten Festhalten an der Ermittlungshypothese.

V. Primacy Effect

Der Primacy Effect beschreibt die menschliche Präferenz, zuerst wahrgenommene Informationen besser abzuspeichern als später wahrgenommene.[688] Im kriminalpolizeilichen Kontext bedeutet dies, dass vor allem diejenigen Informationen, die im Rahmen des Ersten Angriffs sichergestellt werden, den Ermittlern stärker in Erinnerung bleiben und besser abgespeichert werden. Untersuchungen zum Primacy Effect haben des Weiteren nachgewiesen, dass die zuerst gespeicherten Informationen großen Einfluss auf die weitere Datenverarbeitung haben.[689] Neue, zum ersten Eindruck konsonante Informationen werden unbewusst bevorzugt verarbeitet. Somit kann festgehalten werden, dass die zuerst gewonnenen Eindrücke und Annahmen die weitere Bewertung von Daten und Beweismitteln erheblich beeinflussen und somit von besonderer Relevanz sind.[690]

VI. Zwischenergebnis

Die Darstellung weiterer sozialpsychologischer Phänomene im Kontext der Ermittlungstätigkeit verdeutlicht das Ausmaß an möglichen Verzerrungsmechanismen, denen der einzelne Ermittler während der Sachverhaltsaufklärung ausgesetzt sein kann. Vor allem vor dem Hintergrund, dass die Darstellung lediglich einen kleinen Ausschnitt des gesamten „Portfolios" an sozialpsychologischen Effekten zeigt, ist dies besonders beachtlich. Darüber hinaus lässt sich vermuten, dass mit der Anzahl der wirksam gewordenen Effekte auch die Gefahr eines objektiv falschen Ermittlungsansatzes steigt, da zum einen bereits vorhandene Vorannahmen verstärkt werden und zum anderen die selektive Suche und Gewichtung von Informationen gleich im Sinne der Dissonanztheorie begünstigt wird. Dieses Risiko steigt, wenn die verschiedenen Effekte sich wechselseitig beeinflussen, d.h. die genannten Effekte zum Teil aufgrund dissonanztheoretischer Reduktionsmechanismen wirksam werden und umgekehrt auch auf diese einwirken. An dieser Stelle können letztendlich allein empirische

---

688 *Artkämper*, StRR 2012, 339 (341).
689 Im Folgenden: *Rettenberger/Eher*, R&P 2016, 50 (53).
690 Vgl. *Schweizer*, Justice-Justiz-Giustizia 2007, 117 (121).

Untersuchungen Klarheit über den Einfluss der sozialpsychologischen Phänomene untereinander bringen.

F. Einflussfaktoren dissonanzbedingter Fehlerbildung bei Polizeibeamten

Kognitive Dissonanz ist kein sozialpsychologisches Phänomen, welches gegen externe Einflüsse immun ist. Vielmehr gibt es nachweislich eine Vielzahl an Faktoren, die kognitive Dissonanz provozieren oder zumindest in ihrer Gesamtstärke fördern. Dabei können sowohl faktische als auch rechtliche Determinanten von Relevanz sein und zu einer Überbelastung kognitiver Kapazitäten führen.[691] Konsequenterweise steigt mit der Möglichkeit der Überbelastung die Gefahr kognitiver Verzerrungen, die einen fehlerhaften Ermittlungsansatz begünstigen.[692] Welche Determinanten in diesem Kontext von Relevanz sind, soll veranschaulicht und in Bezug auf die Ermittlungstätigkeit der Polizei im Folgenden untersucht werden.

I. Faktische Determinanten

Zunächst existieren zahlreiche faktische Determinanten, die für das Entstehen von Dissonanzen und kognitiven Wahrnehmungsverzerrungen förderlich sind. Einige dieser Faktoren wurden in dieser Arbeit bereits aufgegriffen. Dabei seien vornehmlich der Vernehmungsdruck, die Vernehmungsmethodik oder die Stärke des Commitment genannt.[693] Daneben existieren jedoch noch weitere Determinanten, die nachfolgend erörtert werden.

1. Das Ermitteln unter Zeit-, Verantwortungs- und Erfolgsdruck

Forschungsergebnisse belegen unter anderem, dass eine selektive Informationssuche konsonanter gegenüber dissonanten Informationen besonders stark ausgeprägt ist, wenn sich die betreffende Person bei der Suche nach Informationen und Daten unter Zeitdruck befindet.[694]

Kriminalbeamte müssen im Rahmen ihrer Ermittlungen bei oftmals lückenhaftem Kenntnisstand wichtige und irreversible Entscheidungen unter Zeitdruck

---

691 *Frey*, in: Rösler/Florin, S. 46.

692 Vgl. *ebd.*

693 Siehe in dieser Arbeit Kapitel 3 A. II und Kapitel 3 D. III. 2.

694 *Frey*, in: Rösler/Florin, S. 46; *Schulz-Hardt* S. 68; *Peus/Frey/Braun*, S. 67.

treffen,[695] welcher durch eine Vielzahl an Faktoren hervorgerufen werden kann. Zum einen wird er bereits durch den dem Ermittlungsverfahren zugrundeliegenden Beschleunigungsgrundsatz begünstigt, der in der Strafprozessordnung nicht ausdrücklich normiert, aber von Art. 6 I 1 EMRK als Recht des Beschuldigten vorausgesetzt wird.[696] Die Polizisten werden dazu angehalten, ökonomisch schnell und effizient ihre Ermittlungen durchzuführen und gleichermaßen Ermittlungsmaßnahmen zu ergreifen.[697] Das BVerfG setzt in diesem Zusammenhang ein enges Zeitfenster voraus, bis zu dem spätestens Anklage durch die Staatsanwaltschaft erhoben werden muss.[698] Dadurch soll eine Aufklärung ohne Verzug gewährleistet sowie eine uferlose Belastung der Verfahrensbeteiligten vermieden werden.[699] Allerdings scheint diesbezüglich zweifelhaft, ob eine vollumfängliche und bestmögliche Sachverhaltsaufklärung i.S.v. § 244 II StPO unter dem gesetzlich vorgegebenen Zeitdruck betrieben werden kann.[700]

Zum anderen geraten die Polizisten naturgemäß unter Zeitdruck, wenn im Fortgang der Sachverhaltsaufklärung eine weitere Gefährdung hoher Rechtsgüter, wie das Menschenleben, droht und ein schnelles Handeln der Beamten erforderlich macht. So steigt der Druck z.B. bei der Fahndung nach einem Entführungsopfer, wenn noch Hoffnung auf ein Lebenszeichen besteht, so wie es der *Fall Gäfgen/Daschner* exemplarisch darlegt.[701] Daran anknüpfend geht mit Aussicht auf Verlust hoher Rechtsgüter ein erheblicher Verantwortungs-, Handlungs- und Erfolgsdruck der Polizisten einher, der ebenfalls eine Verstärkung der Bestätigungstendenzen verursacht.[702]

---

695 *Walder/Hansjakob/Gundlach/Straub*, S. 1; *Ask/Granhag*, Journal of Investigative Psychology and Offender Profiling 2005, 43 (47).

696 *Ziegler*, in: Satzger/Schluckbier/Widmaier, § 163 Rn. 13; *Roxin/Schünemann*, § 16 Rn. 3. An dieser Stelle wird bereits deutlich, dass faktische und rechtliche Determinanten nicht losgelöst nebeneinander existieren, sondern ihnen ein gewisses Spannungs- und Abhängigkeitsverhältnis zugrunde liegen kann.

697 Vgl. *Leuschner/Hoffmann*, NK 2016, 155 (161).

698 BVerfG, Beschl. v. 30.07.2014 – 2 BvR 1457/14.

699 Siehe in dieser Arbeit auch Kapitel 2 B. II. 3. b. aa. (2).

700 So auch: *Dunkel/Kemme*, NK 2016, 138 (139).

701 Siehe dazu im Einzelnen: Welt Politik, Der Fall Gäfgen – eine Chronik, abrufbar unter: https://www.welt.de/politik/article2161834/Der-Fall-Gaefgen-eine-Chronik.html (Abruf v. 31.03.2021).

702 Vgl. *Oswald/Wyler* in: Barton/Dubelaar/Kölbel/Lindemann, S. 110; Vgl. *Heimann*, Kriminalistik 2017, 751 (751).

Ein weiterer Aspekt, der Zeit- und Erfolgsdruck bei den Ermittlern hervorrufen kann, ist die an den einzelnen Polizeibeamten gerichtete Erwartungshaltung der beruflichen Vorgesetzten und der Bevölkerung.[703] So verlangen die zuständigen Vorgesetzten und politisch Verantwortlichen unter anderem, dass ihnen die Ermittlungsergebnisse schnell überbracht werden.[704] Auch die Öffentlichkeit hat regelmäßig ein Interesse an der schnellen Aufklärung eines Kriminalfalles und einer zuverlässigen sowie zeitgerechten Berichterstattung durch die Polizei.[705] Dabei sollen die zugrundeliegenden Informationen nicht nur zeitnah, sondern auch vollständig gesichert werden.[706]

Eine zentrale Rolle für die Meinungsbildung und Erwartungshaltung der Öffentlichkeit spielen als Quelle der Informationsgewinnung die Medien.[707] Sie sind in der Lage, den bereits vorhandenen Handlungs- und Erfolgsdruck bei den Ermittlungsbeamten durch ihre Berichterstattung zusätzlich zu erhöhen,[708] indem sie etwa die Arbeit der Polizisten öffentlich an den Pranger stellen.[709] Die Machtstellung der Medien ist dabei derart hoch, dass sie mitunter als „vierte Gewalt" bezeichnet werden.[710]

Obwohl die Darstellungen der Polizei durch die Medien nicht selten unrealistisch sind, wirken sie sich nichtsdestotrotz auf die Erwartungshaltung der Bevölkerung aus[711] und entwickeln dabei ein nicht zufriedenstellendes Gesamtbild

---

703 So auch: *Eschelbach*, in: Fischer/Hoven, S. 33.

704 *Heimann*, Kriminalistik 2007, 504 (504); *Roxin/Schünemann*, § 9 Rn. 19. Im Fall der verschwundenen *Peggy Knobloch* forderte der damalige bayrische Innenminister öffentlich Fortschritte der Polizei und veranlasste einen Wechsel bei der Leitung der Soko Peggy, s. *Darnstädt*, S. 109.

705 *Heimann*, Kriminalistik 2007, 504 (504).

706 *ebd.*

707 *Fröhling*, S. 161; *Haarmann*, S. 4, 6.

708 *Heimann*, Kriminalistik 2017, 751 (751).

709 Die aus Sicht der Polizeibeamten sehr negativ empfundene Presse konnte empirisch nicht nachgewiesen werden. Vielmehr war eine tatsächlich sehr neutrale Berichterstattung Ergebnis einer wissenschaftlichen Untersuchung, s. dazu ausführlich *Weihmann/de Vries*, S. 443. Nichtsdestotrotz kann auch subjektiv negativ empfundene Presse den Erfolgs- und Handlungsdruck des Einzelnen erhöhen.

710 *Fröhling*, S. 161; *Kilian*, Die Polizei 2001, 263 (264).

711 *Haarmann*, S. 5; *Schneider*, Kriminalistik 2000, 290 (294); *Findley/Scott*, Wisconsin Law Review 2006, 291 (323). Vertiefend zum Rollenbild der Polizei innerhalb der Gesellschaftsstrukturen, *Schneider*, Kriminalistik 2000, 290 (294). Zur Prangerwirkung der Medien im Strafprozess vertiefend: *Fröhling*, Der Moderne Pranger. Von den Ehrenstrafen des Mittelalters bis zur Prangerwirkung der heutigen Berichterstattung im heutigen Strafverfahren (2014).

der Ermittlungssituation auf Seiten der Polizei und der Öffentlichkeit. Deutlich wird vor diesem Hintergrund, dass die Medien aufgrund ihres Einflusses durchaus auch in der Lage sind, das Meinungsbild der Bevölkerung durch ihre Berichterstattung zu manipulieren[712] und die Tendenz für ein bestimmtes Meinungsbild vorzugeben.

Gerade bei besonders aufsehenerregenden und spektakulären Fällen stehen die Ermittler unter latentem Erfolgsdruck, der durch die Medien und die Öffentlichkeit provoziert wird.[713] Besonders sensible Straftaten, wie Tötungs- oder Sexualdelikte, erregen die Aufmerksamkeit aller und können dazu führen, dass sich die Ermittler bei ihrer Arbeit lediglich darauf fokussieren einen Täter zu präsentieren.[714] Dieser Tunnelblick birgt ein erhebliches Fehlerpotential, da bereits eine straftaten- und täterorientierte Hypothese des Selbst in Form einer Vorannahme gefestigt wird, die mitunter zu systematischen Verzerrungen führen kann.

Ein weiterer Einflussfaktor, der die Erwartungshaltung und die Wahrnehmung der Bevölkerung von Ermittlungsarbeit und Kriminalität beeinflusst, ist die Kriminalstatistik.[715] Ihre Ergebnisse variieren mit der Effektivität der polizeilichen Strafverfolgung, da Umfang und Prozentsatz der aufgeklärten Straftaten in die Bewertung der Sachverhalte mit einfließen.[716] Naturgemäß erscheint der breiten Bevölkerung eine hohe Aufklärungsquote als Indikator für erfolgreiche Polizeiarbeit,[717] was unter Umständen erwarten lässt, dass die Polizei sehr straftatenorientiert agiert und sich von der Erwartungshaltung der Bevölkerung erneut beeinflussen lässt.[718] Paradoxerweise kann an dieser Stelle eine Wechselwirkung vermutet werden, indem zum einen kognitive Verzerrungen durch das Spannungsverhältnis zwischen Polizei und Bürger verstärkt werden können und zum anderen diese Verzerrungen sich umgekehrt erneut auf die Statistiken und somit auf die Wahrnehmung der Bevölkerung auswirken.[719]

---

712 *Fröhling*, S. 161. Zur individualisierenden Verdachtsberichterstattung eines Beschuldigten im Strafverfahren, siehe *Haarmann*, Die individualisierende Verdachtsberichterstattung über den Beschuldigten eines Strafverfahrens (2012).

713 *Eschelbach*, in: Fischer/Hoven, S. 33; *Raske*, S. 26; *Darnstädt/Friedrichsen/Hipp/Ulrich/Windmann*, Glaube und Wahrheit, DER SPIEGEL 22/2011, S. 63.

714 *Albrecht*, S. 124.

715 *Lange*, S. 188; vgl. *Singelstein*, StV 2016, 830 (830).

716 *Singelstein*, StV 2016, 830 (830).

717 *Lange*, S. 188; *Raske*, S. 27.

718 So auch *Feltes*, S. 150: In der Regel wird die Aufklärungsquote mit „guter Polizeiarbeit" sowie „hoher Abschreckungsquote" gleichgesetzt.

719 *Singelstein*, StV 2016, 830 (836).

Im Ergebnis wird deutlich, dass die Ermittlungstätigkeit aufgrund vieler Determinanten hohem Druck ausgesetzt ist. Dieses „Unter-Druck-setzen“ begünstigt die Bestätigungsneigung, vornehmlich die selektive Informationssuche, im erheblichen Maße und kann darüber hinaus auch zu einem vermehrten Auftreten dissonanzbedingter Verzerrungen führen.

2. *Informationsflut und Informationskosten*

In der Sozialpsychologie ist weiterhin anerkannt, dass die Bestätigungstendenz bei Personen insbesondere dann erhöht wird, wenn der Entscheidungsträger eine Informationsüberbelastung erfährt.[720]

Im Rahmen der Ermittlungssituation stehen die Ermittler grundsätzlich vor einer immer lückenhaften Ausgangssituation mit unbekannten Variablen.[721] In der Vergangenheit war es für die Ermittlungsbeamten einfacher einen Sachverhalt „vollständig“ aufzuklären, da dies oftmals allein durch ein paar wenige Zeugenbefragungen erledigt werden konnte.[722] Seit Jahrzehnten werden sie jedoch einer immer größer werdenden Informations- und Datenflut ausgesetzt.[723] Nicht zuletzt durch technischen Fortschritt und Digitalisierung hat die Menge und Komplexität von Informationen deutlich zugenommen.[724] Alleine durch soziale Medien werden Mengen an Informationen über einzelne Personen und Sachverhalte öffentlich, zu denen Polizisten in der Vergangenheit keinen Zugang hatten. Doch nicht alleine die Menge der Informationen führt zu einer Überbelastung – auch der Wahrheitsgehalt der Informationen lässt sich im Zeitalter sozialer Medien nur schwer ermitteln. Die Differenzierung zwischen Tatsachen und „Fake News“ ist selbst für erfahrene IT-Fachleute im Social Media Bereich ein komplexes Unterfangen.

Neben den neu entstandenen Informationsquellen sorgt auch der Einsatz neuer Ermittlungsmethoden, wie etwa der „Lauschangriff“, für einen Überschuss an Informationen.[725] Aus Gründen der Ermittlungseffizienz werden diese Methoden insbesondere bei der Bekämpfung organisierter Kriminalität eingesetzt, wo sie jedoch zu einem Problem der Auswahl und Auswertung von Informationsmengen führen können.[726]

720 *Frey*, in: Rösler/Florin, S. 46; Vgl. *Peus/Frey/Braun*, S. 67.
721 *Heimann*, Kriminalistik 2017, 751 (751).
722 *Weigend*, StraFo 2013, 45 (46).
723 *Hansjakob*, Kriminalistik 2012, 662 (662); *Atzbach*, Kriminalistik 2001, 323 (324)
724 Vgl. *Weigend*, StraFo 2013, 45 (46).
725 *Albrecht*, S. 126, 135 f.
726 *ebd.*, S. 135 f.

Aufgrund der Komplexität wachsender Datenmengen und vermeintlicher „Tatsachen" dürfte es den Ermittlern heutzutage schwerfallen, immer eine richtige Entscheidung zu treffen. Durch die Überbelastung steigt im Ergebnis das Risiko, dass Ermittler sich in dem komplexen Informationskonstrukt eines strafrechtlichen Sachverhalts den „einfachsten" Weg bahnen und selektiv nach Informationen suchen, die konsonant zu ihrem Ermittlungsansatz sind.

Die Bestätigungstendenz wird des Weiteren durch das Entstehen hoher Informationskosten gefördert.[727] Bedarf etwa ein polizeilicher Einsatz vieler Einsatzkräfte (z.B. bei einem Hochrisikospiel der Bundesliga), die unter Umständen aus anderen Bundesländern herangezogen werden müssen, entstehen Kosten, die im Vergleich zur alltäglichen Polizeiroutine besonders hoch sind.

Ferner kann auch die Beauftragung eines Gutachters zu erhöhten Kosten einer Ermittlung führen.[728] In diesem Zusammenhang erhöht sich die Bestätigungstendenz zusätzlich, wenn der Ermittlungsbeamte Informationen von Experten erhält anstatt von Laien (z.B. Zeugen).[729]

3. *In der Natur des Menschen liegende individuelle Faktoren*

Festinger kam zu dem Ergebnis, dass auch individuelle, in der betreffenden Person liegende Faktoren bei der Entstehung und Ausprägung der Dissonanz von Bedeutung sind. So können die Persönlichkeit und der Einfluss von Erfahrungen das Ausmaß kognitiver Dissonanz beeinflussen.[730] Er konstatierte, dass die Schwelle der Dissonanztoleranz bei jedem Menschen und folglich auch bei jedem Ermittlungsbeamten individuell ausgeprägt sei.[731] Demgemäß könnten einige Ermittler sehr starke Dissonanz ertragen und auf diese Weise Einschränkungen hinsichtlich ihrer Einstellung hinnehmen (z.B. dass sie nicht in allen Angelegenheiten Recht behalten müssen). In Gegenüberstellung dazu könnten andere eine sehr viel niedrigere Toleranzschwelle aufweisen und somit Dissonanz auch als besonders schmerzhaft empfinden. *Festinger* erwartet in diesem Kontext, dass diese Personen entscheidungs*un*freudig sind und aus diesem Grund diese Entscheidung vorsätzlich meiden. Gleichermaßen werden solche

---

727 *Frey*, in: Rösler/Florin, S. 46; *Peus/Frey/Braun*, S. 67.

728 Zur Relevanz eines Sachverständigen im Rahmen eines Ermittlungsverfahrens, s. *Löffelmann/Walther/Reitzenstein*, S. 135.

729 Vgl. *Frey*, in: Rösler/Florin, S. 46; *Peus/Frey/Braun*, S. 67.

730 *Festinger*, S. 259; *Singelstein*, StV 2016, 830 (834).

731 Zum Folgenden: *Festinger*, S. 259 f.

Personen erwartungsgemäß auf dissonante Meinungen heftiger reagieren als dissonanztolerantere Menschen.[732]

Weiterhin ist wissenschaftlich anerkannt, dass die Bestätigungstendenz bei ängstlichen Menschen besonders stark ausgeprägt ist.[733] In diesem Zusammenhang kann auch die persönliche Selbstunsicherheit, die durch eine Bedrohung der Selbstintegrität entstehen kann, indirekt Einfluss auf die Entstehung von Dissonanz nehmen.[734] Die persönliche Selbstunsicherheit einer Person und somit auch eines Ermittlungsbeamten lässt vermuten, dass eine extreme Überzeugung bezüglich sozialer Themenbereiche entwickelt wird, welche etwa zu einer besonderen Ausgrenzungstendenz von Personengruppen führen kann.[735] Diese extreme Überzeugung, hervorgerufen durch menschliche Unsicherheit, führt zu einer Festigung von Vorannahmen, die unter Umständen zulasten eines Beschuldigten gehen können.

Eine weitere Determinante kognitiver Dissonanz ist der kulturelle Hintergrund einer Person.[736] Es wurde nachgewiesen, dass Dissonanz zwischen den einzelnen Kulturen unterschiedlich ausgeprägt sein kann, sodass kollektivistisch geprägte Menschen, wie z.B. Asiaten, stärker Dissonanz bei Entscheidungen empfinden, die sie für Dritte treffen müssen, wohingegen Individualisten, wie Europäer, diese insbesondere bei Entscheidungen empfinden, die sie für sich selbst treffen.[737] Je nach kulturellem Hintergrund eines Ermittlungsbeamten kann somit auch die Dissonanz unterschiedlich wirksam werden.

4. Polizeikultur und das Rollenbild der Polizei

Die polizeiliche Institution birgt eine eigene soziale sowie organisatorische Kultur und wird durch ein spezifisches Rollenbild geprägt.[738] Diese Faktoren

---

732 *Festinger,* S. 261.

733 *Frey*, in: Rösler/Florin, S. 46.

734 *Fischer/Jander/Krüger*, S. 22.

735 Ob die Nationalität oder das Geschlecht eines Tatverdächtigen für den Fokus polizeilicher Aufmerksamkeit eine Rolle spielen, ist in der Fachliteratur streitig, s. dazu *Feltes*, S. 156.

736 *Fischer/Jander/Krüger*, S. 22.

737 *ebd.*, S. 22; *Gerrig*, S. 674.

738 *Velten*, GA 2015, 387 (397); *Watolla/Hermanutz*, Polizei & Wissenschaft 2014, 10 (10, 11). Siehe ausführlich zum Thema „Cop Culture" und „Polizeikultur": *Behr*, Cop Culture – Der Alltag des Gewaltmonopols, Opladen 2000. *Behr* unterscheidet zwischen den Begriffen Cop Culture und Polizeikultur. Cop Culture meint seiner Ansicht nach die gelebte Kultur der handarbeitenden Polizisten. Die Polizeikultur hingegen ist eine vorgestellte Idee der (bürokratischen) Organisation, s. *ebd.*, S. 18. Sie ist als informelles

lassen erwarten, dass es zu einer Begünstigung straftatenorientierter Vorannahmen und somit einer Förderung kognitiver Dissonanz bzw. dem Auftreten von Bestätigungstendenzen kommen kann. *Singelstein* spricht in diesem Zusammenhang sogar von einer „institutionalisierten kognitiven Dissonanz".[739]

Bereits *Festinger* nahm an, dass sich mit dem Rollenbild, welchem sich eine Person innerhalb der Gesellschaft unterordnet, die Einstellung zum Leben und mithin die Persönlichkeit eines Einzelnen ändern kann.[740] Je nach gesellschaftlichem Status können alltägliche Situationen aus unterschiedlichen Blickwinkeln bewertet werden. So kann man als „Normalbürger" gewisse Abläufe innerhalb der Polizei oder den Umgang der Polizei mit den Bürgern kritisieren und der Ansicht sein, man selbst würde womöglich besser und effizienter arbeiten. Absolviert man dann zu einem späteren Zeitpunkt die polizeiliche Ausbildung, kann sich der Blick auf die Dinge, die man zuvor kritisiert hat, sehr schnell verändern, da sich der eigene Status entsprechend gewandelt hat. Aufgrund des Rollenwechsels kann sich ein gewisses Verständnis für die monierten polizeilichen Abläufe manifestieren und man kann sich fortan in die Rolle hineinversetzen.

Der Wandel vom „Normalbürger", über die Auszubildendenlaufbahn bis hin zum voll ausgebildeten Polizeibeamten stellt eine Veränderung der bisherigen Lebensgewohnheiten dar, welche nach *Festinger* kognitive Dissonanz fördern kann.[741] Die neu gewonnene Polizeipersönlichkeit involviert neue Situationen, mit denen der Einzelne konfrontiert wird und die darüber hinaus auch mit den etablierten Wertvorstellungen oder Meinungen zu einem Thema dissonant sein können. Sie wird fortlaufend geprägt durch die Felderfahrungen, die der einzelne Beamte im Laufe seiner Karriere machen wird.[742]

Nach *Festinger* reagiert der Mensch in seiner entsprechenden gesellschaftlichen Position zugleich auch auf die Erwartungen, die Dritte an diese Rolle haben.[743] Es ist somit zu vermuten, dass die Ermittlungsbeamten sich diesen Erwartungen in einem gewissen Umfang beugen, sodass sie ihre gesellschaftliche

---

Verhaltens- und Wertesystem der Polizeiorganisation anzusehen, s. *Schneider*, Kriminalistik 2000, 290 (294). Über das Rollenbild der Polizei innerhalb der Gesellschaft gibt es zahlreiche theoretische Ansätze (z.B. die Polizei als Krisenmanagement, Friedensstiftungsintervention oder als Informationssammler sowie Ordnungs- und Sicherheitspartner), siehe dazu ausführlich *Schneider*, Kriminalistik 2000, 290 ff.

739 *Singelstein*, StV 2016, 830 (831).

740 *Festinger*, S. 263.

741 Im Folgenden: Vgl. *ebd.* S. 263.

742 *Schneider*, Kriminalistik 2000, 290 (294).

743 *Festinger*, S. 263.

Rolle dahingehend interpretieren, schnell, effizient und straftatenorientiert arbeiten zu müssen. Diese Einstellung kann im Ergebnis sowohl die Dissonanzentstehung fördern als auch zu einer vermehrten Wahrnehmungsverzerrung innerhalb der Ermittlungstätigkeit führen, da bereits gewisse Hypothesen des Selbst vorgegeben werden, die unter anderem die Bestätigungsneigung fördern können.

Neben der Erwartungshaltung Dritter beeinflusst auch der Kontakt zu den Menschen, mit denen man sich plötzlich aufgrund seiner neuen Rolle umgibt, die Einstellung einer Person.[744] Als Polizist tritt man zum einen mit Kollegen in Kontakt, welche möglicherweise ähnliche „polizeiliche" Ansichten und Denkweisen vertreten, zum anderen wird man auch mit „Normalbürgern", Strafverteidigern und Beschuldigten konfrontiert. In den letztgenannten Fällen existiert häufig eine „Wir-Sie"-Orientierung, eine Aufteilung der Menschen in In- und Outsider, welche aus der Notwendigkeit hervorgeht, die eigene polizeiliche Autorität zu wahren.[745] Diese soziale Isolation und Distanz der Ermittler lassen eine Veränderung der Einstellung erwarten, hervorgerufen durch Machtbesitz und Vorurteile.[746]

Innerhalb der Polizeikultur gibt es gleichermaßen viele Faktoren und Strukturen, die eine straftaten- und täterorientierte Vorannahme bei einigen Ermittlungsbeamten begünstigen oder gar erst provozieren und auf diese Weise bei Auffinden entlastenden Beweismaterials Dissonanzen fördern können. Die institutionelle Kultur der Polizei wird mitunter von einem Jagdtrieb bestimmt.[747] Einen guten Polizisten zeichnet aus, „den Skalp des Täters am Gürtel zu tragen", d.h. es herrscht eine Mentalität, die darauf ausgelegt ist, einen Täter finden zu müssen.[748] Diese Verfolgerhaltung ist fester Bestandteil der institutionellen Polizeikultur und kann dazu veranlassen, eine straftatenorientierte Einstellung bei der Sachverhaltsaufklärung zu entwickeln.

---

744 *Festinger*, S. 263.

745 *Schneider*, Kriminalistik 2000, 290 (294).

746 Siehe dazu: *Feltes/Punch*, MSchrKr 2005, 26 (43).

747 *Püschel*, StraFo 2015, 269 (276).

748 Vgl. *ebd.*, StraFo 2015, 269 (277). *Sickor* vertritt die Ansicht, dass zudem die Mentalität besteht, auch nach einem Geständnis zu jagen, s. *Sickor*, StV 2015, 516 (516); a.A.: *Bittmann*, in: Barton/Kölbel/Lindemann, S. 393. *Ebd.* qualifiziert nicht den Jagdeifer oder den Bestrafungsgedanken als typisches Merkmal der Polizei, sondern vielmehr den Drang schneller Erledigung. Zum Drang der Erledigung und des Abschlusses der Ermittlungen („need for closure") siehe *Webster/Kruglanski*, Journal of Personality and Social Psychology 1995, Vol. 67, 1049-1062.

Darüber hinaus steht die Polizeikultur unter bestimmten Topoi: Die Polizeiarbeit wird nicht nur als Beruf betrachtet, sondern als Lebensaufgabe, der ein gewisser Missionsgeist (Stichwort: Gefahrenabwehr) übergeordnet ist.[749] Zugleich werden das Ethos der Tapferkeit, Mut, Stärke, Courage und die Autonomie der Verschwiegenheit als besonders wichtige Wertvorstellungen eines jeden Polizisten propagiert.[750] Als zentrales und unvermeidbares institutionalisiertes Kerncharakteristikum wird mancherorts weiterhin das „permanente Misstrauen" eines Polizeibeamten gesehen.[751] Dieses ergibt sich einerseits aus der fortlaufenden Achtsamkeit aufgrund stetiger Gefahren und andererseits aus dem Druck, bei der Aufklärung von Straftaten auch Ergebnisse präsentieren zu müssen.[752] Solche Umstände machen es erforderlich, die Umgebung und betreffende Personen auf ihr Risikopotential hin zu prüfen. Das permanente Misstrauen lässt bei einzelnen Polizeibeamten eine skeptische und achtsame Grundhaltung gegenüber situativen Gegebenheiten erwarten, sowie die vorschnelle Beimessung gewissen Gefahrenpotenzials. Daraus folgt die Erwartung, dass eine derartig negative Einstellung zu einer straftatenorientierten Vorannahme führen kann, die sich mitunter kognitiv fehlerbegünstigend auswirkt.

Weitere Charakteristika der Polizeikultur sind die etablierten Grundsätze der Loyalität, Solidarität und Moral.[753] So zeigen eine Vielzahl von Polizisten Loyalität und Moral gegenüber der Verfassung, sich selbst, aber vornehmlich gegenüber anderen Kollegen.[754] Letzteres rührt aus der Gruppen- und Teamdynamik der Polizeiarbeit, bei der sich jeder zu jederzeit auf den anderen Kollegen verlassen können muss.[755] Daran anknüpfend herrscht in der Polizei das Bild eines

749 *Schneider*, Kriminalistik 2000, 290 (294).

750 *ebd.*

751 *Behr*, S. 212. Seit den 1980ern wird eine Kultur des Misstrauens konstatiert, *Linssen*, Kriminalistik 2004, 259 (261). Demgegenüber wird partiell eine komplexere und dynamischere Sicht vorgenommen, wonach die Polizeikultur zwar weiterhin die soziale Isolation pflegt und sich auf diese Weise von der breiten Öffentlichkeit unterscheidet, allerdings weitaus vielschichtiger und fraktionierter ist. Sie wird als Prozess gesehen, in dem die Polizisten durch alltägliche Interaktionen und Einsätze differenzierte Macht- und Entfaltungsmöglichkeiten besitzen und ihre Wertvorstellungen dem Erlebten anpassen, s. *Schneider*, Kriminalistik 2000, 290 (294).

752 Im Folgenden: *Schneider*, Kriminalistik 2000, 290 (294).

753 *Heimann*, Kriminalistik 2017, 751 (752, 754); *Schneider*, Kriminalistik 2000, 290 (294).

754 *ebd.*

755 Damit wirbt die Polizei z.B. auf Werbebroschüren, s. *Gruschinske*, Die Polizei 2014, 224 (224); *Schneider*, Kriminalistik 2000, 290 (294); *Feltes*, S. 157.

familiären Miteinanders, einer eingeschworenen Gemeinschaft, bei der jeder die Reaktion des anderen vorhersehen kann.[756]

So vorteilhaft dieser „Korpsgeist“[757] auf den ersten Blick erscheinen mag, führt er mancherorts dazu, dass Regelverstöße und Fehler innerhalb der Ermittlungen unentdeckt bleiben und auf diese Weise kognitive Verzerrungsmechanismen ungehindert Anwendung finden und in den Umlauf geraten können. Für einen Teil der Polizisten ist es zur Normalität geworden, eine „Mauer des Schweigens“ hinsichtlich der Fehler anderer Kollegen aufzubauen, da sie sich zum einen unsicher bezüglich dessen sind, wie sie mit Fehlern anderer umgehen sollen und zum anderen aufgrund mangelnder Unterstützung, diese Fehler zu melden.[758]

Der destruktive Umgang mit polizeilichem Fehlverhalten innerhalb der Institution birgt eine Vielzahl an Gefahren. Fehler werden bei der Polizei vielerorts nicht als Normalität menschlichen Handelns betrachtet, die eine notwendige Begleiterscheinung von persönlichen Entwicklungen oder eine Chance für Verbesserungen innerhalb der Institution darstellen, sondern als Versagen des Einzelnen.[759] Dabei ist auch die Fehlerphilosophie des polizeilichen Beförderungssystems hinderlich, wo postuliert wird, dass derjenige, der nicht unangenehm auffällt, die besten Chancen auf eine Beförderung hat.[760] Derjenige, der nicht in der Lage ist fehlerfrei zu funktionieren, wird hingegen unter Druck gesetzt und im Extremfall gemobbt oder ausgegrenzt.[761] Die mangelnde Fehlerkultur innerhalb der Institution führt dazu, dass ein Scheitern-können versagt bleibt[762] und nicht an die Öffentlichkeit getragen werden soll, da ein solches Eingeständnis dem Image der Polizei schaden kann.[763] Dennoch lässt es sich aufgrund der Natur des Menschen nicht vermeiden, dass auch innerhalb der

756 *Gruschinske*, Die Polizei 2014, 224 (224).

757 Zur Frage des Korpsgeistes in der deutschen Polizei, s. *Feltes/Behr*, S. 25 ff.

758 *Feltes*, Die Polizei 2012, 285 (289). Die Mauer des Schweigens gilt als Ehrenkodex unter den Beamten, den Kollegen nicht auszuliefern. Als notwendige Begleiterscheinung kommt es zur Abhängigkeit von der Diskretion der Kollegen untereinander, *Feltes/Behr*, S. 28.

759 *Feltes*, Die Polizei 2012, 285 (288 f.).

760 So *ebd.*, Die Polizei 2012, 285 (288).

761 *ebd.*, Die Polizei 2012, 285 (289); *Feltes/Behr*, S. 28.

762 Vgl. *Velten*, GA 2015, 387 (395). Das Verbot jeglicher Fehler ist Vorgabe vieler Polizeiführer, s. *Feltes*, Die Polizei 2012, 285 (290).

763 *Feltes*, Die Polizei 2012, 285 (285, 289).

Polizei Fehler begangen werden.[764] Sollten trotz etwaiger Bemühungen interne Probleme öffentlich oder Widerstand bekannt werden, droht dem „Verräter" Degradierung oder Diffamierung.[765]

Bei Bekanntwerden konkreter Anhaltspunkte für polizeiliche Dienstvergehen[766] ist der Dienstherr darüber hinaus nach dem Legalitätsprinzip gesetzlich[767] dazu verpflichtet, ein Disziplinarverfahren gegen den betreffenden Polizisten einzuleiten und Disziplinarmaßnahmen zu erwirken.[768] Die Polizeikultur unterliegt mehrheitlich dem Glauben, dass allein durch Sanktionierung Probleme wie das Fehlverhalten eines Polizeibeamten erledigt werden könnten.[769] Allerdings kann auf diese Weise noch lange keine konstruktive Verhaltensänderung beim Einzelnen erreicht werden. Vielmehr müssen die strukturellen und situativen Bedingungen, unter denen derartiges Fehlverhalten wirksam werden kann, untersucht werden, da persönliche Eigenschaften der Beamten in der Regel nicht von Bedeutung sind. Die polizeiliche Institution unterliegt demgemäß dem Irrglauben, dass Fehlverhalten als moralisches Defizit des einzelnen Beamten zu betrachten ist und einzelne „Schwarze Schafe" aussortiert werden müssen.[770] Auf diese Weise wird der destruktive Umgang mit dissonanzbedingten Fehlern gefördert, die ungehindert den Strafprozess durchlaufen.

Ein weiterer Aspekt betrifft die rechtliche Festsetzung polizeilicher Handlungen, die dem kriminalpolizeilichen Arbeitsrahmen eine gewisse Sicherheit bieten soll.[771] Sowohl die Art von Eingriffen der Polizei in die Rechte Dritter

---

764 *Feltes*, Die Polizei 2012, 285 (290): Die Komplexität von Polizeiarbeit ermöglicht es zu verschleiern.

765 So *ebd.*, Die Polizei 2012, 285 (289, 292).

766 Ein Dienstvergehen liegt vor, „wenn Beamte schuldhaft ein ihm obliegende Pflicht verletzt, worunter nicht nur dienstliche Pflichtverletzungen, sondern auch gravierendes Fehlverhalten im Privatbereich fallen", s. *ebd.*, Die Polizei 2012, 285 (286).

767 Nach dem Bundesdisziplinargesetz, bzw. einer entsprechenden Länderbestimmung.

768 *ebd.*, Die Polizei 2012, 285 (286).

769 Im Folgenden: *ebd.*, Die Polizei 2012, 285 (288). A. A. Dagegen bleiben Regelverstöße von Polizisten in Deutschland im Hinblick auf etwaige Beweiserhebungsverbote überwiegend sanktionslos. Es herrscht folglich zum Teil ein Compliance Problem innerhalb der Ermittlungen, siehe dazu: *Roxin/Schünemann*, § 24 Rn. 27; *Püschel*, StraFo 2015, 269 (277).

770 Dazu ausführlicher: *Feltes*, Die Polizei 2012, 285 (290).

771 *Schneider*, Kriminalistik 2000, 290 (294).

als auch ihre Definitionsmacht[772] sind vom Gesetzgeber vorgegeben und können den Beamten sowohl als Maßstab ihrer Handlungen als auch als Rechtfertigungsinstrument dienen.[773] Die Handlungen eines Polizeibeamten sind somit im Idealfall legal und legitim und entsprechen somit zum einen der Rechtmäßigkeit des Verfahrens sowie zum anderen auch seinen Gerechtigkeitsvorstellungen.[774] Die Praxis zeigt jedoch, dass die Legitimität der Legalität in einigen Fällen übergeordnet wird.[775] Nicht zuletzt muss in diesem Kontext berücksichtigt werden, dass polizeiliches Handeln zudem darauf gerichtet ist, effizient zu sein, sodass gesetzliche Regelungen, die eine Implementierung und Durchsetzung von Rechten behindern, von den Polizeibeamten oftmals nicht beachtet werden.[776]

Ein weiteres Charakteristikum der Polizeikultur ist die Demonstration des staatlichen Gewaltmonopols sowie der Polizeimacht. Letztere wird bereits während der Ausbildung zum Polizeibeamten als Mittel zur Abschreckung und als Beweis der Autorität eingeübt.[777] Auch das Blaulicht der Streifenwagen wird als Symbol für Macht und Einheit der Polizei gesehen.[778] Die Demonstration von Macht kann unter Umständen dazu führen, dass die Überzeugung der Ermittlungspersonen von einer Hypothese oder Vorannahme steigt und infolgedessen die Fixierung auf eine bestimmte Hypothese des Selbst nach *Irle* gestärkt wird. Gleichzeitig sinkt die Bereitschaft, eigene Handlungen selbstkritisch zu reflektieren.[779]

Neben der Polizeikultur muss auch in den Blick genommen werden, dass die Ermittlungspersonen während ihrer Tätigkeit zahlreichen Akteuren gegenüberstehen, die sie mit widersprüchlichen Informationen und divergierenden Interpretationen zum Tatgeschehen konfrontieren.[780] Bei einer entsprechenden

---

772 Die Definitionsmacht der Polizei erfasst „die Befragung zum ersten Zugriff und die ihr dadurch zukommende Befugnis zu unterscheiden, wann von zureichenden Anhaltspunkten einer Straftat auszugehen ist", s. *Haas*, S. 64.

773 *Schneider*, Kriminalistik 2000, 290 (294).

774 *Behr*, S. 189.

775 Vgl. *ebd.*, S. 189 f.

776 *Feltes*, S. 129.

777 *Behr*, S. 71. Dabei wird vorausgesetzt, dass sich jeder der Demonstration des Gewaltmonopols anschließt, anderenfalls wird derjenige als Außenseiter oder Kameradenschwein degradiert, *ebd.*, S. 197.

778 *ebd.*, S. 197.

779 *Feltes*, S. 160. Siehe diesbezüglich auch die Ausführungen zum Self-Confidence-Effect, in dieser Arbeit Kapitel 3 E. III.

780 *Singelstein*, StV 2016, 830 (831).

straftaten- und täterorientierten Hypothese des Selbst kann aufgrund dieses Umstandes in erheblichem Maße kognitive Dissonanz ausgelöst werden.

Dabei können nicht nur konträre Aussagen einzelner Personen zum Problem werden, sondern auch das Spannungsverhältnis zwischen Polizei und Strafverteidigung. Forschungsergebnisse belegen, dass Menschen bei negativem Feedback selektiv Informationen suchen, um dessen Validität zu widerlegen, wohingegen sie bei positivem Feedback wiederum bestätigende Informationen suchen.[781] Der Verteidiger ist in der Lage, Fehler der Polizei aufzudecken und ihnen den Spiegel ihres (Fehl-) Verhaltens vorzuhalten.[782] Dementsprechend ist an dieser Stelle zu erwarten, dass bei negativem Feedback der Verteidigung ein confirmation bias bei den Polizisten ausgelöst wird und sie verstärkt versuchen ihre bisherigen Ermittlungsergebnisse und Verdachtshypothesen aufrecht zu erhalten. Fremdbestätigung (z.B. durch Kollegen) hingegen verstärkt diesen Effekt zusätzlich.[783] Obwohl die Fähigkeit zur Selbstkritik, mithin die Fähigkeit seine Beweisführung kritisch zu hinterfragen und Schwächen zu erkennen wesentlich für die Polizeiarbeit sind,[784] können die positiven sowie negativen Reaktionen Dritter auf die polizeiliche Tätigkeit dissonanz- und verzerrungsfördernd wirken.

5. Arbeiten in Gruppen

Die sozialpsychologische Forschung hat im Laufe der Jahre die kognitive Dissonanz in Gruppen untersucht und herausgefunden, dass diese nicht nur bei Einzelpersonen, sondern auch in Gruppen und bei Gruppenentscheidungen aufzufinden ist.[785] Da die Aufklärung einer Straftat im Ermittlungsverfahren einer institutionellen Gruppendynamik innerhalb der Polizei obliegt,[786] können die allgemeingültigen Erkenntnisse der Sozialpsychologie auf die Ermittlungstätigkeit übertragen werden.[787]

Die Untersuchungen haben aufgezeigt, dass die Bestätigungstendenz und selektive Informationssuche bei Gruppen deutlich stärker ausgeprägt sind als

781 *Schulz-Hardt/Frey/Jonas*, S. 682.
782 *Artkämper*, Kriminalistik 2009, 349 (351).
783 *Eschelbach*, in: Fischer/Hoven, S. 34.
784 *Walder/Hansjakob/Gundlach/Straub*, S. 9.
785 *Frey*, in: Rösler/Florin, S. 47; *Peus/Frey/Braun*, S. 67.
786 So auch: *Drenkhahn*, in: Fischer/Hoven, S. 240, 242.
787 Zur Bedeutung der Gruppe und des Teams für die Polizeiarbeit und ihrer Entwicklung: *Gruschinske*, Die Polizei 2014, 224-231.

bei einer einzelnen Person.[788] Eine Erklärung dafür mag darin liegen, dass sich Gruppen ihrer Entscheidung sicherer sind und den Druck verspüren, sich einer gemeinsamen Gruppenmeinung anzunähern (sog. Uniformitätsdruck).[789] Handelt es sich dabei noch um eine homogene Gruppe, bei der die einzelnen Mitglieder dieselbe Ausgangsmeinung besitzen, erhöht sich die Dissonanz bei den Betreffenden, da homogene Gruppen grundsätzlich einem einseitigen Argumentationsstrang folgen sowie eine erhöhte Selbstsicherheit besitzen, die bei heterogenen Gruppen weniger stark ausgeprägt ist.[790] Der benannte Effekt ist im Übrigen auch bei Gruppen zu beobachten, die sich für besonders kompetent halten oder die einem besonderen Rechtfertigungsdruck ausgesetzt sind.[791]

Die Gruppendynamik bei Ermittlungsbeamten kann grundsätzlich als homogen qualifiziert werden, da die Beamten aufgrund der Polizeikultur und ihres Werdegangs tendenziell ähnliche Standpunkte vertreten. Infolgedessen kann unterdies eine erhöhte Dissonanz vermutet werden.

Im Hinblick auf die gruppendynamische Dissonanzentstehung wurde weiterhin nachgewiesen, dass zum Wohle der Gruppe und der gemeinschaftlich vertretenen Meinung eine umfassende und objektive Betrachtung aller tatsachenbasierten Informationen von allen Gruppenmitgliedern vernachlässigt wird (sog. Groupthink-Phänomen).[792] Die Mitglieder halten verstärkt an ihrer Gruppenentscheidung fest und vermeiden die Konfrontation mit dissonanten Informationen.[793] Aufgrund des Groupthink-Phänomens treten einige spezifische Charakteristika bei den Gruppenmitgliedern hervor, wie etwa der Drang, ungewöhnliche Risiken einzugehen oder die Tendenz, Warnsignale zu übersehen.[794] Dies lässt im polizeilichen Kontext erwarten, dass zum gemeinschaftlich

788 *Frey*, in: Rösler/Florin, S. 47; *Schulz-Hardt*, S. 69. Siehe dazu auch die empirischen Untersuchungen von *Matz/Wood*, Journal of Personality and Social Psychology 2005, Vol. 88, No. 1, 22-37.

789 *Frey*, in: Rösler/Florin, S. 47; *Peus/Frey/Braun*, S. 67; *Schulz-Hardt/Frey/Jonas*, S. 682.

790 *Peus/Frey/Braun*, S. 67; *Schulz-Hardt/Frey/Jonas*, S. 682; *Frey*, in: Rösler/Florin, S. 48; *Matz/Wood*, Journal of Personality and Social Psychology 2005, Vol. 88, No. 1, 22 (23).

791 *Peus/Frey/Braun*, S. 67.

792 *Fischer/Jander/Krüger*, S. 21.

793 *ebd.*, S. 21.

794 *Frey*, in: Rösler/Florin, S. 47 f. Weitere Symptome des Groupthink Phänomens: Illusion der Unanfechtbarkeit (Gruppe optimistisch, bereit ungewöhnliche Risiken einzugehen, übersehen dabei allerdings Warnsignale), Rationalisierung (Rationalisierung bzw. Rechtfertigung erfolgt kollektiv mit dem Ziel, Warnungen und andere Formen negativen Feedbacks von vornherein abzuwerten, um Selbstreflexion aus dem Weg zu gehen), Gruppeneigene Moral (wird nicht in Frage gestellt), Stereotypisierung der

verfolgten Ermittlungsansatz konträre Informationen im Fortgang der Sachverhaltsaufklärung gemieden und zusätzlich die Gefahr bestimmter dissonanzbedingter Risiken und Warnsignale übersehen wird.

6. *Irreversibilität der Entscheidungen*

Die Irreversibilität einer Entscheidung ist nach Erkenntnissen der Sozialpsychologie ein weiterer Faktor, der die Bestätigungstendenz und den spreading apart of alternatives effect des Entscheidenden stärken kann.[795] Die kriminalpolizeiliche Ermittlungstätigkeit ist von einer Reihe zu treffender irreversibler Entscheidungen geprägt, die weitreichende Folgen haben können.[796] Die Ausführung von Ermittlungsmaßnahmen stellt regelmäßig einen Eingriff in die Grundrechte Dritter dar. Die Folgen dieser Eingriffe sind mit ihrer Durchführung irreversibel, sodass die Entscheidung, eine solche Maßnahme durchzuführen dazu verleiten kann, dass an einer Vorannahme, die zu der Maßnahme veranlasst hat, verstärkt festgehalten wird.

II. Rechtliche Determinanten

Neben zahlreichen faktischen Determinanten, die das Entstehen kognitiver Dissonanz oder das reduktionsbedingte Verzerrungspotential fördern, existieren auch solche, die im strafprozessualen Rechtssystem selbst wurzeln. Hat die Verfahrensordnung Anteil an der Entstehung von Fehlern, indem bspw. durch eine Regelung die Wahrheitsfindung nachteilig beeinträchtigt wird, liegt ein sog. „Systemfehler" zugrunde, der allein vom Gesetzgeber behoben werden kann.[797] In diesem Zusammenhang muss mithin der Frage nachgegangen werden, inwiefern die straftatenorientierten Vorannahmen in Form subjektiver Hypothesen bzw. dissonanztheoretische Verzerrungstechniken durch den Strafprozess, insbesondere das Ermittlungsverfahren, vorprogrammiert werden.

Meinungsgegner (Tendenz, Meinungsgegner als unfähig zu bezeichnen, oder ihnen zu unterstellen, das Problem nicht verstanden zu haben= Disqualifikation Andersdenkender), Gruppendruck bei denjenigen ausüben, die die Validität der unterstützenden Argumente der Gruppe anzweifeln, Selbstzensur (Neigung, Bedeutung eigener Zweifel ggü. Positionen der Gruppe herabzuwürdigen), Illusion der Einstimmigkeit (hängt mit Selbstzensur zusammen), *ebd.*

795 *Frey*, in: Rösler/Florin, S. 46; *Peus/Frey/Braun*, S. 67; *Aronson/Wilson/Akert*, S. 187.

796 *Heimann*, Kriminalistik 2017, 751 (751).

797 *de Vries*, S. 253, 256; *ebd.*, Die Polizei 2014, 134 (134, 135).

1. Der gesetzliche Auftrag der Polizei gem. § 163 I 1 StPO

Nach *Raske* kann im gesetzlichen Auftrag der Polizei gemäß § 163 I 1 StPO eine rechtliche Determinante dissonanzbedingter kognitiver Verzerrungen gesehen werden:[798]

> § 163 I StPO
> Aufgaben der Polizei im Ermittlungsverfahren
> (1) Die Behörden und Beamten des Polizeidienstes haben Straftaten zu erforschen und alle keinen Aufschub gestattenden Anordnungen zu treffen, um die Verdunkelung der Sache zu verhüten. 2Zu diesem Zweck sind sie befugt, alle Behörden um Auskunft zu ersuchen, bei Gefahr im Verzug auch, die Auskunft zu verlangen, sowie Ermittlungen jeder Art vorzunehmen, soweit nicht andere gesetzliche Vorschriften ihre Befugnisse besonders regeln.

Nach § 163 I 1 StPO haben die Beamten des Polizeidienstes Straftaten zu erforschen. Dieser Pflicht ist nach dem Legalitätsprinzip (§§ 160 I, 161, 163 StPO) bei Vorliegen eines Anfangsverdachtes i.S.v. § 152 II StPO nachzugehen.[799] In diesem Zusammenhang räumt den Ermittlern die Norm des § 163 I 1 StPO das Recht und die Pflicht des ersten Angriffs ein.[800]

Aus dem gesetzlichen Auftrag, Straftaten zu erforschen, leitet *Raske* die Pflicht zur „Wahrheitserforschung, Täterermittlung, Sachverhaltsaufklärung und beweiskräftigen Überführung des Tatverdächtigen bzw. Beschuldigten“ ab.[801] Werfe man seiner Ansicht nach einen Blick auf die einzelnen Komponenten des gesetzlichen Auftrags, so impliziere dieser eine sehr straftatenorientierte Ausrichtung.[802] Jede Komponente ziele darauf ab und lasse keinen Zweifel daran zu, dass eine Straftat tatsächlich gegeben sei. Daraus sei zu schließen, dass die Wahrheitserforschung und somit das Ziel des Ermittlungsverfahrens nicht objektiv erfolge, sondern vornehmlich auf Straftaten und die Überführung eines Täters ausgerichtet sei. Die Ermittlung einer Wahrheit, in der keine Straftat vorliege, sei hingegen nicht vorgesehen.

---

798 Siehe dazu: *Raske*, S. 26.

799 Siehe dazu auch: Graf/*von Häfen*, § 163 Rn. 2; *Roxin/Schünemann*, § 14 Rn. 4 ff.

800 *Ziegler*, in: Satzger/Schluckbier/Widmaier, § 163 Rn. 2; *Roxin/Schünemann*, § 9 Rn. 19; *Soiné*, S. 40; *Löffelmann/Walther/Reitzenstein*, S. 35.

801 *Schmelz*, S. 42; *Raske*, S. 26.

802 Im Folgenden: *Raske*, S. 26.

Raske merkt an, dass diese Ausrichtung des polizeilichen Auftrages deutlich werde, wenn man dessen Wortlaut dem Auftrag der Staatsanwaltschaft nach § 160 II StPO gegenüberstelle. Der Wortlaut des § 160 II spreche im Vergleich zu § 163 I 1 StPO ausdrücklich davon, dass nicht nur die zur Belastung, sondern auch die zur *Entlastung* dienenden Umstände zu ermitteln seien:

§ 160 I, II StPO
Pflicht zur Sachverhaltsaufklärung
(1) Sobald die Staatsanwaltschaft durch eine Anzeige oder auf anderem Wege von dem Verdacht einer Straftat Kenntnis erhält, hat sie zu ihrer Entschließung darüber, ob die öffentliche Klage zu erheben ist, den *Sachverhalt zu erforschen.*
(2) Die Staatsanwaltschaft hat nicht nur die zur *Belastung, sondern auch die zur Entlastung dienenden Umstände zu ermitteln und für die Erhebung der Beweise Sorge zu tragen, deren Verlust zu besorgen ist.*

Nach *Raske* zeigt der Wortlaut der Norm hier ausdrücklich eine ambivalente Ausrichtung, welche sowohl die Erforschung belastenden als auch entlastenden Beweismaterials fordert.

Die Pflicht zur Sachverhaltsaufklärung der Staatsanwaltschaft hat in der Tat zwei ambivalente Ausrichtungen, welche die Staatsanwaltschaft gem. §§ 163, 167 StPO als „Herrin des Verfahrens“ zur objektivsten Behörde machen sollen.[803] Im Fokus steht die Ermittlung aller Ergebnismöglichkeiten und damit auch die Möglichkeit, dass der aufzuklärende Sachverhalt kein strafrechtliches Delikt zum Inhalt hat und das Verfahren eingestellt werden muss.[804] Diese ambivalente Aufklärungspflicht ist Ausdruck eines fairen Strafverfahrens.[805]

Vergleicht man den Wortlaut der §§ 163 I 1 und 160 I, II StPO kann man durchaus zu dem Schluss kommen, dass es einen gravierenden Unterschied zwischen den beiden gesetzlichen Aufträgen der Polizei und Staatsanwaltschaft gebe. Folgt man der Ansicht *Raskes*, der gesetzliche Auftrag der Polizei aus § 163 I 1 StPO sei sehr straftatenorientiert, so würde das im Hinblick auf die Dissonanztheorie bedeuten, dass eine subjektive Vorannahme entwickelt werden könnte, die a priori von der Existenz einer Straftat und einem Täter ausgeht.

---

803 Vgl. *Ziegler*, in: Satzger/Schluckbier/Widmaier, § 160 Rn. 8, § 163 Rn. 2; *Schmitt*, in: Meyer-Goßner/Schmitt, § 163 Rn. 3.

804 *Roxin/Schünemann*, § 4 Rn. 3.

805 Graf/*Sackreuther*, § 160 Rn. 13; *Löffelmann/Walther/Reitzenstein*, S. 62.

Auftragsbedingte Dissonanz würde vor diesem Hintergrund ausgelöst, wenn unter Berücksichtigung der entsprechenden Vorannahme eine Widersprüchlichkeit der Kognitionen „Straftaten sind zu erforschen“ und „Es liegt keine Straftat vor“ oder „Das Beweisstück deutet auf keine Straftat oder nicht auf einen Täter hin“ kogniziert wird. Liegen den Ermittlern nun aufgrund eines Anfangsverdachts erste Informationen zum Sachverhalt vor, können diese bereits zu Beginn an die subjektive Einstellung der Beamten angepasst werden, wodurch im Ergebnis die Ermittlungstätigkeit von vornherein in eine bestimmte Richtung gelenkt würde.[806] Die Ermittlungsbeamten könnten im weiteren Verlauf der Straftatenaufklärung dazu neigen, selektiv nach Informationen zu suchen, die ihre eigenen Annahmen stützen, einer objektiven Wahrheitserforschung jedoch widersprechen. Zu der subjektiven Vorannahme vorliegende dissonante Informationen würden indes nicht weiter berücksichtigt. Infolgedessen fände erneut eine verzerrte Auseinandersetzung mit den sachverhaltsrelevanten Daten statt.[807]

Nach Ansicht der *Verfasserin* werden in diesem Zusammenhang allerdings die Rolle der Polizei im Verhältnis zur Staatsanwaltschaft und die Systematik der gesetzlichen Normen nur unzureichend berücksichtigt. Die Polizei ist funktionell als „verlängerter Arm der Staatsanwaltschaft“ anzusehen und gem. § 146 GVG weisungsgebunden.[808] Beide Institutionen bilden eine Einheit der Strafverfolgung,[809] weshalb eine divergierende Ausrichtung beider Tätigkeiten vor diesem Hintergrund nicht zweckführend, sondern eher hinderlich wäre. Berücksichtigt man das Verhältnis der §§ 160, 163 StPO und §§ 170, 203 StPO so wird deutlich, dass die Polizei der Staatsanwaltschaft zuarbeitet und eine mögliche Anklageerhebung vorbereiten muss.[810] Auch unter diesem Aspekt wäre es widersprüchlich anzunehmen, die Polizei verfolge innerhalb ihrer Ermittlungen vor dem Hintergrund gesetzlicher Normen einen anderen Zweck als die Staatsanwaltschaft.

Darüber hinaus ist zu beachten, dass neben der Staatsanwaltschaft auch für die Polizei der Grundsatz der freien Gestaltung des Ermittlungsverfahrens

---

806 Im Folgenden: *Raske*, S. 28 f.

807 *Raske*, S. 30. Weitere Beispiele zur Dissonanzreduktion im Zusammenhang mit § 163 I 1 StPO, siehe *ebd.*, S. 30 ff.

808 KK-*Griesbaum*, § 163 Rn. 1; *Schmitt*, in: Meyer-Goßner/Schmitt, § 163 Rn. 1; *Ziegler*, in: Satzger/Schluckbier/Widmaier, § 163 Rn. 1-2; *Schaefer*, StraFo 2002, 118 (119); *Roxin/Schünemann*, § 39 Rn.1.

809 *Schmitt*, in: Meyer-Goßner/Schmitt, § 163 Rn. 1.

810 *ebd.*, in: Meyer-Goßner/Schmitt, § 163 Rn. 3; *Ziegler*, in: Satzger/Schluckbier/Widmaier, § 163 Rn. 1-2; *Roxin/Schünemann*, § 39 Rn.1.

i.S.v. § 161 StPO gilt.[811] Nach § 161 I 1 StPO ist die Staatsanwaltschaft befugt, Ermittlungen jeder Art durch die Behörden der Beamten des Polizeidienstes vornehmen zu lassen. Würde die Polizei nun lediglich den Auftrag verfolgen, belastendes Beweismaterial zu suchen, die Staatsanwaltschaft hingegen in beide Richtungen ermitteln, wäre es für die Staatsanwaltschaft eher hinderlich, die Polizeibeamten Ermittlungen vornehmen zu lassen, die nicht dieselbe Ausrichtung und Qualität wie die eigenen hätten. Im Ergebnis würde sich die Staatsanwaltschaft selbst behindern und ihre Arbeit sabotieren. Mithin ist auch aus der Systematik der Normen §§ 160, 161 StPO und § 163 StPO zu folgern, dass die Ermittlungstätigkeit der Polizei ambivalent ausgerichtet ist und somit beiderseitig ermittelt werden muss.

Im Ergebnis ist die gesetzesmäße Verpflichtung der Polizei nach § 163 I 1 StPO immer im Zusammenhang mit der Norm des § 160 I, II StPO in den Blick zu nehmen, sodass nicht nur die zur Belastung, sondern auch die zur Entlastung dienenden Umstände von der Polizei zu ermitteln sind.[812] Dieser funktionale Zusammenhang ist nicht nur von der Rechtswissenschaft, sondern auch von der kriminalistischen Literatur erkannt worden.[813] So hat bereits *Walder* angemerkt, dass es „Verbrechen zu erkennen und aufzudecken, für alle Verbrechenselemente Indizien und Beweise zu suchen und diese Beweise zu erbringen oder zu zeigen [gilt], dass die für eine Verurteilung des Beschuldigten notwendige Voraussetzungen *nicht* vorhanden sind".[814]

Legt man in der Gesamtschau die Norm des § 163 I 1 StPO im Lichte einer neutralen Ausrichtung der Polizeibehörden aus, so bleibt festzuhalten, dass allein durch den gesetzlichen Auftrag der Polizei noch keine Dissonanz impliziert werden kann, da keine straftaten- oder täterorientierte Vorannahme etabliert wird, die bei Konfrontation mit täterentlastenden Informationen einen Widerspruch auslöst. Gleichwohl ist anzumerken, dass die Norm des § 163 StPO über die Verhaltensregeln am Tatort oder die Art der Wahrnehmung von Ermittlungsbefugnissen schweigt,[815] was der Klärung des Auftrags nicht förderlich ist. Der gesetzliche Auftrag der Polizei aus § 163 I 1 StPO kann mithin nicht

---

811 Graf/*von Häfen*, § 163 Rn. 9-10.

812 So auch: Graf/*von Häfen*, § 163 Rn. 9; KK-*Griesbaum*, § 163 Rn. 1, 9; *Schmitt*, in: Meyer-Goßner/Schmitt, § 163 Rn. 1; *Löffelmann/Walther/Reitzenstein*, S. 62.; *Maeffert*, S. 138; *Dölling*, S. 267.

813 So etwa *Walder/Hansjakob/Gundlach/Straub*, S. 13; *Hansjakob*, Kriminalistik 2012, 662 (662); *Clages*, in: Clages/Ackermann, S. 25; *Brodag*, S. 282.

814 *Hansjakob*, Kriminalistik 2012, 662 (662).

815 Feltes/*Obeslo*, S. 123.

als rechtlicher Einflussfaktor dissonanzbedingter Fehlerquellen im Ermittlungsverfahren betrachtet werden.

Obwohl eine straftatenorientierte Ausrichtung des § 163 I 1 StPO als Determinante dissonanztheoretischer Fehlerquellen im Ermittlungsverfahren abzulehnen ist, zeugt die kriminalpolizeiliche Realität in einigen Fällen dennoch von einer Verfolgerhaltung der Ermittlungsbeamten, die vornehmlich vor dem Hintergrund der Polizeikultur nicht geleugnet werden kann. Es bleibt somit weiterhin der Frage nachzugehen, ob neben faktischen Einflussfaktoren nicht andere Systemfehler im Ermittlungsverfahren integriert sind, die sich dissonanztheoretisch auf die Fehlerquellen im Rahmen der Ermittlungen auswirken.

2. *Verlaufscharakter des Ermittlungsverfahrens*

Zunächst könnte der Verlaufscharakter des Ermittlungsverfahrens als rechtliche Determinante die Entstehung dissonanzbedingter kognitiver Verzerrungen begünstigen. Die Stärke der Dissonanz und des confirmation bias hängen nach sozialpsychologischen Erkenntnissen unter anderem davon ab, wie etabliert die Vorannahme bei der betreffenden Person ist und welche Bedeutung ihr beigemessen wird.[816] Je größer diese Faktoren sind, desto stärker ist die selektive Suche und Wahrnehmung konsonanter Informationen.[817] Es gilt damit zu untersuchen, welche Aspekte des strafprozessualen Ermittlungsverfahrens zur Etablierung einer Vorannahme, hier in Form einer bestimmten Schuldhypothese als Ermittlungsansatz, beitragen können.

a) *Der Tatverdacht*

Als Erstes könnte der Tatverdacht im Strafprozess die straftaten- und täterorientierte Vorannahme bei den Ermittlungsbeamten begünstigen und somit Einfluss auf eine dissonanzbedingte Fehlerbildung im Ermittlungsverfahren ausüben.

Der strafprozessuale Tatverdacht steht am Anfang und am Ende des Ermittlungsverfahrens.[818] Er bildet den Rahmen des gesamten Verfahrensabschnitts und wird mitunter als der zentrale Begriff des Strafverfahrens bezeichnet.[819]

---

816 Siehe dazu in dieser Arbeit Kapitel 3 A. I. 1. a, II. 5. So auch: *Singelstein*, StV 2016, 830 (834).

817 So auch: *Singelstein*, StV 2016, 830 (834).

818 Der Begriff des Tatverdachts ist eine juristische Konstruktion, s. *Zabel*, ZIS 2014, 340 (340).

819 *Zabel*, ZIS 2014, 340 (340). *Ebd.* ausführlich zur Dogmatik und dem Funktionswandel des Tatverdachtes.

Trotz seines Stellenwertes ist die inhaltliche Bestimmung des Verdachtsterminus nicht abschließend festgelegt.[820] Nach *Fischer* ist der strafprozessuale Verdacht im Allgemeinen die „Stufe auf dem Weg vom Nichtwissen zum Wissen, von der Ahnungslosigkeit oder Indifferenz zu einer gewissen angesehenen Vorstellung von der Wirklichkeit".[821] Im kriminalistischen Schrifttum wird für die Begründung eines Verdachts gefordert, „mehr zu vermuten, als sich zunächst objektiv zeigt".[822]

Der Strafprozess kennt sowohl tat- als auch täterbezogene Verdachtsgrade. Für die Einleitung des Ermittlungsverfahrens wird von Gesetzes wegen gefordert, dass zureichende tatsächliche Anhaltspunkte für das Vorliegen einer Straftat gegeben sind.[823] Dieser sog. Anfangsverdacht nach § 152 II StPO ist Ausprägung des Legalitätsprinzips und e contrario Schranke für die Eröffnung eines Ermittlungsverfahrens durch die Strafverfolgungsbehörden für jene Fälle, in denen die notwendigen Anhaltspunkte im Sinne der Norm nicht vorliegen.[824]

Die Norm des § 152 II StPO sowie die Definition dieses Verdachtsgrades enthalten einige unbestimmte Rechtsbegriffe. So liegt ein Anfangsverdacht nach der Rechtsprechung des Bundesgerichtshofs vor, „wenn nach kriminalistischer Erfahrung die Möglichkeit besteht, dass eine verfolgbare Straftat vorliegt".[825] Vor diesem Hintergrund ist der Frage nachzugehen, was sowohl unter „zureichenden tatsächlichen Anhaltspunkten" i.S.v. § 152 II StPO als auch unter „kriminalistischer Erfahrung" zu verstehen ist.[826] Die Definition des Anfangsverdachts durch

---

820 *Burhoff*, Abschnitt A, Rn. 458. Der Verdachtsterminus wird in den verschiedenen Fachgebieten unterschiedlich dargelegt und erhält auch durch den allgemeinen Sprachgebrauch eine eigene Bedeutung. So heißt es in der Kriminalistik etwa weiterhin, dass wenn der Kriminalist Verdacht schöpft, dann vermutet er, dass ein Ereignis auf einer Straftat beruhen, und eine bestimmte Person könnte der Täter sein, s. *Walder/Hansjakob/Gundlach/Straub* S. 129.

821 *Fischer* in: Fischer/Hoven, S. 15.

822 *Clages*, in: Clages/Ackermann, S. 55; *Walder/Hansjakob/Gundlach/Straub*, S. 126.

823 § 152 II StPO: „Sie ist, soweit nicht gesetzlich ein anderes bestimmt ist, verpflichtet, wegen aller verfolgbaren Straftaten einzuschreiten, sofern zureichende tatsächliche Anhaltspunkte vorliegen".

824 *Zabel*, ZIS 2014, 340 (341). Lediglich die §§ 153-154e StPO befreien von der Verfolgungspflicht der Strafverfolgungsbehörden trotz Vorliegens eines Anfangsverdachts.

825 BGH, Urt. v. 21.4.1988 – III ZR 255/86 = NJW 1989, 96, 97. So auch: Wolter/*Weßlau*, Band III, § 152 Rn. 12; *Soiné*, S. 25.

826 *Soiné*, S. 25; *Ebert*, S. 106; *Schulz*, S. 623. Bedeutung erlangt der Begriff der „kriminalistischen Erfahrung" ferner bei Zwangsmaßnahmen im Ermittlungsverfahren, wie bspw. der Rasterfahndung (§ 98a StPO), der Überwachung von Telekommunikation

den Bundesgerichtshof bietet allein noch keine Erklärung für die inhaltliche Ausgestaltung „zureichender" tatsächlicher Anhaltspunkte. Aus diesem Grund hat das genannte Gericht seine Anforderungen im Laufe der Jahre präzisiert und fordert für die Begründung eines Anfangsverdachts konkrete Tatsachen, die den Schluss zulassen, dass der zu untersuchende Lebenssachverhalt eine Straftat enthält.[827] Bloße Vermutungen und kriminalistische Hypothesen sollen dagegen nicht genügen, wohl aber entfernte Indizien.[828] Bei der Beurteilung dieser Voraussetzungen wird den Ermittlungsbeamten ein gewisser Spielraum eingeräumt,[829] der jedoch nicht mit den Befugnissen einer Ermessensentscheidung gleichzusetzen ist.[830]

Wirft man einen Blick auf die Forderungen des Bundesgerichtshofs wird deutlich, dass dieser Rechtsbegriff nicht nur von subjektiven oder objektiven Interpretationshorizonten abhängig ist, sondern auch davon, in welchem kriminalpolizeilichen Kontext diese stattfinden.[831] Die Beurteilung, ab welchem Zeitpunkt konkrete Anhaltspunkte vorliegen bedingt immer eine subjektive Sichtweise und macht eine Abgrenzung zu Mutmaßungen und Spekulationen überwiegend aussichtslos, da diese sinnlich nicht zugänglich sind.[832] Nahezu jeder Umstand kann als *zureichend* bewertet werden. Verdachtsauslösend kann etwa bereits eine zerbrochene Fensterscheibe sein, die sowohl einen

(§ 100a StPO) und der Durchsuchung beim Verdächtigen (§ 102 StPO), s. dazu *Soiné*, Kriminalistik 2010, 275 (275).

827 BGH, Beschl. v. 01.06.1994 – StB 10/94= NStZ 1994, 499; *Schmitt*, in: Meyer-Goßner/Schmitt, § 152 Rn. 4; Graf/*Beukelmann*, § 152 Rn. 4; *Burhoff*, Abschnitt A, Rn. 458; *Zabel*, ZIS 2014, 340 (340). Zum Teil wird in der Literatur versucht, dem Merkmal der „Konkretheit" durch gesetzliche Normen ein besseres Verständnis zu ermöglichen, etwa durch die §§ 100a, 100c StPO („bestimmter Tatsachen"), S. *Haas*, S. 14. Allerdings führen diese Ausführungen gleichermaßen zu Verständnisfragen hinsichtlich dessen, wann eine Tatsache „bestimmt" ist.

828 *Soiné*, S. 25; *ebd.*, Kriminalistik 2010, 275 (277); *Zabel*, ZIS 2014, 340 (342); *Clages*, in: Clages/Ackermann, S. 58; *Kempf*, in: Fischer/Hoven, S. 137 f.; Graf/*Beukelmann*, § 152 Rn. 4; *Löffelmann/Walther/Reitzenstein*, S. 28.

829 *Hoven*, NStZ 2014, 361 (361). Der BGH fordert in diesem Zusammenhang eine Gesamtschau, deren Ergebnis maßgeblich auf einer subjektiven, nicht näher verifizierbaren Gewichtung der in die Abwägung fließenden Sachverhaltselemente beruht, s. BGH, Urt. v. 21.4.1988 – III ZR 255/86 = NJW 1989, 96, 97.

830 *Roxin/Schünemann*, § 39 Rn. 17; *Schmitt*, in: Meyer-Goßner/Schmitt, § 152 Rn. 4.

831 *Zabel*, ZIS 2014, 340 (341, 346).

832 *Hoven*, NStZ 2014, 361 (362).

Einbruchsdiebstahl, Sachbeschädigung als auch einen Unfall vermuten lässt.[833] Es bleibt somit festzuhalten, dass die Maßstäbe trotz gerichtlicher Ausführungen zum Inhalt der Voraussetzungen weiterhin sehr unklar bleiben.[834] Im Ergebnis ist der Anfangsverdacht nach den bisherigen Erkenntnissen zwischen den „Polen bloßer Vermutung und sicherem Wissen" einzuordnen.[835]

Weiterhin muss der Frage nachgegangen werden, wie der Begriff der *kriminalistischen Erfahrung* zu definieren ist. Die Rechtsprechung hat sich zu diesem Begriff bislang nicht abschließend geäußert.[836] Zuvörderst kann festgestellt werden, dass Erfahrungen im alltäglichen und beruflichen Leben erworben werden.[837] Der Begriff „Erfahrung" impliziert immer eine subjektive und persönliche Komponente und ist bei jeder Ermittlungsperson individuell ausgeprägt, da nicht jeder die gleichen Erfahrungen im Alltag oder bei der Ausübung seines Berufes machen wird.[838] So kann Erfahrung unter anderem schon durch die Einsatzstelle des Polizisten individuell geprägt werden, z.B. durch Ausübung des Berufs auf dem Land oder in einer Großstadt oder durch die Begegnungen mit unterschiedlichen Kulturen. Ein weiterer Einflussfaktor ist die Anzahl und Schwere der Kriminalfälle, in die ein Ermittlungsbeamter bislang einbezogen worden ist. Ein Beamter, der bereits mehrfach in die Ermittlungen eines Mordfalles involviert wurde, wird womöglich beim nächsten Morddelikt bessere Kenntnis darüber besitzen, welche Ermittlungsschritte einzuleiten sind und worauf der Fokus bei Begutachtung des Tatortes liegen muss. Darüber hinaus ist der Erfahrungsschatz vom Geschlecht und Berufsstand der Ermittlungsperson

833 Vgl. *Ebert*, S. 105.

834 So auch *Ebert*, S. 15; *Haas*, S. 34.

835 Vgl. *Naucke*, zit. n. *Zabel*, ZIS 2014, 340 (342).

836 *Soiné*, Kriminalistik 2010, 275 (279).

837 *ebd.*, Kriminalistik 2010, 275 (276).

838 Dazu ausführlich: *ebd.*, Kriminalistik 2010, 275 ff.; *Haas*, S. 19. Zur Frage, ob Ermittlungen schon aufgrund eines legalen Verhaltens eingeleitet werden dürfen und dies somit schon für die Begründung eines Anfangsverdachts wie im Fall *Edathy* ausreichen soll, s. *Hoven*, NStZ 2014, 361 ff. Aufgrund kriminalistischer Erfahrung wurde hier angenommen, dass jemand, der legal Filme von nackten Jungen bestelle, auch illegales pornographisches Material besitze. Kritisch zum Fall *Edathy* äußert sich ferner *Fischer*: „Wenn nun aber die, die das Erlaubte tun, nach kriminalistischer Erfahrung stets auch das Unerlaubte tun und deshalb, gerade weil sie Erlaubtes tun, vorsorglich schon einmal mit Ermittlungsverfahren überzogen werden müssen, hat die Grenzziehung jeden praktischen Sinn verloren", in: Bitte entschuldigen Sie, Herr Edathy, abrufbar unter: https://www.zeit.de/2014/10/staatsanwaltschaft-fall-edathy (Abruf v. 31.03.2021).

abhängig. Befindet sich die Person gerade erst in der Ausbildung zum Polizisten wird sie zunächst keine beruflichen Erfahrungen mitbringen, sondern lediglich ihre bisher gemachten Erfahrungen aus dem Privatleben einbeziehen, wohingegen bei einem Polizisten, der sich kurz vor der Rente befindet, ein großer beruflicher Erfahrungsschatz zu erwarten ist. Aus diesem Grund wird die Weitergabe von Erfahrungswissen der älteren Beamten an jüngere Kollegen sogar als interne Tradition erachtet.[839] Schlussendlich können Frauen aufgrund ihres Geschlechts andere Erfahrungen als Männer sammeln, da ihnen ein Teil der Bevölkerung gegebenenfalls mit weniger Respekt und Anerkennung als Autoritätsperson begegnen wird.

Die Darstellungen zeigen deutlich, dass der kriminalistische Erfahrungsschatz von vielen Faktoren abhängig ist und keiner dem anderen gleicht. Er impliziert somit immer subjektive Erlebnisse, Einstellungen und Meinungen und kann im Laufe der Zeit unter Umständen zu bestimmten Vorfestlegungen, Vorurteilen und Stereotypisierungen führen, die sich auf die Begründung eines Anfangsverdachts und weitere Ermittlungen auswirken.[840] Zwar sind Typisierungen wie diese auf der einen Seite für die Polizeiarbeit zwingend notwendig, da sie sonst nicht funktional umzusetzen wäre, auf der anderen Seite birgt sie aber auch die Gefahr zu eingefahrener Einstellungen und der Etablierung bestimmter Vorannahmen, die keinen Raum mehr für Interpretationen und Abwägungen weiterer Umstände zulassen.[841] Die inhaltliche Leere des Begriffs „kriminalistische Erfahrung“ als Voraussetzung für den Anfangsverdacht kann sich zum willkürlichen Einfallstor für die Einleitung eines Ermittlungsverfahrens entwickeln.[842] Aus diesem Grund wird zum Teil gefordert, lediglich von kriminalistischer Erfahrung im Sinne einer kriminalistischen Empirie zu sprechen, welche einzelne Erlebnisse einer Person ausschließt, die nicht auf Grundlage wissenschaftlicher Erkenntnisse zustande gekommen sind.[843]

Im Ergebnis bleibt im Hinblick auf die beiden unbestimmten Rechtsbegriffe festzuhalten, dass die Begründung eines Anfangsverdachts nicht nur von den situativen Gegebenheiten, sondern auch von subjektiven Komponenten der Ermittlungsperson abhängt. Dementsprechend ist der Schwellenwert zur

---

839 Feltes/*Obeslo*, S. 121.

840 Vgl. *Soiné*, Kriminalistik 2010, 275 (276); *Singelstein*, StV 2016, 830 (831).

841 *Singelstein*, StV 2016, 830 (831); *Behr*, S. 191.

842 *Kempf*, in: Fischer/Hoven, S. 144.

843 *ebd.*, S. 139.

Begründung eines Anfangsverdachts sehr niedrig angesetzt.[844] Zwar ist das Einräumen eines gewissen Beurteilungsspielraums funktional notwendig für die kriminalpolizeiliche Ermittlungspraxis, allerdings ist ein solcher in der Regel nur sinnvoll, wenn er auch entsprechend kontrolliert werden kann.[845] Eine gerichtliche Überprüfung der Entscheidungen von Strafverfolgungsbehörden sieht die StPO für die Dauer des Ermittlungsverfahrens allerdings nur in wenigen Fällen vor.[846] Lediglich die Art. 1 I, 3 I GG bilden richterlich überprüfbare Schranken im Hinblick auf diesen Verdachtsgrad.[847]

Durch die Begründung des Anfangsverdachts ist aus dissonanztheoretischer Perspektive zu erwarten, dass sich die Vorannahmen der betreffenden Ermittlungspersonen verstärken werden, da sie gerade als Voraussetzung für ihre Begründung dienen und mit der Bestätigung des Verdachtsgrades ihre eigenen Vorannahmen gleichermaßen perpetuiert werden. Mit der Etablierung einer konkreten Vorannahme verstärkt sich zudem der confirmation bias, sodass vermutet werden kann, dass bereits zu Beginn der Ermittlungen mit Begründung des Anfangsverdachtes eine suggestive Wirkung eintritt und bestätigende Informationen eher wahrgenommen, gesucht und stärker gewichtet werden als widerlegende Anhaltspunkte, da es naturgemäß keinen Grund gibt, sich seiner eigenen anfänglichen Begründung zu widersetzen.[848] Schließt ein Polizist aufgrund eines bestimmten Merkmals einer Person gleich auf ein bestimmtes Delikt oder auf eine konkrete Gefahr, kann dies unter Umständen zu einer Befangenheit und Ungerechtigkeit gegenüber jenen Personen führen, die trotz dieses Merkmals rechtstreue Bürger sind.

---

844 So auch: *Ebert*, S. 105. Zur Frage, ob die mangelnde Sicherung des Anfangsverdachts zu einer latenten Verletzung von Grundrechten führt, s. *Nelles*, NK 2006, 68 (68).

845 *Nelles*, NK 2006, 68 (69).

846 Siehe etwa § 98 II 2 StPO. Das Klageerzwingungsverfahren hingegen bietet zwar die Möglichkeit, Ermittlungen zu erzwingen, allerdings ist dieses Verfahren in der Praxis eher bedeutungslos, dazu *Nelles*, NK 2006, 68 (69). Im Schrifttum wird weiterhin zum Teil der Terminus der sog. „Vorermittlungen" vertreten, indem das Bestehen eines Anfangsverdachts geprüft werden kann. Trotz mangelnder gesetzlicher Grundlage werden Vorermittlungen für überwiegend zulässig gehalten, wobei sich bei der niedrigen Schwelle für die Begründung eines Anfangsverdachts die Frage stellt, welchen Spielraum diesen Untersuchungen bleibt, weshalb auf eine ausführliche Darstellung verzichtet wird. Siehe dazu ausführlich: *Kühne*, S. 219 f.; *Ebert*, S. 108; *Schmitt*, in: Meyer-Goßner/Schmitt, § 152 Rn. 4b.

847 *Hoven*, NStZ 2014, 361 (364).

848 So auch: *Püschel*, StraFo 2015, 269 (277).

Neben dem Anfangsverdacht erfährt der Tatverdacht im Strafverfahren unterschiedliche Ausprägungen durch weitere Verdachtsgrade. So fordern bestimmte Maßnahmen, wie die Untersuchungshaft nach § 112 I StPO einen dringenden Tatverdacht, wohingegen am Ende des Ermittlungsverfahrens eine Anklage erst bei Vorliegen eines hinreichenden Tatverdachts gem. §§ 170 I, 203 StPO erhoben werden kann.

Mit der Schwere des Verdachtsgrades eröffnet sich den Polizeibeamten unter anderem die Möglichkeit, eingriffsintensivere Ermittlungsmaßnahmen durchzuführen,[849] was darauf hindeutet, dass die Abstufungen die Verhältnismäßigkeit im Strafverfahren typisieren und der Verdacht darüber hinaus zu dem Beweis in einem engen Verhältnis steht.[850] So bietet sich den Ermittlern bspw. zu Beginn ihrer Arbeit zunächst nur die Analyse allgemein zugänglicher Informationsquellen, bis sie mit der Begründung des Anfangsverdachts nach § 152 II StPO grundrechtsinvasive Maßnahmen wie eine Durchsuchung nach den §§ 102, 103 StPO oder eine Beschlagnahme nach den §§ 94 ff. StPO ergreifen dürfen.[851]

Die Begründung von Anhaltspunkten als Voraussetzung bestimmter Ermittlungsmaßnahmen setzt sich bis zum Ende des Ermittlungsverfahrens fort. Für die Verhängung von Untersuchungshaft nach § 112 I StPO wird ein dringender Tatverdacht gefordert, also eine große Wahrscheinlichkeit, dass der Beschuldigte Täter oder Teilnehmer einer Straftat ist.[852] Für die Erhebung der Klage am Ende des Ermittlungsverfahrens wiederum bedarf es eines hinreichenden Tatverdachts nach §§§ 170 I, 203 I StPO und damit der höheren Wahrscheinlichkeit, dass der Beschuldigte verurteilt und nicht freigesprochen wird.[853]

Vor diesem Hintergrund wird deutlich, wie sehr das Ermittlungsverfahren auf die Fixierung eines bestimmten Tatverdachtes und, damit einhergehend, einer bestimmten Vorannahme gerichtet ist. Es wird immer die Begründung bestimmter Anhaltspunkte vorausgesetzt, um weitere Ermittlungsschritte vornehmen zu können und somit der Sachverhaltsaufklärung einen großen Schritt näher zu kommen.[854] Paradoxerweise beziehen sich die Tatverdachtsgrade nicht

---

849 *Weihmann/de Vries*, S. 112; *Zabel*, ZIS 2014, 340 (340); *Clages*, in: Clages/Ackermann, S. 56.

850 *Clages*, in: Clages/Ackermann, S. 55 f.; *Zabel*, ZIS 2014, 340 (340).

851 *Hoven*, NStZ 2014, 361 (362).

852 *Schmitt*, in: Meyer-Goßner/Schmitt, § 112, Rn. 5; *Soiné*, S. 26; s. a. *Ebert*, S. 139; *Clages*, in: Clages/Ackermann, S. 58.

853 *Soiné*, S. 26; *Ebert*, S. 167; *Clages*, in: Clages/Ackermann, S. 59.

854 So auch: *Weihmann/de Vries*, S. 112. Dieser Gedanke entspricht der sog. Eingriffstheorie. Zum Teil wird auch die sog. Zwecktheorie vertreten, wonach der Verdachtsgrad

auf das mangelnde Vorliegen eines strafrechtlich relevanten Umstandes oder die Unschuld eines Verdächtigen, so wie man es im Hinblick auf die Unschuldsvermutung erwarten könnte. Vielmehr geht die Strafprozessordnung vom Bestehen einer bestimmten Beweislage aus und stellt Schuldvorannahmen in den Fokus, welche eine suggestive Potenz haben und dem Verdächtigen bzw. Beschuldigten eine unvorteilhafte Ausgangslage bieten. Ohne belastende Anhaltspunkte gibt es somit im Ergebnis keine Fortführung der Ermittlungen. Entlastende Umstände befähigen nicht zur weiteren Informationserlangung, wodurch die verdachtskonforme Vorannahme weiterhin mit jedem nächsten Ermittlungsschritt gefestigt werden kann. Durch die Etablierung der tat- und täterfixierten Vorannahmen steigt de facto die Gefahr kognitiver Dissonanzen und mit ihr das Risiko einseitiger Ermittlungen.

Zuletzt sei auf einen weiteren wichtigen Aspekt der Verdachtsbegründung hingewiesen. Wie sich bereits aus den Begriffserläuterungen der unterschiedlichen Verdachtsgrade ergibt, steht im Zentrum der Begründung eines Tatverdachts immer eine gewisse Wahrscheinlichkeitsbeurteilung, die das Vorliegen eines bestimmten Faktums möglich erscheinen lässt oder nicht.[855] Im Zentrum des Ermittlungsverfahrens steht die Rekonstruktion eines vergangenen Sachverhalts, welche eine Vielzahl fragmentarischer Lücken aufweist. Die Arbeit der Strafverfolgungsbehörden fußt somit auf zahlreichen „Ungewissheiten im Verdachtsmanagement",[856] die durch die Heranziehung eines Wahrscheinlichkeitsurteils zu hypothetischen Gewissheiten gewandelt werden können, um aus einem unbekannten Sachverhalt einen bekannten Sachverhalt zu machen.[857] Diese Wahrscheinlichkeitswerte entscheiden darüber, ob ein Sachverhalt aus Sicht der Ermittler wahr oder falsch ist.[858] Allerdings folgt aus den bisherigen Erkenntnissen, dass die Beurteilung der Wahrscheinlichkeit eines Tatverdachtes häufig hochgradig subjektiv und gefühlsmäßig erfolgt.[859] Die Überzeugung des Beamten von der Richtigkeit seiner Wahrscheinlichkeitsbeurteilung hängt unter anderem davon ab, wie häufig die gemachten Erfahrungen in der Vergangenheit bestätigt oder etablierte Vorannahmen enttäuscht wurden, da der Mensch

---

und die Eingriffsintensität mit dem Zweck der jeweiligen Ermittlungsmaßnahme kurzgeschlossen werden, s. *Zabel*, ZIS 2014, 340 (341).

855 So auch: *Kühne*, S. 223.

856 *Zabel*, ZIS 2014, 340 (340).

857 Vgl. *Brodag*, S. 289.

858 Vgl. *Getto*, Kriminalistik 1998, 567 (569).

859 *Fischer*, in: Fischer/Hoven, S. 15.

grundsätzlich dazu neigt, seine Erfahrungen zu wiederholen.[860] Dies entspricht den Erkenntnissen *Irles*, der konstatiert, dass die Überzeugung von einer Hypothese des Selbst – hier in Form einer Wahrscheinlichkeitsannahme – wächst, wenn diese in der Vergangenheit wiederholt wurde.[861]

Zusammenfassend lässt sich festhalten, dass der Tatverdacht eine sehr niedrige Eintrittsschwelle zur Einleitung des Strafverfahrens und zahlreicher Ermittlungsmaßnahmen darstellt. Er besitzt eine derartige verfahrenspsychologische Sogwirkung,[862] dass die erstmals gewonnene Vorannahme sich auf die gesamte weitere Sachverhaltsaufklärung auswirkt und die Entstehung von dissonanzbedingten Fehlerquellen begünstigen kann. Die Verdachtsgrade fordern für ihre Annahme konkrete Anhaltspunkte, die zum Gegenstand haben, dass eine Straftat und ein Täter existieren. Daraus ergibt sich ein sehr ergebnisorientierter Verlaufscharakter des Ermittlungsverfahrens,[863] der in der Lage ist, dissonanzbedingte Fehlerquellen durch die Perpetuierung bestimmter Vorannahmen zu begünstigen. Nach sozialpsychologischen Erkenntnissen steigt darüber hinaus die Überzeugung vom Wahrheitsgehalt der subjektiven Hypothese umso mehr, je öfter die Hypothese in der Vergangenheit bestätigt wurde. Die wiederholte Bestätigung der eigenen Vorannahme aufgrund der verdachtsabhängigen Ausgangsbedingungen und der Ermittlung ihres Wahrscheinlichkeitsgrades führt zu einer fortlaufenden Bestätigung der eigenen Ermittlungsansätze. Dadurch steigt im Ergebnis weiterhin die Gefahr eingefahrener und einseitiger Ermittlungen.

b) Verfahrensdauer

Die Diskussion um die Dauer des Strafverfahrens beherrscht das rechtswissenschaftliche Schrifttum seit Jahren.[864] Mit der Verfahrensdauer steigt die Intensität der Festlegung auf einen bestimmten Ermittlungsansatz,[865] sodass dieser Faktor als dissonanzfördernde Determinante zu betrachten ist. Die vollständige Sachverhaltsaufklärung dauert im Ermittlungsverfahren heutzutage deutlich länger als noch vor 100 Jahren.[866] Dies hängt mit der steigenden abzuarbeitenden Datenflut und Komplexität der Daten zusammen.[867] Auch die Anzahl der

860 *Fischer*, in: Fischer/ Hoven, S. 16.
861 Siehe in dieser Arbeit Kapitel 3, A. II. 5.
862 *Eschelbach*, in: Fischer/Hoven, S. 29.
863 So auch: *Singelstein*, StV 2016, 830 (835).
864 Siehe dazu: *Barton*, in: FS Bemmann, S. 524; *Kühne*, S. 188.
865 *Singelstein*, StV 2016, 830 (834).
866 *Weigend*, StraFo 2013, 45 (46).
867 Siehe dazu in dieser Arbeit Kapitel 3 F. I. 2.

Verfahrensbeteiligten ist mit den Jahren gestiegen und führt zu einer längeren Verfahrensdauer.[868] Im Übrigen sorgen eine rückläufige oder stagnierende Stellenentwicklung bei den staatlichen Akteuren (Polizei, Staatsanwaltschaft, Richterschaft) und eine unorganisierte Verwaltungsstruktur für unsachgemäße Verzögerungen.[869]

Durch die Länge der Verfahrensdauer steigt auch die Fixierung auf den erstmals getroffenen Ermittlungsansatz, wodurch eine Verstärkung der Bestätigungsneigung bei den ermittelnden Polizeibeamten zu erwarten ist. Mit der Fixierung auf einen Ermittlungsansatz nimmt auch das Risiko zu, dass die Ermittler kognitiven Verzerrungen unterliegen.

c) Einzelne strafprozessuale Ereignisse, die eine Vorannahme festigen

Neben der Verfahrensdauer sind überdies einzelne Ereignisse innerhalb der Ermittlungen für die Festigung des Ermittlungsansatzes von Relevanz.[870] Empirische Untersuchungen haben gezeigt, dass die Benennung sowie die Festnahme eines Beschuldigten suggestive Wirkung haben und die Vorannahme festigen.[871] Dieselbe suggestive Wirkung haben Entscheidungen über Ermittlungsansätze und Strategien.[872] Diese Feststellungen korrespondieren im Ergebnis mit den Erkenntnissen *Festingers*, wonach die Revidierung einer Entscheidung vom Entscheidungsträger grundsätzlich vermieden wird.

d) Beurteilung der Beschuldigteneigenschaft

Im Kontext der Beschuldigtenvernehmung ist des Weiteren der Beurteilungsspielraum der Ermittler im Hinblick auf die Abgrenzung eines lediglich tatverdächtigen Zeugen vom Beschuldigten problematisch. Zwar wurde in dieser Arbeit bereits die Differenzierung der beiden Begriffe thematisiert,[873] allerdings sollen an dieser Stelle die Konsequenzen dieser Beurteilung im dissonanztheoretischen Zusammenhang näher beleuchtet werden. Diese lassen sich vornehmlich mit Blick auf die Durchführung eines informellen bzw. informatorischen Vorgespräches erläutern.

---

868 *Barton*, in: FS Bemmann, S. 530.

869 *Kühne*, S. 188.

870 *Singelstein*, StV 2016, 830 (834).

871 *ebd.*

872 *ebd.*

873 Siehe in dieser Arbeit Kapitel 3 D. I. 2.

Bei informatorischen Vorgesprächen, die in der Regel vor der Beschuldigtenvernehmung stattfinden, kommt es nachweislich vor, dass dem Befragten bereits wichtige Informationen abgewonnen werden oder ihm (unbewusst) Täterwissen nahegelegt wird.[874] Letzteres ist insofern besonders bedenklich, als die informellen Vorgespräche grundsätzlich nicht aufgezeichnet werden und somit zu einem späteren Zeitpunkt der Ermittlungen nicht nachvollziehbar ist, woher oder von wem dieses Täterwissen stammt.[875]

Die Durchführung der benannten Vorgespräche ist nur bis zur Erkennbarkeit der Beschuldigteneigenschaft erlaubt, wobei die Beurteilung dieses Status den Ermittlern obliegt.[876] Sofern es sich bei dem Befragten um einen lediglich tatverdächtigen Zeugen handelt, können dessen Aussagen verwertet werden.[877] Wird demgegenüber die Beschuldigteneigenschaft festgestellt, so muss der Vernommene gem. § 136 I 2 StPO i.V.m. § 163a IV 2 StPO zwingend über seine Rechte belehrt werden, da seine Aussagen anderenfalls dem Verwertungsverbot unterliegen.[878] Der Mangel einer fehlerhaften oder unterbliebenen Belehrung kann allenfalls durch eine qualifizierte Belehrung geheilt werden, also eine Belehrung darüber, dass die zuvor getroffenen Aussagen unverwertbar sind.[879]

Das Problem des Beurteilungsspielraums im hiesigen Kontext ist, dass er für dissonanzreduzierende Zwecke missbraucht werden kann. Die Qualifizierung des Befragten als lediglich tatverdächtigen Zeugen hat zur Folge, dass der Ermittler – unter Ausschluss der Beschuldigtenrechte – an konsonante und verwertbare Informationen gelangen kann, die er womöglich von einem Beschuldigten unter Beisein eines Verteidigers nicht erlangt hätte.[880] Durch die mangelnde Protokollierung dieser Vorgespräche wird zudem verschleiert, ob bereits zu diesem Zeitpunkt suggestive Befragungstechniken wirksam geworden sind. Es

874 *Eschelbach*, in: Satzger/Schluckebier/Widmaier, § 136 Rn. 16.

875 *ebd.*

876 *ebd.*; *Burhoff*, Rn. 3948.

877 *Löffelmann/Walther/Reitzenstein*, S. 335

878 BGH, Beschl. v. 27.02.1992 – 5 StR 190/91, BGHSt, 38, 214 ff.; *Löffelmann/Walther/Reitzenstein*, S. 337. Ein solches Verwertungsverbot besteht auch dann, wenn die Beamten den Beschuldigten zwar belehrt haben, diese Belehrung aber aufgrund des geistig seelischen Zustands des Beschuldigten nicht verstanden wurde, *ebd.* Ausnahmen bilden hier lediglich sog. Spontanäußerungen, also „ungefragte Äußerungen aus eigenem Antrieb", s. *Eschelbach*, in: Satzger/Schluckebier/Widmaier, § 136 Rn. 18; *Löffelmann/Walther/Reitzenstein*, S. 335; *Burhoff*, Rn. 3952.

879 BGH, Urt. v. 03.05.2018 – 3 StR 390/17.

880 *Löffelmann/Walther/Reitzenstein*, S. 338.

ist nicht nachvollziehbar, inwiefern der „tatverdächtige Zeuge" freiwillig Äußerungen zum Tatgeschehen gemacht hat und inwiefern ihm bereits Täterwissen suggestiv untergeschoben wurde. Kognitive Verzerrungen auf Seiten des Vernehmenden sowie des Vernommenen nehmen folglich ungehindert ihren Lauf. Bei Zusammentreffen mit weiteren Risikofaktoren steigt zudem die Gefahr, dass die vernommene Person ein falsches Geständnis ablegt.

Die Problematik der Abgrenzung eines tatverdächtigen Zeugen vom Beschuldigten verdeutlichen auch bekannt gewordene reale Fälle. So wurden im Fall *Rupp* die Familienangehörigen des Opfers morgens um 06:00 h gegen ihren Willen von zu Hause abgeholt und ohne Belehrung zunächst als Zeugen vernommen.[881] Dabei stellt sich bereits die Frage, aus welchem Grund ein lediglich tatverdächtiger Zeuge von zu Hause abgeholt werden muss? Diese Auffälligkeit lässt vermuten, dass es sich bei den als lediglich tatverdächtigen Zeugen ausgewiesenen Familienangehörigen bereits von Beginn an um Beschuldigte gehandelt haben muss und aus diesem Grund derartige Maßnahmen ergriffen wurden. Auch mit Blick auf die Rechtsprechung des Bundesgerichtshofs wäre die Beschuldigteneigenschaft zu bejahen. Der BGH führt aus, dass *„polizeiliche Verhaltensweisen, wie die Mitnahme eines Befragten zur Polizeiwache [...] dabei ihrem äußeren Befund nach [belegen], dass der Polizeibeamte dem Befragten schon als Beschuldigten begegnet, mag er dies auch nicht zum Ausdruck bringen."*[882]

e) Mangelnde Kontrollinstanzen

Für ein Ungleichgewicht der Machtstellungen zwischen dem Beschuldigten und den Strafverfolgungsbehörden sorgt zudem der Umstand, dass es keine Rechtsmittelinstanz für die Überprüfung eines Ermittlungsergebnisses oder ein Rechtsmittel gegen die Einleitung des Ermittlungsverfahrens gibt.[883] Lediglich die Staatsanwaltschaft kann als Herrin des Verfahrens die Ermittlungsergebnisse der Beamten prüfen. Dabei ist ein zusätzliches Kontrollinstitut der Strafprozessordnung grundsätzlich nicht fremd. Nach § 176 II Nr. 2 der Reichsstrafprozessordnung hatte der Beschuldigte noch die Möglichkeit, eine Sachverhaltsermittlung durch einen unabhängigen Richter zu erreichen, wodurch eine Doppelkontrolle des Tatvorwurfs gewährleistet war.[884] Die mangelnde Kontrolle

---

881 *Rick*, StraFo 2012, 400 (401); *Darnstädt*, S. 100; SPIEGEL TV Dokumentation *Rupp*.

882 BGH, Beschl. v. 09.06.2009 – 4 StR 170/09= NJW 2009, 3589.

883 Vgl. *Weigend*, StraFo 2013, 45 (46); *Ziegler*, in: Satzger/Schluckbier/Widmaier, § 160 Rn. 15.

884 *Weigend*, StraFo 2013, 45 (46).

durch weitere Instanzen ermöglicht die ungehinderte Ausübung von dissonanzbedingten Verzerrungsmechanismen, die weitestgehend unentdeckt bleiben. Eine weitere Kontrollinstanz neben der Staatsanwaltschaft würde die Rechte des Beschuldigten stärken und die Möglichkeit eröffnen, den Ermittlungsbeamten Fehler vorzuhalten, die auf Dissonanzreduktion zurückzuführen sind.

f) Einschränkung der Ermittlungsbefugnisse durch Beweisverbote

Ein weiterer Aspekt, der im Hinblick auf die dissonanzbedingten Fehlerquellen im Ermittlungsverfahren beachtet werden muss, ist die Einschränkung polizeilicher Ermittlungsbefugnisse durch Beweisverbote. Dabei kann zwischen Beweiserhebungs- und Beweisverwertungsverboten differenziert werden. Ohne sich in zu vielen – für diese Arbeit irrelevanten – Details zu verlieren, kann kurzerhand festgestellt werden, dass Beweiserhebungsverbote den Strafverfolgungsbehörden unter anderem versagen, von unzulässigen Vernehmungsmethoden (§ 136a StPO) oder unzulässigen Beweismitteln (ein Zeuge der sich auf sein Zeugnisverweigerungsrecht beruft, kann nicht zur Aussage gezwungen werden) Gebrauch zu machen.[885] Erfolgt nichtsdestotrotz eine regelwidrige Beweiserhebung, kann daraus unter Umständen ein Beweisverwertungsverbot folgen, welches allerdings keine zwingende Rechtsfolge darstellt.[886]

Hintergrund dieser Verbote sind der Schutz des Beschuldigten und die Gewährleistung eines fairen Verfahrens im Sinne von Art. 6 EMRK.[887] Es soll „keine Wahrheitserforschung um jeden Preis“ stattfinden, die den Rechtsgüterschutz des Einzelnen ungeachtet lässt.[888] Dem kann jedoch entgegengehalten werden, dass der zu Unrecht Beschuldigte von der vollständigen und umfangreichen Aufklärung eines Falles profitiert, da die Rekonstruktion des historischen Sachverhaltes zu seiner Entlastung beiträgt.

Die Relevanz der Beweisverbote im Kontext der dissonanztheoretischen Untersuchung von Ermittlungsfehlern zeigt sich in der Kritik der kriminalistischen Literatur, dass durch die Beschränkung der Wahrheiterforschung

---

885 Vertiefend zur Thematik der Beweiserhebungs- und Beweisverwertungsverbote, s. *Heghmann*, ZIS 2016, 404-415; *Löffelmann/Walther/Reitzenstein*, S. 246 ff. Zu der Frage, ob Fehler im Ermittlungsverfahren im weiteren Verfahren korrigierbar sind, bietet *Lindemann* eine rechtssoziologische Kritik zur Beweisverbotslehre, s. *Lindemann*, in: Barton/Kölbel/Lindemann, S. 127 ff.

886 *Löffelmann/Walther/Reitzenstein*, S. 250.

887 Siehe dazu auch in dieser Arbeit Kapitel 2 B. I. 3. b. aa. (2).

888 *Löffelmann/Walther/Reitzenstein*, S. 245.

ein falscher Ermittlungsansatz verfolgt werden kann und Scheingewissheiten in Umlauf geraten, welche gefährliche Auswirkungen haben können.[889] Die Erkenntnisse der vorangegangenen Untersuchung zu den dissonanzbedingten Fehlerquellen innerhalb der Ermittlungspraxis[890] lassen den Schluss zu, dass fragmentarische Lücken und Scheingewissheiten innerhalb der Sachverhaltsaufklärung ein Gefahrenpotenzial für dissonanzbedingte Verzerrungsmechanismen beherbergen. Sie führen unter der Annahme und dem Bedürfnis der Sachverhaltsaufklärung zu kognitiver Dissonanz, welche durch die Bildung selektiver und konsonanter Hypothesen reduziert werden kann. Dadurch können sie sich in einem falschen Ermittlungsansatz manifestieren und im Ergebnis zu einem falschen Tatverdacht führen.

Trotz der Kritik an dem Bestand von Beweisverboten muss in der Gesamtschau dem Schutz des Beschuldigten sowie der Sicherung eines fairen Strafverfahrens Vorrang gewährt werden. Die genannten Schutzgüter sind von besonders hoher Relevanz und dürfen nicht umgangen werden. Darüber hinaus liegt die Befürchtung nahe, dass ohne die Gefahr eines eingreifenden Beweisverwertungsverbots ein Einfallstor für moralisch verwerfliches und regelwidriges Ermittlungshandeln gegeben wird.

g) Verpolizeilichung

Die strafrechtliche Sachverhaltsaufklärung besteht im Idealfall aus einer Zusammenarbeit von Polizei und Staatsanwaltschaft. Die Institution der Staatsanwaltschaft wurde vor vielen Jahren in die Strafprozessordnung eingegliedert, um als Vermittlungs- und Kontrollstelle zwischen den beiden weiteren Institutionen Polizei und Tatgericht zu fungieren.[891] Als „Herrin des Verfahrens“[892] und „objektivste Behörde“ soll sie die Ermittlung leiten und eine faire und den rechtstaatlichen Regeln konforme Strafverfolgung gewährleisten.[893]

Aus dissonanztheoretischer Perspektive wäre die Staatsanwaltschaft als Kontrollinstanz demgemäß in der Lage, den Fehlern der Kriminalbeamten und damit

---

889 *de Vries,* Die Polizei 2014, 134 (135).

890 Siehe in dieser Arbeit Kapitel 3 C.

891 *Schaefer*, Kriminalistik 2004, 753 (753); *Jehle*, FPPK 2013, 220 (224); *Nelles*, NK 2006, 68 (68); *Starkgraff*, S. 234; *Schünemann*, Kriminalistik 1999, 74 (76).

892 So Nr. 1 S. 1 RiStBV: „Das vorbereitende Verfahren liegt in den Händen des Staatsanwalts“.

893 BVerfG, Urt. v. 19.03.2013 – 2 BvR 2628/10; *Schaefer*, Kriminalistik 2004, 753 (753); *Püschel*, SraFo 2015, 269 (275).

den möglichen kognitiven Verzerrungen entgegenzuwirken, indem sie auch die zur verfolgten Ermittlungshypothese dissonanten Informationen nicht aus den Augen verliert und das Ermittlungsgeschehen kritisch hinterfragt. Sofern Ermittlungsbeamte selektiv einer Spur folgen, könnte die Staatsanwaltschaft alternative Tatgeschehen aufzeigen oder zumindest die gewonnenen Erkenntnisse auf etwaige Fehler (z.B. die Vollständigkeit der Ergebnisse) prüfen.

Obwohl die Staatsanwaltschaft die geschriebene Rechtslage für sich beansprucht,[894] man denke etwa an die Weisungsbefugnis aus § 146 GVG, findet bereits seit Jahrzehnten eine Delegation der Verfahrensherrschaft an die Polizei statt, die ihr den Titel als „Herrin des Verfahrens“ aberkennt und den Ermittlern die faktische Vorherrschaft einräumt.[895] Es ist im Ergebnis zu einer „Verpolizeilichung“ des Ermittlungsverfahrens gekommen,[896] welche die Art der Strafverfolgung um Jahre zurückwirft, bis zu dem Zeitpunkt, an dem die Gesetzgeber beschlossen, die bislang unkontrollierte Polizei nicht länger allein agieren zu lassen.[897]

Gründe für diese Machtverschiebung lassen sich viele anführen: Zunächst ist die Polizei personell und technisch deutlich besser ausgerüstet.[898] So fallen in Deutschland ca. 30 Polizeibeamte auf einen Staatsanwalt – ein quantitativ insgesamt deutlicher Vorsprung.[899] Darüber hinaus besitzt die Polizei aufgrund ihrer kriminalistischen und kriminaltechnischen Ausbildung einen praktisch relevanten Kompetenzvorsprung gegenüber den lediglich juristisch ausgebildeten Staatsanwälten, die sich wegen der mangelnden Praxiserfahrung mit Vorgaben gegenüber den Beamten zurückhalten.[900] Lediglich bei schweren Straftaten werden die Staatsanwälte umfassend tätig.[901] Rechtliche Vorgaben,

894 So auch: *Schaefer*, Kriminalistik 2004, 753 (754).

895 *Roxin/Schünemann*, § 9 Rn. 21; *Schaefer*, Kriminalistik 2004, 753 (753). Der Staatsanwaltschaft fehlt die Filterfunktion, da sie regelmäßig nicht mehr an der Beweiserhebung und -sicherung beteiligt ist, so *Deckers*, StraFo 2015, 265 (265).

896 *Neuhaus*, StV 2015, 185 (186).

897 Vgl. dazu *Nelles*, NK 2006, 68 (68); *Schünemann*, Kriminalistik 1999, 74 (76).

898 *Singelstein*, StV 2016, 830 (830); *Schaefer*, Kriminalistik 2004, 753 (754); *Schünemann*, Kriminalistik 1999, 146 (146).

899 Vgl. *Püschel*, StraFo 2015, 269 (276), der diese Zahlen im Verhältnis zu den eingeleiteten Ermittlungsverfahren in Deutschland im Jahr 2013 setzte.

900 *Neuhaus*, StV 2015, 185 (186 f.); *Schaefer*, Kriminalistik 2004, 753 (754); *Schünemann*, Kriminalistik 1999, 146 (148); *Jahn*, in: Barton/Kölbel/Lindemann, S. 45.

901 *Jehle*, FPPK 2013, 220 (224).

die die Ermittlungstätigkeit zwischen der Staatsanwaltschaft und Polizei konkretisieren, existieren indes nicht.

Die Delegation der Verfahrensherrschaft hat aus dissonanztheoretischer Perspektive zur Folge, dass einer möglichen selektiven Wahrnehmung und einseitigen Ermittlungstätigkeit das institutionalisierte Kontrollorgan entzogen wird, welches das Ermittlungsgeschehen kritisch hinterfragt sowie die Ermittlungsergebnisse auf ihre Richtigkeit und Vollständigkeit prüft. Des Weiteren kann eine derartige Machtverschiebung zu einer Selbstsicherheit bzw. Selbstüberschätzung der Ermittler führen und gleichermaßen eine daraus resultierende Kritikempfindlichkeit provozieren.[902] In der Folge kann erwartet werden, dass Polizeibeamte von ihren Vorannahmen und Ermittlungshypothesen dermaßen überzeugt sind, dass sie dazu dissonanten Informationen keinen Raum mehr lassen und kognitive Verzerrungen möglicherweise ungehindert ihren Lauf nehmen.

III. Zusammenfassende Würdigung

> „Wer [...] meint er könne im Interesse der Wahrheitsfindung abwägen, ob die Einhaltung gewisser prozessualer Vorschriften im konkreten Fall angebracht sei, der betreibt keine Strafverfolgung, sondern Inquisition [...].“[903]

Die Darstellung faktischer und rechtlicher Determinanten, die eine dissonanzbedingte Fehlerbildung im Ermittlungsverfahren begünstigen können, verdeutlicht die Komplexität und Vielzahl an Faktoren, die sich auf die kriminalpolizeiliche Ermittlungstätigkeit auswirken können. Auffallend ist dabei, dass die Determinanten häufig nicht unabhängig voneinander zu betrachten sind, sondern partiell ineinandergreifen und konfundieren.[904]

Das Treffen von Entscheidungen und die Vornahme von Handlungen in der Ermittlungspraxis ist von zahlreichen situativen Bedingungen und personellen Charakteristika abhängig und im Ergebnis ein sehr komplexes Ansinnen. Um die Ermittlungstätigkeit und ihr inhärente Fehler zu verstehen, ist es notwendig, einige Anmerkungen aus praktischer und rechtlicher Perspektive vorzunehmen.

Zunächst kann festgehalten werden, dass das Arbeiten unter Druck ein maßgebliches Charakteristikum der Ermittlungstätigkeit ist. Sowohl Zeit-, Handlungs- als auch Verantwortungsdruck prägen das Ermittlungsgeschehen und fordern eine schnelle und umfassende Sachverhaltsaufklärung, die

---

902 Vgl. *Velten*, StraFo 2015, 354 (357).
903 *Walder/Hansjakob/Gundlach/Straub*, S. 9.
904 So auch: *Albrecht*, S. 125.

insbesondere durch die Informations- und Datenflut erschwert wird. Die benannten Faktoren erzeugen verstärkt Dissonanzen und können unter Umständen zu einer selektiven Wahrnehmung der Beamten führen. Dabei muss jedoch berücksichtig werden, dass die Reduktion kognitiver Dissonanz den Ermittlungsbeamten grundsätzlich auch ermöglicht, durch komplexe Sachverhalte durchzudringen und in vielen Situationen schnell Entscheidungen zu treffen. Insbesondere für die Aufklärung eines kriminalistischen Sachverhaltes ist eine schnelle Entscheidungsfindung essentiell und durch die Datenflut nicht anders zu bewerkstelligen. Daneben verhindert die Schnelligkeit der Beamten die Verfälschung wichtigen Beweismaterials.[905] Es darf somit nicht außer Acht gelassen werden, dass das schnelle Agieren der Ermittlungsbeamten aus praktischer Sicht unumgänglich und Dissonanzreduktion ein Faktor ist, der diese praxisrelevanten Verhaltensmechanismen ermöglicht.

Demgegenüber können die dissonanzbedingten Reduktionstechniken allerdings auch dazu führen, dass selektiv nur den Ermittlungshypothesen gefolgt wird, die zum verfolgten Ermittlungsansatz konsonant sind. Um diesem Risiko entgegenzuwirken und jeder denkbaren Ermittlungshypothese mit der gleichen Intensität und Aufmerksamkeit nachzukommen, mithin jede Information gleichermaßen abzuwägen, bedarf es jedoch deutlich mehr Ressourcen, wenngleich die Anzahl der Polizeibeamten im Vergleich zur Anzahl der Staatsanwälte das Gegenteil vermuten lässt.[906] Mehr Geld und mehr Personal innerhalb des Ermittlungsstabes erlauben es, allen Spuren derart nachzukommen, wie es im Hinblick auf eine objektive Wahrheitsfindung notwendig erscheint. Da allerdings die Kapazitäten beschränkt sind, sind gewisse Beschleunigungs- und Ökonomietendenzen sowie selektiv geprägte Ermittlungen unausweichlich.[907] Vor diesem Hintergrund erscheint es trotz der Dissonanzbegünstigung zudem sinnvoll, die Aufklärungstätigkeit in Gruppen zu vollziehen, um so die Belastung des Einzelnen zu verringern.

Darüber hinaus ist festzuhalten, dass der Handlungs- und Entscheidungsrahmen nicht allein durch mangelnde Ressourcen beschränkt wird. Aus der Erörterung der dissonanztheoretischen Einflussfaktoren ging hervor, dass Gesetze, Leitlinien und Dienstanweisungen eine große Rolle spielen. Den Ermittlern steht es etwa nicht zu, völlig losgelöst von den Prozessstrukturen zu handeln

---

905 *Lange*, S. 7.

906 Die Polizeidichte beläuft sich auf 1:10.000 (auf 10.000 Bürger kommt ein Polizist), *Feltes*, S. 154.

907 So auch: *Singelstein*, Zeitschrift für Rechtssoziologie 2014, 321 (323).

und zu entscheiden und somit frei nach eigenem Willen Wahrheitserforschung zu betreiben. Vielmehr bleibt diese gebunden an die Durchsetzungsmöglichkeiten der Ermittler, gerade in Anbetracht dessen, dass die Möglichkeiten der Beweisführung formell eingeschränkt werden. Es wird somit im Ergebnis keine Entscheidung im Ermittlungsverfahren ohne Berücksichtigung der Strafprozessnormen getroffen.

Hinsichtlich der individuellen Faktoren des einzelnen Beamten lässt sich erkennen, dass das Phänomen kognitiver Dissonanz ein schwer erfassbares Problem darstellt und nicht verallgemeinerungsfähig präzisiert werden kann. Grundsätzlich kann aber festgehalten werden, dass die gesellschaftliche Struktur, in der sich ein Individuum bewegt, die Stärke der Dissonanz und die Einstellung des Einzelnen, mithin die Hypothesen des Selbst, beeinflussen können.

Ein etwas deutlicheres Bild zeichnet die Polizeikultur. Während Loyalität und Moral grundsätzlich als positive Merkmale zu kategorisieren sind, können der Jagdeifer sowie die mangelnde Fehlerkultur hingegen der Polizei die objektive Sicht auf das Tatgeschehen versperren und dazu führen, dass kognitive Wahrnehmungsverzerrungen ungehindert ihren Lauf nehmen. Naturgemäß ist polizeiliches Arbeiten im Lichte der Strafverfolgung und Gefahrenabwehr notwendigerweise auf Misstrauen und eine verstärkte Sensibilität für Gefahren ausgerichtet. Ohne eine gewisse Skepsis lassen sich Gefahren womöglich zu spät oder gar nicht erkennen.

Entgegen der Auffassung *Raskes* fördert der gesetzliche Auftrag der Polizei nach § 163 StPO nicht die Entstehung von Dissonanzen, da dieser Auftrag immer mit Blick auf die Systematik anderer strafprozessualer Normen und das Verhältnis zur Staatsanwaltschaft gesehen werden muss. Die Schuldhypothesen der Ermittler werden allerdings durch andere rechtliche Determinanten gefördert, so etwa durch einzelne strafprozessuale Ereignisse oder die Verfahrensdauer. Zugleich wirken der Beurteilungsspielraum der Ermittler bezüglich der Beschuldigteneigenschaft, die Verpolizeilichung des Strafverfahrens sowie die Nichtexistenz etwaiger Kontrollinstitutionen indirekt fördernd auf mögliche kognitive Verzerrungen, die keiner Überprüfung unterzogen werden.

Die Untersuchung der Einflussfaktoren hat nicht zuletzt die Relevanz des strafprozessualen Tatverdachtes hervorgehoben. Dieser vermag durch den Filter eigener kriminalistischer Erfahrungen subjektive Vorannahmen, Stereotypisierungen und gewisse Einstellungen in den Fokus zu rücken, die eine selektive Informationssuche und Informationsverarbeitung bekräftigen und dabei unter gewissen Umständen zu einem polizeilichen Tunnelblick führen, der den Blick vor dem „wahren“ Tathergang versperrt.

Allerdings ist das Institut des Tatverdachtes paradoxerweise für die Bewertung der Polizeiarbeit von besonders hoher Relevanz.[908] *Hans Walder* hat in diesem Zusammenhang bereits vor Jahren ausgeführt, „dass die Fähigkeit, leicht Verdacht zu fassen, nicht nur die Grundlage der erfolgreichen kriminalistischen Arbeit, sondern auch der paranoiden Schizophrenie ist".[909] Obschon die unterschiedlichen Verdachtsgrade in den strafprozessualen Normen eine Fixierung auf eine Vorannahme begünstigen, sind die ihr innewohnenden Wahrscheinlichkeitsbeurteilungen für die Erforschung eines kriminalistischen Sachverhalts erforderlich. Das Abstellen auf Erfahrungen, Annahmen und Wahrscheinlichkeiten ist für die Ermittlungstätigkeit unausweichlich. Ein von Hypothesen losgelöstes Arbeiten ist aufgrund der Mehrdeutigkeit von Beweislagen und den fragmentarischen Erkenntnislücken, die durch Stereotypisierungen gefüllt werden können, praktisch nicht durchführbar.[910] Durch Voreinstellungen und Vorannahmen gelingt es den Ermittlern, auf Grundlage lediglich weniger Informationen einzuschätzen, wie sich eine Tat zugetragen haben könnte oder welches Motiv ein Täter hatte.[911] Zudem ist das Festhalten an einer Verdachtshypothese und das Infrage stellen konträrer Informationen unter Umständen sogar besonders sinnvoll, solange keine Alternativhypothese existiert, die einen anderen Ermittlungsansatz vorgibt.[912]

Losgelöst von den kriminalistischen oder juristischen Perspektiven ist anzumerken, dass das Strafrecht und das Strafrechtssystem in eine gesellschaftlich determinierte Struktur von Vorurteilen und Verdachtsannahmen eingebettet sind, die ein soziales Leben erst ermöglichen.[913] Jeder Mensch begegnet individuellen Situationen mit seinen Erfahrungen, Vorurteilen und Verdachtsmomenten, um eine für ihn möglichst richtige Entscheidung zu treffen und Gefahren oder Risiken auszuweichen.

Ungeachtet dessen bedarf es für den Eingriff in die Rechte Dritter einer verhältnismäßigen Rechtfertigung, für die der Verdacht vor dem Hintergrund bestehender Rekonstruktionsschwierigkeiten eines Sachverhalts grundsätzlich das geeignete Mittel darstellt. Problematisch ist hingegen, dass die Grenzen

908 Vgl. *Schneider*, Kriminalistik 2000, 290 (294).
909 *Walder/Hansjakob/Gundlach/Straub*, S. 131.
910 *Velten*, StraFo 2015, 354 (364).
911 Vgl. *Krauthahn*, S. 110.
912 *Gadenne/Oswald*, Zeitschrift für experimentelle und angewandte Psychologie 1986, 360 (361).
913 Vgl. *Feltes*, S. 124; vgl. *Fischer*, in: Fischer/Hoven, S. 17.

und der Inhalt des Tatverdachts nicht hinreichend geklärt sind. Aufgrund der unbestimmten Rechtsbegriffe und der Frage, ab welchem Zeitpunkt die Begründung eines Wahrscheinlichkeitsmoments angemessen ist, stellt sich ferner die Frage, wann es sinnvoll ist einem Verdacht nachzugehen oder von ihm abzulassen. In der kriminalistischen Literatur wird vorgeschlagen, bei Zweifeln an der Schlüssigkeit eines Verdachtes kein Ermittlungsverfahren einzuleiten und jegliche Zwangsmaßnahmen zu unterlassen, da ein zweifelhafter Verdacht für die Durchbrechung der Unschuldsvermutung nicht ausreiche.[914]

Zusammenfassend kann festgehalten werden, dass viele der Determinanten auf den ersten Blick negativ behaftet zu sein scheinen, unter Berücksichtigung der praktischen und rechtlichen Aspekte jedoch ein weniger eindeutiges Bild zeichnen. Vor dem Hintergrund der genannten Gesichtspunkte zeigt sich, dass trotz aller Kritik dissonanzbedingte Fehler immer im gesamten Kontext eingeordnet werden müssen und nicht pauschal Vorwürfe erhoben werden können. Zwar existieren einige Faktoren, wie die mangelnde Fehlerkultur oder der mangelnde Ausbau der Beschuldigtenrechte, die in der Tat weiterhin kritisch zu betrachten sind, allerdings erfordern es die Umstände häufig, belastende Indizien zu suchen, da es oftmals der einzig praktische Weg zur vollständigen Aufklärung des Sachverhaltes ist.

Stellt man sich abschließend nunmehr die Frage, ob allein faktische oder rechtliche Determinanten dissonanzbedingte Ermittlungsfehler auslösen oder begünstigen, so ist zu erwarten, dass ein Zusammenspiel beider Gruppierungen ursächlich ist und mit der Anzahl der Einflussfaktoren das Risiko selektiver Ermittlungsarbeit steigt.

G. Erkenntnisse ausländischer Forschung zur kognitiven Dissonanz bei Polizeibeamten

Zu Beginn dieser Arbeit wurde festgehalten, dass der Forschungsstand zur Fehlergenese in Deutschland im internationalen Vergleich sehr rückständig ist. Sowohl im Bereich der Fehlurteilsforschung als auch im Bereich der Fehlerquellen im Ermittlungsverfahren mangelt es an neueren und umfangreichen Erkenntnissen. Aus diesem Anlass ist Ziel dieses Kapitels, einen Blick auf die internationale Forschung im Bereich dissonanztheoretischer kognitiver Verzerrungen bei

914 *Walder/Hansjakob/Gundlach/Straub*, S. 143.

Polizeibeamten zu werfen[915] und dabei die Relevanz der Forschungsergebnisse für das deutsche Strafverfahren zu erörtern.

I. Studie von Kassin/Goldstein/Savitsky 2003 (USA)

Kassin/Goldstein/Savitsky haben in den USA bereits 2003 untersucht, welche Auswirkungen die Festlegung auf einen bestimmten Ermittlungsansatz im Hinblick auf weitere Ermittlungsschritte hat.[916] Zu diesem Zweck stellten sie eine Vernehmungssituation nach, in der 52 Versuchsteilnehmer 52 potentielle Verdächtige zu einem bestimmten Fall befragen sollten, über die sie im Vorfeld Informationen erhielten.[917] Eine Gruppe erhielt dabei Informationen, die auf die Täterschaft des Verdächtigen hindeuteten, wohingegen den anderen Teilnehmern entlastende Informationen vorgelegt wurden.[918] Die Teilnehmer bekamen ausreichend Zeit, um sich mit den Informationen vertraut zu machen. Das vorgelegte Material beinhaltete dabei u.a. einen Fragenkatalog, der neben neutralen Fragen auch aggressiv-suggestive Fragen enthielt, aus denen sie im Gesamten für sich nützliche Fragen auswählen sollten.[919]

Im Ergebnis zeigte sich deutlich, dass die Vorannahme der Teilnehmer nachhaltig die jeweiligen Befragungen der Verdächtigen beeinflusste. Dabei führten die Teilnehmer, die von der Täterschaft des Verdächtigen ausgingen, im Gegensatz zur anderen Gruppe die Vernehmung sowohl aggressiver als auch vorurteilsbehafteter durch und versuchten verstärkt Druck auf den Verdächtigen auszuüben, um an ein Geständnis zu gelangen.[920] Die Befragten reagierten in dieser Situation hingegen sehr defensiv.

In einem weiteren Schritt wurde neutralen Beobachtern das Audiomaterial der Vernehmungen zum Abhören zur Verfügung gestellt. Im Ergebnis zeigte sich an dieser Stelle, dass die neutralen Beobachter das defensive Verhalten der

915 Die dabei dargestellten internationalen Studien behandeln das Problem unter dem Stichpunkt des confirmation bias.

916 *Kassin/Goldstein/Savitsky*, Law and Human Behavior 2003, 187 (187); *Singelstein*, StV 2016, 830 (833).

917 *Kassin/Goldstein/Savitsky*, Law and Human Behavior 2003, 187 (187, 190); *Singelstein*, StV 2016, 830 (834).

918 *Kassin/Goldstein/Savitsky*, Law and Human Behavior 2003, 187 (187).

919 *ebd.*, Law and Human Behavior 2003, 187 (191).

920 Im Folgenden: *ebd.*, Law and Human Behavior 2003, 187 (187, 193, 196). Zu dem gleichen Ergebnis kamen auch *Hill/Memon/McGeorge* in ihrer Untersuchung, s. *dies.*, Legal and Criminological Psychology 2008, Vol. 13, 357-371.

Befragten als belastendes Moment werteten.[921] Die nachgestellte Vernehmungssituation hatte folglich Einfluss auf alle beteiligten Akteure, was wiederum darauf schließen lässt, dass die Mutmaßung über die Schuld bereits den Prozess der Bestätigungstendenz in Gang setzt.

II. Studie von Ask/Granhag 2005 (Schweden)

In zwei Experimenten ließen *Ask/Granhag* im Jahr 2005 Ermittler und Studenten jeweils unterschiedliches Informationsmaterial zu einleitenden Ermittlungen in einem Mordfall lesen.[922] Das eine Informationsmaterial lieferte ein Motiv des Verdächtigen (z.B. Eifersucht), das andere deutete auch auf alternative Täter hin.[923] Nach Lesen der Informationen sollten beide Gruppen jeweils Schlussfolgerungen zu dem Fall treffen, wobei sich zwischen den Studenten und den Ermittlern grundlegende Unterschiede äußerten: Die Studenten zeigten eine Schuldannahme nur bei Vorliegen eines Motivs, wohingegen die Ermittler von der Schuld des Verdächtigen ausgingen, unabhängig davon, ob sie die Informationen über das Motiv oder alternative Täter erhielten.[924] Dementsprechend weniger sensibel waren die Ermittler im Ergebnis auch bei der Berücksichtigung alternativer Erklärungen.

Darüber hinaus zeigte sich, dass die Ermittler ein Bedürfnis nach standfesten und abschließenden Antworten hatten (sog. Need for cognitive closure, im Folgenden: NFC)[925] und dieses subjektiv variierende Bedürfnis sie darin ausbremst, entlastende Hypothesen oder Datenmengen zu berücksichtigen.[926] Der Sache nach lässt sich festhalten, dass mit der Stärke des NFC auch die selektive

---

921 *Kassin/Goldstein/Savitsky*, Law and Human Behavior 2003, 187 (187).

922 Im Folgenden: *Ask/Granhag*, Journal of Investigative Psychology and Offender Profiling 2005, 43 (43, 48). Zu den Schwächen des Experiments, siehe *Ask/Granhag*, Journal of Investigative Psychology and Offender Profiling 2005, 43 (57 ff.). Zu dem gleichen Ergebnis kamen auch *Hill/Memon/McGeorge* in ihrer Untersuchung, s. *dies.*, Legal and Criminological Psychology 2008, Vol. 13, 357-371.

923 *Ask/Granhag*, Journal of Investigative Psychology and Offender Profiling 2005, 43 (43, 48).

924 *Ask/Granhag*, Journal of Investigative Psychology and Offender Profiling 2005, 43 (43).

925 Zum Einfluss des NFC: *Webster/Kruglanski*, Journal of Personality and Social Psychology 1995, Vol. 67, No. 6, 1049-1062. Zum Einfluss des NFC auf die Rücknahme von Vorentscheidungen: *Schrackmann/Oswald*, Swiss Journal of Psychology 2014, 5-11.

926 *Ask/Granhag*, Journal of Investigative Psychology and Offender Profiling 2005, 43 (43, 47 f., 53).

Informationssuche bei den Ermittlern zunahm.[927] Bei den Studierenden konnte sich dieser Effekt bei hohem NFC nicht zeigen.[928] Vielmehr waren sie stärker durch die vorgelegten Informationen beeinflussbar. Bei Informationen über das Motiv des Täters nahmen die Schuldzuweisungen zu, anders hingegen bei der Vorlage alternativer Täter. Hier zeigten sich im Ergebnis weniger Schuldzuweisungen des ersten Verdächtigen.[929] Besonders hervorzuheben ist somit an dieser Stelle, dass Studierende zwar von den ihnen vorgelegten Informationen beeinflusst werden konnten, Polizisten hingegen von vornherein durch den NFC und unabhängig vom Inhalt des Infomaterials von der Schuld des ersten Verdächtigen überzeugt waren, was wiederum gefährliche Auswirkungen haben kann.[930]

III. Studie von Ask/Rebelius/Granhag 2008 (Schweden)

Ask/Rebelius/Granhag haben drei Jahre später untersucht, inwiefern die Bewertung von Beweismaterial durch Ermittlungsbeamte von deren Vorannahmen abhängig ist.[931]

117 angehenden Polizeibeamten wurden zunächst Informationen zu einem Mordfall vorgelegt, auf deren Grundlage sie die Beweislage mit Blick auf einen benannten Verdächtigen bewerten sollten, wobei nur sehr wenige täterbelastende Indizien vorlagen.[932] Im Anschluss wurden den Teilnehmern relevante Beweismittel präsentiert, wie eine DNA-Spur, eine Zeugenaussage oder Bildmaterial einer Überwachungskamera. Diese sprachen in der einen Variante für, in der anderen gegen den Verdächtigen.[933]

Im Ergebnis zeigte sich, dass zur Vorannahme konsonante, bestätigende Beweismittel als wesentlich zuverlässiger bewertet wurden, als dissonante, welche die Versuchspersonen deutlich stärker anzweifelten. Besonders starke Zweifel wurden im Vergleich zu den anderen vorgelegten Beweisen den Zeugenaussagen entgegengebracht. Dem DNA-Beweis wurde eine hohe Zuverlässigkeit zugesprochen. Es kam demzufolge zu einer Zuverlässigkeitsbewertung

---

927 *Ask/Granhag*, Journal of Investigative Psychology and Offender Profiling 2005, 43 (53).

928 Im Folgenden: *ebd.*, Journal of Investigative Psychology and Offender Profiling 2005, 43 (57 f.).

929 *ebd.*, Journal of Investigative Psychology and Offender Profiling 2005, 43 (43, 56).

930 *ebd.*, Journal of Investigative Psychology and Offender Profiling 2005, 43 (58).

931 *Ask/Rebelius/Granhag*, Applied Cognitive Psychology 2008, 1245 (1248); *Singelstein*, StV 2016, 830 (833).

932 *Ask/Rebelius/Granhag*, Applied Cognitive Psychology 2008, 1245 (1245, 1248).

933 Im Folgenden: *ebd.*, Applied Cognitive Psychology 2008, 1245 (1245).

der einzelnen Beweisstücke, welche sich nicht nur auf einzelne Beweise (z.B. eine Zeugenaussage), sondern auf alle Beweise dieser Gruppe bezogen (pauschal alle Zeugenaussagen).[934] Dieses Experiment lässt einerseits den Schluss zu, dass die Bewertung eines Beweisstücks von vielen Einflüssen, wie etwa dem Hintergrundwissen zum Fall und der Vorannahme des Ermittlers abhängt.[935] Andererseits wird bestätigt, dass Menschen die Neigung haben, fest an ihren Vorannahmen festzuhalten und dabei andere Alternativen außer Acht zu lassen.

IV. Studie von O'Brien 2009 (USA)

O'Brien hat 2009 die Auswirkungen frühzeitiger Festlegungen von Ermittlungsbeamten im amerikanischen Ermittlungsverfahren untersucht.[936] In ihrem ersten Experiment präsentierte sie 108 College Studenten eine Akte zu einer fiktiven Schießerei, die lediglich auf einen Verdächtigen namens Bill Briggs schließen ließ.[937] Die in der Akte enthaltenen Informationen belasteten ihn allerdings nur geringfügig.

Die eine Hälfte der Teilnehmer sollte bereits nach Lesen der ersten Aktenhälfte eine Hypothese hinsichtlich eines möglichen Verdächtigen aufstellen, die andere Hälfte sollte diese Festlegung nicht vornehmen.[938] Dabei nannten mehr als 90 % der Teilnehmer, die bereits eine Festlegung vornehmen sollten, den Namen Bill Briggs.[939]

Nachdem alle Teilnehmer schließlich die gesamte Akte gelesen hatten, sollten sie unter Berücksichtigung verschiedener Möglichkeiten eine Auswahl an vorzunehmenden Ermittlungsschritten vorschlagen.[940] Dabei zeigte sich, dass die erste Versuchsgruppe, die bereits nach Lesen der ersten Aktenhälfte eine Festlegung vornehmen sollte, die weiteren Informationen aus der Akte stärker im Hinblick auf die Schuld des von ihnen genannten Verdächtigen, Bill Briggs, interpretierte. Darüber hinaus fokussierten sich auch ihre vorgeschlagenen Ermittlungsschritte stärker auf ihn als Person, als das bei der Gruppe ohne vorzeitige Festlegung der Fall gewesen war.[941] Im Ergebnis zeigte diese Versuchsgruppe somit eine stark

934 *Ask/Rebelius/Granhag,* Applied Cognitive Psychology 2008, 1245 (1245, 1253 f.).
935 Im Folgenden: *ebd.*, Applied Cognitive Psychology 2008, 1245 (1254 f.).
936 Zum Folgenden auch: *Singelstein*, StV 2016, 830 (833).
937 Im Folgenden: *O'Brien*, Psychology, Public Policy, and Law 2009, 315 (319).
938 *ebd.*, Psychology, Public Policy, and Law 2009, 315 (315, 319 f.)
939 *ebd.*, Psychology, Public Policy, and Law 2009, 315 (322).
940 *ebd.*, Psychology, Public Policy, and Law 2009, 315 (320).
941 *ebd.* Psychology, Public Policy, and Law 2009, 315 (322)

ausgeprägte Bestätigungstendenz bei der Suche und Bewertung von Beweisen, um ihre Präferenzen zu stärken.[942]

In einer zweiten Studie mit 109 Teilnehmern unter fast identischen Bedingungen wie im ersten Experiment sollten die Versuchspersonen ihre Festlegung nach Lesen der ersten Aktenhälfte genauer überprüfen und Überlegungen anstellen, weshalb ihre Hypothese falsch sein könnte.[943] Einige von ihnen sollten dabei zunächst erneut einen Verdächtigen auswählen, zugleich aber auch Argumente anführen, aus welchen Gründen der gewählte Verdächtige womöglich unschuldig sein könnte.[944] Die anderen Versuchsteilnehmer sollten hingegen drei Verdächtige benennen und sich dann gleichermaßen argumentativ mit der Schuld oder Unschuld der Verdächtigen auseinandersetzen.[945]

Dabei zeigte sich im Ergebnis bei der ersten Gruppe, dass die Auswahl eines Verdächtigen bei gleichzeitiger Bildung von Alternativhypothesen das Risiko kognitiver Verzerrungen minimierte.[946] Die Versuchsgruppe, die nach der Hälfte der Akten lediglich einen Verdächtigen benennen sollte, zeigte ebenso wenig Tendenz zur Bestätigungsneigung wie die Versuchsgruppe aus dem ersten Experiment, die gar keinen Verdächtigen zur Halbzeit benennen sollte.

Diejenigen Versuchsteilnehmer hingegen, die unter Berücksichtigung aller pro- und contra-Argumente mehrere Verdächtige benennen sollten, zeigten hingegen erstaunlicherweise genauso viel Bestätigungstendenz wie die Teilnehmer aus dem ersten Experiment, die zur Halbzeit einen Verdächtigen benennen sollten.[947] Mit anderen Worten: drei Verdächtige zu benennen und eine Abwägung der Beweise vorzunehmen ist im Ergebnis gleichzusetzen mit der Benennung lediglich eines Verdächtigen ohne weitere argumentative Auseinandersetzung. Zusätzliche Kontrollmaßnahmen können somit auch den ungewünschten gegenteiligen Effekt erzielen. Wieso dieser Effekt allerdings eintritt, konnte diese Studie nicht erklären und bedarf somit weiterer empirischer Untersuchungen.[948]

---

942 *O'Brien*, Psychology, Public Policy, and Law 2009, 315 (315).
943 *ebd.*, Psychology, Public Policy, and Law 2009, 315 (315, 324).
944 Im Folgenden: *ebd.*Psychology, Public Policy, and Law 2009, 315 (324).
945 Im Folgenden: *ebd.*Psychology, Public Policy, and Law 2009, 315 (324).
946 Im Folgenden: *ebd.*, Psychology, Public Policy, and Law 2009, 315 (324, 327).
947 *ebd.* Psychology, Public Policy, and Law 2009, 315 (328).
948 *ebd.* Psychology, Public Policy, and Law 2009, 315 (330).

V. Studien von Rassin/Eerland/Kuijpers 2010 (Niederlande)

Rassin, *Eerland* und *Kuijpers* haben in ihrer Studie untersucht, inwiefern sich kognitive Verzerrungen durch die Bestätigungstendenz auf die Suche nach Beweisen im Strafprozess auswirken.[949] In ihrer Studie wurden 129 Jurastudenten in vier Gruppen unterteilt und gebeten, sich auf Grundlage unterschiedlicher Fallschilderungen zu einem Körperverletzungsdelikt auf die Schuld bzw. Unschuld des Verdächtigen festzulegen und zusätzlich weitere Ermittlungsschritte anzuordnen.[950] Bei den vier Gruppen variierten die Fallkonstellationen derart, dass die Beweislage erheblich oder nur vermindert gegen einen Verdächtigen sprach und des Weiteren die Schwere des Körperverletzungsdelikts unterschiedlich ausgeprägt war.

Im Ergebnis zeigte sich entgegen der vorangestellten Hypothese, die vom Vorliegen einer erheblichen Bestätigungsneigung ausging, dass die Studierenden nicht primär nach belastenden Beweisen suchten, sondern sogar entlastende Strategien präferierten.[951] Die Studie konnte aber dennoch zumindest zwei weitere Hypothesen bekräftigen. Es wurde bestätigt, dass die Suche nach belastendem Beweismaterial sowohl mit der Schwere des Delikts als auch mit der Stärke der bestehenden Beweislage zunahm.[952]

VI. Studie von Wallace 2015 (USA)

2015 hat *Wallace* die Rolle der Bestätigungstendenz innerhalb polizeilicher Ermittlungen untersucht. Die zentrale Forschungsfrage war, ob emotional belastende Beweismittel und die Reihenfolge der Kenntnisnahme von Beweismitteln Einfluss auf die Überzeugung eines Ermittlers von der Schuld eines Verdächtigen haben.[953]

---

949 Siehe dazu ausführlich: *Rassin/Eerland/Kuijpers*, Journal of Investigative Psychology and Offender Profiling 2010, 231 ff. Dort finden sich auch zahlreiche Nachweise empirischer Forschung zum confirmation bias im Strafprozess, *ebd.* S. 233; *Singelstein*, StV 2016, 830 (833)

950 *Rassin/Eerland/Kuijpers*, Journal of Investigative Psychology and Offender Profiling 2010, 231 (234).

951 *ebd.*, Journal of Investigative Psychology and Offender Profiling 2010, 231 (231, 240); *Singelstein*, StV 2016, 830 (833).

952 *Rassin/Eerland/Kuijpers*, Journal of Investigative Psychology and Offender Profiling 2010, 231 (240 f.); *Singelstein*, StV 2016, 830 (833).

953 Im Folgenden: *Wallace*, S. 6; *Singelstein*, StV 2016, 830 (833).

An seiner Studie beteiligten sich insgesamt 166 Polizeibeamte aus unterschiedlichen Bereichen und mit unterschiedlichem Ausbildungsgrad.[954] Die Studie erfolgte über eine anonyme Computerbefragung, wobei jeder Teilnehmer zu Beginn der Studie persönliche Daten wie etwa Alter und Berufsstand angeben musste.[955] Sodann konnten die Teilnehmer bspw. anhand unterschiedlicher Beschreibungen von Szenen angeben, wie sehr sie von der Schuld bzw. Unschuld eines Verdächtigen überzeugt waren.[956] Von besonderem Belang für diese Studie waren insgesamt der Status der Versuchsperson und die Reihenfolge der Kenntnisnahme von Beweismitteln sowie situativen Bedingungen (etwa sexueller Missbrauch eines Kindes oder eines Erwachsenen).

Die Ergebnisse seiner Experimente verdeutlichten, dass diejenigen Versuchspersonen mit Polizeierfahrung eine deutlich höhere Tendenz aufzeigten, dem confirmation bias zu unterliegen, als etwa Auszubildende.[957] Weiterhin konnte nachgewiesen werden, dass die Bestätigungsneigung zum einen durch emotional belastendes Beweismaterial verstärkt und zum anderen durch die Reihenfolge der Kenntnisnahme beeinflusst wurde. Dabei wurde den zuerst wahrgenommenen Beweismitteln eine höhere Bedeutung beigemessen als späteren.[958] Kommt ein Polizist demnach zuerst mit belastendem Beweismaterial in Berührung, so steigt die Tendenz, die Täterschaft des Verdächtigen anzunehmen. Wurden hingegen alle Beweismittel zeitgleich wahrgenommen und im Anschluss bewertet, verringerte sich dieser Effekt.

VII. Würdigung der Forschungsergebnisse und ihre Relevanz für das deutsche Ermittlungsverfahren

Die dargestellten Studien gehören zu den wenigen ihrer Art und sind für die Nachweisbarkeit des dissonanztheoretischen Problems innerhalb der Ermittlungstätigkeit von besonderer Relevanz. Allerdings gilt es mehrere Faktoren zu berücksichtigen, die eine Übertragung dieser empirischen Erkenntnisse auf die deutsche Ermittlungspraxis nicht ohne Weiteres möglich machen.

Zum einen gibt es in den USA, den Niederlanden und Schweden wesentliche Unterschiede in der Art und Weise, wie Ermittlungen geführt werden und

---

954 Darunter solche in Ausbildung, im Streifendienst und Kriminalbeamte.

955 *Wallace*, S. 93.

956 Zu den einzelnen Variablen und dem Forschungsdesign s. *Wallace*, S. 68 ff.

957 Im Folgenden: *Wallace*, S. 122 ff.

958 Dies entspricht auch den Erkenntnissen zum Primacy Effect, siehe in dieser Arbeit Kapitel 3 E. 5.

vor allem Unterschiede zwischen den einzelnen Ermittlungsverfahren. Gerade das adversatorische Strafrechtssystem der USA mag womöglich einen anderen Einfluss auf die dissonanzbedingten Wirkungsfelder haben, als das modifiziert inquisitorische hierzulande.

Des Weiteren sind auch die spezifische Polizeikultur und die Länge der Polizeiausbildung aller Länder zu berücksichtigen. So ist etwa die Dauer der Ausbildung zum Polizisten in den USA deutlich kürzer als hier in Deutschland. Während die Ausbildung in Deutschland über Jahre fortdauert, genügt in den USA in der Regel eine mehrmonatige Ausbildung.[959]

Trotz der Faktoren, die einer Übertragung der Erkenntnisse auf die inländische Dissonanzproblematik bei Ermittlungsbeamten entgegenstehen, vermögen die Ergebnisse der Studien dennoch einen Hinweis darauf zu geben, dass das Problem einseitiger Ermittlungen durch kognitive Dissonanz bei Polizeibeamten generell zu finden ist. Einige der Ergebnisse untermauern die bisher erlangen Thesen und zeigen wesentliche Parallelen auf. So unterstützen die Studien etwa die These, dass bereits etablierte Vorannahmen das weitere Ermittlungsgeschehen nachhaltig prägen und weitere Akteure des Strafprozesses beeinflussen. Zudem wurde der Einfluss von Vernehmungssituationen deutlich. Die Studien zeigten ferner auf, dass Polizisten unter bestimmten Umständen stärker dazu neigen, selektiv subjektiv-konformen Informationen nachzugehen, da sie ein besonderes Bedürfnis haben, die Ermittlungen zu einem Abschluss zu führen (Need for cognitive closure). Dieser NFC weist Parallelen zum polizeikulturellen Jagdtrieb auf, der ebenfalls darauf gerichtet ist, einen Täter zu finden und den kriminalistischen Sachverhalt abschließend aufzuklären. Die Zuverlässigkeitsbewertung unterschiedlichen Beweismaterials untermalt hingegen die These, dass das Auf- und Abwerten von Kognitionen sehr präsent in der Ermittlungsarbeit sein kann. Eine weitere relevante Erkenntnis dieser Studien ist hierneben, dass die Festlegung auf eine Hypothese die eigenen Vorannahmen festigt und starken Einfluss auf das weitere Ermittlungsgeschehen ausübt. Dies lässt den Schluss zu, dass auch die Festlegung von Hypothesen und Ergebnissen innerhalb von Ermittlungs- oder Vernehmungsprotokollen als Zäsur denselben Effekt aufzuweisen vermag und der Protokollinhalt eigene Vorannahmen bekräftigt sowie das weitere Geschehen nachhaltig prägt.

---

959 Die Ausbildung in Deutschland gehört zu den längsten der Welt, *Feltes*, S. 158. Siehe auch: SPIEGEL ONLINE, Polizistenausbildung in den USA. „Total fahrlässig", abrufbar unter https://www.spiegel.de/panorama/justiz/usa-kritik-an-ausbildung-von-polizisten-a-1027698.html (Abruf v. 31.03.2021).

Im Ergebnis kann folglich zusammenfassend festgehalten werden, dass eine Übertragung der internationalen Erkenntnisse auf das deutsche Rechtssystem und die deutsche Ermittlungspraxis nicht ohne Weiteres und nur mit großer Vorsicht vorgenommen werden sollte. Wesentliche kulturelle und prozessuale Unterschiede vermögen mutmaßlich andere Ergebnisse solcher Studien unter den gleichen Bedingungen hervorzubringen. So hat bereits *Festinger* darauf hingewiesen, dass das Ausmaß kognitiver Dissonanz nicht nur von individuellen Merkmalen, sondern auch von kulturellen abhängt.[960] Nichtsdestotrotz lassen die Ergebnisse dieser Studien den Schluss zu, dass es in jedem Land allgemeingültige Probleme dissonanzbedingter Ermittlungsfehler gibt, die nicht zwingend vom Rechtssystem abhängig sind. Die Parallelen der Ergebnisse untereinander und die Parallelen zu den theoretisch herausgearbeiteten Überlegungen zeigen, dass nicht das Problem an sich, sondern nur das Ausmaß dieses Problem in den einzelnen Ländern variiert. Es gibt deutliche Hinweise auf Dissonanzen und Bestätigungstendenzen in allen Studien, was vermuten lässt – und dies wird durch reale Beispiele wie etwa den Fall *Rupp* bekräftigt – dass dieses Problem auch im deutschen Ermittlungsverfahren wirksam werden kann und sich dadurch die Gefahr einseitiger Ermittlungen erhöht.

Die Studien belegen allerdings nicht nur die Existenz von confirmation bias innerhalb der Ermittlungspraxen. Vielmehr wurde auch deutlich, dass unter gewissen Umständen die erwarteten Ergebnisse eben nicht eintreten und sich keine Bestätigungsneigung bei den einzelnen Versuchspersonen zeigt. Dieses Ergebnis lässt vermuten, dass die Ausprägung kognitiver Dissonanz, insbesondere der Bestätigungstendenz, von zahlreichen individuellen Faktoren und somit auch von den Versuchspersonen selbst abhängt.[961] Darüber hinaus lässt die Studie von *Rassin/Eerland/Kuijpers* die Frage offen, inwiefern erdenkliche Gegenmaßnahmen zur Beseitigung kognitiver Verzerrungen wirksam sind und ab welchem Zeitpunkt ihre Wirkung ins Gegenteil umschlägt.

Die Darstellung der internationalen Studien lässt somit in der Gesamtschau vor allem erkennen, wie wichtig und notwendig empirische Untersuchungen auch hierzulande sind. Es verwundert, dass trotz international gleichartiger Ermittlungsfehler in Deutschland bislang der Versuch ausblieb, empirische Erkenntnisse in diesem Bereich zu erlangen. In den USA beispielsweise ist man bereits seit Jahrzehnten für die dissonanztheoretische Forschung sensibilisiert.[962]

---

960 Siehe in dieser Arbeit Kapitel 3 F. I. 3.

961 Vgl. *Singelstein*, StV 2016, 830 (834).

962 *Kassin/Goldstein/Savitsky*, Law and Human Behavior 2003, 187 (188).

Es bedarf spezifischer Untersuchungen, die unter Einbeziehung verschiedener Faktoren zumindest erste Erkenntnisse für das deutsche Ermittlungsverfahren und die deutsche Ermittlungstätigkeit erbringen.[963] Dieses Kapitel soll einen Anreiz dafür geben, verstärkt im Bereich dissonanzbedingter Ermittlungsfehler zu forschen und nationale und internationale Erkenntnisse zu rezipieren, um die Gesellschaft, die Polizei und die weiteren Akteure des Strafprozesssystems für dieses Problem zu sensibilisieren.

H. Präventionsmöglichkeiten

Die vorliegende Arbeit hat bereits darstellen können, inwiefern kognitive Dissonanz im Rahmen des kriminalistisch-heuristischen Regelkreises und der Beschuldigtenvernehmung wirksam wird und welche Determinante Einfluss auf die dissonanzbedingte Fehlerbegünstigung im Ermittlungsverfahren nehmen können. Anschließend wurden die zentralen Determinanten unter rechtlichen und praktischen Gesichtspunkten kritisch gewürdigt. Mithilfe der Erkenntnisse internationaler Studien konnte eine noch tiefergehende Auseinandersetzung mit dieser Problematik erfolgen. In der Gesamtschau wurde im Übrigen demonstriert, welche Auswirkungen Ermittlungsfehler im strafprozessualen Kontext haben. Rückblickend soll erneut darauf hingewiesen werden, dass insbesondere das Fehlurteil als besonders schwerwiegende Folge richtungsweisender Ermittlungsfehler gesehen werden muss. Wird eine Person rechtskräftig, aber zu Unrecht verurteilt, stehen ihr nur begrenzt Mittel zur Behebung eines solchen Fehlurteils zur Verfügung, die überdies mit großen Hürden verbunden sind.

Nachfolgend soll zunächst ein Überblick über einige Korrekturmöglichkeiten gegeben werden, mit Hilfe derer Fehlurteile behoben und Ermittlungsfehler aufgedeckt werden können.[964] Die Darstellung erfolgt in der gebotenen Kürze, da das Hauptaugenmerk dieses Kapitels auf den Präventionsmöglichkeiten liegen wird, die in der Lage sind, das Risiko dissonanzbedingter Ermittlungsfehler zu reduzieren.

Neben den ordentlichen Rechtsmitteln der Berufung und Revision sowie der Verfassungsbeschwerde, dem Gnadengesuch nach Landesrecht oder der Individualbeschwerde nach Art. 34 EMRK steht vornehmlich das

963 So auch *Singelstein*, StV 2016, 830 (836).

964 Eine normative Übersicht zentraler Korrekturmöglichkeiten bietet *Böhme*, S. 80 ff.

Wiederaufnahmeverfahren nach den §§ 359-373a StPO im Zentrum der Korrekturmöglichkeiten.[965]

Der außerordentliche Rechtsbehelf der Wiederaufnahme ist sowohl zugunsten, als auch zuungunsten des Betroffenen möglich und auf wenige gesetzlich normierte Ausnahmefälle begrenzt.[966] Die praxisrelevanteste Norm stellt die Wiederaufnahme propter nova nach § 359 Nr. 5 StPO dar,[967] wonach zugunsten des Verurteilten ein neues Verfahren eingeleitet werden kann, wenn neue Tatsachen[968] oder Beweismittel beigebracht werden, die allein oder in Verbindung mit den früher erhobenen Beweisen etwa die Freisprechung des Verurteilten zu begründen geeignet sind.

Das Wiederaufnahmeverfahren ist auf der einen Seite Ausdruck materieller Wahrheit und Gerechtigkeit, auf der anderen Seite jedoch kollidiert dieses Konstrukt potentiell mit dem Wunsch nach Rechtsicherheit und Rechtsfrieden durch den Fortbestand von Urteilen.[969] Im Ergebnis stehen die aus Art. 20 III GG herzuleitenden Prinzipien der materiellen Gerechtigkeit und Rechtsicherheit in einem Spannungsverhältnis zueinander.[970] Ein Blick auf die Gesetzeslage verdeutlicht indes, dass der Gesetzgeber mit den §§ 359 ff. StPO grundsätzlich eine Ausnahmeregelung schaffen wollte, welche der Rechtssicherheit in der Regel den Vorzug gewährt[971] und an strenge Voraussetzungen gebunden ist.[972] Aufgrund

965 Zu den einzelnen Korrekturmöglichkeiten vertiefend: *Kaspar/Arnemann*, R&P 2016, 58 ff. Zum Wiederaufnahmeverfahren: *Marxen/Tiemann*, Die Wiederaufnahme in Strafsachen (2014).

966 *Kaspar/Arnemann*, R&P 2016, 58 (60); *Jehle*, FPPK 2013, 220 (227). Das Wiederaufnahmeverfahren hat weder einen Suspensiv- noch einen Devolutiveffekt. Dafür spricht die Norm des § 360 I, II StPO, s. *Kaspar/Arnemann*, R&P 2016, 58 (59).

967 *Dunkel/Kemme*, NK 2016, 138 (141); *Jehle*, FPPK 2013, 220 (227); *Eisenberg*, JR 2007, 360 (360).

968 Zur Neuheit bereits erörterter Tatsachen im Wiederaufnahmeverfahren, s. *Fornauf*, StraFo 2013, 235 ff.

969 *Kaspar/Arnemann*, R&P 2016, 58 (60); *Leuschner/Hoffmann*, NK 2016, 155 (162).

970 *Kaspar/Arnemann*, R&P 2016, 58 (60); *Dunkel/Kemme*, NK 2016, 138 (141).

971 *Kaspar/Arnemann*, R&P 2016, 58 (60). Das Wiederaufnahmeverfahren ist im vierten Buch der StPO geregelt und stellt das Kürzeste der sieben Bücher dar. Zu den wenigen vorhandenen Daten der Wiederaufnahmeanträge, s. *Dunkel/Kemme*, NK 2016, 138 (142 ff.); *Jehle*, FPPK 2013, 220 (227).

972 Dazu im Einzelnen: *Barton*, in: FS Eisenberg, S. 26; *Kaspar/Arnemann*, R&P 2016, 58 (59 f.). Das Wiederaufnahmeverfahren teilt sich in drei Verfahrensabschnitte: Das Additionsverfahren, das Probationsverfahren und die Eröffnung einer neuen Hauptverhandlung, s. *Jehle*, FPPK 2013, 220 (227); *Dunkel/Kemme*, NK 2016, 138 (141).

dieser hohen Hürden fordern einige Stimmen in der Rechtswissenschaft schon lange eine Reform der geltenden Wiederaufnahmevorschriften.[973]

Eine weitere Möglichkeit der strafrechtlichen Fehlerkorrektur bietet das in den USA 1992 begründete „*Innocence Project*".[974] Im Rahmen dieser Initiative kämpfen Jurastudenten und Anwälte pro bono für die Freilassung zu Unrecht Inhaftierter in den Vereinigten Staaten, die ausweislich nachträglicher DNA Tests nicht Täter der ihnen vorgeworfenen Tat sein können. Mithilfe dieser Methodik konnten bislang insgesamt 362 Freisprüche erzielt und der Gerichtsbarkeit 156 Alternativtäter präsentiert werden.[975]

Daneben bemüht sich das Projekt um die Verbesserung des amerikanischen Rechtssystems mithilfe der aus den Fällen gewonnenen Erkenntnisse.[976] Im Hinblick auf das adversatorische Strafrechtssystem der Vereinigten Staaten ist darauf

---

973 Siehe dazu im Einzelnen: *Kaspar/Arnemann*, R&P 2016, 58 (62); BT Drucks. 7/551, 7/2600. 2008 wurde ein Reformvorhaben des Wiederaufnahmeverfahrens zuungunsten des Betroffenen vom Bundesrat beschlossen, wenn eine nachträgliche DNA-Analyse den zu Unrecht Freigesprochenen belastet. Siehe dazu im Einzelnen: BT-Drucks. 16/7957; *Marxen/Tiemann*, ZIS 2008, 188 ff. Dieses Reformvorhaben wurde allerdings vom Bundestag nach einer Sachverständigenanhörung fallen gelassen. Befürwortend: *Pabst*, ZIS 2010, 126 ff. Auch aus dem Bericht der Expertenkommission zur effektiveren und praxistauglicheren Ausgestaltung des allgemeinen Strafverfahrens und des jugendgerichtlichen Verfahrens aus dem Jahr 2015 geht hervor, dass die Reformbedürftigkeit des Wiederaufnahmeverfahrens sowohl zuungunsten als auch zugunsten des Angeklagten Gegenstand der Diskussion war. Allerdings hat die Expertenkommission einer Reform der Wiederaufnahmevorschriften in keinem Punkt zugestimmt, s. dazu im genannten Bericht, S. 168 ff., abrufbar unter: https://www.bmjv.de/SharedDocs/Downloads/DE/PDF/Abschlussbericht_Reform_StPO_Kommission.pdf?__blob=publicationFile&v=2 (Abruf v. 31.03.2021). Derzeit gibt es erneut Bestrebungen, das Wiederaufnahmeverfahren zuungunsten des Angeklagten zu reformieren. Dabei wird die Frage diskutiert, ob ein „Freispruch unter Vorbehalt" möglich wäre, s. *Suliak*, Bald Freispruch unter Vorbehalt?, abrufbar unter: https://www.lto.de/recht/hintergruende/h/strafrecht-freispruch-verurteilung-mord-dna-wiederaufnahme-doppelbestrafungsverbot/ (Abruf v. 31.03.2021).

974 Das Innocence Projekt begann als kleines Projekt von den Bürgerrechtsanwälten *Peter Neufeld* und *Barry Scheck* an der Benjamin N. Cadoo School of Law der Yeshiva, s. *Jehle*, FPPK 2013, 220 (222). Mittlerweile haben sich in ganz Amerika ähnliche Institutionen entwickelt, so *Strate*, StraFo 2007, 47 (48). Die Homepage mit allen Informationen zum Innocence Project kann aufgerufen werden unter https://www.innocenceproject.org. (Abruf v. 31.03.2021)

975 https://www.innocenceproject.org. (Abruf v. 31.03.2021)

976 https://www.innocenceproject.org/policy/ (Abruf v. 31.03.2021).

hinzuweisen, dass einerseits die Jurygerichtsbarkeit als besonders fehleranfällig angesehen wird,[977] andererseits zudem die Möglichkeit besteht, gravierende Sanktionen wie die Todesstrafe zu verhängen. Vor allem diese Form der Sanktionierung macht die Dringlichkeit auch initiativer Korrekturmöglichkeiten von Fehlurteilen in den USA deutlich.

In Deutschland existiert eine Institution wie das Innocence Project bislang nicht. Allein das sog. „*Guilty Project*“ hat in Deutschland Fuß gefasst, bei dem nicht Strafverteidiger, sondern die Landeskriminalämter tätig werden.[978] Mit Unterstützung des Bundeskriminalamtes wird Spurenmaterial unaufgeklärter Schwerstdelikte mit den DNA-Beständen kriminalpolizeilicher Datenbanken abgeglichen, welche ehemals Verdächtige durch richterlichen Beschluss dazu anhalten können, einen DNA-Abgleich zu liefern.[979] Die wesentlichen Unterschiede zum amerikanischen Modell liefern jedoch Grund zu der Frage, ob sich auch ein Innocence Project nicht als Ergänzung in Deutschland etablieren sollte. Insbesondere die Tatsache, dass das Innocence Project keine Mitglieder der Strafverfolgungsbehörden beschäftigt, trägt einem objektiven und kritischen Blick auf Altfälle Rechnung.

Zuletzt gibt es noch eine weitere Institution, die bislang keinen Eingang in das deutsche Strafsystem gefunden hat, obwohl internationale Modelle durchaus Erfolge vorweisen. Die Rede ist von sog. *Criminal Case Review Commissions*, die sich unter anderem in Großbritannien, Norwegen, Schottland und Frankreich etabliert haben.[980] Diese Kommissionen ziehen (fehlerhafte) Urteile heran und versuchen sie einer neuen Bewertung zu unterziehen.[981] Zu diesem Zweck sind sie unter anderem befugt, neue polizeiliche Ermittlungen einzuleiten und Beweismaterial einzusehen.[982] Dadurch können Ermittlungsfehler aufgedeckt

977 *Jehle*, FPPK 2013, 220 (222); *Leuschner/Hoffmann*, NK 2016, 155 (161).

978 *Strate*, StraFo 2007, 47 (48).

979 *ebd.*

980 Im Einzelnen zur Criminal Case Review in Großbritannien: https://ccrc.gov.uk (Abruf v. 31.03.2021); *Jehle*, FPPK 2013, 220 (223); *Leuschner/Hoffmann*, NK 2016, 155 (158); in Norwegen: http://www.gjenopptakelse.no/index.php?id=163 (Abruf v. 31.03.2021); in Schottland: https://www.sccrc.co.uk (Abruf v. 31.03.2021); in Frankreich zur Commission d'instruction des demandes en révision: *Jehle*, FPPK 2013, 220 (223)).

981 Vgl. *Leuschner/Hoffmann*, NK 2016, 155 (158).

982 *Jehle*, FPPK 2013, 220 (223). In England handelt eine eigens organisierte Kommission, die unabhängig von anderen Institutionen auf Antrag eine Fallüberprüfung vornimmt und dabei unter anderem von öffentlichen Stellen Informationen erhält sowie auch (neue) Zeugen befragen und die Erstellung von Gutachten veranlassen kann, s. https://ccrc.gov.uk (Abruf v. 31.03.2021).

und der verfolgte Tatverdacht widerlegt werden. Das ermöglicht unter Umständen eine erneute Verweisung des Falles an ein Rechtsmittelgericht.[983]

Im Ergebnis wird mit Blick auf die zahlreichen internationalen Institutionen deutlich, dass hinsichtlich der Fehlurteils- und Ermittlungsfehlerforschung sowie der strafrechtlichen Fehlerkorrektur in Deutschland erheblicher Nachholbedarf besteht. Es fehlt an einer Institution, die sich die Überprüfung von Fehlurteilen zur Aufgabe macht, obwohl nachweislich erfolgreiche ausländische Initiativen und staatliche Organisationen die Möglichkeiten der Umsetzung aufzeigen.

Da die Voraussetzungen für eine nachträgliche Fehlerkorrektur im Hinblick auf die Möglichkeiten und Hürden ungünstig sind, wäre es wesentlich zielführender, an Stelle von Korrekturmöglichkeiten den Fokus auf die Prävention etwaiger Ermittlungsfehler zu legen, um in diesem Zusammenhang gar nicht erst Fehlurteile entstehen zu lassen. Dabei ist zu berücksichtigen, dass Ermittlungsfehler niemals gänzlich auf Null reduziert werden können. Dies liegt nicht zuletzt an der in der Natur des Menschen liegenden Fehlbarkeit. Nichtsdestotrotz sollten Parameter und Vorschläge zur Vermeidung einiger Faktoren und Umstände geliefert werden, die Ermittlungsfehler zumindest in ihrer Anzahl mindern können.

Nachfolgend soll der Versuch gelingen, Präventionsmöglichkeiten für die Ermittlungspraxis aufzuzeigen, die in der Lage sind, das Aufkommen dissonanzbedingter Fehlerquellen zu reduzieren. Konsequenterweise könnte die Einhaltung einiger dieser Parameter dazu führen, dass künftig weniger Fehlurteile gesprochen werden und die Rechtssicherheit im deutschen Strafverfahren zunimmt.

I. Verbesserte Aus- und Fortbildung

Erstrebenswert wäre zum einen eine bessere Aus- und Fortbildung der Polizeibeamten, um kognitiven Fehlern im Ermittlungsverfahren entgegenzuwirken.[984] Dabei treten mehrere Aspekte zutage, die bereits während der Ausbildung sowie auch in Form von Fortbildungsmöglichkeiten für bereits voll ausgebildete Ermittler vermittelt werden können und im Ergebnis zur Sensibilisierung für die Problematik und Prävention dissonanzbedingter Fehlerquellen im Ermittlungsverfahren beitragen.[985]

983 *ebd.*

984 *de Vries*, S. 253; *Singelstein*, StV 2016, 830 (836).

985 Dem Erfolgspotenzial verbesserter Ausbildung von Polizeibeamten sehen einige Stimmen kritisch entgegen. *Püschel*, StraFo 2015, 269 (277): bloße Hypothesenrhetorik schützt nicht vor Versäumnissen in der Beweiserhebung und Beweisbewertung.

So könnte etwa die *Schulung umfassender sozialpsychologischer Erkenntnisse*[986] den künftigen sowie bestehenden Ermittlern vor Augen führen, welche, vornehmlich dissonanztheoretischen Phänomene, während ihrer Ermittlungspraxis wirksam werden können und das Potenzial haben, die einzelnen Ermittlungsschritte einer objektiven Sachverhaltsaufklärung zu verzerren. Dabei sollte sich diese Wissensübermittlung nicht allein auf die Ausbildung der Polizeibeamten beschränken, sondern als fester Bestandteil regelmäßiger Fortbildung zur Pflicht eines jeden Polizeibeamten werden, um die Ermittler für diese Thematik fortlaufend zu sensibilisieren und den Kenntnisstand den aktuellen wissenschaftlichen Erkenntnissen zu dieser Thematik anzupassen.

Im Hinblick auf die Relevanz falscher Geständnisse sollte sich die Aus- und Fortbildung des Weiteren auf ein *juristisches Vernehmungscoaching* erstrecken,[987] welches einen informationssammelnden Ansatz, wie es die Methode der strukturierten Vernehmung impliziert, vermittelt. Das Training sollte den Beamten die Ursachen falscher Geständnisse vor Augen führen und zeigen, dass die Sachverhaltsermittlung auch ohne die Anwendung suggestiver Befragungstechniken Erfolg verspricht.[988] Darüber hinaus sollten neben dissonanztheoretischen Inhalten auch grundlegende Erkenntnisse der forensischen Glaubhaftigkeitsbeurteilung integriert werden, um die Aussagen eines Zeugen oder Beschuldigten besser einordnen zu können.[989] Mithilfe eines gestärkten Feingefühls für die richtige Art und Weise der Befragung und die zutreffende Beurteilung von Aussagen können dissonanztheoretische Probleme erkannt und mithin reduziert werden.

Kenntnis der Fehler schützt nicht davor, diese nicht zu begehen, s. *Walder/Hansjakob/Gundlach/Straub*, S. 422. Für eine verbesserte Ausbildung der Staatsanwaltschaft: *Lange*, S. 190.

986 Für die Vermittlung psychologischer Erkenntnisse sprechen sich auch *Rohloff/Ruhländer*, Kriminalistik 2004, 518 (519) aus.

987 So auch *Artkämper*, Kriminalisitik 2009, 349 (352); *Drews*, S. 263; *Bley*, S. 305; vgl. *Singelstein*, StV 2016, 830 (836); *Volbert/May*, R&P 2016, 4 (9), wobei die Autoren sich hier darauf beschränken, die Aus- und Fortbildung einem bestimmten Vernehmungsziel zu unterwerfen und anhand dessen einzelne Vernehmungstechniken zu lehren.

988 So auch *Lassiter/Meissner*, S. 225; *Drews*, S. 261.

989 *Rohloff/Ruhländer*, Kriminalistik 2004, 518 (519). Zur Beurteilung der Glaubhaftigkeit von Aussagen durch die sog. Undeutsch-Hypothese: *ebd.*; *Püschel*, StraFo 2015, 269 (270). Die Darstellung kann nicht alle Möglichkeiten der Beurteilung von Aussagen diskutieren. Zur Anwendung eines Lügendetektors siehe etwa *Rohloff/Ruhländer*, Kriminalistik 2004, 518 (520).

Neben der Vermittlung der praktischen Herangehensweise im Rahmen einer Vernehmungssituation sollten ferner grundlegende Aspekte der *Vernehmungspsychologie* gelehrt werden. Bislang werden diese Gesichtspunkte der Vernehmung nur marginal an den Fachhochschulen und Universitäten vermittelt.[990] Im Rahmen einer Befragung von 150 Polizeibeamten im Jahr 2005 gaben 17 % der befragten Teilnehmer an, dass sie selbst das Gefühl haben, nichts über die Grundlagen der Vernehmungspsychologie zu wissen.[991] Es wird somit deutlich, dass die Vorbereitung der Beamten hinsichtlich der Vernehmungspraktiken vermehrter Aufmerksamkeit bedarf. Durch die Integration dieser Inhalte in die Ausbildungspraxis könnten dissonanzfördernde Risikofaktoren innerhalb dieser Ermittlungsmaßnahme im Ergebnis deutlich reduziert werden.

Ein weiterer Aspekt, der Einzug in die Aus- und Fortbildung von Polizeibeamten erhalten sollte, findet sich in *praxisgebundenen Übungseinheiten*, bei denen die Ermittler dazu geschult werden sollen, Fehler und ihre Quellen zu erkennen. Mithilfe von ausbildungsintegrierten Rollenspielen können die am häufigsten auftretenden Fehlerquellen aufgedeckt und analysiert werden.[992] Dabei sollten die Ermittler einerseits darin geschult werden, die Fehleranfälligkeit menschlichen Handelns zu erkennen und andererseits ihre Fähigkeit zur Selbstkritik weiterzuentwickeln, da nur ein Ermittler, der seine Beweisführung und -bewertung kritisch hinterfragen kann, imstande ist, objektiv und zielführend zu ermitteln.[993]

Einen Ansatz kritischen und alternativen Denkens bietet in diesem Zusammenhang auch das sog. *kontrafaktische Denken*, welches als Teil der polizeilichen Bildung ebenfalls eine Möglichkeit zur Prävention dissonanter Fehlerquellen bildet.[994] Kontrafaktisches Denken erfasst das Vorstellen davon, „welche Bedingungen hätten vorhanden sein müssen, damit ein Ereignis nicht eingetreten wäre".[995] Diese gedankliche Fragestellung beeinflusst nicht nur das Denken über Zustände der Vergangenheit, sondern schärft auch den Blick für künftige Ereignisse. Mithilfe der Vermittlung dieser Denkweise werden Polizeibeamte dafür

---

990 So auch: *Hermanutz/Litzke*, S. 69.

991 *ebd.*, S. 69 m.w.N.

992 Vgl. *de Vries*, Die Polizei 2014, 134 (136); *Findley/Scott*, Wisconsin Law Review 2006, 291 (373).

993 So auch: *Walder/Hansjakob/Gundlach/Straub*, S. 8; *Krauthahn*, S. 213; *Raske*, S. 257.

994 *Schweizer*, Justice-Justiz-Giustizia 2007, 117 (121). Der Autor spricht dabei auch vom sog. counterfactual reasoning.

995 Im Folgenden: *Schweizer*, Justice-Justiz-Giustizia 2007, 117 (121). Veranschaulichend zum kontrafaktischen Denken s. *Bierhoff*, S. 269-272.

sensibilisiert, bereits gefasste Hypothesen in Frage zu stellen und den Tunnelblick abzuwenden.

Vor dem Hintergrund der dargestellten Vorschläge einer verbesserten Bildung der Polizeibeamten sollte berücksichtigt werden, dass die polizeiliche Dienstlaufbahn zum einen nach der „klassischen Ausbildung“ an einer Polizeifachhochschule angetreten werden kann, zum anderen die Möglichkeit besteht, als Volljurist in den höheren Polizeidienst einzusteigen. Angesichts dessen muss diskutiert werden, inwiefern die genannten Parameter in die jeweilige Ausbildung integriert werden sollten.

Die klassische Ausbildung der Polizeibeamten an den Fachhochschulen sollte die Vermittlung sämtlicher Kenntnisse zu kognitiven Wahrnehmungsfehlern und der Vernehmungspsychologie einbeziehen. Mit Blick darauf, dass die Polizeibeamten am Ende ihrer Ausbildung dem Ermittlungsgeschehen am nächsten sind, sollten sie bereits zu Beginn *alle* fachübergreifenden Spezialkenntnisse erwerben. Zumindest aber sollte der Anreiz geboten werden, bei eigenständiger Fortbildung Beförderungs- oder Aufstiegsmöglichkeiten zu schaffen, so wie es bereits überwiegend in England betrieben wird.[996] Weiterhin wird seit Längerem gefordert, die Kriminalistik an Universitäten und Hochschulen als Studiengang zu etablieren,[997] um die Möglichkeit zu schaffen, sich akademisch mit praktischen Problemen der Strafverfolgungsbehörden zu beschäftigen, zu denen eben auch kognitive Wahrnehmungsverzerrungen gehören.

Im Hinblick auf die polizeidienstliche Beamtenlaufbahn bei Juristen kann die Vermittlung dieses Spezialwissens differenzierter betrachtet werden. Zurecht weist *Böhme* darauf hin, dass nur ein geringer Teil der ausgebildeten Juristen den strafrechtlichen Berufszweig wählen und antreten wird.[998] Noch geringer ist der Anteil der Juristen, die sich für eine Laufbahn im höheren Polizeidienst entscheidet. Aus diesem Grund erscheine es sinnvoll, sozialpsychologische Kenntnisse zur Fehlergenese und Vernehmungspsychologie erst im juristischen Vorbereitungsdienst zu vermitteln, da auf der einen Seite der praktische Bezug zum Strafrecht hergestellt wird und sich auf der anderen Seite die auszubildenden Juristen womöglich bereits für einen strafrechtlichen Berufszweig entschieden haben.[999]

---

996 *Feltes/Punch*, MSchrKr 2005, 26 (38).

997 *de Vries*, Die Polizei 2014, 134 (134); *Ackermann*, in: Artkämper/Clages, S. 38; *Starkgraff*, S. 234.

998 *Böhme*, S. 270.

999 *Böhme* weist gleichwohl drauf hin, dass derartige Kenntnisse ebenso im Zivil- und Verwaltungsprozess nützlich sein könnten, S. *ders.*, S. 272.

II. Aufstellen von Alternativhypothesen

Neben der Möglichkeit, kontrafaktisch zu denken und nach den Bedingungen zu fragen, die vorhanden sein müssten, damit ein bestimmtes Ereignis nicht eintritt, besteht ferner die Möglichkeit, effektiv kognitiven Verzerrungen durch Dissonanz entgegenzuwirken, indem Alternativhypothesen aufgestellt werden.[1000]

Dabei wird nicht nach den Bedingungen gefragt, die vorliegen müssten, damit das zugrundeliegende Ereignis nicht stattgefunden hätte, sondern es wird dem zu untersuchenden Verdachtssachverhalt vielmehr ein Alternativsachverhalt entgegengehalten.[1001] Die Indizien des Alternativsachverhalts werden anschließend gegen die Verdachtsgründe der bisherigen Hypothesen abgewogen.

Das Bilden von Alternativhypothesen erfordert eine aktive Aufgeschlossenheit der Beamten gegenüber dissonanten Informationen und alternativen Perspektiven.[1002] Im Ergebnis sollen die Ermittler mehrere Hypothesen bilden und bewerten,[1003] um für eine ausgewogene Tatsachenprüfung zu sorgen. Sozialpsychologischen Erkenntnissen zufolge ist jedoch ein Rückgang von Bestätigungstendenzen hinsichtlich der zugrunde gelegten Hypothesen erst dann anzunehmen, wenn zusätzlich ein „deutlicher Hinweis“ auf eine Alternativhypothese gegeben ist.[1004] Aus diesem Grund darf der Mehrwert der alternativen Hypothesenbildung pauschal nicht überschätzt werden. Sie verkörpert jedoch den ersten wichtigen Schritt in eine objektive Denkweise, die sich vor allem alternativen Hinweisen auch nicht verschließt uns somit andere Ermittlungsansätze erst möglich macht.

Des Weiteren muss hinterfragt werden, ob die Ermittlungsbeamten selbst in der Lage sind, Alternativhypothesen zu bilden.[1005] Die Frage stellt sich dabei nicht aufgrund der kognitiven Fähigkeiten der Ermittler, sondern vielmehr aufgrund der Arbeitsbedingungen, denen die Ermittler erlegen sind. Wie bereits erörtert,

---

1000 *Singelstein*, StV 2016, 830 (835 f.); *Neuhaus*, StV 2015, 185 (186); *Schweizer*, Justice-Justiz-Giustizia 2007, 117 (121); *Püschel*, StraFo 2015, 269 (277); *Eschelbach*, in: Fischer/Hoven, S. 38.

1001 Im Folgenden: *Eschelbach*, in: Fischer/Hoven, S. 38.

1002 *Singelstein*, StV 2016, 830 (835).

1003 *Schweizer*, Justice-Justiz-Giustizia 2007, 117 (121).

1004 *Gadenne/Oswald*, Zeitschrift für experimentelle und angewandte Psychologie 1986, 360 (372); *Velten*, GA 2015, 387 (402).

1005 *Hans Walder* hat bereits 1953 im Kontext einer fehlerhaften Hypothesenbildung geschrieben, dass allein die Kenntnis von Fehlern scheinbar nicht davor schützt, sie weiterhin zu begehen, s. *Walder/Hansjakob/Gundlach/Straub*, S. 422.

mangelt es vielerorts an personellen Ressourcen, sodass bereits aufgrund dessen ein erheblicher Bearbeitungs- und Erfolgsdruck auf den Ermittlern lastet. Nicht zuletzt wird dieser Druck durch die Schwere des Delikts oder die mediale Berichterstattung verstärkt. Hinzu tritt noch der Topos des Beschleunigungsgrundsatzes. Aufgrund dieser Überlegungen erscheint es praktisch schlichtweg nicht umsetzbar, dass die Ermittlungsbeamten in der Kürze der Zeit und der Intensität der Informationsflut alle alternativen Tatgeschehen berücksichtigen und gegeneinander abwägen. Vielmehr erscheint es sinnvoller, andere Institutionen zu stärken, die diese Aufgabe übernehmen:

1. Der Einsatz eines advocatus diaboli

Seine eigenen Hypothesen und Gedankengänge in Frage zu stellen mag für den Einzelnen eine große Herausforderung darstellen, da man zum einen in zwei Richtungen denken muss und zum anderen der Mensch sich grundsätzlich für ein sehr rationales Wesen hält und sich dementsprechend davor scheut, seine Handlungen und Entscheidungen zu kritisieren.[1006]

Um diesem Problem Abhilfe zu verschaffen besteht eine weitere Präventionsmöglichkeit im Einsatz eines sog. „*advocatus diaboli*".[1007] Der Einsatz dieser Methode stammt aus der Psychologie und wird dazu genutzt, um einer voreingenommenen Informationssuche im Rahmen von Urteils- und Entscheidungsprozessen entgegenzuwirken.[1008] Aufgabe des advocatus diaboli ist es, die Vorschläge anderer Mitglieder einer Gruppe konstruktiv zu kritisieren und alternative Denkweisen aufzuzeigen.[1009] Die Gruppe hingegen muss auf diese Kritik reagieren und prüfen, ob sie durch andere Argumente entkräftet werden kann. Es entsteht somit im Ergebnis eine gekünstelte Meinungsverschiedenheit, die zum Vorteil hat, dass eine externe Person sich der Bildung von Alternativhypothesen annimmt.

In den Niederlanden hat dieses Konzept in Form von sog. „independent contrarians" bereits 2006 Einzug in die Ermittlungspraxis gefunden, um einseitigen Ermittlungen und den Groupthink-Phänomenen der kriminalpolizeilichen Ermittler in komplexen und schweren Kriminalfällen entgegenzuwirken.[1010] Es

---

1006 Siehe dazu in dieser Arbeit Kapitel 3 A. I. 2. b. aa.

1007 *Schweizer*, Justice-Justiz-Giustizia 2007, 117 (122), vgl. *Püschel*, StraFo 2015, 269 (277); *Frey*, in: Rösler/Florin, S. 55; vgl. *Velten*, GA 2015, 387 (409), wobei sich die Autorin auf den Einsatz eines advocatus diaboli im Hauptverfahren beschränkt.

1008 *Frey*, in: Rösler/Florin, S. 56.

1009 *ebd.*, S. 55.

1010 Dazu ausführlich: *Salet*, Opsporing, tegenspraak en

handelt sich dabei um Polizeibeamte, die zur Aufgabe haben, das Ermittlungsgeschehen im Hinblick auf einen möglichen Tunnelblick der Beamten zu hinterfragen und alternative Ratschläge an den Führer des Ermittlungsteams zu geben.[1011]

Die independent contrarians werden in den niederländischen Ermittlungsstandorten unterschiedlich eingesetzt und können zwei unterschiedliche Strategien verfolgen. Sie können zum Beispiel sehr eng mit den Ermittlern zusammenarbeiten und die zu treffende Entscheidung mit dem Teamleiter vorweg diskutieren, bevor sie endgültig getroffen wird. Es hat sich allerdings gezeigt, dass der Nachteil dieses engen Verhältnisses zu den Ermittlern darin liegt, dass der independent contrarian sich für die Lösung des Kriminalfalles oftmals voll verantwortlich fühlt und aufgrund dieses Drucks selbst confirmation biases erliegen kann. Aus diesem Grund wird diese Strategie überwiegend abgelehnt.

Vorzug erhält demgegenüber eine Strategie, die mehr auf Distanz zu den Ermittlern ausgelegt ist. Hier teilt der independent contrarian seine Gedanken dem Team mit, *nachdem* sie bereits eine Entscheidung getroffen haben. Dadurch wird der Fokus auf die Kernpunkte der Ermittlungen gelegt und der independent contrarian erliegt nicht dem Druck, für die Aufklärung des Sachverhalts verantwortlich zu sein.

Eine empirische Untersuchung von *Salet* ergab zudem, dass die independent contrarians ihre Rollen unterschiedlich wahrnehmen. Während die einen sich als Ermittler oder sogar Teamleiter betrachten, sehen andere ihre Aufgabe in der stetigen Verbesserung von Ermittlungsprozessen. Weitere wiederum sehen ihre Rolle strikt im Konzept des advocatus diaboli. Das in den Niederlanden betriebene Konzept der independent contrarians zeigt somit, dass die Rolle eines unabhängigen Dritten im Rahmen von Ermittlungen von den Betroffenen selbst nicht immer darin gesehen wird, die laufenden Vorgänge einer kritischen Prüfung zu unterziehen. Vielmehr kann es durchaus vorkommen, dass sich die independent contrarians in das Ermittlungsgebilde einfügen und dabei der verfolgte Zweck in Vergessenheit gerät. Eine weitere Schwäche des Konzeptes

---

veranderende frames. Een onderzoek naar tegenspraak in grootschalige rechercheonderzoeken (2015). Die *Autorin* untersucht in ihrem Werk empirisch die Arbeitsweise des advocatus diaboli in der niederländischen Ermittlungspraxis und zeigt ferner begünstigende sowie behindernde Faktoren auf, die Einfluss auf den Ermittlungsansatz und den weiteren Ermittlungsverlauf nehmen. Darüber hinaus beschäftigt sich die Autorin mit dem Umgang der Ermittler mit der außenstehenden Kritik.

1011 Im Folgenden: *Salet*, S. 296.

zeigte sich in der mangelnden Erfahrung der independent contrarians mit der Ausübung von Kritik. Da sie selbst Polizeibeamte sind, zeigte sich eine gewisse Neigung, sich mit den Kollegen zu solidarisieren. Auch der Jagdtrieb der independent contrarians kann nicht ohne Weiteres mit der Erteilung der neuen Aufgabe abgestellt werden.

Durch die benannte empirische Untersuchung traten jedoch auch sehr viele positive Aspekte des Einsatzes von independent contrarians hervor. So kam es beispielsweise zu regelmäßigen „critical review sessions" zwischen den independent contrarians und dem jeweiligen Teamleiter, die nachweislich positiven Einfluss auf die weitere Ermittlungspraxis hatten.[1012] Radikale äußerliche Veränderungen der Ermittlungsweise waren zwar nicht erkennbar, allerdings wurden kleine Details des Öfteren durch die Arbeit des contrarians verändert. Hierneben übten die independent contrarians einen erkennbar indirekten Einfluss auf die Ermittlungspersonen aus: Die Teamleiter waren durch die Anwesenheit des contrarians insgesamt deutlich sensibilisierter und alarmbereiter bezüglich der auftretenden Fallstricke, die das Ermittlungsverfahren bietet. Zudem reflektierten sie die Art und Weise, wie sie ihre Ergebnisse und Entscheidungen den anderen Teammitgliedern vermittelten.

Nach *Salet* birgt das niederländische Konzept der independent contrarians viel Potenzial, um das Aufstellen von Alternativhypothesen in der Ermittlungspraxis umzusetzen.[1013] Vor dem Hintergrund, dass Menschen in der Regel dazu neigen, ihre eigenen Entscheidungen und Handlungen zu befürworten und sich davor scheuen, diese aufzugeben, mag der Einsatz einer unabhängigen Person innerhalb der Ermittlungen durchaus zielführend sein. Das Konzept zeigte zwar einige Schwächen, jedoch auch gleichermaßen viele Erfolge.

Der Vorteil des Einsatzes eines Polizeibeamten als advocatus diaboli mag dabei darin liegen, dass ihm die internen Abläufe und Denkweisen von Polizeibeamten bekannt sind. Andererseits zeigte die dargelegte Untersuchung, dass die Solidarität mit den Kollegen und der eigene Jagdtrieb nicht ohne Weiteres abgestellt werden können. Aus diesem Grund könnte der Vorteil eines advocatus diaboli, der nicht Polizeibeamter ist, darin liegen, diese Faktoren zu vermeiden. Nach *Salet* wäre es wünschenswert, sowohl einen independent contrarian aus der Polizei zu engagieren, als auch jemand Außenstehenden.

Im Ansatz könnte die Rolle des außenstehenden advocatus diaboli nach Ansicht der *Verfasserin* auch ein Jurist übernehmen, der einerseits die Kenntnisse

---

1012 Im Folgenden: *Salet*, S. 297 f.

1013 Im Folgenden: *Salet*, S. 300 f.

zum Ablauf eines Ermittlungsverfahrens besitzt und dabei dennoch losgelöst von den spezifischen Interna konstruktive Kritik ausüben kann. Dabei muss jedoch die Arbeit des Außenstehenden eng mit der Arbeit des polizeiinternen independant contrarian verknüpft sein, um dem Wort des Außenstehenden das nötige Gewicht zu verleihen. Aus *Festingers* Erkenntnissen ging bereits hervor, dass innerhalb einer Gruppe vor allem die Meinung einer aus subjektiver Sicht gleichgestellten Person angenommen wird. In diesem Kontext könnte allein Kritik eines Außenstehenden womöglich den gegenteiligen Effekt erzeugen und Dissonanz auslösen. Aus diesem Grund muss darüber nachgedacht werden, ob die Kritik eines Juristen nicht von der polizeiinternen Person an Dritte weitervermittelt wird.

Im Übrigen könnte unter Berücksichtigung des zuletzt genannten darüber nachzudenken sein, ob nicht ein Sozial- oder Rechtspsychologe für solche Fälle einzubinden wäre. Gerade im Bereich der Beschuldigtenvernehmung erscheint der Einsatz eines Psychologen durchaus attraktiv im Hinblick auf die Beurteilung der Glaubhaftigkeit von Aussagen und das Befragungsverhalten der Vernehmungsperson. Um jedoch das Ausmaß der Einsätze sowie die finanziellen und personellen Ressourcen nicht zu sprengen, sollte sich der Einsatz solcher Personen auf Fälle der Schwerstkriminalität beschränken.

2. *Der Strafverteidiger als advocatus diaboli?*

Da es lediglich Aufgabe des advocatus diaboli ist, Vorschläge der Ermittler zu kritisieren und Alternativhypothesen aufzuzeigen, könnte man sich darüber hinaus die Frage stellen, ob es nicht bereits ausreicht, im Institut der Strafverteidigung als „Inkarnation der Alternativhypothese" ein ausreichendes Präventionsmittel zu sehen.[1014] So könnte anzunehmen sein, dass es bereits ausreiche, wenn der Strafverteidiger den Ermittlern den Spiegel ihrer Fehlerträchtigkeit vorhält und Ergebnisse sowie Hypothesen in Frage stellt.

Allerdings ist zu beachten, dass der Strafverteidiger erst dann tätig wird, wenn eine Person in den Fokus der Ermittlungen gerät und einer Verteidigung bedarf. Die Arbeit hat indes verdeutlicht, dass dissonanzbedingte kognitive Verzerrungen bei den Ermittlern bereits in einem sehr frühen Stadium der Sachverhaltsaufklärung eintreten können, mithin einem Zeitpunkt, zu dem der Strafverteidiger noch nicht tätig werden kann. Der Strafverteidiger könnte demnach erst die Funktion eines advocatus diaboli einnehmen, wenn bereits

1014 *Püschel*, StraFo 2015, 269 (277).

kognitive Verzerrungsmechanismen wirksam geworden sind. Daneben kann auch das Spannungsverhältnis zwischen den Ermittlungspersonen und dem Strafverteidiger zu Problemen führen und der Annahme von Alternativhypothesen entgegenstehen.

3. *Zwischenergebnis*

In der Gesamtschau erscheint es mit Blick auf das niederländische Konzept durchaus sinnvoll, auch hierzulande den Einsatz eines advocatus diaboli anzustreben. Dieses Konzept bietet trotz seiner Schwächen die Möglichkeit, ein kritisches Umdenken bei den Ermittlern zu erreichen und sie für die Problematik einseitiger Ermittlungen zu sensibilisieren. Der Wunsch, zwei advocati diaboli parallel einzusetzen ist denklogisch besonders vernünftig, allerdings bedarf es dafür auch hinreichender personeller und finanzieller Ressourcen. Im Ergebnis sollte die Idee nichtsdestotrotz mehr Aufmerksamkeit erhalten und zu einer Diskussion über die Umsetzbarkeit anregen.

III. Verstärkte Fehlerforschung und Etablierung einer polizeilichen Fehlerkultur

Neben den bereits dargestellten Präventionsmöglichkeiten könnte ferner eine verstärkte Fehlerforschung die Entstehung von kognitiven Verzerrungen reduzieren. Die Idee der Erkenntnisgewinnung durch Fehlerforschung ist der internationalen Justiz grundsätzlich nicht fremd. Das Konzept eine Fehlerkommission wird bspw. in anderen Nationen bereits seit Jahren praktiziert.[1015]

Je stärker die Forschung vorangetrieben wird, desto mehr Erkenntnisse erlangt die Justiz über mögliche Fehlerquellen und ihre Ursachen. Dies betrifft sowohl die Strafverfolgungsbehörden, als auch alle weiteren Akteure der Justiz. Zwar wird mancherorts bereits regelmäßig eine polizeiinterne Fehlerforschung betrieben, indem Strafverfahren nachträglich auf ihre Fehler hin analysiert werden, um künftig neue oder bessere Handlungsanweisungen zu erhalten.[1016] Allerdings fehlt es in den meisten Polizeibehörden an einer etablierten offenen Fehlerkultur, die es zulässt, sich konstruktiv mit dem eigenen dienstlichen Auftreten kritisch auseinander zu setzen.[1017] Dabei wäre es mithilfe einer polizeiinternen

---

1015 Siehe dazu in dieser Arbeit, Kapitel 3 H. Auch die Idee eines innocence projects wäre der Erkenntnisgewinnung dienlich.

1016 *de Vries*, S. 255.

1017 *Schütte*, Die Polizei 2014, 311 (311).

Fehlerforschung möglich, erfolgsorientierte Verhaltensregeln und Herangehensweisen für die kriminalistische Ermittlungsarbeit und neue wissenschaftliche Standards zu entwickeln.[1018]

Es muss somit die Kultur des Verschweigens und Vertuschens eigener und fremder Fehler, wie sie bislang vielerorts betrieben wird, durch eine offene Fehler- und Beschwerdekultur ersetzt werden, die zudem Schutz vor Disziplinarverfahren oder kollegialen Anfeindungen bietet.[1019] Zunächst kann dies über die Etablierung eines Beschwerdemanagements in der Organisationskultur der Polizei gelingen, bei dem eigene Fehler, aber auch Fehler von Kollegen oder Vorgesetzten offen angesprochen werden können, ohne negative Konsequenzen fürchten zu müssen.[1020]

Zur Entwicklung einer polizeiinternen Fehlerkultur könnte ferner die Heranziehung einer effektiven Supervision und Betreuung beitragen, die es ermöglicht, sich professionell und reflektierend mit persönlichen und dienstlichen Problemen auseinanderzusetzen.[1021] In England und Wales wurde eine psychologische Supervision als Maßnahme der Personalentwicklung bereits erfolgreich in die Polizeipraxis umgesetzt.[1022] In Deutschland hat sich dieses Betreuungsangebot bislang nicht durchsetzen können.[1023] Durch die Einrichtung einer Supervision können langfristig die persönlichen und sozialen Kompetenzen der Beamten erweitert werden, indem in kleinen oder größeren Gesprächsrunden eine tiefgehende Auseinandersetzung mit dem eigenen Dienstverhalten und dem Dienstverhalten Dritter stattfindet.[1024]

Die Etablierung einer Fehlerkultur kann somit im Ergebnis durch eine Abkehr vom Bestrafungsgedanken hin zu einer positiven Verhaltensänderung gelingen, die durch das Aufzeigen von Handlungsalternativen unterstützt wird.[1025] Dabei

---

1018 Vgl. *de Vries*, S. 253, 255; *de Vries*, Die Polizei 2014, 134 (134); *Ackermann*, in: Artkämper/Clages, S. 47.

1019 *Schütte*, Die Polizei 2014, 311 (314, 320).

1020 So auch: *Feltes*, Die Polizei 2012, 309 (309); *Schütte*, Die Polizei 2014, 311 (311).

1021 *Feltes*, Die Polizei 2012, 309 (310); *Bliesener/Lösel/Köhnken*, S. 144; *Weickert*, Die Kriminalpolizei 2016, 4 (5). In Österreich wurden sog. Ombudsstellen eingerichtet, *Leuschner/Hoffmann*, NK 2016, 155 (167).

1022 *Deckers*, StraFo 2013, 133 (135).

1023 Zur Frage des Bedarfs und der Voraussetzungen einer polizeiinternen Supervision, s. *Weickert*, Die Kriminalpolizei 2016, 4-12; *Bliesener/Lösel/Köhnken*, S. 144.

1024 Eine Übersicht zu den unterschiedlichen Formen der Supervision: *Weickert*, Die Kriminalpolizei 2016, 4 (9).

1025 *Feltes*, Die Polizei 2012, 309 (311).

müssen Transparenz und Offenheit im Falle eines Dienstvergehens gewährleistet sein.[1026] Mancherorts ist in den deutschen Polizeipräsidien bereits dieser Verhaltenswandel erkennbar – allerdings hat die über Jahrzehnte andauernde Kultur der Verschwiegenheit dazu geführt, dass nicht jeder Ermittler die Bereitschaft für einen derart offenen Personalentwicklungsprozess zeigen kann.[1027] Die Entwicklung einer positiven Kritikfähigkeit sollte letztendlich jeder Ermittler internalisieren.[1028] Es ist jedoch zu erwarten, dass dieser Prozess noch viele Jahre andauern wird.

IV. Zur Reformbedürftigkeit des Ermittlungsverfahrens

Die strafprozessualen Vorschriften beinhalten bereits einige normierte Mechanismen, die der Vermeidung von Fehlern im Strafverfahren dienen sollen.[1029] Im Folgenden soll der Frage nachgegangen werden, welche gesetzliche Novellierungen die bestehende Rechtslage ergänzen können, mithin präventiv gegen das Entstehen dissonanzbedingter Fehlerquellen im Ermittlungsverfahren wirken. Zu diesem Zweck wird ein Blick auf die jüngsten Reformen der Strafprozessgesetzgebung geworfen. Im Zentrum der Überlegungen steht dabei das im August 2017 verabschiedete Gesetz zur effektiveren und praxistauglicheren Ausgestaltung des Strafverfahrens,[1030] durch welches die Strafprozessordnung, mithin auch das Ermittlungsverfahren, wesentliche gehaltvolle Änderungen erfahren sollte.

Dieses Kapitel will die genannte Gesetzesänderung unter präventiven Gesichtspunkten beleuchten und erörtern, inwiefern die unberücksichtigten Vorschläge der vom Bundesjustizministerium beauftragten Expertenkommission[1031] zur

1026 *Feltes*, Die Polizei 2012, 309 (314)

1027 *Weickert*, Die Kriminalpolizei 2016, 4 (7, 10).

1028 *ebd.*, Die Kriminalpolizei 2016, 4 (11).

1029 Zu denken wäre etwa an § 136a StPO.

1030 Gesetz zur effektiveren und praxistauglicheren Ausgestaltung des Strafverfahrens, abrufbar unter: https://www.bmjv.de/SharedDocs/Gesetzgebungsverfahren/Dokumente/BGBl_effektivere_Ausgestaltung_Strafverfahren.html?nn=6712350 (Abruf v. 31.03.2021).

1031 Bericht der Expertenkommission zur effektiveren und praxistauglicheren Ausgestaltung des allgemeinen Strafverfahrens und des jugendgerichtlichen Verfahrens von Oktober 2015, abrufbar unter: https://www.bmjv.de/SharedDocs/Downloads/DE/PDF/Abschlussbericht_Reform_StPO_Kommission.pdf?__blob=publicationFile&v=2 (Abruf v. 31.03.2021); nachfolgend: Abschlussbericht 2015. Kritisch zu der Zusammensetzung der Expertenkommission und den Ergebnissen ihrer Ausarbeitung: *Schünemann*, StraFo 2016, 45 (47).

Fehlervermeidung im Ermittlungsverfahren beitragen könnten. In diesem Zusammenhang wird zudem unter Einbeziehung des am 13.12.2019 in Kraft getretenen Gesetzes zur Neuregelung des Rechts der notwendigen Verteidigung[1032] versucht, die Relevanz der nicht umgesetzten Reformvorschläge zu bewerten und durch weitere zu ergänzen.

1. *Die Vorschläge der Expertenkommission und ihre Umsetzung durch die reformierte Strafprozessordnung*

Zunächst wird im Folgenden ein Blick auf die Vorschläge der Expertenkommission und ihre Umsetzung geworfen. Mithilfe einer kurzen Übersicht soll auf die jungen Vorschiften hingewiesen werden, welche künftig womöglich noch aufzeigen, inwiefern sich die Fehleranfälligkeit des Ermittlungsverfahrens minimieren lässt, mithin inwiefern sie einen ersten gelungenen Ansatz gegen dissonanztheoretische Ermittlungsfehler bieten. Dabei wird der Fokus der Untersuchung auf zwei Novellierungen der Reform liegen, die aus Sicht der *Verfasserin* das Potenzial haben, den benannten Ermittlungsfehlern entgegenzuwirken.

a) *Die Dokumentation der Beschuldigtenvernehmung: Die Audiovisuelle Aufzeichnung nach § 136 IV StPO*

Eine der weitreichendsten Novellierungen findet sich in § 136 IV StPO. Diese Norm setzt die seit Jahrzehnten bestehende Forderung einer gesetzlichen Pflicht zur audiovisuellen Dokumentation der Beschuldigtenvernehmung um.[1033] Mit der Umsetzung dieser Uraltforderung kommt der deutsche Gesetzgeber internationalen Expertenempfehlungen nach, denen bereits weitere Nationen wie Großbritannien gefolgt sind.[1034] Zwar existierte bereits vor der Reform durch

---

1032 Gesetz zur Neuregelung des Rechts der notwendigen Verteidigung, abrufbar unter: https://www.bmjv.de/SharedDocs/Gesetzgebungsverfahren/Dokumente/BGBl_notwendige_Verteidigung.html?nn=6712350 (Abruf v. 31.03.2021).

1033 So etwa *Nestler*, ZIS 2014, 594 (598), vgl. *Püschel*, StraFo 2015, 269 (270); *Deckers*, StraFo 2015, 265 (266); *Neuhaus*, StV 2015, 185 (189); *Eisenberg*, JA 2013, 775 (776); *Volbert/May*, R&P 2016, 4 (9); *Volbert*, FPPK 2013, 230 (236). Zur Dokumentation im Strafverfahren *Deckers*, StraFo 2013, 133 ff. Zur Historie der Protokollierung und Videotechnik im Strafverfahren, s. *Leitner*, Videotechnik im Strafverfahren (2012).

1034 *Volbert/May*, R&P 2016, 4 (7); *Böhme*, S. 277 m.w.N. Zum Einsatz der Videotechnologie in England, Wales und Frankreich, s. *Gless*, S. 193-209. Bislang existiert keine umfassende rechtsvergleichende Untersuchung, die den Einsatz von Videotechnologie in unterschiedlichen Staaten bewertet, *ebd.*, S. 194.

einen Normverweis in § 163a I 2 StPO auf §§ 58a, 58b StPO de lege lata die Möglichkeit, Vernehmungen audiovisuell zu dokumentieren, allerdings wurde von dieser Möglichkeit in der Praxis kaum Gebrauch gemacht.[1035]

Der novellierte § 136 IV StPO normiert neben einer Aufzeichnungsmöglichkeit in Satz 1 eine Aufzeichnungspflicht nach Satz 2 in Fällen einer vorsätzlich begangenen Tötung (Satz 2 Nr. 1) oder wenn die Wahrung schutzwürdiger Interessen Minderjähriger oder Beschuldigter mit erkennbar eingeschränkten geistigen Fähigkeiten oder schwerwiegenden seelischen Störungen im Vordergrund stehen (Satz 2 Nr. 2).[1036] Die audiovisuelle Dokumentation wird im Ergebnis somit nur in engen Grenzen zur Pflicht.

Durch eine Verweisung des § 136 IV StPO auf § 58a II StPO wird ferner die Gebotenheit der Aufzeichnung erforderlich, d.h. es dürfen ihr weder äußere Umstände noch die besondere Dringlichkeit der Vernehmung entgegenstehen. Nach der Begründung des Gesetzgebers ist dieser Fall gegeben, wenn die Vernehmung im Rahmen einer Nacheile oder Durchsuchung vor Ort vorgenommen wird, sofern die sofortige Vernehmung notwendig erscheint.[1037] In der Praxis sollte die Gebotenheit der Aufzeichnung grundsätzlich anzunehmen sein, da der Vernommene regelmäßig in einen Vernehmungsraum gebracht werden kann. Anderenfalls sollte sich die Frage stellen, ob in Fällen der Dringlichkeit nicht der Einsatz mobiler Aufzeichnungsgeräte wie „Bodycams“ diskutiert werden sollte.[1038]

1035 *Singelstein/Derin*, NJW 2017, 2646 (2649); *Schiemann*, KriPoZ 2017, 338 (343); *Altenhain*, ZIS 2015, 269 (271). Zur Historie der Dokumentation bei Zeugenvernehmungen siehe *Leitner*, S. 18 ff.; *Böhme*, S. 276 f. m.w.N.

1036 Diese Novellierung stützt den Gedanken des Art. 9 I der EU-Richtlinie 2016/800 (Richtlinie über Verfahrensgarantien in Strafverfahren für Kinder, die Verdächtige oder beschuldigte Personen in Strafverfahren sind), wonach auch hier unter Berücksichtigung des Verhältnismäßigkeitsgrundsatzes Vernehmungen von beschuldigten Kindern aufzunehmen sind, s. Amtsblatt der Europäischen Union vom 21. Mai 2016, L 132/15, abrufbar unter: https://eur-lex.europa.eu/legal-content/DE/TXT/PDF/?uri=CELEX:32016L0800&from=EN (Abruf v. 31.03.2021).

1037 Im Folgenden: *Weigend*, StV 2019, 852 (855); *Singelstein/Derin*, NJW 2017, 2646 (2649).

1038 Vgl. *ebd.*, NJW 2017, 2646 (2649). Zum Einsatz von Bodycams bei der Polizei, s. *Zander*, Kriminalistik 2017, 393-395. Zur Frage der Verwertbarkeit des Bildmaterials, s. *Jansen*, StV 2019, 578 ff. Bereits seit Anfang 2016 testet die Bundespolizei am Düsseldorfer Hauptbahnhof den Einsatz von Bodycams – die Düsseldorfer Streifenpolizei folgte ihr im Mai 2017. Auch in vielen weiteren Städten kommen Bodycams vermehrt zum Einsatz. In Rheinland-Pfalz etwa bereits seit 2015. Zu den empirischen

Abschließend ist festzuhalten, dass die zusätzliche Protokollierung der Vernehmung nach den allgemeinen Kriterien erfolgt.[1039] Die Frage nach der Verwertbarkeit der Aussagen bei Missachtung der Dokumentationspflicht hingegen hat der Gesetzgeber entgegen der bestehenden Grundsätze mit der Begründung bejaht, dass § 136 IV StPO als bloße Ordnungsvorschrift anzusehen ist.[1040]

Mit der Ausfertigung des § 136 IV StPO wurde nur ein geringer Teil dessen umgesetzt, was die Expertenkommission ihrerseits dem deutschen Gesetzgeber empfohlen hat.[1041] Diese hat sich vornehmlich für eine Ausweitung der Aufzeichnungspflicht auf Fälle notwendiger Verteidigung ausgesprochen.[1042] Darüber hinaus empfahlen die Experten, die audiovisuelle Dokumentationspflicht auch auf den Bereich der Zeugenvernehmung zu erstrecken und den § 58a StPO zu novellieren.[1043] Eine verfahrensbehindernde Aufblähung des Ermittlungsverfahrens sollte dabei durch Beschränkung der Aufzeichnungspflicht auf lediglich schwere Tatvorwürfe vermieden werden.[1044] Zudem wurde gefordert, bei einem Verstoß gegen die Aufzeichnungspflicht ein gesetzliches Beweisverwertungsverbot zu reglementieren.[1045]

Ergebnissen von Wirkung und Akzeptanz der Bodycams in Rheinland-Pfalz, s. *Anrd/Staffa*, Die Polizei 2016, 190-96. Obwohl der Einsatz dieser mobilen Aufzeichnungsgeräte primär zum Schutz der Polizei vor Übergriffen und Beleidigungen vorgesehen ist, kann ihnen auch der Dokumentationszweck abgewonnen werden.

1039 *Burhoff*, ZAP 2020, 165 (170); *Singelstein/Derin*, NJW 2017, 2646 (2649).

1040 BT-Drucks. 18/11277, S. 25; *Burhoff*, ZAP 2020, 165 (170); *Weigend*, StV 2019, 852 (857). Das Ausklammern eines Verwertungsverbots bei Missachtung der Vorschrift sieht sich erheblicher Kritik ausgesetzt, s. *Weigend*, StV 2019, 852 (857); *Singelstein/Derin*, NJW 2017, 2646 (2649).

1041 Abschlussbericht 2015.

1042 Abschlussbericht 2015; *Niedernhuber*, JA 2018, 169 (175); *ebd.* empfiehlt eine Ausweitung der Regelung auf Zeugenvernehmungen.

1043 *Basar*, StraFo 2016, 226 (231); *Nestler*, ZIS 2014, 594 (600); *Deckers*, StraFo 2013, 133 (136 f.). Der derzeit aktuell vorliegende Regierungsentwurf zum „Gesetz zur Fortentwicklung der Strafprozessordnung und zur Änderung weiterer Vorschriften" sieht eine strukturelle Neuausrichtung des § 58a StPO ebenfalls nicht vor. Nur kleinere Veränderungen sind geplant, welchen in diesem Kontext jedoch keine Bedeutung abzugewinnen ist, s. Art. 1 des Regierungsentwurfs, abrufbar unter: https://www.bmjv.de/SharedDocs/Gesetzgebungsverfahren/Dokumente/RegE_StPO_Fortentwicklung.pdf;jsessionid=581042A33AF1FBA2A6794A85CC6796FD.1_cid324?__blob=publicationFile&v=2 (Abruf v. 31.03.2021).

1044 Abschlussbericht 2015; *Basar*, StraFo 2016, 226 (231).

1045 Abschlussbericht 2015; *Deckers*, StraFo 2013, 133 (139).

Sowohl die Expertenkommission als auch der Gesetzgeber erhoffen sich durch die audiovisuell detaillierte Wiedergabe der Vernehmungsinhalte neben einer Verbesserung der Wahrheitsermittlung und Transparenz im Strafprozess ferner eine Anpassung des Strafverfahren an die technischen Möglichkeiten des 21. Jahrhunderts.[1046] Diesen zweckdienlichen Vorteilen stehen Kritikpunkte gegenüber, wie etwa die Kostenfrage, der Einfluss der Aufnahmesituation auf das Verhalten der Befragten oder die Frage von Grundrechtseingriffen beim Beschuldigten.[1047] Hier ist unter dem Aspekt dissonanztheoretischen Problembewusstseins allerdings nicht der richtige Ort, um alle Vor- und Nachteile der audiovisuellen Dokumentation zu diskutieren.

Ob sich die gewünschte Verbesserung der Wahrheitsermittlung aufgrund der Dokumentationspflicht tatsächlich realisiert, soll fünf Jahre nach Inkrafttreten der Norm evaluiert werden.[1048] Anhand der Evaluation soll anschließend geprüft werden, ob die Dokumentationspflicht nicht auf weitere Straftaten ausgedehnt werden soll. Da die Novellierung des § 136 IV StPO allerdings erst am 01.01.2020 in Kraft getreten ist, wird es noch einige Jahre andauern, bis fundierte Erkenntnisse zum Problem einer verbesserten Wahrheitsfindung vorliegen.

Aus präventiver Perspektive normiert der § 136 IV StPO einen ersten zweckmäßigen und sehr begrüßenswerten Ansatz, um vielen dissonanzbedingten Fehlerquellen entgegenzuwirken. Die audiovisuelle Aufzeichnung ermöglicht eine detaillierte und aussagengetreue Dokumentation des Vernehmungsgeschehens und kann zudem vor unsachgemäßen und rechtswidrigen Vernehmungsmethoden schützen. Es kann auf der einen Seite nachvollzogen werden, welche Befragungstechnik womöglich zu falschen Geständnissen geführt hat, auf der anderen Seite können die Ermittler selbst vor dem Widerruf wahrer Geständnisse geschützt werden.[1049] Zwar ist die Aufzeichnung durch eine Videokamera nicht in der Lage, einzelne Prozesse der Informationsaufnahme und -verarbeitung aufzuzeigen. Allerdings vermag die Dokumentationspflicht Aufschluss darüber

---

1046 Abschlussbericht 2015; *Basar*, StraFo 2016, 226 (227).

1047 Eine von den dissonanztheoretischen Problemen losgelöste Diskussion der Vor- und Nachteile der audiovisuellen Dokumentation führt *Böhme*, S. 277 ff. Zur Frage der Verfassungsmäßigkeit der audiovisuellen Dokumentation, s. *Altenhain*, ZIS 2015, 269 (275 ff.). Diese bejaht der Autor im Ergebnis. Ferner widmet sich *Altenhain* der historischen Entwicklung der Dokumentation im deutschen Strafverfahren. Zum „Medialeffekt“ der audiovisuellen Aufzeichnung, *Gless*, S. 209.

1048 Im Folgenden: *Schiemann*, KriPoZ 2017, 338 (343).

1049 So auch: *Weigend*, StV 2019, 852 (853); *Volbert/May*, R&P 2016, 4 (7); vgl. *Volbert*, FPPK 2013, 230 (237).

zu geben, wann und zu welchen Zeitpunkten die Vernehmungsbeamten Dissonanz erlegen sind und wann Reduktionsmechanismen greifen, die zu einseitigen Ermittlungshandlungen führen. Ferner bietet sich die Möglichkeit nachzuvollziehen, wie lange die Vernehmung ohne notwendige Pausen stattgefunden hat und ob die Ermittler Täterwissen preisgegeben haben, infolgedessen der Vernommene fiktive Erlebnisse wiedergibt. Inwiefern sich die erwünschten Vorteile einer audiovisuellen Dokumentation im Ermittlungsverfahren tatsächlich realisieren, kann erst in einigen Jahren erörtert werden. Mit Blick auf die Empfehlungen der Kommission lässt sich aber festhalten, dass eine Ausweitung des § 136 IV StPO auf weitere Deliktsbereiche aus dissonanztheoretischer Perspektive durchaus vorteilhaft wäre, wobei eine unverhältnismäßige Aufblähung des Ermittlungsverfahrens vermieden werden sollte, um den Ermittlern nicht weiteren Zeit- und Erfolgsdruck aufzubürden und somit die positiven Effekte der Novellierung zu konterkarieren.

b) Die Bestellung eines Pflichtverteidigers nach § 141 StPO und die Umsetzung der EU-Richtlinie 2016/1919

Die Bestellung eines Pflichtverteidigers im Ermittlungsverfahren war mit wenigen Ausnahmen bis zur Reform im Jahr 2017 grundsätzlich von einem Antrag der Staatsanwaltschaft abhängig.[1050] Durch das Gesetz zur effektiveren und praxistauglicheren Ausgestaltung des Strafverfahrens wurde hierneben die Möglichkeit geschaffen, diesen nach § 141 III StPO a.F. auch auf Initiative des Gerichts hin zu bestellen, sofern eine richterliche Vernehmung durchzuführen ist und die Bestellung wegen der Bedeutung der Vernehmung zur Wahrung der Rechte des Beschuldigten geboten erscheint.[1051] Der Empfehlung der Expertenkommission, auch ein eigenes Antragsrecht des Beschuldigten zu kodifizieren, über dessen Bewilligung der Ermittlungsrichter zu entscheiden hätte, ist der Gesetzgeber in diesem Gesetzgebungsverfahren indes nicht nachgekommen.[1052]

1050 Mit Ausnahme von Haft- und Unterbringungssachen, s. *Singelstein/Derin*, NJW 2017, 2646 (2650).

1051 Dies ist etwa anzunehmen, wenn der vernommene Zeuge in der Hauptverhandlung nicht erscheinen kann und dem Beschuldigten sich dann die Möglichkeit verwehrt, eine weitere Befragung durchzuführen, s. *Singelstein/Derin*, NJW 2017, 2646 (2650).

1052 Das fehlende Antragsrecht des Beschuldigten sah die Kommission dabei sogar als nicht hinnehmbare Rechtsschutzlücke an, s. *Basar*, StraFo 2016, 226 (230). Vertiefend dazu: *Schlothauer*, StV 2016, 607 (615).

Dies verwunderte vor dem Hintergrund einer ohnehin bevorstehenden Umsetzungspflicht der EU-Richtlinie 2016/1919 zum 25. Mai 2019.[1053] Die EU-Richtlinie 2016/1919 forderte die nationalen Gesetzgeber dazu auf, ein eigenes Antragsrecht des Beschuldigten gesetzlich zu fixieren.[1054] Diese europäische Mindestforderung setzte der Gesetzgeber erst mit dem am 13.12.2019 in Kraft getretenen „Gesetz zur Neuregelung des Rechts der notwendigen Verteidigung" um.[1055] Nach der Neufassung des § 141 I 1 StPO wird dem Beschuldigten, dem der Tatvorwurf eröffnet worden ist und der noch keinen Verteidiger hat, in den Fällen der notwendigen Verteidigung unverzüglich ein Pflichtverteidiger bestellt, wenn der Beschuldigte dies nach Belehrung ausdrücklich beantragt. Diese Regelung nimmt dabei Bezug auf den im Zuge der Reform erweiterten Katalog des § 140 StPO n.F.[1056] Gem. § 141 II StPO ist dem Beschuldigten darüber hinaus auch unabhängig vom Antrag in bestimmten Fällen ein Pflichtverteidiger beizuordnen.

Über den Antrag des Beschuldigten ist nach § 141 I 2 StPO n.F. spätestens vor seiner Vernehmung oder einer Gegenüberstellung mit ihm zu entscheiden. Dieser Aspekt ist besonders hervorzuheben, da dem Beschuldigten erstmals die

---

1053 Art. 12 Richtlinie (EU) 2016/1919 des Europäischen Parlaments und des Rates vom 26. Oktober 2016 über Prozesskostenhilfe für Verdächtige und beschuldigte Personen in Strafverfahren sowie für gesuchte Personen in Verfahren zur Vollstreckung eines Europäischen Haftbefehls, abrufbar unter: https://eur-lex.europa.eu/legal-content/DE/TXT/PDF/?uri=CELEX:32016L1919&from=EN (Abruf v. 31.03.2021; nachfolgend: EU-RL 2016/1919).

1054 Vgl. ErwG (18) EU-RL 2016/1919.

1055 Dass die Hinzuziehung eines Pflichtverteidigers auf Antrag des Beschuldigten durchaus praktikabel ist, zeigen auch die Verfahrensordnungen anderer Nationen wie Schweden. In Schweden sieht die Strafprozessordnung ein eigenes Antragsrecht des Beschuldigten auf Bestellung eines Pflichtverteidigers bereits in der ersten Phase des Ermittlungsverfahrens vor. Der Beschuldigte kann hier auch einen Pflichtverteidiger beantragen, sobald er festgenommen wurde oder sich in Haft befindet, s. *Lundqvist*, ZStW 2000, 157 (163). Dass sich das Institut notwendiger Verteidigung im deutschen Strafprozess nicht an den internationalen Entwicklungen messen lässt, zeigt ferner das Legal Aid Modell, s. Model Law on Legal Aid in Criminal Justice Systems, abrufbar unter: https://www.unodc.org/documents/justice-and-prison-reform/LegalAid/Model_Law_on_Legal_Aid.pdf (Abruf v. 31.03.2021); *Weigend*, StraFo 2013, 45 (51). Nach diesem Konzept darf jeder Beschuldigte, der nicht die nötigen finanziellen Mittel zur Bestellung eines Verteidigers hat, auf einen sog. Verteidigungsservice zugreifen, dessen Kosten unter anderem vom Staat getragen werden.

1056 Siehe dazu im Einzelnen *Hillenbrand*, ZAP 2020, 99 (99 ff.).

Möglichkeit eröffnet wird, mit entsprechendem Antrag einen Pflichtverteidiger bereits vor der ersten polizeilichen Vernehmung zu bestellen. Bei einem Verstoß gegen diese Regelung wird ein Beweisverwertungsverbot angenommen.[1057] Sollte der Beschuldigte hingegen keinen Antrag stellen, so impliziert dies einen wirksamen Verzicht auf die Pflichtverteidigerbestellung.[1058]

Aus polizeilicher Perspektive wird die Neuregelung des § 141 I StPO dahingehend kritisiert, dass sie mit besonderen Herausforderungen und Verzögerungen für die kriminalistische Arbeit verbunden ist.[1059] Dieser Kritik ist im Hinblick auf die Erschwerung der kriminalpolizeilichen Sachverhaltsaufklärung mit Sicherheit in einigen Fällen beizupflichten. Mit Blick auf die dissonanzbedingten Fehlerquellen des Ermittlungsverfahrens kann jedoch vor diesem Hintergrund festgehalten werden, dass die Beantragung eines Pflichtverteidigers durch den Beschuldigten sowie die Beiordnung nach § 141 II StPO der Prävention grundsätzlich nur zugutekommen können und dem Grundsatz eines fairen Verfahrens Rechnung tragen. Es wurde bereits darauf hingewiesen, dass der Strafverteidiger als Inkarnation der Alternativhypothese in der Lage ist, den Ermittlern nonkonforme Informationen vorzuhalten und auf diese Weise einseitigen Ermittlungen entgegenzuwirken.[1060] Der Beschuldigte selbst ist dazu in der Regel nicht fähig, da ihm die notwendige Distanz zum Geschehen fehlt und ihn die Ehrfurcht vor den Strafverfolgungsbehörden in seiner professionellen Verteidigung behindern kann. Dissonante Informationen, die der Beschuldigte den Ermittlern selbst vor Augen führt, können als Lüge oder Täuschung gewertet werden, sodass ein Handeln des Beschuldigten nicht dieselbe Signalwirkung hätte, wie die eines Verteidigers.

1057 *Beulke*, in: Satzger/Schluckebier/Widmaier, § 141 Rn. 57.

1058 *Burhoff*, Rn. 3300 f.

1059 Siehe dazu *Keller*, Kriminalistik 2020, 178 (178, 182 f.). Der Autor moniert unter anderem, dass es zu erheblichen Auswirkungen auf die Frühphase der Ermittlungen kommen wird, bei der die Klärung des Tatmotivs am ehesten herausgearbeitet werden kann. Dies beruht auf den oftmals „unklugen" Einlassungen des Beschuldigten, welche bei Hinzuziehung eines Verteidigers wohl nicht länger gewährleistet sind. Der Verteidiger wird dem Beschuldigten in der Regel vielmehr raten, sich zur Sache nicht zu äußern, solange er keine Akteneinsicht erhalten hat. Eine Ausnahme wäre allein bei Spontanäußerungen möglich, welche neben dem Ausnahmetatbestand des § 141a StPO n.F. künftig an Bedeutung gewinnen werden.

1060 So auch *Eschelbach*, GA 2019, 593 (607).

c) *Weitere Stärkung der Verteidigerrechte*

Nachdem die beiden Novellierungen der Strafprozessordnung mit Blick auf die dissonanzbedingten Fehlerquellen im Ermittlungsverfahren erörtert wurden, sollen anschließend weitere Empfehlungen der Expertenkommission in den Vordergrund treten, die vom Gesetzgeber *seinerzeit* unbeachtet blieben, obwohl sie das Potenzial böten, dissonanzbedingte Fehlerquellen im Ermittlungsverfahren zu minimieren.

Die Expertenkommission erarbeitete 2015 alleine für das Ermittlungsverfahren 20 Vorschläge zur Verbesserung der Strafprozessnormen.[1061] Ein zentraler Hauptgedanke der Experten betraf vornehmlich die Einführung eines *„partizipatorischen Ermittlungsverfahrens"*. Die Expertenkommission schlug in ihrem Abschlussbericht vor, die §§ 163a, 168c StPO dahingehend zu ändern, dass dem Verteidiger bei einer Beschuldigtenvernehmung ein Anwesenheits- und Fragerecht zuteilwerde. Die Expertenkommission führte als Grund dafür die EMRK-konforme Auslegung des § 137 I 1 StPO an. Neben einem Anwesenheits- und Fragerecht des Verteidigers bei der Beschuldigtenvernehmung schlug die Expertenkommission ferner vor, die Rechte des Verteidigers auf einzelne Beweiserhebungen, wie etwa der Tatortrekonstruktion und Gegenüberstellung, auszuweiten, da diese Parallelen zur Beschuldigtenvernehmung erkennen lassen.[1062]

Die bestehende Rechtslage sah bis zu diesem Zeitpunkt in der Hinzuziehung eines Verteidigers bei polizeilichen Vernehmungen ein zulässiges Recht des Beschuldigten – ein Anwesenheitsrecht des Verteidigers wurde diesem hingegen nach hM nicht zugestanden.[1063] Erst durch Umsetzung weiterer europäischer Vorgaben hat das Verteidigerrecht in diesem Kontext eine wesentliche Normierung durch § 163a IV 3 StPO i.V.m. § 168c StPO erfahren, die es dem Strafverteidiger nunmehr kraft Gesetzes erlaubt, bei polizeilichen Vernehmungen anwesend zu sein.[1064]

1061 Im Folgenden: *Basar*, StraFo 2016, 226 (228).

1062 *ebd.* StraFo 2016, 226 (229). Zur Notwendigkeit des Anwesenheitsrechts der Verteidigung bei der Beschuldigtenvernehmung, s. a. *Drews*, S. 268.

1063 Als Begründung wurde der Umkehrschluss des bis dahin geltenden Rechts angeführt, welches lediglich bei richterlichen oder staatsanwaltlichen Vernehmungen ein ausdrückliches Anwesenheitsrecht vorsah, s. *Haas*, S. 78.

1064 Umsetzung der EU RL 2013/48 durch das „Zweite Gesetz zur Stärkung der Verfahrensrechte von Beschuldigten im Strafverfahren und zur Änderung des Schöffenrechts v. 27.8.2017", BGBl I, S. 3295. Siehe auch: *Schlothauer*, KriPoz 2019, 3 (4).

Dieses Anwesenheitsrecht des Verteidigers wurde durch die Umsetzung der EU-Richtlinie 2016/1919 weiter gestärkt. Die Richtlinie sah neben einem eigenen Antragsrecht des Beschuldigten vor, diesem auch den tatsächlichen Zugang zu einem Pflichtverteidiger zu erleichtern.[1065] Dabei sah die Richtlinie wahlweise vor, dem Beschuldigten Prozesskostenhilfe auf Grundlage einer Bedürftigkeitsprüfung wirtschaftlicher Verhältnisse zu gewähren oder ihm unter bestimmten materiellen Kriterien einen Pflichtverteidiger beizuordnen.[1066] Das Gesetz zur Neuregelung des Rechts der notwendigen Verteidigung setzt in diesem Kontext eine Bedürftigkeitsprüfung nach materiellen Kriterien um, indem die Pflichtverteidigerbestellung nach § 140 StPO n.F. (i.V.m. § 141 I, II StPO n.F.) um weitere Anwendungsfälle ergänzt wurde.

Die Stärkung des Verteidigers als Kontrollinstanz der Ermittlungsbehörden kann dafür Sorge tragen, dass dem Beschuldigten ein Teil seines Vernehmungsdrucks genommen wird und er das Machtgefälle aufgrund des Ober-/Unterordnungsverhältnisses zwischen der Polizei und dem Beschuldigten konterkariert. Auf diese Weise ist es dem Beschuldigten möglich, den Ermittlern auf Augenhöhe gegenüberzutreten. Allein der Einsatz audiovisueller Mittel vermag diesen Effekt nicht zu erzielen, sodass die erweiterte Verteidigerbeteiligung grundsätzlich zu befürworten ist. Allerdings muss berücksichtigt werden, dass das Anwesenheitsrecht des Verteidigers bei Vorliegen der materiellen Kriterien keine uneingeschränkt befriedigende Lösung bieten mag, da professionelle Verteidigung auch bei Nichtvorliegen der Kriterien nicht von der finanziellen Situation des Beschuldigten abhängig gemacht werden sollte.[1067] Darüber hinaus zeugt die Realität davon, dass der Beschuldigte sich der Notwendigkeit eines Verteidigers oftmals nicht bewusst ist und infolgedessen zu spät oder gar nicht verteidigt wird.[1068]

d) Zwischenergebnis

Nachdem vom Justizministerium eine „große" Reform der Strafprozessordnung angekündigt wurde, blieben am Ende entgegen der Erwartungen Vieler

1065 Art. 4 EU RL 2016/1919.

1066 *Schlothauer*, KriPoZ 2019, 3 (4).

1067 Kritisch zur Umsetzung durch materielle Kriterien: *ebd.*, KriPoz 2019, 3 (16). Auch der Republikanische Anwältinnen – und Anwaltsverein sieht die Umsetzung kritisch, da professionelle Verteidigung im Sinne des Legal Aid Modells nicht von der Mittellosigkeit des Beschuldigten abhängen dürfe, *ebd.* m.w.N.

1068 *Velten*, GA 2015, 387 (404).

einzelne weitreichende Veränderungen aus.[1069] Im Hinblick auf die dissonanztheoretische Präventivwirkung dieser Reform lässt sich festhalten, dass allein die Einführung der audiovisuellen Dokumentation der Beschuldigtenvernehmung das Potenzial hat, wesentliche Veränderungen innerhalb der Ermittlungspraxis und eine Minderung kognitiver Wahrnehmungsverzerrungen herbeizuführen. Inwiefern sich die Dokumentationspflicht auf das Ermittlungsgeschehen für alle Beteiligten auswirken wird, kann erst nach der Evaluation im Jahr 2025 konkret gesagt werden. Allerdings lässt sich schon jetzt vermuten, dass langfristig die Beschuldigtenposition gestärkt und womöglich weniger falsche Geständnisse abgegeben werden. Darüber hinaus ist zu hoffen, dass die Aufzeichnung auch ein Umdenken in den Köpfen der Vernehmungspersonen herbeiführt. Es wäre wünschenswert, wenn die Art und Weise der Befragung von den Ermittlern bewusster und reflektierter vorgenommen wird und die Ergebnisse der Videoaufnahmen zu dem Zweck genutzt werden, verstärkt Fehlerursachen zu analysieren, ohne dabei negative Folgen für die Ermittler festzusetzen.

Dieser vorbezeichnete präventive Charakter lässt sich der Novellierung des § 141 StPO erst unter Berücksichtigung der umgesetzten Prozesskostenhilferichtlinie beimessen. Der nationale Gesetzgeber hat zwar bereits 2017 einen ersten Schritt zur Ausweitung des Antragsrechts unternommen – allerdings geht diese Reformierung im Lichte des Gesetzes zur Neuregelung des Rechts der notwendigen Verteidigung vollends unter. Insbesondere die Norm des § 141 I StPO n.F. stärkt die Rechte des Beschuldigten in besonderem Maße, da erstmals ein Antragsrecht des Beschuldigten geschaffen wurde, welches eine Pflichtverteidigung vor der ersten polizeilichen Vernehmung ermöglicht.

Ähnliche Aussagen lassen sich auch im Hinblick auf das einst geforderte partizipatorische Ermittlungsverfahren treffen. Sofern im Rahmen der hiesigen Gesetzgebung das Anwesenheitsrecht des Strafverteidigers bei polizeilichen Vernehmungen ausblieb, wurde dieser gesetzliche „Makel“ im Nachhinein vom Gesetzgeber durch weitere Reformen korrigiert.

Mit Blick auf die Reformvorschläge und deren Umsetzung fällt nicht zuletzt auf, dass die diskutierten Inhalte primär die Beschuldigtenvernehmung betreffen. Allein die Ausweitung partizipatorischer Frage- und Anwesenheitsrechte des Verteidigers auf bestimmte einzelne Beweiserhebungen betrifft die Ermittlungstätigkeit in einem extensiven Umfang. Dieser Aspekt lässt unter anderem die Frage offen, ob noch weitere Reformvorschläge herangezogen werden sollten,

---

1069 *Schiemann*, KriPoZ 2017, 338 (339); *Singelstein/Derin*, NJW 2017, 2646 (2652); *Löffelmann*, StV 2018, 536 (537).

die dissonanzbedingten Fehlerquellen im Hinblick auf die gesamte Ermittlungstätigkeit präventiv entgegenwirken können.

2. *Notwendigkeit weiterer Reformen im Hinblick auf dissonanztheoretische Fehlerquellen im Ermittlungsverfahren: Empfehlungen*

Trotz der kürzlich reformierten Strafprozessvorschriften wird neben der Umsetzung weiterer Expertenempfehlungen des Abschlussberichts zum Teil sogar eine gesamte Neuordnung des Strafverfahrens und der Vorschriften des Ermittlungsverfahrens gefordert.[1070] Die bisherigen Ausführungen zu den strafprozessualen Reformen haben deutlich gemacht, dass dem Gesetzgeber noch viel Handlungsspielraum zusteht und das volle Potenzial denkbarer Novellierungen noch nicht vollends ausgeschöpft ist. Nachfolgend soll über die Vorschläge der Expertenkommission hinaus untersucht werden, inwiefern das Ermittlungsverfahren und seine Normen weitergehende Reformulierungen erfahren können.

a) Dokumentation verfahrensbezogener Vorgespräche

Neben der audiovisuellen Dokumentation der Beschuldigtenvernehmung in den wenigen Fällen des § 136 IV StPO empfiehlt es sich gleichermaßen, auch die verfahrensbezogenen Vorgespräche aufzuzeichnen,[1071] welche in der Regel ausgeklammert und vereinzelt unter dem Deckmantel einer Zeugenbefragung betrieben werden.[1072] Bereits bevor es zur eigentlichen Vernehmungssituation kommt, kann bereits eine Kommunikation zwischen den Beamten und dem Beschuldigten stattfinden, die essentielle Informationen beinhaltet und gegebenenfalls vorprägenden Charakter hinsichtlich der anknüpfenden Vernehmung hat. Im Ergebnis würde der Wunsch nach mehr Transparenz und einer verbesserten Wahrheitsermittlung durch die audiovisuelle Dokumentation ins Leere laufen.[1073]

Vor diesem Hintergrund empfiehlt es sich eine Regelung zu normieren, die Vernehmungsbeamte dazu verpflichtet, bereits diese Form der Kommunikation zwischen ihnen und dem Beschuldigten aufzuzeichnen, und sei es allein für die gesetzlich geregelten Fälle des § 136 IV StPO. Bereits die Bundesrechtsanwaltskammer empfahl eine derartige Regelung, die zudem vorsah, nach Abschluss

---

1070 So etwa: *Löffelmann*, StV 2018, 536 (538).

1071 So auch: *Deckers*, StraFo 2013, 133 (139).

1072 *Rohloff/Ruhländer*, Kriminalistik 2004, 518 (518); *Kühne*, S. 73. Siehe in dieser Arbeit auch: Kapitel 3 F. II. 2. d.

1073 So auch: *Nestler*, ZIS 2014, 594 (598).

der Vernehmung eine Erklärung der Vernehmungsperson einzuholen, die sich zum Zeitpunkt und dem Inhalt der informatorischen Vorgespräche äußert.[1074] Mithilfe dessen kann der Vernehmungsperson abschließend Gelegenheit gegeben werden, zu etwaigen Vorgesprächen Stellung zu nehmen. In England und Wales werden bereits entsprechend der weiteren Empfehlung der American Psychology-Law Society seit Jahren alle Vor- und Nebengespräche audiovisuell dokumentiert.[1075] Dieser Umstand bezeugt die Funktionalität sowie die Möglichkeit der Umsetzung derartiger erweiterter Aufzeichnungspflichten. Um der praktischen Umsetzung dieser Aufzeichnungspflicht Nachdruck zu verliehen ist es abschließend sinnvoll, über ein gesetzlich fixiertes Verwertungsverbot bei Verstößen gegen die Dokumentationspflicht nachzudenken.[1076]

b) Verbesserung der Arbeitsweise zwischen Polizei und Staatsanwaltschaft

Ein weiterer Aspekt, der zur Prävention dissonanzbedingter Fehlerquellen beizutragen fähig ist, betrifft die Arbeitsweise zwischen der Staatsanwaltschaft und der Polizei. Den bisherigen Ausführungen konnte bereits entnommen werden, dass durch die „Verpolizeilichung des Ermittlungsverfahrens" und die Delegation vieler Aufgaben an die Polizei auch das dissonanzbedingte Fehlerpotenzial steigt, vermag doch die Staatsanwaltschaft als „Herrin des Verfahrens" als weitere Inkarnation der Alternativhypothese auch auf Beweislücken und weitere Ermittlungsansätze hinweisen.[1077]

Dabei ist der Machtzuwachs der Polizei kein Umstand, der von denselben gewünscht wird – im Gegenteil: Viele Polizisten beklagten sich über die mangelnde Zusammenarbeit und die Passivität der Staatsanwaltschaft.[1078] In diesem Zusammenhang wäre der Kontrollfunktion der Staatsanwaltschaft bereits durch stichprobenartiges Eingreifen in die Ermittlungen Genüge getan.[1079] Dies zeigt sich auch am Beispiel der Schweizer Ermittlungspraxis, bei der die Staatsanwaltschaft sich bereits zu Beginn an den Ermittlungen beteiligt und eigenständig Vernehmungen von Beschuldigten und Zeugen durchführt.[1080] Die institutionelle

1074 *Nestler*, ZIS 2014, 594 (598) m.w.N.
1075 *Volbert*, FPPK 2013, 230 (236).
1076 So auch: *Deckers*, StraFo 2013, 133 (139).
1077 Vgl. *Eisenberg*, Rn. 741a.
1078 *Heimann*, Kriminalistik 2017, 751 (754); *Walder/Hansjakob/Gundlach/Straub*, S. 126.
1079 So auch: *Schaefer*, Kriminalistik 2004, 753 (754).
1080 *Walder/Hansjakob/Gundlach/Straub*, S. 125.

Kontrollfunktion könnte auf diese Art auch im Gesetz ihren Niederschlag finden, allerdings ist dahingehend auch eine verbesserte personelle Aufstellung der Staatsanwaltschaft erforderlich.[1081]

c) Reformulierung des § 163 I StPO

Die bisherigen Ausführungen zur Norm des § 163 I StPO im dissonanztheoretischen Kontext haben zwar verdeutlicht, dass der gesetzliche Auftrag der Polizei in einer Gesamtschau zu den weiteren Normen der §§ 160, 161 StPO und dem Sinn und Zweck der Polizei gesehen werden muss und aus diesem Grund nicht generell als Indikator straftatenorientierten Handelns gesehen werden kann. Aus diesem Grund mag eine Änderung der Norm keinen praxisrelevanten Mehrwert schaffen. Nichtsdestotrotz könnte durch eine Reformulierung des § 163 I StPO der ambivalenten Ausrichtung der Polizei, mithin der Verpflichtung zur Ermittlung belastender und entlastender Umstände, eine besondere Signalwirkung zuteilwerden, welche zudem weiteren Missverständnissen vorbeugt. Aus diesem Grund empfiehlt es sich, die Norm des § 163 I StPO dahingehend folgendermaßen zu ändern:

> „§ 163 Abs. 1 StPO n.F.
> Behörden und Beamte des Polizeidienstes haben strafrechtlich relevante Sachverhalte zu erforschen *und nicht nur die zur Belastung, sondern auch die zur Entlastung dienenden Umstände zu ermitteln.* Sie haben alle keinen Aufschub gestattenden Anordnungen zu treffen, um die Verdunkelung der Sache zu verhüten. Zu diesem Zweck sind sie befugt, alle Behörden um Auskunft zu ersuchen, bei Gefahr im Verzug auch, die Auskunft zu verlangen, sowie Ermittlungen jeder Art vorzunehmen, soweit nicht andere gesetzliche Vorschriften ihre Befugnisse besonders regeln."

d) Minderung des Vernehmungsdrucks

Die Arbeit hat bereits darstellen können, dass die Ursachen für die Abgabe eines Falschgeständnisses oftmals in einem Bündel an Risikofaktoren zu finden sind. Zudem wurde aufgezeigt, dass sich die Dissonanzen bei der Vernehmungsperson und dem Beschuldigten wechselseitig bedingen und verstärken können.[1082] Steigt die Dissonanz beim Beschuldigten derart hoch, dass sie die Dissonanztoleranz des Beschuldigten überwiegt, steigt dadurch im Ergebnis auch das Risiko, ein falsches Geständnis abzugeben. Dabei wird vermutet, dass die Toleranz des „Erträglichen" mitunter durch das Machtgefälle zwischen Ermittlungsbeamten

---

1081 So auch: *Hüls*, S. 383.

1082 Siehe in dieser Arbeit Kapitel 3 D. III.

und Beschuldigten durch die Eigenheiten der Vernehmungssituation als solche verstärkt wird.

Werden somit die Risikofaktoren, die zu einem Falschgeständnis führen im Allgemeinen gemindert, so kann auch eine indirekte Wirkung auf die Dissonanztoleranz vermutet werden. Neben der Stärkung der Verteidigerposition zum Ausgleich des Machtgefälles sollte über weitere Faktoren diskutiert werden, die den Geständnisdruck des Beschuldigten minimieren.

Dabei lässt sich als Risikofaktor zum einen die Vernehmungsdauer anführen, die oftmals das empfohlene Zeitfenster von 45-60 min überschreitet und ihre Grenzen gem. § 136a StPO allein in der willensbeeinträchtigenden Ermüdung des Beschuldigten findet.[1083] Mit der Dauer der Vernehmung wird das kognitive Leistungsvermögen des Beschuldigten geschwächt, sodass aus dissonanztheoretischer Perspektive darüber nachzudenken ist, die Dauer der Vernehmung den Empfehlungen entsprechend gesetzlich zu normieren.[1084]

Naturgemäß ergeben sich im Hinblick auf eine gesetzlich fixierte Vernehmungshöchstdauer einzelne Probleme. So ist es zum einen unmöglich, bei jedem Beschuldigten individuell Grenzen kognitiver Leistungskapazitäten zu bestimmen. Während eine Person womöglich gerade für das empfohlene Zeitfenster empfänglich ist, kann eine andere sich problemlos einer mehrstündigen Vernehmung hingeben.

Zum anderen kann dieser Faktor im Hinblick auf eine vollständige Informationsgewinnung relevant werden, wenn der Beschuldigte sich im Augenblick des normierten Vernehmungsabbruchs aussagebereit oder geständig zeigen will. Eine gesetzliche Höchstgrenze könnte demnach die Sachverhaltsaufklärung behindern.

Nichtsdestotrotz spricht sich die *Verfasserin* für eine gesetzliche Fixierung der Vernehmungshöchstdauer zumindest in den Fällen aus, in denen Minderjährige oder geistig eingeschränkte Personen vernommen werden, da es sich bei diesen Merkmalen um anerkannte Risikofaktoren handelt, denen entgegengewirkt werden sollte.

Des Weiteren ist anerkannt, dass mit zunehmender Dauer der Untersuchungshaft die Bereitschaft steigt, ein (falsches) Geständnis abzulegen.[1085] Es sollte aus diesem Grund darüber diskutiert werden, inwiefern sich eine Veränderung der Untersuchungshaft herbeiführen lässt, um im Ergebnis den Geständnisdruck

---

1083 *Eisenberg*, JA 2013, 775 (777).

1084 So auch im Folgenden: *Böhme*, S. 268.

1085 *Eisenberg/Kölbel*, S. 326; *Hermann*, StraFo 2016, 89 (91).

des Beschuldigten zu minimieren. Eine Möglichkeit bietet die Einführung eines elektronisch überwachten Hausarrestes.[1086] Der Einsatz sog. elektronischer Fußfesseln ist in Deutschland de lege lata bereits als präventive Maßnahme in Fällen der Führungsaufsicht möglich[1087] und wird vornehmlich bei Straftätern eingesetzt, die wegen schwerer Staatsschutzdelikte verurteilt wurden.[1088] Eine Ausweitung dieser Möglichkeit in Fällen der Untersuchungshaft hätte zumindest aus dissonanztheoretischer Perspektive präventive Wirkung.

V. Zwischenergebnis

Die Darstellung der genannten Präventionsmöglichkeiten verdeutlicht die Vielzahl an Anknüpfungspunkten, mithilfe derer zu erwarten wäre, dass dissonanzbedingte Ermittlungsfehler zumindest in ihrer Anzahl gemindert werden können. Es existieren sowohl ausbildungsspezifische als auch institutionelle Lücken, die vermehrter Aufmerksamkeit bedürfen.

So sollten fachübergreifende Kernkompetenzen sowohl in der polizeilichen als auch in der juristischen Ausbildung zum Inhalt der Lernpläne werden. Die Etablierung einer polizeiinternen Fehlerkultur mag hingegen bereits erste fortschrittliche Züge erhalten haben. Bis sich die positive Kritikfähigkeit der Beamten allerdings bei jedem Einzelnen festgesetzt hat, wird es jedoch noch viele Jahre dauern. Zudem zeigte sich, dass die Stärkung einiger Institutionen in den Vordergrund treten sollte, welche in der Lage sind, einseitigen Ermittlungen Alternativhypothesen entgegenzusetzen. Es empfiehlt sich durchaus, den Gesetzgeber dazu anzuhalten, sich mit praktischen Umsetzungsmöglichkeiten zur Etablierung eines advocatus diaboli auseinanderzusetzen. Das niederländische Konzept des independent contrarian hat verdeutlicht, dass die Herbeiführung dieser „gekünstelten Meinungsverschiedenheit“ langfristig zu einem Umdenken der Ermittlungspersonen hinsichtlich ihrer Denk- und Handlungsweisen führen kann. Zuspruch erhält auch die Idee, die Rechte des Verteidigers über die bestehende Rechtslage hinaus zu verstärken. Im Hinblick darauf konnte die StPO-Reform aus dem Jahr 2017 im Kontext präventiver Maßnahmen zur Vermeidung dissonanzbedingter Ermittlungsfehler nur eine große Novellierung bieten, die in der Aufzeichnungspflicht des § 136 IV StPO zu sehen ist. Ob der

---

1086 *Schünemann*, StraFo 2016, 47 (51).

1087 Siehe § 68b I Nr. 12 StGB.

1088 Mitteilung der Bundesregierung, Überwachung mit elektronischer Fußfessel, abrufbar unter: https://www.bundesregierung.de/breg-de/aktuelles/ueberwachung-mit-elektronischer-fussfessel-392232 (Abruf v. 31.03.2021).

Wunsch nach mehr Transparenz im Ermittlungsverfahren auch zur Analyse dissonanzbedingter Fehler beitragen wird kann allerdings erst in Zukunft mit hinreichender Gewissheit gesagt werden. Nicht zuletzt ist abzuwarten, welche präventiven Veränderungen und ermittlungspraktischen Nachteile sich durch die Reformierung der Pflichtverteidigervorschriften realisieren.

Mit Blick auf die zuvor erörterten Einflussfaktoren, die die Entstehung dissonanzbedingter Ermittlungsfehler begünstigen können, fällt auf, dass die genannten Präventionsmöglichkeiten nicht allen Determinanten gerecht werden konnten. So bleibt darüber nachzudenken, wie der Faktor Zeit- und Handlungsdruck minimiert werden kann. Dabei dürfte bereits die Investition in personelle Ressourcen einen erheblichen positiven Effekt ausüben, um die erhöhte Einsatzfrequenz durch bestehende personelle Engpässe zu minimieren. Die Begünstigung der Bestätigungstendenz durch Gruppenarbeit hingegen ließe sich etwa durch die Zusammenstellung besonders heterogener Gruppen vermeiden.[1089]

1089 *Frey*, in: Rösler/Florin, S. 55.

Kapitel 4: Schlussdiskussion

A. Zusammenfassung der Ergebnisse

In dieser Arbeit konnte aufgezeigt werden, dass die Entstehung dissonanzbedingter Wahrnehmungsverzerrungen durchaus ein allgemeingültiges Problem darstellt – im polizeiinstitutionellen Gefüge jedoch eine besondere Bedeutung erlangt.

Einen zentralen Forschungsaspekt dieser Arbeit bildete im ersten Teil der Arbeit die Frage, inwiefern dissonanztheoretische Gesichtspunkte für die Bildung von Ermittlungsfehlern ursächlich sind. Dabei wurde zunächst ein Blick auf den Begriff des Ermittlungsfehlers geworfen, welcher bereits dann anzunehmen ist, wenn die Beamten gegen eine kriminalistische Regel bzw. Verhaltensnorm verstoßen. In diesem Kontext wurde das Gebot objektiver Wahrheitsforschung besonders hervorgehoben. Im Hinblick auf den gesamtstrafrechtlichen Kontext des Fehlurteils wurde zunächst verdeutlicht, dass Ermittlungsfehler in ihrer Vielgestalt den möglichen Startschuss zu einem Fehlurteil geben können, wobei die terminologische Definition des Fehlurteilsbegriffs aufgrund mangelnder sinnlicher Zugänglichkeit des Tatrichters zu vergangenen Lebenssachverhalten keine allzu befriedigende Lösung ermöglicht. Klar ist jedoch, dass ein Fehlurteil für alle beteiligten Akteure des Strafprozesses sowie für die Gesellschaft schwerwiegende Folgen mit sich führt. Ein Blick auf den Forschungsstand der Fehlergenese in Deutschland zeichnet im internationalen Vergleich nicht zuletzt ein deutlich rückständiges Bild.

Der zweite Teil der Untersuchung ordnete zunächst die Thesen der Dissonanztheorie nach *Festinger* in den allgemeinen polizeilichen Kontext ein. Dabei ergab sich, dass die Entstehung der Dissonanz hinsichtlich aller vier Forschungsparadigmen im Kontext der Ermittlungspraxis möglich ist. Insbesondere die Erkenntnisse zur Dissonanzentstehung im Bereich der Nachentscheidungsphase sowie der freiwilligen und unfreiwilligen Informationsaufnahme lassen den Schluss zu, dass dissonanzbedingte Verzerrungen der Ermittlungstätigkeit inhärent sind. Darauf bezugnehmend lieferten die Erkenntnisse zur freiwilligen Informationsaufnahme, namentlich die Effekte der selektiven Informationsaufnahme (sog. selective exposure effect) sowie der Bestätigungstendenz (sog. confirmation bias) als Teil dieses Harmonisierungsdrangs erste Vorahnungen zu den primären Ursachen einseitiger und falscher Ermittlungen, da gerade sie kausal für das Übersehen von Warnsignalen und Risiken sind.

Die Untersuchung der dissonanztheoretischen Reduktionsmöglichkeiten ergab, dass es zahlreiche Möglichkeiten gibt, um Dissonanzen zu reduzieren. Fest steht, dass der Mensch grundsätzlich nicht gewillt ist, Entscheidungen zu revidieren, was im kriminalpolizeilichen Kontext zur Folge haben kann, dass verstärkt an einem einmal verfolgten Ermittlungsansatz festgehalten wird. Weiterhin wurde deutlich, dass die selektive Informationssuche als Reduktionstechnik im Ermittlungsverfahren besondere Relevanz erlangt.

Die Theorie der kognitiven Dissonanz wurde in der Sozialpsychologie nachfolgend weiterentwickelt und empirisch untersucht. Viele Forschungsergebnisse konnten dabei die Erkenntnisse über die Entstehungsbedingungen der Dissonanz erweitern. Demgegenüber schnitten viele der entwickelten Reformulierungen der Theorie jedoch wichtige Anwendungsbereiche ab. Allein die Einführung des Hypothesenmodells durch *Irle* vermag nach Ansicht der *Verfasserin* die von der Sozialpsychologie monierten Aspekte zu konkretisieren, ohne die Dissonanztheorie in ihrer Anwendung einzuschränken. Durch die Hinzuziehung einer Hypothese des Selbst verdeutlicht *Irle*, dass die Realität nicht objektiv wahrgenommen wird, so wie es die klassische Dissonanztheorie suggeriert, sondern immer bezugnehmend auf bereits vorhandene Annahmen oder Einstellungen. Daher mag die Einbeziehung der Hypothese für die weitere Erörterung die wichtigste Erkenntnis der Reformulierungen darstellen. Sie verdeutlicht, dass differenzierte Schlussfolgerungen zu treffen sind und allgemeingültige Aussagen zu dissonanzbedingten Ermittlungsfehlern nicht getroffen werden können, sondern immer im Lichte einiger Bedingungen zu betrachten sind. So löst das Auffinden entlastenden Beweismaterials bei einem Ermittlungsbeamten etwa nur dann Dissonanz aus, wenn er die Hypothese des Selbst verwirklicht hat, dass Herr X Täter der ihm zur Last gelegten Tat ist.

Diese Erkenntnisse wurden in einem nächsten Schritt auf den kriminalistisch-heuristischen Regelkreis als Modell der Fallanalyse übertragen. Dieser Untersuchung wurden Faktoren zugrunde gelegt, die bei Auffinden entlastenden Beweismaterials zu kognitiver Dissonanz führen würden. Die Übertragung zeigte, dass der kriminalistisch heuristische Regelkreis grundsätzlich ein systematischer Apparat ist, der die Ermittler dazu bewegen soll, ihre bisher erlangten Ergebnisse und Annahmen auf Alternativen und Fehler zu überprüfen. Allerdings kann genau dieser Umstand paradoxerweise dazu führen, dass Dissonanz ausgelöst und wahrnehmungsverzerrend reduziert wird. Diese kognitiven Verzerrungen können zu einem Tunnelblick der Ermittler führen, der sich schlimmstenfalls in einem falschen Tatverdacht manifestiert.

Die Verknüpfung der dissonanztheoretischen Ansätze mit der kriminalpolizeilichen Fallanalyse lässt ferner den Schluss zu, dass bereits der ersten

Anfangsinformation besondere Bedeutung zukommt. Diese kann zu einer ersten Festlegung der Ermittler führen, welche im Nachhinein nur schwer revidiert werden kann. Somit können bereits die ersten Informationen den Fortgang der Ermittlungen bestimmen.

Die erarbeiteten Fehlerquellen bestätigen die bereits im ersten Abschnitt zur Dissonanztheorie herausgearbeiteten Annahmen, welche zutreffend von der rechtswissenschaftlichen und rechtspsychologischen Literatur erkannt worden sind: Die Hauptverursacher der ermittelten Fehlerquellen bilden die selektive Informationssuche sowie die Bestätigungstendenz. Fest steht aber auch, dass sie nicht die alleinigen Verursacher darstellen. Dieser Eindruck kann mit Blick auf die bestehende Fachliteratur schnell gewonnen werden. Die genannten Faktoren sind ein Teil dissonanztheoretischer Reduktionsmechanismen, aber eben nicht mit allen gleichzusetzen. Vielmehr werden weitere Mechanismen, wie etwa das Verfälschen von Aussageinhalten oder die Hinzuziehung konsonanter kognitiver Elemente, erfasst.

Schließlich wurde festgehalten, dass den Ausführungen nur dann Relevanz zukommt, wenn der verfolgte Ermittlungsansatz tatsächlich auch falsch ist. Anderenfalls ist die kognitive Dissonanz wirkungslos.

Im Anschluss wurde die kognitive Dissonanz im Rahmen der Beschuldigtenvernehmung untersucht. Es wurde aufgezeigt, dass die kognitive Dissonanz und ihre Reduktion zu drei Zeitpunkten unterschiedlich wirksam werden können. Besonders hervorzuheben ist dabei die Erwartung, dass die Dissonanz des Vernehmers und die Dissonanz beim fälschlicherweise Verdächtigen sich wechselseitig bedingen und unter Hinzutreten weiterer Risikofaktoren schließlich zur Abgabe eines Falschgeständnisses führen können.

Mit Blick darauf, dass die Dissonanztheorie lediglich einen Erklärungsansatz für Ermittlungsfehler bietet, wurde im Fortgang ein Blick auf weitere sozialpsychologische Phänomene geworfen.

Die Untersuchung der faktischen und rechtlichen Determinanten zeigte, dass insbesondere das Einsetzen selektiver Suche oder die Entstehung schuldbehafteter Präferenzen gefördert werden können. Je zahlreicher diese Einflussfaktoren in Erscheinung eintreten, desto eher steigt das Risiko von Wahrnehmungsverzerrungen. Aus rechtlicher Perspektive erscheint vornehmlich das Konstrukt des Tatverdachtes besonders geeignet, eine Schuldhypothese zu fördern. Zusammenfassend verdeutlichen diese Faktoren neben der Notwendigkeit individueller Hypothesen, dass das Einsetzen von dissonanzbedingten Verzerrungen bei Polizeibeamten ein sehr komplexes und mannigfaltiges Phänomen darstellt. Im Ergebnis wird jedoch vermutet, dass grundsätzlich ein Zusammenspiel individueller Faktoren und systematischer Schwächen mitursächlich für die Entstehung dissonanzbedingter Fehler im Ermittlungsverfahren ist.

Die daran anschließende Darstellung internationaler Studien zur Dissonanzproblematik im polizeilichen Kontext untermalte erneut die Dringlichkeit nationaler Forschung.

Nicht zuletzt wurde erörtert, inwiefern präventiv Möglichkeiten ergriffen werden können, um der kognitiven Fehlerbildung bei Ermittlern entgegenzuwirken. Auch hier lässt sich zwischen faktischen und rechtlichen Aspekten differenzieren. Im Bereich rechtlicher Präventionsmaßnahmen wurde ein näherer Blick auf die Strafrechtsreform aus dem Jahr 2017 sowie die nationale Umsetzung der Prozesskostenhilferichtlinie geworfen. Hier wurde herausgearbeitet, dass primär die Einführung der audiovisuellen Dokumentation in der Lage ist, dissonanzbedingten Fehlerquellen künftig entgegenzuwirken.

Des Weiteren sollten insbesondere Institutionen gestärkt werden, welche in der Lage sind, den Ermittlern Alternativhypothesen entgegenzusetzen. Dabei kommen sowohl die Einführung eines advocatus diaboli, die Stärkung der Staatsanwaltschaft als auch die Ausweitung der Verteidigerrechte in Betracht.

B. Ausblick

Die Zusammenfassung der Ergebnisse erzeugt ein insgesamt sehr theoretisches und hypothesengeleitetes Bild der dissonanzbedingten Fehlerproblematik im Ermittlungsverfahren und ihrer Lösungsansätze. Lediglich durch internationale empirische Befunde konnte ein konkreter Praxisbezug hergestellt werden, der jedoch nur mit Vorsicht auf die deutsche Ermittlungspraxis und das nationale Ermittlungsverfahren übertragen werden darf. Diese Kenntnislücken fußen auf dem deutschen Forschungsdefizit im Bereich dissonanztheoretischer Fehlerforschung bei Ermittlungsbeamten, welche dringend erste Schritte in die interdisziplinäre Wissenschaft machen muss. Aufgrund der Komplexität und Vielschichtigkeit der dissonanzbedingten Wahrnehmungsverzerrungen, die unter anderem von der Persönlichkeit der Ermittler und den institutionellen Faktoren der Polizei abhängig sind, müssen praktische Ergebnisse zwingend herbeigeführt werden. Sich lediglich auf theoretischen Hypothesen auszuruhen, wird dem Problem dissonanzbedingter Ermittlungsfehler und ihren Konsequenzen für das Strafverfahren nicht gerecht. Diese Arbeit hat eine umfassende theoretische Auseinandersetzung mit dieser Problematik zum Gegenstand und soll einen Anreiz dafür bieten, sich künftig der Validierung etwaiger Hypothesen zu widmen. Nur mithilfe neuer faktorenabhängiger Erkenntnisse lässt sich eine weitergehende Fehlergenese eindämmen.

Wenngleich Kritik dahingehend geäußert wurde, dass die Empirie sich bislang mit den dargestellten Problematiken nicht hinreichend auseinandergesetzt hat, so kann dennoch eine steigende Aufmerksamkeit im Bereich gesellschaftlicher und rechtswissenschaftlicher Debatten beobachtet werden. Nach Ansicht der *Verfasserin* lässt sich durchaus ein vermehrtes Interesse an Ermittlungsfehlern bzw. Justizfehlern im Allgemeinen erkennen, mitunter an sich häufenden Tagungen, Projekten oder Rezeptionen in Fachzeitschriften.[1090] Auch die Medien in ihrer Vielgestalt widmen sich vermehrt diesem Problem, wenngleich oft aus anderen Interessensgründen.[1091] Gerade sie vermitteln als Informationsquelle der Gesellschaft zum Teil ein sehr einseitiges Bild, welches allein den nächsten großen Skandal in den Vordergrund rücken will. Nach Ansicht der *Verfasserin* wird diese Form der Berichterstattung der Komplexität dieses Problems nicht gerecht.

Eine konstruktive Auseinandersetzung des Problems bestehender Ermittlungs- und Justizfehler findet nach Eindruck der *Verfasserin* dagegen oftmals nicht in gesellschaftlichen, sondern vielmehr in den wissenschaftlichen Reihen statt, die sich bemühen, die Fehlerursachen aufzudecken und Lösungsvorschläge zu diskutieren, um das deutsche Strafverfahren in Zukunft effektiver und sicherer zu machen.

Dieser Aufgabe scheint sich auch der deutsche Gesetzgeber verstärkt gewidmet zu haben. Trotz aller Kritik an der faktischen Ausgestaltung der Strafprozessrechtsreform aus dem Jahr 2017, muss ihr dennoch zugutegehalten werden, dass nach jahrzehntelangen Forderungen die ersehnte audiovisuelle Dokumentation endlich ihren Niederschlag im Gesetz gefunden hat. Inwiefern sich

---

1090 So fanden im Jahr 2017 etwa die 6. Bielefelder Verfahrenstage unter dem Topos „Vom ‚hochgemuten, voreiligen Griff nach der Wahrheit' – Genese, Korrektur und Prävention von Fehlurteilen im Strafprozess" statt. Der Deutsche Anwaltstag dagegen fand im Jahr 2018 unter dem Motto „Fehlerkultur in der Rechtspflege" statt. Auch *Eschelbach* hat sich zuletzt dem Thema der Dissonanzreduktion in der Hauptverhandlung angenommen, s. *ebd.*, GA 2019, 593-619.

1091 Siehe etwa bei Netflix die Serie *When they see us*, welche sich dem Central Park Jogger Case aus NYC widmet, oder die Dokumentation *Making a murderer*, welche anhand realen Videomaterials darlegt, inwiefern suggestive Befragungen bei Minderjährigen den Ausgang des Verfahrens bestimmen können. Auch deutsche TV-Formate widmen sich in jüngster Zeit der Problematik justizieller Fehler, so etwa die Projekt Serie unter *Ingo Zamperoni* (*„Das soll Recht sein?"*) oder etwa das Talkshowformat *Hart aber fair* (Sendung vom 20.02.2018 mit dem Thema „Überlastet, überfordert, zu lasch – Was läuft schief bei den Gerichten?").

positive Ergebnisse mit Blick auf dissonanzbedingte Fehlerquellen im Ermittlungsverfahren verzeichnen lassen, bleibt abzuwarten. Auch auf eine Erweiterung dieser Dokumentationspflicht bleibt nach der ersten „Jungfernfahrt" des Gesetzes zu hoffen.

Die Umsetzung jüngster europäischer Vorgaben ergänzt die Reform aus dem Jahr 2017 und setzt einige der bereits zu diesem Zeitpunkt geäußerten Empfehlungen weiter um. Das „Gesetz zur Neuregelung des Rechts der notwendigen Verteidigung" sieht vor, dem Beschuldigten im Rahmen polizeilicher Vernehmungen auf Antrag oder in den nach § 141 II StPO gelagerten Fällen den tatsächlichen Zugang zu einem Pflichtverteidiger zu gewähren. Dies stellt einen großen Schritt zur Stärkung seiner Verfahrensrechte dar.

Vor dem Hintergrund, dass dem Verteidiger seit dem Jahr 2017 überhaupt erstmals das Anwesenheitsrecht bei einer polizeilichen Beschuldigtenvernehmung zugestanden wurde, hat sich in den zwei Jahren seit Erlass dieser Novellierung rechtlich vieles geändert – Luft nach oben besteht aber nach wie vor. Die Umsetzung einiger der genannten Vorschläge, welche sich nicht als abschließend verstehen dürfen, könnte beispielsweise ebenfalls zur Minderung dissonanzbedingter Fehler beitragen. Allzu hohe Erwartungen dürfen an diese Vorschläge nicht geschürt werden – die Umsetzung einzelner Gesichtspunkte wird das Problem nie gänzlich auf Null reduzieren. Allerdings besteht die Möglichkeit, ein systematisches und institutionelles Umfeld im Rahmen des Ermittlungsverfahrens zu schaffen, welches zumindest das Potenzial ausschöpft, kognitiven Wahrnehmungsverzerrungen, welche auf Dissonanzen zurückzuführen sind, einen Hebel vorzusetzen und Risikosignale besser zu erkennen. Dazu bedarf es allerdings vielerorts mehr finanzieller und personeller Ressourcen.

Inwiefern bestehende oder künftige Reformen das dissonanztheoretische Fehlerbewusstsein stärken werden und sich eine fehleroffene Justiz- und Polizeikultur etablieren wird, wird sich erst in vielen Jahren zeigen. Erste wichtige Entwicklungen sind durchaus erkennbar. Es bleibt zu hoffen, dass dieses Problem weiterhin in das Bewusstsein aller gerückt wird.

Literaturverzeichnis

Ackermann, Rolf, Tatortarbeit und kriminalistische Erkenntnismöglichkeiten, in: Kriminalistik 2006, 783–788.

Ackermann, Rolf, 3. Kriminaltaktik, II. Methodik der kriminalistischen Fallbearbeitung, A. Kriminalistische Fallanalyse, in: Clages, Horst [Hrsg.], Der rote Faden. Grundsätze der Kriminalpraxis, 14. Aufl., Heidelberg u.a. 2019, S. 122–152. (Zit.: Clages/*Ackermann*)

Ackermann, Rolf, Kriminalistik – Wissenschaft – Gesellschaft, in: Artkämper, Heiko/Clages, Horst [Hrsg.], Kriminalistik gestern – heute – morgen. Festschrift zum 10-jährigen Bestehen der Deutschen Gesellschaft für Kriminalistik, Stuttgart u.a. 2013, S. 21–48. (Zit.: *Ackermann*, in: Artkämper/Clages)

Ackermann, Rolf/Clages, Horst/Roll, Holger, Handbuch der Kriminalistik für Praxis und Ausbildung, 5. Aufl., Stuttgart u.a. 2019. (Zit.: *Ackermann/Clages/Roll*)

Adler, Frank/Hermanutz, Max, Strukturierte Vernehmung im strafrechtlichen Ermittlungsverfahren, in: Kriminalistik 2009, 535–543.

Albrecht, Hans-Jörg, Fehler und Fehlerquellen in Ermittlungsverfahren, in: Schriftenreihe der Strafverteidigervereinigungen [Hrsg.], 25. Strafverteidigertag 2001, Erosion der Rechtstaatlichkeit. Werteverfall oder Paradigmenwechsel?, Berlin 2002, S. 120-136. (Zit.: *Albrecht*)

Alsberg, Max, Justizirrtum und Wiederaufnahme, Berlin 1913. (Zit.: *Alsberg*)

Altenhain, Karsten, Dokumentationspflicht im Ermittlungsverfahren. Warum eigentlich nicht?, in: ZIS 2015, 267–282.

Arnd, Heiko/Staffa, Valerie, Einsatz von Bodycams bei der Polizei Rheinland-Pfalz. Erste Ergebnisse einer begleitenden Untersuchung zur Akzeptanz und Wirkung von Bodycams im polizeilichen Einzeldienst, in: Die Polizei 2016, 190–196.

Arntzen, Friedrich, Vernehmungspsychologie. Psychologie der Zeugenvernehmung, 3. Aufl., München 2008. (Zit.: *Arntzen*)

Aronson, Elliot/Wilson, Timothy D./Akert, Robert M., Sozialpsychologie, 8. Aufl., München u.a. 2014. (Zit: *Aronson/Wilson/Akert*)

Artkämper, Heiko, Wahrheitsfindung im Strafverfahren mit gängigen und innovativen Methoden, Notwendigkeit, Möglichkeiten und rechtliche Grenzen – Teil 1, in: Kriminalistik 2009, 349–356.

Artkämper, Heiko, Kompetente Kommunikation im Strafverfahren versus Nullhypothese, in: StRR 2011, 368–373.

Artkämper, Heiko/Artkämper, Leif Gerrit, Kriminaltechnische und rechtsmedizinische Untersuchungen: Möglichkeiten und Mythen; Fakten, Fehler und Beweiswerte, in: StRR 2012, 52–55.

Artkämper, Heiko/Herrmann, Gunnar/Jakobs, Carola/Kruse, Henne, Aufgabenfelder der Staatsanwaltschaft, Bonn 2008. (Zit.: *Artkämper/Hermmann/Jakobs/Kruse)*

Artkämper, Heiko/Schilling, Karsten, Vernehmungen, 5. Aufl., Hilden u.a. 2018. (Zit.: *Artkämper/Schilling*)

Ask, Karl/Granhag, Pär Anders, Motivational Sources of Confirmation Bias in Criminal Investigations: The Need for Cognitive Closure, in: Journal of Investigative Psychology and Offender Profiling 2005, 43–63.

Ask, Karl/Rebelius, Anna/Granhag, Pär Anders, The "Elasticity" of Criminal Evidence: A Moderator of Investigator Bias, in: Applied Cognitive Psychology 2008, 1245–1259.

Atzbach, Rudolf, Polizeiliche Informationsverarbeitung. Betrachtungen über ein noch immer offenes Problem, in: Kriminalistik 2001, 323–327.

Banscherus, Jürgen, Polizeiliche Vernehmung: Formen, Verhalten, Protokollierung, Bonn 1997. (Zit.: *Banscherus*)

Barton, Stephan, Der Zeitpunkt des Beweisantrages unter Berücksichtigung des Inertia-Effektes, in: StraFo 1993, 11–19.

Barton, Stephan, Eine selbsterfüllende Prophezeiung: Die zunehmende Dauer von Strafverfahren, in: Schulz, Joachim/Vormbaum, Thomas [Hrsg.], Festschrift für Günter Bemmann, Baden-Baden 1997, S. 524–541. (Zit.: *Barton*, in: FS Bemmann)

Barton, Stephan, „Das Fehlurteil gibt es nicht" – gibt es doch!, in: Goeckenjan, Ingke/Puschke, Jens/Singelstein, Tobias [Hrsg.], Für die Sache – Kriminalwissenschaften aus unabhängiger Perspektive. Festschrift für Ulrich Eisenberg zum 80. Geburtstag, Berlin 2019, S. 16–29. (Zit.: *Barton*, in: FS Eisenberg)

Barton, Stephan/Dubelaar, Marieke/Kölbel, Ralf/Lindemann, Michael, Aspekte der Fehlurteilsforschung: Zur Einführung in den Band, in: ebd. [Hrsg.], „Vom hochgemuten, voreiligen Griff nach der Wahrheit". Fehlurteile im Strafprozess, Baden-Baden 2018, S. 9–30. (Zit.: *Barton/Dubelaar/Kölbel/Lindemann*)

Basar, Eren, Effektiv? Praxistauglich? Rechtsstaatlich?: Der Bericht der Expertenkommission zur Reform der StPO, in: StraFo 2016, 226–236.

Beckmann, Jürgen, Kognitive Dissonanz – Eine handlungstheoretische Perspektive, Berlin u.a. 1984. (Zit.: *Beckmann*)

Behr, Rafael, Cop Culture – Der Alltag des Gewaltmonopols, Opladen 2000. (Zit.: *Behr*)

Behr, Rafael, Warum Polizisten oft schweigen, wenn sie reden sollten. Ein Essay zur Frage des Korpsgeistes in der deutschen Polizei, in: Feltes, Thomas [Hrsg.], Neue Wege, neue Ziele. Polizieren und Polizeiwissenschaft im Diskurs. Band 1, Frankfurt 2009, S. 25–45. (Zit.: Feltes/*Behr*)

Beneke, Bernhard, Das falsche Geständnis als Fehlerquelle im Strafverfahren unter kriminologischen, speziell kriminalpsychologischen Aspekten, Frankfurt a.M. 1990. (Zit.: *Beneke*)

Bergmann, Bernhard/Flach, Gerhard/Gundlach, Thomas E./Michael, Mohr/ Schimpel, Franz, Die kriminalistische Fallanalytik – eine neue Form der Fallbearbeitung?, Teil 1, in: Kriminalistik 2005, 611–616.

Bergmann, Bernhard/Flach, Gerhard/Gundlach, Thomas E./Michael, Mohr/ Schimpel, Franz, Die kriminalistische Fallanalytik – eine neue Form der Fallbearbeitung?, Teil 2, in: Kriminalistik 2005, 687–688.

Berthel, Ralph, Kriminalistisches Denken neu denken!, in: Kriminalistik 2007, 732–737.

Bierhoff, Hans-Werner, Sozialpsychologie, 6. Aufl., Stuttgart 2006. (Zit.: *Bierhoff*)

Bittmann, Folker, Der Staatsanwalt im modernen Ermittlungsverfahren, in: Barton, Stephan/Kölbel, Ralf/Lindemann, Michael [Hrsg.], Wider die wildwüchsige Entwicklung des Ermittlungsverfahrens, Baden Baden 2015, S. 389–406. (Zit.: *Bittmann*, in: Barton/Kölbel/Lindemann)

Bley, Rita, Vernehmer und Beschuldigte in Interaktion. Eine explorative Analyse von Vernehmungen in Kindesmisshandlungsfällen, Frankfurt 2012. (Zit.: *Bley*)

Bliesener, Thomas/Lösel, Friedrich/Köhnken, Günter, Lehrbuch Rechtspsychologie, 1. Aufl., Bern 2014. (Zit.: *Bliesener/Lösel/Köhnken*)

Bluhme, Hermann, Etymologisches Wörterbuch des deutschen Grundwortschatzes, München 2005. (Zit.: *Bluhme*)

Blum, Barbara, Mögliche Auswirkungen der Ermittlungsakte auf die Informationsverarbeitung und die Entscheidungsbildung im Strafverfahren, in: Strafverteidigervereinigungen [Hrsg.], Abschied von der Wahrheitssuche, 35. Strafverteidigertag, Berlin 2012, S. 237–265. (Zit.: *Blum*)

Bock, Michael, Kriminologie: für Studium und Praxis, 5. Aufl., München 2019. (Zit.: *Bock*)

Böhme, Toni, Das Fehlurteil im Strafprozess – Zum Begriff und zur Häufigkeit, in: Effer-Uhe, Daniel/Hoven, Elisa/Kempny, Simon/Rösinger, Luna [Hrsg.], Einheit der Prozesswissenschaft? Tagung Junger Prozesswissenschaftler am 18./19. September 2015 in Köln, Stuttgart u.a. 2016, S. 39–54. (Zit.: *Böhme*, in: Effer-Uhe/Hoven/Kempny/Rösinger)

Böhme, Toni, Das strafgerichtliche Fehlurteil – Systemimmanenz oder vermeidbares Unrecht? Eine Untersuchung zu den Ursachen von Fehlurteilen im Strafprozess und den Möglichkeiten ihrer Vermeidung, Baden-Baden 2018. (Zit.: *Böhme*)

Bohner, Gerd/Lindemann, Michael, Fehlerquellen im Strafprozess, in: R&P 2016, 2–3.

Brehm, Jack W./Cohen, Arthur R., Explorations in cognitive dissonance, New York 1962. (Zit.: *Brehm/Cohen*)

Brockmann, Claudia, Beschuldigtenvernehmung, in: Volbert, Renate/Steller, Max [Hrsg.], Handbuch der Rechtspsychologie, Göttingen u.a. 2008, S. 244–252. (Zit.: *Brockmann*, in: Volbert/Steller)

Brodag, Wolf D., Kriminalistik. Grundlagen der Verbrechensbekämpfung, 8. Aufl., Stuttgart u.a. 2001. (Zit.: *Brodag*)

Burhoff, Detlef, Handbuch für das strafrechtliche Ermittlungsverfahren, 8. Aufl., Bonn 2019. (Zit.: *Burhoff*)

Burhoff, Detlef, Modernisierung des Strafverfahrens – Teil 1: Ermittlungsverfahren, in: ZAP 2020, 165–176.

Civelli, Ignaz, Analyseinstrumente, -techniken und -strategien. Teil 1: Werkzeuge des Polizeianalysten zur Verarbeitung und Interpretation von Informationen, in: Kriminalistik 2010, 480–483.

Civelli, Ignaz, Analyseinstrumente, -techniken und -strategien. Teil 2: Werkzeuge des Polizeianalysten zur Verarbeitung und Interpretation von Informationen, in: Kriminalistik 2010, 585–590.

Civelli, Ignaz, Analysepsychologie, Teil 2: Kognitive Verzerrungen – Wahrnehmungsfallen und Urteilsfehler bei Polizeianalysten, in: Kriminalistik 2010, 719–725.

Clages, Horst, 2. Das strafprozessuale Ermittlungsverfahren, I. Begriff und Wesen, in: Clages, Horst/Ackermann, Rolf [Hrsg.], Der rote Faden – Grundsätze der Kriminalpraxis, 14. Aufl., Heidelberg u.a. 2019, S. 23–30. (Zit.: *Clages*, in: Clages/Ackermann)

Cooper, Joel/Fazio, Russel H., A New Look at Dissonance Theory, in: Advances in Experimental Social Psychology, Vol. 17, 1984, 229–266.

Darnstädt, Thomas, Der Richter und sein Opfer – Wenn die Justiz sich irrt, München 2013. (Zit.: *Darnstädt*)

Deckers, Rüdiger, Dokumentation im Strafverfahren, in: StraFo 2013, 133–140.

Deckers, Rüdiger, Fehlervermeidung bei Staatsanwaltschaft und Polizei, in: StraFo 2015, 265–268.

de Vries, Hinrich, Fehlerforschung in der Kriminalistik, in: Die Polizei 2014, 134–136.

de Vries, Hinrich, Einführung in die Kriminalistik für die Strafrechtspraxis, Stuttgart 2015. (Zit.: *de Vries*)

Dölling, Dieter, Polizeiliche Ermittlungstätigkeit und Legalitätsprinzip. Eine empirische und juristische Analyse des Ermittlungsverfahrens unter besonderer Berücksichtigung der Aufklärungs- und Verurteilungswahrscheinlichkeit, Wiesbaden 1987. (Zit.: *Dölling*)

Downling, Cornelia E./Gundlach, Thomas E., Von Urteilsheuristiken und -verzerrungen – und was Ermittler daraus lernen können, in: Kriminalistik 2019, 73–79.

Drenkhahn, Kirstin, Verdacht und Beweisermittlungstätigkeit der Polizei, in: Fischer, Thomas/Hoven, Elisa [Hrsg.], Verdacht, Baden-Baden 2016, S. 237–247. (Zit.: *Drenkhahn*, in: Fischer/Hoven)

Drews, Frauke, Die Königin unter den Beweismitteln? Eine interdisziplinäre Untersuchung des (falschen) Geständnisses, Berlin 2013. (Zit.: *Drews*)

Duden, Das Herkunftswörterbuch – Etymologie der deutschen Sprache, Band 7, 5. Aufl., Berlin u.a. 2014. (Zit.: *Duden*)

Dunkel, Barbara, Fehlentscheidungen in der Justiz. Systematische Analyse von Wiederaufnahmeverfahren in Strafverfahren im Hinblick auf Häufigkeit und Risikofaktoren, Baden-Baden 2018. (Zit.: *Dunkel*)

Dunkel, Barbara/Kemme, Stefanie, Fehlurteile in Deutschland: eine Bilanz der empirischen Forschung seit fünf Jahrzenten, in: NK 2016, 138–154.

Ebert, Andreas, Der Tatverdacht im Strafverfahren unter spezieller Berücksichtigung des Tatnachweises im Strafbefehlsverfahren, Frankfurt a.M. 2000. (Zit.: *Ebert*)

Eisenberg, Ulrich, Aspekte des Verhältnisses von materieller Wahrheit und Wiederaufnahme des Verfahrens gemäß §§ 359 ff. StPO, in: JR 2007, 360–368.

Eisenberg, Ulrich, Unfreiwillig falsches Geständnis und Widerruf aus empirisch-beweisrechtlicher Sicht, in: JA 2013, 775–779.

Eisenberg, Ulrich, Beweisrecht der StPO, 10. Aufl., München 2017. (Zit.: *Eisenberg*)

Eisenberg, Ulrich/Kölbel, Ralf, Kriminologie, 7. Aufl., München 2017. (Zit.: *Eisenberg/Kölbel*)

Eschelbach, Ralf, Regina probatium, in: Bernsmann, Klaus/Fischer, Thomas [Hrsg.], Festschrift für Ruth Rissing-van Saan, Berlin u.a. 2011, S. 115–142. (Zit.: *Eschelbach*, in: FS Rissing-van Saan)

Eschelbach, Ralf, Fehlurteilsquellen aus der polizeilichen Beschuldigtenvernehmung, in: ZAP 2013, Fach 22, S. 661–680.

Eschelbach, Ralf, Verdachtshypothese, Nullhypothese, Alternativhypothesen, in: Fischer, Thomas/Hoven, Elisa [Hrsg.], Verdacht, Baden-Baden 2016, S. 29–40. (Zit.: *Eschelbach*, in: Fischer/Hoven)

Eschelbach, Ralf, Beweiserhebung des Tatgerichts über das polizeiliche Ermittlungsergebnis?, in: Goeckenjan, Ingke/Puschke, Jens/Singelstein, Tobias [Hrsg.], Für die Sache –Kriminalwissenschaften aus unabhängiger Perspektive. Festschrift für Ulrich Eisenberg zum 80. Geburtstag, Berlin 2019, S. 409–424. (Zit.: *Eschelbach*, in: FS Eisenberg)

Eschelbach, Ralf, Dissonanzreduktionen im Strafprozess, in: GA 2019, 593–619.

Feltes, Thomas, Fehlerquellen im Ermittlungsverfahren – Anmerkungen zur Rolle und Funktion der Polizei, in: Schriftenreihe der Strafverteidigervereinigungen [Hrsg.], 25. Strafverteidigertag 2001, Erosion der Rechtstaatlichkeit. Werteverfall oder Paradigmenwechsel?, Berlin 2002, S. 149–161. (Zit.: *Feltes*)

Feltes, Thomas, Polizeiliches Fehlverhalten und Disziplinarverfahren – ein ungeliebtes Thema. Überlegungen zu einem alternativen Ansatz, Teil 1, in: Die Polizei 2012, 285–292.

Feltes, Thomas, Polizeiliches Fehlverhalten und Disziplinarverfahren – ein ungeliebtes Thema. Überlegungen zu einem alternativen Ansatz, Teil 2, in: Die Polizei 2012, 309–314.

Feltes, Thomas/Punch, Maurice, Good People, Dirty Work? Wie die Polizei die Wissenschaft und Wissenschaftler die Polizei erleben und wie sich Polizeiwissenschaft entwickelt. Ein persönlicher Erfahrungsbericht, in: MSchrKr 2005, 26–45.

Festinger, Leon, Theorie der kognitiven Dissonanz, in: Irle, Martin/Möntmann, Volker [Hrsg.], Bern u.a. 1978. (Zit.: *Festinger*)

Festinger, Leon/Carlsmith, James M., Cognitive consequences of forced compliance, in: Journal of Abnormal and Social Psychology 1959, Vol. 58, 203–210.

Findley, Keith A./Scott, Michael S., The Multiple Dimensions of Tunnel Vision in Criminal Case, in: Wisconsin Law Review 2006, 291–397.

Fischer, Peter/Frey, Dieter/Peus, Claudia/Kastenmüller, Andreas, The Theory of Cognitive Dissonance: State of the Science and Directions for Future Research, in: Meusburger, Peter/Welker, Michael/Wunder, Edgar [Hrsg.], Clashes of Knowledge. Orthodoxies and Heterodoxies in Science and Religion, Heidelberg 2006, S. 189–198. (Zit.: *Fischer/Frey/Peus/Kastenmüller*)

Fischer, Peter/Jander, Kathrin/Krüger, Joachim, Sozialpsychologie für Bachelor, 2. Aufl., Berlin u.a. 2018. (Zit.: *Fischer/Jander/ Krüger*)

Fischer, Thomas, Einleitung: Stichworte zur psychologischen Konstruktion des Verdachts in: Fischer, Thomas/Hoven, Elisa [Hrsg.], Verdacht, Baden-Baden 2016, S. 13–17. (Zit.: *Fischer*, in: Fischer/Hoven)

Fischer, Thomas, Strafgesetzbuch mit Nebengesetzen, 67. Aufl., München 2020. (Zit.: *Fischer*)

Fischer, Lorenz/Wiswede, Günter, Grundlagen der Sozialpsychologie 3. Aufl., München u.a. 2014. (Zit.: *Fischer/Wiswede*)

Fornauf, Marc, Die Neuheit bereits erörterter Tatsachen im Wiederaufnahmeverfahren, in: StraFo 2013, 235–240.

Frey, Dieter, Informationssuche und Informationsbewertung bei Entscheidungen, Bern u.a. 1981. (Zit.: *Frey*)

Frey, Dieter, Über die Ausblendung unerwünschter Informationen. Sozialpsychologische Befunde zum Entscheidungsverhalten, in: Rösler, Frank/Florin, Irmela [Hrsg.], Psychologie und Gesellschaft, Stuttgart 1994, S. 45–57. (Zit.: *Frey*, in: Rösler/Florin)

Frey, Dieter/Gaska, Anne, Die Theorie der kognitiven Dissonanz, in: Frey, Dieter/Irle, Martin [Hrsg.], Theorien der Sozialpsychologie, Band I: Kognitive Theorien, 2. Aufl. 1993, 4. Nachdruck 2015, Bern u.a., S. 275–327. (Zit.: *Frey/Gaska*)

Frey, Dieter/Irle, Martin, Einige Bedingungen zur Erzeugung eines Dissonanz- und eines Inzentiveffektes in einer Situation mit forcierter Zu-stimmung, in: Irle, Martin [Hrsg.], Kursus der Sozialpsychologie, Teil II: Sozialisation, soziale Attitüden und soziale Interaktionen, Darmstadt u.a. 1978, S. 307–317. (Zit.: *Frey/Irle*)

Fröhling, Mareike, Der moderne Pranger, Von den Ehrenstrafen des Mittelalters bis zur Prangerwirkung der medialen Berichterstattung im heutigen Strafverfahren, Marburg 2014. (Zit.: *Fröhling*)

Gadenne, Volker, Der Bestätigungsfehler und die Rationalität menschlicher Informationsverarbeitung, in: Berichte aus dem psychologischen Institut der Universität Tübingen, Nr. 3, Tübingen 1980. (Zit.: *Gadenne*)

Gadenne, Volker/Oswald, Margit, Entstehung und Veränderung von Bestätigungstendenzen beim Testen von Hypothesen, in: Zeitschrift für experimentelle und angewandte Psychologie 1986, Band XXXIII, Heft 3, 360–374.

Geipel, Andreas, Handbuch der Beweiswürdigung, 3. Aufl., Bonn 2017. (Zit.: *Geipel*)

Gerrig, Richard J., Psychologie, 21. Aufl., Halbergmoos 2018. (Zit.: *Gerrig*)

Gless, Sabine, Der Einsatz von Videotechnologie in anderen europäischen Ländern, in: Schriftenreihe der Strafverteidigervereinigungen [Hrsg.], 34.

Strafverteidigertag 2011, „Wehe dem, der beschuldigt wird...", Berlin 2011, S. 193–214. (Zit.: *Gless*)

Gould, Jon B./Leo, Richard, A., „Justice" in Action. One Hundred Years Later: Wrongful Convictions after a Century of Research, in: The Journal of Criminal Law & Crimonology 2010, Vol. 100, No. 3, 825–868.

Grabitz, Hans-Joachim, Die Bewertung von Information vor Entscheidungen in Abhängigkeit von der verfolgten Alternative und der Verläßlichkeit der Information, in: Irle, Martin [Hrsg.], Kursus der Sozialpsychologie, Teil II: Sozialisation, soziale Attitüden und soziale Interaktionen, Darmstadt u.a. 1978, S. 369–379. (Zit.: *Grabitz*)

Graf, Jürgen Peter, Strafprozessordnung. Mit Gerichtsverfassungsgesetz und Nebengesetzen, 3. Aufl., München 2018. (Zit.: Graf/*Bearbeiter*)

Greuel, Luise, Zeugenvernehmung, in: Volbert, Renate/Steller [Hrsg.], Max, Handbuch der Rechtspsychologie, Göttingen u.a. 2008, S. 221–231. (Zit.: *Greuel*, in: Volbert/Steller)

Gruschinske, Mario, Zur Bedeutung der Gruppe und des Teams für die Polizeiarbeit in Zeiten des Wandels – Empirische Erkenntnisse aus einem Forschungsprojekt in der Polizei Brandenburg, in: Die Polizei 2014, 224–231.

Gudjonsson Gisli H., The Psychology of Interrogations and Confessions. A Handbook, West Sussex 2003. (Zit.: *Gudjonsson*)

Gundlach, Thomas E., Die kriminalistische Wabenanalyse, in: Artkämper, Heiko/Clages, Horst [Hrsg.], Kriminalistik gestern – heute – morgen. Festschrift zum 10-jährigen Bestehen der Deutschen Gesellschaft für Kriminalistik, Stuttgart u.a. 2013, S. 187–236. (Zit.: *Gundlach* in: Artkämper/Clages)

Haarmann, Wolf Peter, Die individualisierende Verdachtsberichterstattung über den Beschuldigten eines Strafverfahrens, Göttingen 2012. (Zit.: *Haarmann*)

Haas, Günter, Vorermittlungen und Anfangsverdacht, Berlin 2003. (Zit.: *Haas*)

Haisch, Jochen, Die suggestive Kreation und Reduktion Kognitiver Dissonanz, in: Hypnose-ZHH 2011, 51–64.

Hannich, Rolf, Karlsruher Kommentar zur Strafprozessordnung mit GVG, EGGVG und EMRK, 8. Aufl., München 2019. (Zit.: KK-*Bearbeiter*)

Hansjakob, Thomas, Der kriminalistische Zyklus, in: Kriminalistik 2012, 662–666.

Harmon-Jones, Eddie/Harmon-Jones, Cindy, Cognitive Dissonance Theory after 50 Years of Development, in: Zeitschrift für Sozialpsychologie 2007, 38 (1), 7–16.

Heimann, Rudi, Entscheidungsfindung in polizeilichen Einsatzlagen. Softwareunterstütztes Informations- und Kommunikationsmanagement, in: Kriminalistik 2007, 504–511.

Heimann, Rudi, Moral und Loyalität in der polizeilichen Praxis, in: Kriminalistik 2017, 751–755.

Hellmann, Uwe, Anfangsverdacht und Begründung der Beschuldigteneigenschaft, in: Esser, Robert/Günther, Hans-Ludwig/Jäger, Christian/Mylonopoulos, Christos/Öztürk, Bahri [Hrsg.], Festschrift für Hans-Heiner Kühne zum 70. Geburtstag, Heidelberg u.a. 2013, S. 235–249. (Zit.: *Hellmann*)

Hellwig, Albert, Psychologie und Vernehmungstechnik bei Tatbestandsermittlungen, Stuttgart 1951. (Zit.: *Hellwig*)

Hermann, David, Tatverdacht und Unschuldsvermutung – der Grundkonflikt im Strafprozess. Unschuldsvermutung und Untersuchungshaft, in: StraFo 2016, 89–97.

Hermanutz, Max/Litzke, Sven, Polizeiliche Vernehmungen – Bestandsaufnahme, in: *ebd.* [Hrsg.], Vernehmung in Theorie und Praxis. Wahrheit – Irrtum – Lüge, 3. Aufl., Stuttgart u.a. 2012, S. 68–84. (Zit.: *Hermanutz/Litzke*)

Hermanutz, Max/Litzcke, Sven M./Kroll, Ottmar/Adler, Frank, Polizeiliche Vernehmungen und Glaubhaftigkeit. Ein Trainingsleitfaden, 3. Aufl., Stuttgart u.a. 2011. (Zit.: *Hermanutz/Litzke/Kroll/Adler*)

Hill, Carole/Memon, Amina/McGeorge, Peter, The role of confirmation bias in suspect interviews: A systematic evaluation, in: Legal and Criminological Psychology 2008, 357–371.

Hillenbrand, Thomas, Das neue Recht der Pflichtverteidigung, in: ZAP 2020, 99-112.

Hirschberg, Max, Das Fehlurteil im Strafprozess, Stuttgart 1960. (Zit.: *Hirschberg*)

Hoven, Elisa, Die Grenzen des Anfangsverdachts – Gedanken zum Fall Edathy, in: NStZ 2014, 361–367.

Hüls, Silke, Polizeiliche und staatsanwaltliche Ermittlungstätigkeit – Machtzuwachs und Kontrollverlust, Berlin 2007. (Zit.: *Hüls*)

Irle, Martin, Lehrbuch der Sozialpsychologie, Göttingen u.a. 1975. (Zit.: *Irle*)

Jahn, Matthias, Das heutige strafprozessuale Ermittlungsverfahren aus Sicht von Wissenschaft und Justiz: Die Entwicklung in den letzten drei Jahrzehnten und die rechtspolitischen Baustellen, in: Barton, Stephan/Kölbel, Ralf/Lindemann, Michael [Hrsg.], Wider die wildwüchsige Entwicklung des Ermittlungsverfahrens, Baden Baden 2015, S. 35–91. (Zit.: *Jahn*, in: Barton/Kölbel/Lindemann)

Jansen, Scarlett, Strafprozessuale Beweisverwertung von privatem Videomaterial, insbesondere von Dash- und Bodycams, in: StV 2019, 578–585.

Jehle, Jörg-Martin, Was und wie häufig sind Fehlurteile? – Eine Skizze, in: FPPK 2013, 220–229.

Jonas, Eva/Schulz-Hardt, Stefan/Frey, Dieter, Konfirmatorische Informationssuche bei simultaner vs. sequentieller Informationsvorgabe, in: Zeitschrift für experimentelle Psychologie 2001, 239–247.

Jonas, Eva/Schulz-Hardt, Stefan/Fischer, Peter/Frey, Dieter, Biased Information Seeking After Decisions. Cognitive and Motivational Bases, in: Frey, Dieter/ Mandl, Heinz/von Rosenstiel, Lutz [Hrsg.], Knowledge and Action, Göttingen 2006, S. 23–45. (Zit.: *Jonas/Schulz-Hardt/Fischer/Frey*)

Kahnemann, Daniel, Schnelles Denken, langsames Denken, 13. Aufl., München 2011. (Zit.: *Kahnemann*)

Kaspar, Johannes/Arnemann, Carolin, Die Wiederaufnahmeverfahren des Strafverfahrens zur Korrektur fehlerhafter Urteile – rechtliche Grundlagen empirische Erkenntnisse und Reformbedarf, in: R&P 2016, 58–64.

Kassin, Saul M./Dror, Itiel E./Kukucka, Jeff, The forensic confirmation bias: Problems, perspectives, and proposed solutions, in: Journal of Applied Research in Memory and Cognition 2013, 42–52.

Kassin, Saul M./Goldstein, Christine C./Savitsky, Kenneth, Behavioral Confirmation in the Interrogation Room: On the Danger of Presuming Guilt, in: Law and Human Behavior 2003, Vol. 27, No. 2, 187–203.

Kassin, Saul M./Sukel, Holly, Coerced Confessions and the Jury: An Experimental Test of the "Harmless Error" Rule, Law and human behavior 1997, Vol. 21, 27–46.

Keller, Christoph, Die Pflichtverteidigerbestellung im Ermittlungsverfahren, in: Kriminalistik 2020, 178–185.

Kemme, Stefanie/Dunkel, Barbara, Strafbefehl und Fehlurteil – Erkenntnisse zu einer wenig beachteten Verbindung, in: StV 2020, 52–59.

Kempf, Eberhard, Kriminalistische Erfahrung als Anfangsverdacht, in: Fischer, Thomas/Hoven, Elisa [Hrsg.], Verdacht, Baden-Baden 2016, S. 135–145. (Zit.: Kempf, in: Fischer/Hoven)

Kilian, Ines, „Fehler im Strafprozess durch bessere Kommunikation vermeiden". Ein Bericht vom 25. Strafverteidigertag 2001 in Berlin, in: Die Polizei 2001, 263–266.

Kirchhoff, Guido, Für eine Kultur des Bedauerns – Zum Umgang der Justiz und der Richter mit Fehlurteilen, in: Betrifft: Die Justiz 2013, 39–40.

Kleinknecht, Theodor, Das Fehlurteil im Strafprozeß. Gedanken zu dem gleichnamigen Buch von Max Hirschberg, in: GA 1961, 45–54.

Kluge, Friedrich, Etymologisches Wörterbuch der deutschen Sprache, 24. Aufl., Berlin u.a. 2002. (Zit.: *Kluge*)

Köhnken, Günter, Suggestive Prozesse in Zeugenbefragungen: Formen und theoretische Erklärungsansätze, in: MSchrKr 1997, 290–299.

Köhnken, Günter, Fehlerquellen in aussagepsychologischen Gutachten, in: Deckers, Rüdiger/Köhnken, Günter [Hrsg.], Die Erhebung und Bewertung von Zeugenaussagen im Strafprozess, 3. Aufl., Berlin 2019, S. 25–70. (Zit.: *Köhnken*, in: Deckers/Köhnken)

Kölbel, Ralf/Puschke, Jens/Singelstein, Tobias, Zum Stand, zur Notwendigkeit und zu den Aussichten der Prozessfehler- und Fehlurteilsforschung, in: GA 2019, 129–148.

König, Stefan, Schlechte Verteidigung als Ursache von Fehlurteilen?, in: Barton, Stephan [Hrsg.], Strafverteidigung 2020. Aktuelle Probleme, grundsätzliche Fragen – und ein Blick in die Zukunft, Hamburg 2020, S. 71–86. (Zit.: *König*, in: Barton)

Kotsoglou, Kyriakos N., Das Fehlurteil gibt es nicht, in: JZ 2017, 123–132.

Krauthan, Günter, Psychologisches Grundwissen für die Polizei. Ein Lehrbuch, 5. Aufl., Weinheim u.a. 2013. (Zit.: *Krauthan*)

Kroll, Ottmar, Wahre und falsche Geständnisse in Vernehmungen, Stuttgart u.a. 2012. (Zit.: *Kroll*)

Kruglanski, Arie W., Lay Epistemic Theory in Social-Cognitive Psychology, in: Psychological Inquiry 1990, Vol. 1, 181–197.

Kühne, Hans-Heiner, Die Instrumentalisierung der Wahrheitsfindung im Strafverfahren, in: GA 2008, 361–374.

Kühne, Hans-Heiner, Strafprozessrecht. Eine systematische Darstellung des deutschen und europäischen Strafverfahrensrechts, 9. Aufl., Heidelberg 2015. (Zit.: *Kühne*)

Labs, Kerstin, Die strafrechtliche Kronzeugenregelung. Legitimation einer rechtlichen Grauzone?, Marburg 2016. (Zit.: *Labs*)

Lange, Regina, Fehlerquellen im Ermittlungsverfahren, Heidelberg 1980. (Zit.: *Lange*)

Lassiter, G. Daniel/Meissner, Christian A., Police Interrogations and False Confessions, Washington 2010. (Zit.: *Lassiter/Meissner*)

Leitner, Werner, Videotechnik im Strafverfahren. Ein Petitum für mehr Dokumentation und Transparenz, Baden-Baden 2012. (Zit.: *Leitner*)

Leo, Richard A., False Confessions: Causes, Consequences, and Implications, in: The Journal of the American Academy of Psychiatry and the Law 2009, Vol. 37, 332–343.

Leuschner, Fredericke/Hoffmann, Annika, Der Umgang des Staates mit Fehlern der Justiz, in: NK 2016, 155–172.

Lindemann, Michael, Sind Fehler im Ermittlungsverfahren im weiteren Verfahren korrigierbar? Rechtssoziologische Kritik der Beweisverbots-lehre, in: Barton, Stephan/Kölbel, Ralf/Lindemann, Michael [Hrsg.], Wider die wildwüchsige Entwicklung des Ermittlungsverfahrens, Baden-Baden 2015, S. 127–149. (Zit.: *Lindemann*, in: Barton/Kölbel/Lindemann)

Linssen, Ruth, Toto und Harry: Gesellschaftliche Vorstellungen von Polizei im Fernsehen?, in: Kriminalistik 2009, 259–263.

Linssen, Ruth, Soziale Wahrnehmung bei polizeilichen Vernehmungen – sozialpsychologische und soziologische Perspektive, in: Hermanutz, Max/Litzke, Sven [Hrsg.], Vernehmung in Theorie und Praxis. Wahrheit – Lüge – Irrtum, 3. Aufl., Stuttgart u.a. 2012, S. 214–241. (Zit.: *Linssen*, in: Hermanutz/Litzke)

Löffelmann, Markus, Nach der Reform ist vor der Reform: Notwendigkeit einer Gesamtnovellierung der StPO?, in: StV 2018, 536–543.

Löffelmann, Markus/Walther, Alexander/Reitzenstein, Robert F., Das strafprozessuale Ermittlungsverfahren, Bonn 2007. (Zit: *Löffelmann/Walther/Reitzenstein*)

Loftus, Elizabeth F./Palmer, John C., Reconstruction of automobile destruction: An example of the interaction between language and memory. Journal of verbal learning and verbal behavior 1974, Vol. 13, 585–589.

Lundqvist, Ulf, Das Ermittlungsverfahren in Schweden, in: ZStW 2000, 157–169.

Maeffert, Uwe, Der Zustand des polizeilichen Ermittlungsverfahrens – Beispiele aus der Praxis, in: Schriftenreihe der Strafverteidiger-vereinigungen [Hrsg.], 25. Strafverteidigertag 2001, Erosion der Rechtstaatlichkeit. Werteverfall oder Paradigmenwechsel?, Berlin 2002, S. 137–148. (Zit.: *Maeffert*)

Malek, Klaus, Abschied von der Wahrheitssuche, in: StV 2011, 559–567.

Marxen, Klaus/Tiemann, Frank, Aus Wissenschaft und Praxis: Die geplante Reform der Wiederaufnahme zuungunsten des Angeklagten, in: ZIS 2008, 188–194.

Marxen, Klaus/Tiemann, Frank, Die Wiederaufnahme in Strafsachen, 3. Aufl., Heidelberg 2014. (Zit.: *Marxen/Tiemann*)

Matz, David C./Wood, Wendy, Cognitive Dissonance in Groups: The Consequences of Disagreement, in: Journal of Personality and Social Psychology 2005, Vol. 88, No. 1, 22–37.

Maul, Heinrich, Die gerichtliche Aufklärungspflicht in der Sicht der Rechtsprechung des Bundesgerichtshofs, in: Wasserburg, Klaus/Haddenhorst, Wilhelm [Hrsg.], Wahrheit und Gerechtigkeit im Strafverfahren, Festgabe für Karl Peters aus Anlaß seines 80. Geburtstages, Heidelberg 1984, S. 47–60. (Zit.: *Maul*, in: FS Peters)

Meissner, Christian A./Redlich, Allison D./Michael, Stephen W./Evans, Jaqueline R./Camilletti, Catherine R./Bhatt, Sujeeta/Brandon, Susan, Accusatorial and information-gathering iterrogation methods and their effects on true or false confessions: a meta-analytic review, in: Journal of Experimental Criminology 2014, 459–486.

Meyer-Goßner, Lutz/Schmitt, Bertram, Strafprozessordnung. Gerichtsverfassungsgesetz, Nebengesetze und ergänzende Bestimmungen, 63. Aufl., München 2020. (Zit.: *Bearbeiter*, in: Meyer-Goßner/Schmitt)

Möntmann, Volker, Kognitive Dissonanz und Gewinn von Information als Konsequenzen eines kognitiven Hypothesentests, Pfaffenweiler 1985. (Zit.: *Möntmann*)

Moser, Scott, Confirmation Bias: The Pitfall of forensic Science, in: Themis: Research Journal of Justice Studies and Forensic Science 2013, Vol.1, 69–81.

Nack, Armin, Der Zeugenbeweis aus aussagepsychologischer und juristischer Sicht, in: StraFo 2001, 1–8.

Nelles, Ursula, Grundrechte und Ermittlungsverfahren, in: NK 2006, 68–72.

Nestler, Cornelius, Bauer Rupp Reloaded – Überlegungen zur Reform des Ermittlungsverfahrens, in: ZIS 2014, 594–602.

Neuhaus, Ralf, Fehlerquellen im Ermittlungsverfahren aus Sicht der Verteidigung, in: Barton, Stephan/Kölbel, Ralf/Lindemann, Michael [Hrsg.], Wider die wildwüchsige Entwicklung des Ermittlungsverfahrens, Baden-Baden 2015, S. 93-125. (Zit.: *Neuhaus*, in: Barton/Kölbel/Lindemann)

Neuhaus, Ralf, Fehlerquellen im Ermittlungsverfahren aus Sicht der Verteidigung, in: StV 2015, 185–194.

Nickerson, Raymond S., Confirmation bias: A Ubiquitous Phenomenon in Many Guises, in: Review of General Psychology 1998, Vol. 2, 175–220.

Niedernhuber, Tanja, Die StPO-Reform 2017 – wichtige Änderungen im Überblick, in: JA 2018, 169–175.

Niegisch, Patrick/Thielgen, Markus M., Vernehmungsstandard 3K – Kompetenz, Konzept, Kommunikation, in: Kriminalistik 2018, 726–733.

O'Brien, Barbara, Prime Supect: An Examination of Factors that Aggravate and Counteract Confirmation Bias in Criminal Investigations, in: Psychology, Public Policy, and Law 2009, Vol. 15, No. 4, 315–334.

Ochsmann, Randolph/Frey, Dieter, Attraktivitätsveränderung der Entscheidungsalternativen als Möglichkeit der Reduktion kognitiver Dissonanz, in: Irle, Martin [Hrsg.], Zeitschrift für Sozialpsychologie, Beiheft 4, Attraktivität von Entscheidungsalternativen und Urteilssicherheit, Bern u.a. 1978, S. 88–100. (Zit.: *Ochsmann/Frey*)

Oswald, Margt E./Grosjean, Stefan, Confirmation bias, in: Pohl, Rüdiger F. [Hrsg.], Cognitive Illusions. A Handbook on Fallacies and Biases in Thinking, Judgement and Memory, East Sussex 2004, S. 79–96. (Zit.: *Oswald/Grosjean*, in: Pohl)

Oswald, Margit E./Wyler, Helen, Fallstricke auf dem Weg zur »richtigen« Entscheidung im Strafrecht: Eine Analyse aus psychologischer Sicht, in: Barton, Stephan/Dubelaar, Marieke/Kölbel, Ralf/Lindemann, Michael [Hrsg.], „Vom hochgemuten, voreiligen Griff nach der Wahrheit". Fehlurteile im Strafprozess, Baden-Baden 2018, S. 103–131. (Zit.: *Oswald/Wyler* in: Barton/Dubelaar/Kölbel/Lindemann)

Pabst, Simon, Wider die Erweiterung der Wiederaufnahme zuungunsten des Angeklagten. Eine zu Recht unterbliebene Reform, in: ZIS 2010, 126–134.

Peters, Karl, Fehlerquellen im Strafprozeß, 1. Band, 1970, Karlsruhe. (Zit.: *Peters*, Fehlerquellen im Strafprozeß, 1. Band)

Peters, Karl, Fehlerquellen im Strafprozeß, 2. Band, 1972, Karlsruhe. (Zit.: *Peters*, Fehlerquellen im Strafprozeß, 2. Band)

Peters, Karl, Fehlerquellen im Strafprozeß, 3. Band, 1974, Karlsruhe. (Zit.: *Peters*, Fehlerquellen im Strafprozeß, 3. Band)

Peters, Karl, Fehlurteil, in: Sieverts, Rudolf/Schneider, Hans Joachim [Hrsg.], Handwörterbuch der Kriminologie, Band 4, Berlin 1979, S. 259–272. (Zit.: *Peters*, in: Sieverts/Schneider)

Peus, Claudia/Frey, Dieter/Braun, Susanne, Kapitel 3: Konsistenztheorien, 3.1. Grundannahmen der Dissonanztheorie, in: Bierhoff, Hans-Werner/Frey, Dieter [Hrsg.], Sozialpsychologie – Individuum und soziale Welt, Göttingen 2011, S. 63–76. (Zit.: *Peus/Frey/Braun*)

Pfister, Wolfgang, Deal und Fehlurteil, in: FPPK 2013, 250–257.

Pientka, Monika/Wolf, Norbert, Kriminalwissenschaften I, 4. Aufl., München 2019. (Zit.: *Pientka/Wolf*)

Pieper, Hans Gerd, Beweisverbote nach polizeilichen Ermittlungsmaßnahmen – Kurzüberblick über die wichtigsten Fallgruppen, in: Die Polizei 2012, 229–231.

Piontkowski, Ursula, Sozialpsychologie. Eine Einführung in die Psychologie sozialer Interaktion, München 2011. (Zit.: *Piontkowski*)

Püschel, Christof, Fehlerquellen in der Sphäre von Staatsanwaltschaft und Polizei, in: StraFo 2015, 269–278.

Raab, Gerhard/Unger, Alexander/Unger, Fritz, Marktpsychologie, 3. Aufl., Wiesbaden 2010. (Zit.: *Raab/Unger/Unger*)

Radtke, Henning, Wahrheitsermittlung im Strafverfahren – Leitprinzipien, Methoden und Grenzen, in: GA 2012, 187–201.

Raske, Jan, Wie bei polizeilichen Ermittlungen ein falscher Tatverdacht entsteht. Theoretische Ansätze – Praktische Beispiele, Berlin 2013. (Zit.: *Raske*)

Rassin, Eric/Eerland, Anita/Kuijpers, Ilse, Let's Find the Evidence: An Analogue Study of Confirmation Bias in Criminal Investigations, in: Journal of Investigative Psychology and Offender Profiling 2010, 231–246.

Rettenberger, Martin/Eher, Reinhard, Potentielle Fehlerquellen bei der Erstellung von Kriminalprognosen, die gutachterliche Kompetenzillusion und mögliche Lösungsansätze für eine bessere Prognosepraxis, in: R&P 2016, 50–57.

Rick, Regina, „An die Hunde verfüttert" – Prozessbericht zu einem Justizirrtum, in: StraFo 2012, 400–405.

Rode, Christian, Soll sich der Beschuldigte außerhalb der Hauptverhandlung äußern und gegebenenfalls wie?, in: StraFo 2003, 42–47.

Rohloff, Stefan/Ruhländer, Andreas, Entwicklungsmöglichkeiten in der polizeilichen Vernehmungspraxis, in: Kriminalistik 2004, 518–522.

Roll, Holger, Vernehmung zwischen Konfrontation und Kooperation, in: Kriminalistik 2008, 666–668.

Roxin, Claus/Schünemann, Bernd, Strafverfahrensrecht, 29. Aufl., München 2017. (Zit.: *Roxin/Schünemann)*

Satzger, Helmut/Schluckebier, Wilhelm/Widmaier, Gunter, Strafprozessordnung. Mit GVG und EMRK, 4. Aufl., Köln 2020. (Zit.: *Bearbeiter*, in: Satzger/Schluckebier/Widmaier)

Sauer, Dirk/Münkel, Sebastian, Absprachen im Strafprozess, 2. Aufl., Heidelberg 2014. (Zit.: *Sauer/Münkel*)

Schade, Burkhard, Der Zeitraum von der Erstaussage bis zur Hauptverhandlung als psychologischer Prozeß. Folgerungen für die Glaubwürdigkeitsbegutachtung am Beispiel der Wormser Prozesse über sexuellen Kindesmißbrauch, in: StV 2000, 165–170.

Schaefer, Hans Christoph, Verpolizeilichung des Ermittlungsverfahrens – Entmachtung der Staatsanwaltschaft, in: StraFo 2002, 118–122.

Schaefer, Hans Christoph, Verhältnis von Staatsanwaltschaft und Polizei. Gibt es eine Machtverschiebung zum Nachteil der Staatsanwaltschaft?, in: Kriminalistik 2004, 753–755.

Schiemannm Anja, Effektivere und praxistauglichere Ausgestaltung des Strafverfahrens? Was von der großen StPO-Reform übriggeblieben ist, in: KriPoZ 2017, 338–351.

Schilling, Karsten/Artkämper, Heiko, Vernehmungen im Grenzbereich, in: Artkämper, Heiko/Clages, Horst [Hrsg.], Kriminalistik gestern – heute – morgen. Festschrift zum 10-jährigen Bestehen der Deutschen Gesellschaft für Kriminalistik, Stuttgart u.a. 2013, S. 397–427. (Zit.: *Schilling/Artkämper*)

Schlothauer, Reinhold, Reform des Ermittlungsverfahrens, in: StV 2016, 607–616.

Schlothauer, Reinhold, Europäische Prozesskostenhilfe im System notwendiger Verteidigung und Pflichtverteidigung. Zum „Entwurf eines Gesetzes zur Neuregelung des Rechts der notwendigen Verteidigung (Referentenentwurf des BMJV v. 11.10.2018), in: KriPoZ 2019, 3–19.

Schneider, Hans Joachim, Polizei-Theorie, Polizei als Institution und Polizei-Arbeit als Sozialkontrolle, in: Kriminalistik 2000, 290–298.

Schoeller, Sven, Das neue Recht der Pflichtverteidigung – richtlinienkonformer und praktikabler Prozesskostenhilfeersatz? – Zum Referentenentwurf eines Gesetzes zur Neuregelung des Rechts der notwendigen Verteidigung – , in: StV 2019, 190–199.

Schrackmann, Michael/Oswald Margit E., How preliminary are premilinary decisions?, in: Swiss Journal of Psychology 2014, 5–11.

Schulz, Lorenz, Normiertes Misstrauen. Der Verdacht im Strafverfahren, Frankfurt a.M. 2001. (Zit.: *Schulz*)

Schulz-Hardt, Stefan, Realitätsflucht in Entscheidungsprozessen. Von Groupthink zum Entscheidungsautismus, Bern u.a. 1997. (Zit.: *Schulz-Hardt*)

Schulz-Hardt, Stefan/Frey, Dieter/Jonas, Eva, Wahrheitssuche statt Wunschdenken: Eine kognitive Alternativerklärung für verzerrte Informationsselektion, in: Silbereisen, R.K./Reitzle, M. [Hrsg.], Psychologie 2000. Bericht über den 42. Kongreß der Deutschen Gesellschaft für Psychologie in Jena 2000, Lengerich 2001, S. 647–685. (Zit.: *Schulz-Hardt/Frey/Jonas*)

Schulz-Hardt, Stefan/Köhnken, Günter, Wie ein Verdacht sich selbst bestätigen kann: Konfirmatorisches Hypothesentesten als Ursache von Falschbeschuldigungen wegen sexuellen Kindesmißbrauchs, in: Praxis der Rechtspsychologie 2000, 60–88.

Schumann, Antje, Verhör, Vernehmung, Befragung. Zu Geschichte und Dogmatik des Rechtsbegriffs der Vernehmung im Strafprozess und seiner Auflösung im 20. Jahrhundert, Tübingen 2016. (Zit.: *Schumann*)

Schünemann, Bernd, Experimentelle Untersuchungen zur Reform der Hauptverhandlung in Strafsachen, in: Kerner, Hans-Jürgen/Kury, Helmut/Sessar, Klaus [Hrsg.], Deutsche Forschungen zur Kriminalitätsentstehung und

Kriminalitätskontrolle, Köln 1983, S. 1109–1151. (Zit.: *Schünemann*, in: Kerner/Kury/Sessar)

Schünemann, Bernd, Polizei und Staatsanwaltschaft – Teil 2, in: Kriminalistik 1999, 146–152.

Schünemann, Bernd, Der Richter im Strafverfahren als manipulierter Dritter? Zur empirischen Bestätigung von Persevanz- und Schulterschlußeffekt, in: StV 2000, 159–165.

Schünemann, Bernd, Die Vorschläge der Expertenkommission des BMJV zur Reform des Strafprozesses – Parturient montes, nascetur ridiculus mus, in: StraFo 2016, 45–53.

Schütte, Michael, Bürgerpolizei und Fehlerkultur – Wege in ein praxisnahes Fehlermanagement, in: Die Polizei 2014, 311–322.

Schweizer, Mark, Bestätigungsfehler – oder wir hören nur, was wir hören wollen, in: Justice – Justiz – Giustizia 2007, 117–126.

Schwenn, Johann, Merkmale eines Fehlurteils, in: FPPK 2013, 258–263.

Sello, Erich, Die Irrtümer der Strafjustiz und ihre Ursachen. Erster Band: Todesstrafe und lebenslängliches Zuchthaus in richterlichen Fehlsprüchen neuerer Zeit, Berlin 1911. (Zit.: *Sello*)

Sickor, Jens Andreas, Das Geständnis, Tübingen 2014. (Zit.: *Sickor*)

Sickor, Jens Andreas, Von den Gebrechen des reformierten Strafverfahrens, in: StV 2015, 516–521.

Singelstein, Tobias, Sieben Thesen zu Entwicklung und Gestalt des Strafrechts, in: Zeitschrift für Rechtssoziologie 2014, 321–329.

Singelstein, Tobias, Confirmation Bias – Die Bestätigungsneigung als kognitive Verzerrung bei polizeilichen Ermittlungen im Strafverfahren, in: StV 2016, 830–836.

Singelstein, Tobias/Derin, Benjamin, Das Gesetz zur effektiveren und praxistauglicheren Ausgestaltung des Strafverfahrens. Was aus der StPO-Reform geworden ist, in: NJW 2017, 2646–2652.

Soiné, Michael, Kriminalistische Erfahrung als Rechtserkenntnisquelle, in: Kriminalistik 2010, 275–281.

Soiné, Michael, Ermittlungsverfahren und Polizeipraxis. Einführung in das Strafverfahrensrecht, Heidelberg u.a. 2013. (Zit.: *Soiné*)

Sommer, Ulrich, Fragen an den Zeugen – Vorhalte an das Recht, in: StraFo 2010, 102–111.

Stamp, Frauke, Die Wahrheit im Strafverfahren. Eine Untersuchung zur prozessualen Wahrheit unter besonderer Berücksichtigung der Perspektive des erkennenden Gerichts in der Hauptverhandlung, Baden-Baden 1998. (Zit.: *Stamp*)

Starkgraff, Karoline, Die audiovisuelle Dokumentation polizeilicher (Beschuldigten-) Vernehmungen – Ein Schritt auf dem Weg zur Wahrheit, in: Schriftenreihe der Strafverteidigervereinigungen [Hrsg.], 34. Strafverteidigertag 2011, „Wehe dem, der beschuldigt wird...", Berlin 2011, S. 231–250. (Zit.: *Starkgraff*)

Sticher, Brigitta, Entwicklung und Erprobung eines Basistrainings zum Erwerb von Vernehmungskompetenz, Berlin 2010. (Zit.: *Sticher*)

Strate, Gerhard, Der Schlaf der Gerechten – zum Umgang der Strafverteidigung mit der Wiederaufnahme, in: StraFo 2007, 47–49.

Trope, Yaacov/Liberman, Akiva, Social hypothesistesting: Cognitive and motivational mechanisms, New York 1996. (Zit.: *Trope/Liberman*)

Velten, Petra, Fehlentscheidungen im Strafverfahren, in: GA 2015, 387–409.

Velten, Petra, Fehlerquellen im Hauptverfahren, in: StraFo 2015, 354–365.

Volbert, Renate, Falsche Geständnisse – Über die möglichen Auswirkungen von Voreinstellung, Vernehmung und Verständigung, in: FPPK 2013, 230–239.

Volbert, Renate/Böhm, Claudia, Falsche Geständnisse, in: Volbert, Renate/Steller, Max [Hrsg.], Handbuch der Rechtspsychologie, Göttingen u.a. 2008, S. 253–263. (Zit.: *Volbert/Böhm*, in: Volbert/Steller)

Volbert, Renate/May, Lennart, Falsche Geständnisse in polizeilichen Vernehmungen – Vernehmungsfehler oder immanente Gefahr?, in: R&P 2016, 4–10.

Volk, Klaus, Prozeßvoraussetzungen im Strafrecht. Zum Verhältnis von materiellem Recht und Prozeßrecht, Edelsbach 1978. (Zit.: *Volk*)

vom Schemm, Katja/Dreger, Britta/Köhnken, Günter, Suggestion und konfirmatorisches Testen sozialer Hypothesen in Befragungssituationen, in: FPPK 2008, 20–27.

Walder, Hans/Hansjakob, Thomas/Gundlach, Thomas/Straub, Peter, Kriminalistisches Denken, 11. Aufl., Heidelberg 2020. (Zit.: *Walder/Hansjakob/Gundlach/Straub*)

Wallace, Wayne A., The Effect of Confirmation Bias on Criminal Investigative Decision Making, Diss. Walden University, 2015. (Zit.: *Wallace*)

Watolla, Daniel/Hermanutz, Max, Cop Culture – eine messbare Eigenschaft von Polizeibeamtinnen und Polizeibeamten?, in: Polizei & Wissenschaft 2014, 10–15.

Weber, Annette/Berresheim, Alexander/Capellmann, Michael, Die Strukturierte Vernehmung, in: Kriminalistik 2011, 169–175.

Webster, Donna M./Kruglanski, Arie W., Individual Differences in Need for Cognitive Closure, in: Journal of Personality and Social Psychology, 1994, Vol. 67, No. 6, 1049–1062.

Weickert, Katja, Supervision im Polizeiberuf als Instrument zur professionellen Selbstreflexion, in: Die Kriminalpolizei 2016, 4–12.

Weigend, Thomas, Strukturelle Probleme im deutschen Strafprozess, in: StraFo 2013, 45–53.

Weigend, Thomas, Audio-visuelle Aufzeichnung von Beschuldigtenvernehmungen – Zur Interpretation des ab dem 01.01.2020 geltenden Rechts, in: StV 2019, 852–858.

Weihmann, Robert/de Vries, Hinrich, Kriminalistik. Für Studium, Praxis, Führung, 13. Aufl., Hilden u.a. 2014. (Zit.: *Weihmann/de Vries*)

Wicklund, Robert A./Brehm, Jack W., Perspectives on Cognitive Dissonance, Hillsdale u.a. 1976. (Zit.: *Wicklund/Brehm*)

Wolter, Jürgen, Systematischer Kommentar zur Strafprozessordnung. Mit GVG und EMRK, Band I, §§ 1–93 StPO, 5. Aufl., Köln 2018. (Zit.: Wolter/*Bearbeiter*, Band I)

Wolter, Jürgen, Systematischer Kommentar zur Strafprozessordnung. Mit GVG und EMRK, Band II, §§ 94-136a StPO, 5. Aufl., Köln 2016. (Zit.: Wolter/*Bearbeiter*, Band II)

Wolter, Jürgen, Systematischer Kommentar zur Strafprozessordnung. Mit GVG und EMRK, Band III, §§ 137-197 StPO, 5. Aufl., Köln 2016. (Zit.: Wolter/*Bearbeiter*, Band III)

Wulf, Peter, Strafprozessuale und kriminalpraktische Fragen der polizeilichen Beschuldigtenvernehmung auf der Grundlage empirischer Untersuchungen, Heidelberg 1984. (Zit.: *Wulf*)

Zabel, Benno, Dogmatik und Funktionswandel des Tatverdachts, in: ZIS 2014, 340–347.

Zittlau, Dieter, Vom sozialen Urteil zum Vorurteil, in: Kriminalistik 2009, 62–63.

Zürcher, Franziska H./Capus, Nadja/Stoll, Mirjam, Korrekturen in polizeilichen Vernehmungsprotokollen: Ein Risiko für die Verteidigung, in: MSchrKr 2017, 147–160.

Quellenverzeichnis

Bericht der Expertenkommission zur effektiveren und praxistauglicheren Ausgestaltung des allgemeinen Strafverfahrens und des jugendgerichtlichen Verfahrens von Oktober 2015, abrufbar unter: https://www.bmjv.de/SharedDocs/Downloads/DE/PDF/Abschlussbericht_Reform_StPO_Kommission.pdf?__blob=publicationFile&v=2.

Caspari, Lisa/Tröger, Julius/Sundermann, Tom, Sie sind nicht vergessen, abrufbar unter: https://www.zeit.de/gesellschaft/zeitgeschehen/2018-07/nsu-morde-opfer-prozess.

Criminal Case Review Commission GB, abrufbar unter: https://ccrc.gov.uk.

Darnstädt, Thomas/Friedrichsen, Gisela/Hipp, Dietmar/Ulrich, Andreas/Windmann, Antje, Glaube und Wahrheit, in: DER SPIEGEL 22/2011, S. 56–67.

Fiebig, Peggy, Erlaubte Verständigung oder schmutziger Deal?, abrufbar unter: https://www.lto.de/recht/justiz/j/studie-absprache-strafprozess-257c-stpo-verstaendigung-deal/.

Fischer, Thomas, Bitte entschuldigen Sie, Herr Edathy, abrufbar unter: https://www.zeit.de/2014/10/staatsanwaltschaft-fall-edathy.

Friedrichsen, Gisela, Ein furchtbarer Irrtum, abrufbar unter: https://www.welt.de/vermischtes/article185461596/Fall-Peggy-Ein-furchtbarer-Irrtum.html.

Friedrichsen, Gisela, „Gut gemeint, schlecht gemacht“, DER SPIEGEL 1997/26, S. 78–79.

Friedrichsen, Gisela, Spektakuläre Irrtümer, DER SPIEGEL 21/2014, S. 52–53.

Gesetz zur effektiveren und praxistauglicheren Ausgestaltung des Strafverfahrens, abrufbar unter: https://www.bmjv.de/SharedDocs/Gesetzgebungsverfahren/Dokumente/BGBl_effektivere_Ausgestaltung_Strafverfahren.html?nn=6712350.

Gesetz zur Neuregelung des Rechts der notwendigen Verteidigung, abrufbar unter: https://www.bmjv.de/SharedDocs/Gesetzgebungsverfahren/Dokumente/BGBl_notwendige_Verteidigung.html;jsessionid=CAB2541B6F4B46542B14BEF3153B2453.1_cid324?nn=6712350.

Gould, Jon B./Carrano, Julia/Leo, Richard A./Young, Joseph, Predicting Erroneous Convictions: A Social Science Approach to Miscarriages of Justice, abrufbar unter: https://www.ncjrs.gov/pdffiles1/nij/grants/241389.pdf.

Innocence Project, abrufbar unter: https://www.innocenceproject.org.

Jüttner, Julia, Polizeivideos belegen Manipulation der Aussagen, abrufbar unter: http://www.spiegel.de/panorama/justiz/wie-die-polizei-im-fall-rudi-rupp-die-verdaechtigen-unter-druck-setzte-a-822276.html.

Leuschner, Anika/Hoffmann, Fredericke, Rehabilitation und Entschädigung nach Vollstreckung einer Freiheitsstrafe und erfolgreicher Wiederaufnahme, abrufbar unter: https://www.krimz.de/fileadmin/dateiablage/E-Publikationen/BM-Online/bm-online11.pdf.

Mitteilung der Bundesregierung, Überwachung mit elektronischer Fußfessel, abrufbar unter: https://www.bundesregierung.de/breg-de/aktuelles/ueberwachung-mit-elektronischer-fussfessel-392232.

Model Law on Legal Aid in Criminal Justice Systems, abrufbar unter: https://www.unodc.org/documents/justice-and-prison-reform/LegalAid/Model_Law_on_Legal_Aid.pdf.

Norwegian Criminal Case Review Commission, abrufbar unter: http://www.gjenopptakelse.no/index.php?id=163.

Rath, Christian, NSU-Prozess: Blind waren nicht nur Polizei und Verfassungsschutz, abrufbar unter: https://www.vorwaerts.de/artikel/nsu-prozess-blind-waren-nur-polizei-verfassungsschutz.

Regierungsentwurf des Gesetzes zur Fortentwicklung der Strafprozessordnung und zur Änderung weiterer Vorschriften, abrufbar unter: https://www.bmjv.de/SharedDocs/Gesetzgebungsverfahren/Dokumente/RegE_StPO_Fortentwicklung.pdf;jsessionid=581042A33AF1FBA2A6794A85CC6796FD.1_cid324?__blob=publicationFile&v=2.

Richtlinie (EU) 2016/800 des Europäischen Parlaments und des Rates vom 11. Mai 2016 über Verfahrensgarantien in Strafverfahren für Kinder, die Verdächtige oder beschuldigte Personen in Strafverfahren sind, abrufbar unter: https://eur-lex.europa.eu/legal-content/DE/TXT/PDF/?uri=CELEX:32016L0800&from=EN.

Richtlinie (EU) 2016/1919 des Europäischen Parlaments und des Rates vom 26. Oktober 2016 über Prozesskostenhilfe für Verdächtige und beschuldigte Personen in Strafverfahren sowie für gesuchte Personen in Verfahren zur Vollstreckung eines Europäischen Haftbefehls, abrufbar unter: https://eur-lex.europa.eu/legal-content/DE/TXT/PDF/?uri=CELEX:32016L1919&from=EN.

Rückert, Sabine, DIE ZEIT, Gestehen Sie endlich!, abrufbar unter: https://www.zeit.de/2009/18/DOS-Gestaendnis.

Schweizer, Mark, Kognitive Täuschungen vor Gericht: eine empirische Studie, Diss. e-book 2005, abrufbar unter: https://www.markschweizer.ch/?publications=kognitive-tauschungen-vor-gericht. (Zit.: *Schweizer*)

Schmelz, Gerhard, Kriminalistik und Polizeiwissenschaft – Nutzen für die Praxis und Forderung an die Wissenschaft, abrufbar unter: http://www.gerhard-schmelz.de/media/Referat$20PFA.pdf. (Zit. *Schmelz*)

Schueler, Hans, Vom leichtfertigen Umgang mit dem Geständnis, abrufbar unter: https://www.zeit.de/1987/16/vom-leichtfertigen-umgang-mit-dem-gestaendnis/seite-4.

Scottish Criminal Case Review Commissions, abrufbar unter: https://www.sccrc.co.uk.

Sehtestbilder, Bildquelle, abrufbar unter: https://www.sehtestbilder.de/optische-taeuschungen-illusionen/illusion-alte-oder-junge-frau-sehtest.php.

Sohr, Tim, „Making a Murderer": Nicht mal Barack Obama kann Steven Avery helfen, abrufbar unter: https://www.stern.de/kultur/tv/making-a-murderer--auch-barack-obama-kann-steven-avery-nicht-helfen-6638446.html.

Spiegel Online, Der Fuchs und die Trauben, abrufbar unter: https://gutenberg.spiegel.de/buch/fabeln-9534/36.

Spiegel Online, Sachsens Verfassungsschutzchef tritt zurück, abrufbar unter: https://www.spiegel.de/panorama/nsu-ermittlungspannen-sachsens-verfassungsschutzchef-tritt-zurueck-a-843817.html.

Spiegel Online, Polizistenausbildung in den USA. „Total fahrlässig", abrufbar unter: https://www.spiegel.de/panorama/justiz/usa-kritik-an-ausbildung-von-polizisten-a-1027698.html.

SPIEGEL TV, Vier Mörder und ein Todesfall? Rekonstruktion eines Justizskandals, abrufbar unter: http://www.spiegel.tv/videos/148262-vier-moerder-und-ein-todesfall.

Suliak, Hasso, Bald Freispruch unter Vorbehalt?, abrufbar unter: https://www.lto.de/recht/hintergruende/h/strafrecht-freispruch-verurteilung-mord-dna-wiederaufnahme-doppelbestrafungsverbot/.

Sundermann, Tom, Die wichtigsten Fakten zum NSU-Prozess, abrufbar unter: https://www.zeit.de/gesellschaft/zeitgeschehen/2018-06/gerichtsverfahren-nsu-prozess-beate-zschaepe-ueberblick.

Tagesschau, Polizei zerschlägt größten Drogen-Onlineshop, abrufbar unter: https://www.tagesschau.de/inland/drogen-onlineshop-polizei-101.html.

Welt Politik, Der Fall Gäfgen – eine Chronik, abrufbar unter: https://www.welt.de/politik/article2161834/Der-Fall-Gaefgen-eine-Chronik.html.

BIELEFELDER RECHTSSTUDIEN

Schriftenreihe für Gesetzgebungswissenschaft,
Rechtstatsachenforschung und Rechtspolitik
Herausgegeben von Prof. Dr. Otto Backes, Prof. Dr. Stephan Barton,
Prof. Dr. Gerhard Otte, Prof. Dr. Martin Stock

Band 1 Ingrid Künzler: Macht der Technik – Ohnmacht des Rechts? Regelungsbedarf und Regelungsmöglichkeiten im Bereich Gentechnologie. 1989.

Band 2 Andreas Kondziela: Opferrechte im Jugendstrafverfahren. Legitimation und Grenzen aus theoretischer und empirischer Sicht. 1991.

Band 3 Dorothea Rzepka: Polizei und Diversion. Das Bielefelder Modell der Informationsver-mittlung. 1993.

Band 4 Silvia Voß: Staatsanwaltschaftliche Entscheidung – Beeinflussung durch systematische Informationserweiterung? Die Umsetzung des Bielefelder Modellversuchs durch die Staatsanwaltschaft. 1993.

Band 5 Helmut Janssen: Die Praxis der Geldstrafenvollstreckung. Eine empirische Studie zur Implementation kriminalpolitischer Programme. 1994.

Band 6 Peter A. Peters: Das deutsche Insiderstrafrecht unter Berücksichtigung strafrechtlicher Konsequenzen für Kreditinstitute und prozessualer Durchsetzung. 1997.

Band 7 Olivia Lührmann: Tötungsrecht zur Eigentumsverteidigung? Eine Untersuchung des Notwehrrechts unter verfassungsrechtlichen, menschenrechtlichen und rechtsvergleichenden Gesichtspunkten. 1999.

Band 8 Marion Rosenke: Die rechtlichen Probleme im Zusammenhang mit der weiblichen Ge- nitalverstümmelung. 2000.

Band 9 Dagmar Spona: Laienbeteiligung im Strafverfahren. Eine rechtssoziologische Untersuchung zur Funktion der Laienbeteiligung im Strafprozess. 2000.

Band 10 Stefan Vogelsang: Die Bedeutung erfolgreicher Verfahrensrügen für das nachfolgende tatrichterliche Urteil. Eine rechtstatsächliche Untersuchung der Aufhebungsentscheidungen des Bundesgerichtshofs in Strafsachen der Jahre 1992 und 1993 sowie der entsprechenden tatrichterlichen Urteile. 2001.

Band 11 Georg Zimmermann: Staatliches Abhören. 2001.

Band 12 Thomas Schwarz: Die eigene Sachentscheidung des BGH in Strafsachen (§ 354 Abs. 1 StPO). Eine normativ-empirische Studie. 2002.

Band 13 Pamela Siebrasse: Strafregistrierung und Grundgesetz. Zur Verfassungsmäßigkeit der Straf(verfahrens)registrierung in BZRG, StPO, BKAG und BGSG. 2002.

Band 14 Silke Maria Fiedeler: Das verfassungsrechtliche Hoffnungsprinzip im Strafvollzug – ein hoffnungsloser Fall? Grundlagen, Grenzen und Ausblicke für die Achtung der Men- schenwürde bei begrenzter Lebenserwartung eines Gefangenen. 2003.

Band 15 Julia Nolting: Die Befreiung des Vorerben über die Grenzen des § 2136 BGB hinaus. Das bedingte oder befristete Vorausvermächtnis als Rechtsinstitut zur umfassenden Befreiung des Vorerben. 2003.

Band 16 Kristina Groth: Unbewusste Äußerungen und das Verbot des Selbstbelastungszwangs. 2003.

Band 17 Otto Backes / Christoph Gusy: Wer kontrolliert die Telefonüberwachung? Eine empirische Untersuchung zum Richtervorbehalt bei der Telefonüberwachung. Unter Mitarbeit von Maik Begemann, Siiri Doka und Anja Finke. 2003.

Band 18 Lars Lohkamp: Reformbedürftigkeit von Fahrverbot und Fahrerlaubnisentzug? 2004.

Band 19 Irmela Vogel: Fernsehübertragungen von Strafverfahren in der Bundesrepublik Deutschland und in den USA. 2005.

Band 20 Stephan Niermann: „e-Geldwäsche". Rechtliche und faktische Grenzen der Gewinnabschöpfung bei Straftaten im modernen Zahlungsverkehr. 2004.

Band 21 Thorsten Berenbrink: Der übereilte Rechtsmittelverzicht des Angeklagten. Eine Unter-suchung unter normativen und erfahrungswissenschaftlichen Gesichtspunkten. 2005.

Band 22 Silvia Bauszus: Der Topos von der *Großfamilie* in der familien- und erbrechtlichen Diskussion. 2006.

Band 23 Lucian Krawczyk: Die Relativierung der absoluten Beweiskraft des Hauptverhandlungsprotokolls (§ 274 StPO) in der neueren Rechtsprechung des Bundesgerichtshofs. 2008.

Band 24 Birte Meister: Die Versagung der Akteneinsicht des Verletzten, § 406e Abs. 2 StPO. 2011.

Band 25 Philipp Hahn: Die Rückwirkung von Gesetzesänderungen im Erbrecht. 2014.

Band 26 Imke Möller: Fallschwund bei Vergewaltigungsvorwürfen und polizeiliche Ermittlungstätigkeit. 2018.

Band 27 Christian Schäfer: Die Mehrehe im Erbrecht. 2019.

Band 28 Vanessa Katarina Czuba: Fehlerquellen im Ermittlungsverfahren - ein rechtspsychologischer Diskurs. 2021.

www.peterlang.com

www.ingramcontent.com/pod-product-compliance
Ingram Content Group UK Ltd.
Pitfield, Milton Keynes, MK11 3LW, UK
UKHW021843290926
8980IPUK00005B/611